郝亚明　包智明／著

体制政策与蒙古族乡村社会变迁

State Policy & Changes in Mongolian Rural Society

中央民族大学出版社
China Minzu University Press

图书在版编目(CIP)数据

体制政策与蒙古族乡村社会变迁/郝亚明,包智明著. -北京:中央民族大学出版社,2010.9

ISBN 978-7-81108-909-7

Ⅰ.①体… Ⅱ.①郝… ②包… Ⅲ.①蒙古族—乡村—社会变迁—研究—内蒙古 Ⅳ.①C912.82

中国版本图书馆 CIP 数据核字(2010)第 179345 号

体制政策与蒙古族乡村社会变迁

著　　者　郝亚明　包智明
责任编辑　满福玺
封面设计　布拉格工作室·金星
出 版 者　中央民族大学出版社
　　　　　北京市海淀区中关村南大街 27 号　邮编:100081
　　　　　电话:68472815(发行部)　传真:68932751(发行部)
　　　　　　　68932218(总编室)　　　　68932447(办公室)
发 行 者　全国各地新华书店
印 刷 者　北京华正印刷有限公司
开　　本　880×1230(毫米)　1/32　印张:15.125
字　　数　379 千字
版　　次　2010 年 9 月第 1 版　2010 年 9 月第 1 次印刷
书　　号　ISBN 978-7-81108-909-7
定　　价　38.00 元

目　录

第一章　导　论

第一节　研究缘起与研究主题的确立

民族地区的发展及少数民族的社会文化变迁历来是中国社会学、民族学界十分关注的问题之一，以内蒙古地区及蒙古族为研究对象的相关研究在其中占据了重要的位置。改革开放以来，蒙古族地区发生了全方位的翻天覆地的变化，引起了很多学者的关注。如我国著名社会学家费孝通先生就曾先后十多次对内蒙古地区进行了调查研究，在包头、赤峰、呼伦贝尔、阿拉善等地都留下了他的足迹。其中，系列研究“三访赤峰”更是广为人知。在对蒙古地区社会文化变迁的研究中，一些蒙古族学者非常引人注目，他们以对本民族文化独特的感悟而使得他们的研究颇具特色。

在20世纪90年代中期，笔者之一在家乡内蒙古通辽市（当时为哲里木盟）选择四个具有不同特点的村落进行了一系列的实地调查，并出版了相关研究成果。① 然而从20世纪末到本世纪初的十余年时间里，正是国家农村体制政策大调整的时期。国家体制政策层面的变动对我国乡村社会生产关系的多个方面进行了调整，而这势必对蒙古族乡村社会发展变迁的动力、方向和速度带

---

① 包智明：《科尔沁蒙古族农民的生活》（蒙古文版），辽宁民族出版社1999年版。

来极大的影响，同时也使得生活在这里的蒙古族群众的生产生活呈现出一系列前所未有的特点。基于对现阶段蒙古族乡村社会发展变迁的这种认定，同时也出于对追踪研究模式的一种尝试，在第一次调查10年之后我们再次对这四个村落进行调查，力图对蒙古族乡村社会的变迁过程进行持续性的探讨。

社会文化变迁是一个宏大的主题，有关蒙古族社会的相关研究已不少见。社会文化变迁的过程与现状固然令人着迷，但人们更加关注的却是变迁背后的推动力和影响因素。对于特定时空下变迁动因的研究，一方面可以丰富社会变迁的理论，另一方面也可以为推动或促进相关区域的社会变迁实践提供理论支持。作为一个追踪研究的项目而言，有必要从中发掘出一个在时间维度上对这种变迁过程予以串联的线索。在文献整理与实地调查的基础上，本研究选定以国家体制政策的调整作为背景和线索来阐述蒙古族乡村社会的变迁历程，并在此基础上对二者的相关关系进行初步探讨。综合而言，本研究选择以体制、政策作为这一蒙古族地区社会文化变迁的线索（在某种意义上也可以说是动因）来展开全文是基于以下几个方面的考虑。

第一，通过对内蒙古地区发展史以及蒙古族社会文化史等相关文献的阅读与整理，能够深刻体会到国家体制政策对蒙古族社会变迁的巨大推动作用。例如，元朝统治者在蒙古地区实行的“限农”政策和清初统治者实行的“禁垦”政策在很大程度上保护了蒙古族地区牧业的完整性；而清末民初长期得以推行的“移民实边”、“农垦兴边”等基本国策，其直接后果是汉族人口的大量涌入和蒙地的开垦，从而导致了内蒙古地区的农耕化和汉化。[①] 尽管这样一种社会变迁背后的深层原因来自生产力发展的客

---

① 色音：《蒙古游牧社会的变迁》，内蒙古人民出版社1998年版；闫天灵：《汉族移民与近代内蒙古社会变迁研究》，民族出版社2004年版。

观要求，但当政者执行的体制政策在其中所起的推动力也是显而易见的，在很大程度上影响了这一地区社会变迁的进程与方向。

第二，在参与观察和深度访谈过程中，时刻可以感受到国家体制政策对村落生活的深刻影响。许多村民对个人生活史的阐述，如家道的中落或兴盛、职业的转换、人口迁移、家庭状况的急剧改变等，都是围绕国家体制和政策的改变而进行，经常以体制政策作为背景或直接原因来叙述。从“社会学想象力”的观点来看，对这样众多个人和家庭的际遇汇集而成的社会事实的解释，需要跳出特定情景的即时性，而从更加广泛的政治、经济、文化的多维时空来进行理解。本研究尝试以国家体制政策作为理解蒙古族乡村社会变迁的一种路径。

第三，国家于近年来在乡村体制和政策方面做出了一系列调整和改革，如完善第二轮土地承包、农村税费改革、乡镇机构改革、退牧还林退耕还林、农业税减免等。2005 年 12 月 31 日，中共中央和国务院共同颁布了《关于推进社会主义新农村建设的若干意见》，为“十一五”期间农村的发展做出了总体规划。笔者的兴趣在于：体制政策的指向者——村民是如何看待这些体制政策变化的？这些具体政策对他们现实生活产生了或将会产生什么样的影响？这些体制政策对当地的社会文化变迁将会产生什么样的导向？国家体制政策作用于地方社会的具体机制是什么样的？在此过程中各种力量是如何互动的？

第四，体制政策与社会文化变迁这个问题背后隐藏着一个更深层次的问题，即国家与社会关系问题。本研究将以少数民族村落这样的特定场景来检视国家与社会之间的关系建构和互动过程，并与一般语境下的国家与社会关系的相关研究进行理论对话。

第二节　调查区域与调查点的选择

一、调查区域

作为本书调查区域的通辽市（原哲里木盟）位于内蒙古自治区东部，松辽平原西端，科尔沁草原腹地，东靠吉林省，西接赤峰市，南依辽宁省，西北和北边分别与锡林郭勒盟、兴安盟为邻，属东北经济区。全市总面积约 6 万平方公里，辖科尔沁区、霍林郭勒市、科尔沁左翼中旗、科尔沁左翼后旗、开鲁县、库伦旗、奈曼旗、扎鲁特旗。境内居住着蒙古、汉、满、回、朝鲜、达斡尔等 32 个民族，2000 年时总人口约为 308 万人。通辽市资源丰富，地理位置优越，是东北经济区重要的粮食、能源和交通基地。

根据 2000 年的第五次全国人口普查的结果，全国蒙古族人口为 581.39 万人，其中 402.92 万人居住在内蒙古自治区，占全国蒙古族人口的近 70%。在内蒙古自治区中，通辽市的蒙古族人口最多，为 140 万人，约占全区蒙古族人口的 1/3，占全国蒙古族人口的 1/4，是全国、全区蒙古族人口最多的地级行政单位。

从总体情况来看，通辽市属于农牧交错、蒙古族与汉族杂居的一个地区，在社会、经济、历史和文化变迁等方面在内蒙古地区具有一定的典型性。就生产方式而言，通辽市乡村中存在着纯农区、以牧业为主的地区以及半农半牧区这样三种形态。通辽市不但蒙古族人口最为集中，而且还拥有多种不同特点的蒙古族聚居或杂居的社区。这样一种多样性的特征满足了研究的各种要求，使得这里成为研究蒙古族社会文化变迁的一个理想区域。基于这样一种认识，本研究选择把通辽市作为调查和研究的区域。

图 1－1 调查区域地理位置图

注：图中椭圆形区域即为四个调查村落大致的地理位置。

二、调查点的选择

（一）选择以村落为基本研究单位的原因

首先，工业化与城市化的进程使中国社会发生了翻天覆地的变化。然而，村落依然是大多数国民的生活空间，村落生活依然是多数人的生存形式。在总体城市化程度较低的蒙古族地区情况更是如此。这是本研究以村落作为研究蒙古族社会文化变迁基本单位的首要原因。

其次，对于一个关注变迁主题的研究而言，基本研究单位的“泛化”容易使得研究空洞化，难以寻找研究的着力点。这种处理方式显然不是具实证化特征的社会学学科的长处所在。而“以小见大，以微见著”则一直是社会学的一个传统。社区研究这种相对微观的研究方法就是这一传统的生动体现。费孝通先生曾经这样论述过社区研究方法的必要性：“以全盘社会结构的格式作为社会研究对象，这对象并不能是概然性的，必须是具体的社区，因为联系着各个社会制度的是人们的生活，人们的生活有时空坐标，这就是社区。”①

再次，本研究的一个重要意图在于透过社会文化变迁过程中“体制、政策与社会变迁”的关系来展示特定时空中国家与社会的互动。而村落正好“处于国家权力与民间权利的交汇点，从它的变迁可以关注到来自国家的和来自民间的两种力量”。② 而这两种力量的相互作用正是我们所关注的乡村社会“国家与社会”之间的互动。

（二）具体村落的选择

通常意义上的村落研究往往不外乎两种形式：一种是针对单一村落进行调查研究，以点见面；另一种则是对若干个村落进行调查研究，然后把这些村落的资料作为一个整体放入同一个框架来进行解释说明。这两种传统的村落研究方式都有着明显的缺陷：前者容易以偏概全，因个案过于特殊而缺乏说服力；后者则因直接把不同社区的个案纳入一个框架进行分析，容易混淆不同类型村落之间的差异性。基于这样一种考虑，在进行某些村落研究的时候，选择几个不同类型村落来分别研究或对比研究是有必要的，尤其是在村落的类型与研究主题之间可能存在较强相关时更是如此。

蒙古族居住的社区大体上可以分为蒙古族聚居社区及蒙古族

① 费孝通：《乡土中国》，生活·读书·新知三联书店 1985 年版，第 94 页。

② 黄耀先：《初级市场的形成与农村社会变迁》（博士学位论文），中国社会科学院，2003 年 7 月。

与汉族杂居社区。蒙古族聚居社区在生产方式上存在一定差异，这种差异主要体现在农牧业比重方面。同时蒙古族与汉族杂居社区则在蒙古族与汉族人口民族比例方面又有明显差异。从相关的文献资料以及前期的初步调查中我们不难发现：村落里的民族居住类型、不同民族人口比例和主要生产方式对村落生活和社区变迁有着实实在在的影响。因此，在具体的选点标准上，我们将调查区域内社区民族居住类型、民族人口比例和生产方式进行一定程度的交叉分类，形成几个理想类型之后再在研究区域内进行“点”的选择。

出于研究可行性的考虑，我们根据蒙古族居住社区的这些不同特点，在科左后旗与通辽市（原哲里木盟通辽市，今为通辽市科尔沁区）交界地带一个很小的地理区域内，找到了符合本课题研究设计的四种不同类型的村落社区。这四个村落社区是白村（蒙古族聚居，以农为主，牧业比重较低）、德村（蒙古族聚居，牧业比重较高）、西村（蒙古族与汉族杂居，蒙古族为多数）、东村（蒙古族与汉族杂居，汉族为多数）。以下是四个调查点的地理位置及其概况。

表 1-1：1996 年选点时四个村落的基本概况

特征 村落	户数（户）	人口数（人）	居住类型	蒙族比例	日常语言	生计方式
白村	196	795	蒙族聚居	98.4%	蒙古语	农业为主 牧业补充
德村	76	344	蒙族聚居	99.7%	蒙古语	农牧兼营 牧业较高
西村	199	836	蒙汉杂居	82.3%	蒙汉双语	农业为主 牧业补充
东村	165	658	蒙汉杂居	45.9%	汉语为主	农业村落

白村[①]：通辽市科左后旗努古斯台镇的一个行政村。白村是以农业为主，经营部分牧业，以蒙古语作为日常交流语言的蒙古族聚居村落。1995 年全村有住户 196 户，常住人口为 795 人。到 2004 年全村有 204 户，人口为 838 人。白村土地总面积为 26360 亩，其中耕地面积为 4190 亩，草牧场面积 5000 亩，林地和果园面积 1250 亩，道路占用地 200 亩，住宅占用地 480 亩，湖泊和河沟面积 2350 亩，未利用的沙坨子和盐碱地 12890 亩（沙坨子 8060 亩，盐碱地 4830 亩）。

德村：通辽市科左后旗努古斯台镇的一个行政村。德村位于白村东南约 15 公里，放牧场（沙坨子）与白村的放牧场相连。德村是当地牧业成分较高的蒙古族聚居村落，其日常交流语言为蒙古语。1995 年全村有住户 76 户，常住人口为 344 人。到 2004 年全村有 88 户，总人口为 360 人。德村土地总面积为 63840 亩，其中耕地面积为 3800 亩，林地面积 3500 亩，住宅占用地 270 亩，湖泊面积 300 亩，打草场面积 2600 亩，流动沙丘面积 1600 亩，放牧场面积 51770 亩（草甸子 4800 亩，沙坨子 46970 亩）。

西村：原属通辽市科左后旗努古斯台镇管辖的一个行政村，后因通辽市经济技术开发区的发展需要，于 2005 年 7 月并入通辽市科尔沁区木里图镇。西村是原花灯苏木（现已并入上述努古斯台镇）中汉族最集中的蒙古族与汉族杂居的一个行政村，其日常交流语言蒙古族与汉族双语兼用。西村位于白村西南 4 公里，农田与白村农田相连。1995 年全村有住户 199 户，常住人口 836 人。到 2004 年全村共有 204 户，总人口为 861 人，其中蒙古族人口占多数。西村土地总面积为 25000 亩，其中耕地面积为 3600 亩，林地和果园面积 2000 亩，住宅占用地 1000 亩，湖泊和河沟

---

① 在内蒙古自治区的蒙古族聚居区，“盟”相当于地区，“旗”相当于县，“苏木”相当于乡，“嘎查”相当于行政村。出于学术伦理，村落名称用的都是化名。

面积 5000 亩，道路用地面积 1000 亩，未利用的沙坨子和盐碱地 12400 亩（沙坨子 5000 亩，盐碱地 7400 亩）。

东村：通辽市科尔沁区木里图镇的一个行政村。东村位于白村以北约 5 公里，东村与白村之间由另一个村落隔开。东村是以汉语为日常交流语言的蒙古族与汉族杂居村落。1995 年全村有住户 165 户，常住人口 658 人。到 2004 年，全村共有 189 户，总人口为 725 人，其中汉族人口占多数。东村土地总面积为 7765 亩，其中耕地面积为 2897 亩，林地和果园面积 520 亩，住宅占用地 480 亩，河沟面积 65 亩，未利用的沙坨子和盐碱地 3933 亩（沙坨子 3233 亩，盐碱地 700 亩）。

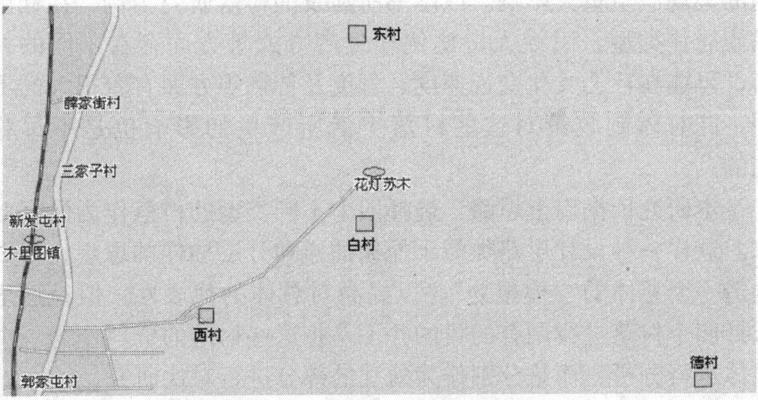

图 1－2　四个村落地理方位

注：图中矩形方框表示四个调查点，椭圆表示周围相对重要的集镇。

第三节　研究设计与叙述框架

一、研究设计

（一）横向对比

尽管从微观角度研究宏观主题会富有洞察力和实在感，但是过于独特的个案往往不足给人以说服力，且其结论概化能力较差。需要注意的是，研究对象自身的一些特征也可能会对研究主题的呈现产生重大影响。以本书所涉及的村落研究为例，在社区民族居住类型、民族人口比例和生产方式等方面存在不同的村落，可能在社会文化变迁速度、程度及特点等方面有着很大的不同，同时体制政策对这些村落生活所产生的影响也是不尽相同的。

本研究依据以上思路，选择四个不同类型的村落作为研究对象。这样一种设计思路类似于配额抽样和分层抽样的思想，尽力构造一个总体的“模拟物”，以提高对总体的代表性。但是这里选择四个村落进行调查的目的并不是将这些村落的资料作为一个整体进行分析，而是分别作为独立的部分进行对比研究。

前人的文献资料和现时的调查体验都告诉我们，同一地区的村落之间存在很强的同质性。但是同质性并不说明没有差异性，也不能否认这种研究设计的意义。这样一个设计的初衷在于我们比较关心村落里不同的民族居住类型、社区民族人口比例和主要生产方式对村落生活和社区变迁的影响。这种研究设计的好处在于：一方面是以多个村落个案代替单个村落，通过共时性的比较研究来探究其共同点和不同点，从而更为全面且令人信服地展示研究主题；另一方面通过同一时点上空间的转换，事实上实现了研究中的“统计控制”，在把可能产生影响的相关变量进行控制的基础上来研究我们关心的问题，使得研究具有更高的效度。

（二）纵向追踪

在研究设计和实施过程中，时间因素扮演着许多重要角色，如依据时间顺序确定研究对象因果关系或对研究发现进行概化等等。① 在社会学研究中，我们通常从时间纬度上将研究设计分为横剖研究（截面研究，cross-sectional study）和纵贯研究（历时研究，longitudinal study）两种。横剖研究是指从一个时间点上收集研究资料，并用以描述研究对象在这一点上的状况，或者探讨这一时间点上不同变量之间的关系。而纵贯研究指的是在若干个不同时点上收集资料，用以描述现象的发展变化，以及解释不同现象前后之间的联系。② 横剖研究是社会研究中最常见的一种形式，特别是各种探索性研究和描述性研究，基本上都是采用横剖研究的方式进行；而很多的解释性研究也属于这样一种截面研究。但是这种研究路径显然并不适合于以下情况：一是探寻因果关系的解释性研究，二是研究主题自身暗含有时间变量，如发展、变迁等。在这些情况下，纵贯研究属于一个比较合适的选择，而试图以一个时点的资料来进行研究并作出结论显然是不合适且不可信的。然而，历时性研究存在的问题是时间跨度大、花费高、研究设计要求严格精细、资料分析难度也较大。如艾尔·巴比就认为，用大规模问卷调查等定量方法进行历时研究比较困难。③ 因此，以单次调查取代多次调查，以横剖研究的方式处理纵贯性的研究主题成为很多研究者的选择。而所需的历时性资料

① ［美］艾尔·巴比：《社会研究方法》（上），邱泽奇译，华夏出版社 2000 年版，第 130 页。

② 风笑天：《社会学研究方法》，中国人民大学出版社 2001 年版，第 81 页。

③ ［美］艾尔·巴比：《社会研究方法》（上），邱泽奇译，华夏出版社 2000 年版，第 131 页。

往往是通过受访者回忆的方式取得。这种折中处理方式在弥补了纵贯研究资料难以收集、研究时间跨度相对较长等缺陷的同时，自身信度不足的缺点却也十分明显。在客观条件允许的情况下，采用标准化的纵贯研究设计依然是最佳选择。

本研究所关注的社会文化变迁属于一种过程性事实，其中不可避免会牵涉时间变量。为有效收集历时性的资料，并妥善分析处理，本研究采用纵贯研究中的追踪研究这种研究路径。进行这种设计基于以下几点：第一是可行性，笔者 10 年前针对相同的研究对象进行过一系列实地调查，获得并留存了第一手的调查资料，满足了进行追踪研究和对比分析的基本要求；第二是合适性，本研究的主题“体制、政策与社会变迁”适宜于使用追踪研究这种历时性的研究方法；第三是目前社会科学方面中较为优秀的历时性研究成果尚不多见，笔者认为可以在这方面进行努力。

从本研究的具体情况来看，1996 年的调查与 2005 年的调查无论在关注点还是研究思路上都是一脉相承的；同时在调查的区域（相同的村落）上、调查的工具（大致相同的调查问卷和访谈提纲）上则具有更大的继承性。因此，可以把本研究看作一个标准化的追踪研究，一方面从村落史和个人生活史的资料追踪较早时期的变迁；另一方面则以两次调查的资料对比分析来追踪改革开放以来尤其是第一次调查十余年以来的变迁，并从变迁中寻找体制、政策与蒙古族村落社会变迁之间的内在联系。

二、叙述框架

从上文对研究点的选择可以看到，为了达到控制影响变量和横向对比的目的，选择了四个村落作为研究对象，因此其中必然牵涉空间的转换。而本研究的研究设计在主体上属于追踪研究，其中又关联到时间因素。也即是说，本研究属于横向对比和纵向追踪的结合。然而在一项研究中同时控制时间和空间两个维度，显然是非常困难的。进行相应的处理以降低研究难度并增强行文逻辑性是必须的，在此对文章的叙述框架作如下交代。

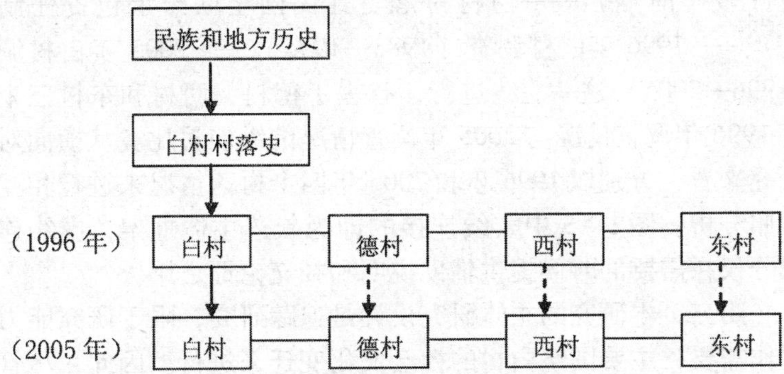

图1－3 本研究资料编排及叙述框架

注：图中实线是指本研究研究和叙述的主体；虚线连接的部分是为了降低研究复杂性而进行的处理，仅为总体研究起辅助说明和补充论证的作用；有箭头指纵向对比，无箭头指横向对比。

本研究所使用的主要材料来源于实地调查和文献整理。具体来说由以下几部分组成：蒙古族历史资料、内蒙古地区历史资料、村落史资料、1996年四村调查资料以及2005年四村调查资料（主要包括问卷资料、访谈材料、观察记录等）。图1－3展现了本研究的资料编排和叙述框架。

第一，在展现早期蒙古族社会文化状况时使用的是蒙古族历史以及蒙古地区历史等宏观性的历史资料。同时由于四个调查点在历史背景方面存在较大的相似性，在村落史等涉及历史背景和社会变迁的内容时，仅以白村为代表进行论述。在论述中运用的资料主要来源于历史文献资料、历史学家的有关研究成果、实地调查的访谈资料和当地政府的有关档案材料。其中，民国以来的村落史素材完全来自对村中知情者的访谈。

第二，在1996年与2005年的调查中，均对以上四个调查点进行了全面调查。为了提高研究和写作的可行性，本研究在时空对照方面进行了一些限制。从纵向对比研究来看，以民族地方历史（较早时期）——白村村落史（民国至联产承包责任制时期）——1996年白村调查（1983—1995）——2005年白村调查（1996—2005）这一主线进行，省去了德村、西村和东村三个村落1996年调查情况与2005年调查情况的纵向对比。从横向对比研究来看，分别以1996年和2005年四个村落情况来进行相互的对照分析。图1-3中实线连接的即为叙述主体框架，虚线连接部分仅在需要的时候提供辅助说明和补充论证之用。

第三，本研究的主体研究设计是追踪研究，限于研究能力和写作需要，主要围绕白村的社会文化变迁来进行。因此，尽管调查点是四个村落，但其地位并不是平等的。具体来说就是采用“一村为主，三村为辅”的叙述和研究策略。即以白村作为主要研究说明对象，其他三个村子主要起对比、辅助和补充的作用。因此，本研究将主要以时间为线索，着重追踪白村的变迁及探寻体制政策在其中的作用。从这个意义上来看，将本研究视为仅对一个村落（白村）的追踪研究也是合适的。

按照上述的叙述框架，本研究主体写作将具体从以下几部分展开：首先是梳理调查地区各个时期的体制政策及相应时期的社会文化及当地居民生活状况；其次是通过两次调查的问卷和实地观察的资料展示调查地点十年来的变迁；再次是以访谈资料为主，来描述和展示近年来国家体制政策对村落社会生活的影响以及村民对相关体制政策的回应；最后是进行理论的阐释，对国家与社会视角下蒙古族乡村社会文化变迁相关问题进行反思和展望。

第四节 研究方法

一、资料收集的方法

社会研究中常用的研究方式主要有调查研究、实验研究、文献研究以及实地研究四种。在一项社会研究中通常会对这四种研究方式中的若干种进行综合运用，以求更科学完备地完成研究。作为一项对内蒙古地区四个不同类型蒙古族居住村落的研究，本研究在社区研究的主体框架之下，采用了实地研究、调查研究和文献研究相结合的研究方式。就具体资料收集方法而言，本研究使用的主要有参与观察、深度访谈、问卷调查和文献整理四种。

（一）实地调查

第一阶段实地调查进行于 1996 年，历时 6 个月；第二阶段实地调查进行于 2005 年和 2006 年夏天，历时 4 个月。笔者多次进入四个调查村落进行实地调查，通过参与观察和深度访谈的方式收集相关资料。

1. 参与观察

通过私人关系进入村落，与村民同吃同住，参与他们的生产、社交、休闲娱乐及礼仪活动，并在日常生活中就自己关心的问题进行观察。

2. 深度访谈

选择一些熟悉情况的老人，进行多次的长时间的交谈，获得村落史的资料；选择各个层次村民的代表人物，进行个人生活史和家庭生活史的访谈。通过这两种资料的结合获得村落发展历程和社会变迁的基本素材。

两阶段调查共计历时 10 个月之久。本书第二章有关村落发展历程的部分资料和第四章村民对国家体制政策评价部分的资料主要通过实地研究获得。

（二）问卷调查

针对四个不同类型的村落，前后两次采用完全相同的测量工具（调查问卷），以户为调查单位对居住在四个村落中所有家庭进行普查。调查的内容涉及家庭人口状况、经济生产、日常生活、财产拥有以及行为态度等方面。1996 年进行第一次问卷调查，2005 年进行了第二次问卷调查，从而获得一套时间跨度为 10 年的历时性问卷资料。

1996 年问卷调查在四个调查点总共填写了 2633 份人口问卷和 636 份户访问卷，问卷的回收率和有效回收率均为 100%。第二次问卷调查于 2005 年 7—9 月间进行。笔者在每个村落培训 2—3 名村干部和教师，作为问卷调查员协助进行问卷调查。本次调查问卷回收率为 100%，问卷有效率超过 95%。问卷分析所得资料主要应用在本书的第三章。

（三）文献搜集与整理

本研究力图从地区与民族的历史背景中展现村落的变迁，再从村落的变迁中凸显地区与民族的变迁。即实现一个“从大（总体背景）到小（社区），再由小（社区）到大（社会）”的认识过程。[①] 因此本研究对内蒙古经济社会发展史、蒙古族社会文化变迁史、地方志、各级政府的统计数据以及相关政策文件等资料较为倚重。通过历史资料与现实调查相结合的方式阐述社会文化变迁的进程，集中展示“体制、政策与社会变迁”的研究主题。文献资料在本书第二章和第三章中得到了较多的应用。

---

① 马戎：《体制变革、人口流动与文化融合》，载于潘乃谷、马戎编《社区研究与社会发展》，天津人民出版社 1996 年版，第 532 页。

二、资料处理的方法

这里“资料处理的方法”指的是在写作过程中对所搜集资料的具体应用和分析的方式。资料收集是研究素材的搜集与堆砌。如果我们将一项社会学研究分为“筹划——执行——总结”三个阶段的话，资料收集仅仅是整个程序中的一个中间环节而已。良好的资料收集并不能完全保证研究成果的质量。本研究需要处理的资料相当丰富，既有访谈资料，也有问卷数据和文献资料；既有10年前的研究资料，也有近期调查研究的资料。如何做到既能合理利用资料，又能清晰阐明研究主题是本书写作过程中所面临的一大挑战。本研究采用以下研究方法来力图解决这一问题。

（一）共时性研究与历时性研究相结合

利用10年前的调查资料与近期调查资料进行纵向对比研究；利用同一时期不同类型村落资料进行横向对比研究。在对比中寻求共时性研究与历时性研究的结合。主要通过纵向时间点上的对比来展示“体制、政策与村落社会变迁”的研究主题。

（二）定量分析与定性分析相结合

通过对研究村落以户为单位的两次问卷调查，再加上政府部门提供的一些统计数据，本研究获得了大量的定量资料。同时，通过自由访谈、参与观察以及文献整理，本研究获得了丰富的定性资料。本书将采用定量数据统计分析和定性资料主观阐释相结合的方式来进行研究，到达相互印证和彼此支撑的目的。

（三）文献资料与调查资料相结合

本研究对这一蒙古族村落社区变迁将追溯到一个较早的时期，而调查资料却只能涵盖近二十余年的情况。在此之前的时期并无调查资料，而只能倚重于文献资料和访谈资料。同时，将10年前的调查资料与近期调查资料进行整合也是一个值得考虑的问题。本书将努力实现历史资料与现实资料的有机结合，从而共同服务于对这一变迁历程的完整展示。

第五节 文献回顾

一、村落研究

所谓村落，通常指农村的社区、聚落或者地方，是相对于城市社区的特定生活空间。它是农村广阔地域上和历史渐变中的一种实际存在的最稳定的时空坐落。作为紧密联系的小群体，村落也是在内部互动中构成的一个个有活力的传承文化和发挥功能的社会有机体。村落社区具有极其丰富的内涵，它自身形成了一个相对完善的社会组织系统。在过去一个世纪的发展进程中，村落社会变迁始终是中国历史变迁的主要内容。这不仅因为在区位结构中村落占据绝对多数，而且因为乡村的生活模式和文化传统从更深层次上代表了中国历史的传统。① 因此，村落社区的研究是中国社会结构研究的一个重要方面，同时它也可以作为我们研究社会变迁的一种线索或一个重要角度。

社会学作为一门学科形成和发展的土壤是西方工业文明和现代城市生活。早期中国社会总体上的乡土性质决定了社会学“中国化”、“本土化”的首要任务是研究对象的调整，即将注意力从城市转移到乡村。因此重视村落社区研究一直是中国社会学研究的一个传统。社会学的导入中国，使中国学者对于社会现象的研究跳出了一般性现象分类和大一统混沌解释方法的羁绊，走上

① 李善峰：《20 世纪的中国村落研究》，载《民俗研究》2004 年第 3 期，第 25 页。

了从具体现象的归纳出发寻求背后因果规则的实证道路。[①] 近代以来村落研究的发展与盛行在一定程度上可以看作是这种研究途径从“主观之演绎进而为客观之归纳”转型的重要表征之一。社会学人类学一方面为实证性的村落研究提供了认识论基础，在另一方面也提供了方法论的基础。这些“使以村落作为社区单元的研究成为可能”。[②]

近一个世纪以来，学者们从各自的研究目的出发围绕中国村落进行了大量的研究。其中社会学、人类学以及民族学学者做出了巨大的贡献。从总体上来看，有关中国村落的研究大致经历了一个“游记、新闻报道→社会调查资料（报告）→规范的民族志→专题式的社区研究”这样一个发展历程。

较早带着学术理论色彩在中国从事村落或乡村研究的是一些西方人。他们在带来新的研究理念的同时，也身体力行地进行着村落实证研究。如美国传教士明恩溥（A. H. Swith）在1899年出版的专著《中国乡村生活》中，以他者的眼光和理解对中国村落生活进行了描述。然而，作者的身份决定了这本书在更大程度上属于游记性质而不是学术著作。其时，对中国的乡村观察和研究也散见于一些西方国家的新闻报道之中，作者往往都是一些来中国经商、传教或“探险”猎奇的西方人士。这一时期的村落或乡村研究尚在起步阶段，研究者多来自异民族异文化，从成果性质上看可以认为是处在“游记、猎奇报道”阶段。

到20世纪二三十年代，中国乡村的发展进入了大衰败、大萧条时期。中国本土知识分子开始紧密关注乡村的现实，思考乡

① 李培林：《总序》，载于李沛良著《社会研究的统计应用》，社会科学文献出版社2001年版，第2页。

② 黄忠怀：《20世纪中国村落研究综述》，载《华东师范大学学报》2005年第2期，第110—116页。

村发展的问题。梁漱溟、晏阳初等人发起了以在“各地兴办的乡村建设、农村改造、民众教育、自治实验计划”等为主要内容的“乡村建设运动”。为了实现乡村重建的目的，一些学者聚集在“乡村建设运动”的大旗之下，进行了大量关于村落的社会调查，为后世留下了极其珍贵的研究资料。与中国学者这一研究类型比较类似的还有日本南满洲铁道株式会社在20世纪40年代初期所做的“中国农村惯行调查”，即我们通常所说的“满铁”资料。虽然这一调查的直接目的是为日本的殖民统治服务，但是它所积累的丰富的田野调查资料，有着珍贵的学术价值，为以后学术界对中国村庄研究奠定了基础。如马若孟据此写了《中国农民经济：1890—1949年河北和山东的农业发展》，黄宗智写了《华北的小农经济与社会变迁》、杜赞奇写了《文化、权力与国家：1900—1942年的华北农村》。日本学者仁井田陞、内田智雄、平野义太郎、福武直、中生胜美、佐佐木卫、石田浩等人也利用这批资料作出了引人注目的研究。① 在今天看来，这一类型的村落研究更多的可以看作“村落调查”，而不是“村落研究”。其成果主要给我们提供的是一些事实性的材料，类似于我们今天的社会调查资料或调查报告，其学术价值和意义主要体现在其作为微观历史材料的资料性上。

美国社会学家葛学溥（Daniel Kulp）被认为是以社会学、人类学专业的田野研究方法进入中国村落研究的领路人。上海沪江大学是中国最早开设社会学专业的大学之一。1918—1919年，在该校任教的葛学溥带领学生在广东省凤凰村进行了家庭社会学的调查，并于1925年出版了英文著作《华南的乡村生活：家族主义社会学》。书中详细记载了凤凰村的经济、家庭、宗教、教育、人口和社区组织的情况。葛学溥的这一研究不仅开创了汉学

---

① 吴毅：《村治变迁中的权威和秩序》，中国社会科学出版社2002年版。

人类学对村落研究的历史，也使华南农村成为世界社会人类学研究的热点之一。其后如杨庆堃《向共产主义过渡的华南农村》、弗里德曼的《中国东南的宗族组织》、伯纳的《陈村：一个农民社会的近代史》以及萧凤霞的《华南代理人和受害者》等著作都是以华南农村社会作为研究起点。①

到20世纪三四十年代，随着社会学、人类学在中国的发展，中国的村落研究也开始从泛泛的“社会调查”进入规范的“民族志”研究时期。一批学院派的本土学者，在吴文藻教授“社区研究”的旗帜下，对村落社区进行了系统研究。如林耀华先后出版了根据福建义序家族村落调查的成果《义序的宗族研究》和以福建玉田县黄村调查为基础的英文著作《金翼——中国家族制度的社会学研究》。1939年，费孝通在英国出版了以江苏省吴江县开弦弓村调查为基础的《江村经济——中国农民的生活》。在40年代的“魁阁”时期，费孝通和张之毅等人陆续发表了《禄村农田》、《易村手工业》和《玉村商业和农业》等一系列村落研究的成果。这一时期比较有影响的村落研究还有杨懋春的《一个中国村庄：山东省台头》等。

从20世纪50年代到80年代，由于社会学人类学学科的取消，这一时期中国的村落研究处于停滞状态。相关学科的学者都聚集在民族学的旗帜之下广泛开展对于民族地区的大调查，这为后来进行民族研究提供了大量的资料。

20世纪80年代以后，中国的村落研究又获得了生机，大批中外学者进入相关领域，产生了一系列有影响的作品。如黄树民《林村的故事：1949年后的中国农村变革》、王铭铭《社区的历程——溪村汉人家族的个案研究》、折晓叶《村庄的再造——一

① 孙九霞：《华南社区研究的人类学方法论》，载《广西民族学院学报》1997年第3期，第33—36页。

个超级村庄的社会变迁》、于建嵘《岳村政治：转型期中国乡村政治结构的变迁》、阎云翔《礼物的流动：一个中国村庄中的互惠原则与社会网络》、庄孔韶《银翅：中国的地方社会与文化变迁》、吴毅《村治变迁中的权威与秩序——20 世纪川东双村的表达》以及陆学艺《改革中的农村与农民：对大寨、刘庄、华西等13 个村庄的实证研究》等。这些研究都以不同的村落作为研究个案，从各个角度入手、关注不同的主题，在系统全面地分析中国农村社会变迁的基础上，提出了一些新的分析视角。这一时期村落研究的显著特点是：不再是规范的民族志研究方式，不再追求面面俱到的村落描写，而是具有丰富多彩但却非常鲜明的主题（一些规范的民族志研究或前辈学者的著作中并不是没有主题，只是这些主题往往淹没在“事无巨细地追求事物的本来形貌的完整性、真实性”的写作方式之中）。这种趋向在具有社会学、政治学背景的研究者身上得到了更为明显的体现，从目前看来这种问题导向型（Problem-oriented）的专题性研究方式已经成为村落研究的主流。

在近期众多学者普遍以汉族村落作为研究对象的同时，一些学者持续进行着少数民族村落的研究，并有一系列的研究成果相继问世。这些少数民族村落研究一方面为不同社会文化的对比研究提供了第一手的学术资料；另一方面在展现和推动少数民族地区社会文化变迁方面做出了努力。如徐平的《羌村社会》、《西藏农民的生活》，徐杰舜等著的《南乡春色》，翁乃群等所著的《南昆八村》，云南大学的《云南民族村寨调查》等作品是这一类型研究中较有代表性的著作。

由于村落研究的方法具有很强实用性且不失方法论上的意义，加之关注相关主题的还包括政治学、经济学、民族学等众多学科领域，因此采用这种研究路径的学术成果可以说是汗牛充栋。上文从村落研究发展历程的角度对其中一些代表性的作品进行了回顾，寄希望于从学者们已有的思想和方法中汲取研究灵感，并对本研究进行正确的定位。

近期的一系列村落研究作品反映了目前学界对村落研究这种路径的基本态度和取向，概括起来有以下几个方面的特点。

从研究范式上来看，定性研究是村落研究的绝对主流，定量研究没有得到应有的重视。定性研究已经被证明是用来进行村落研究较为合适的方法，目前有影响力的村落研究几乎完全是以定性研究的方式完成的。在这样一些研究中，史料、方志、访谈、会议记录、官方文件乃至民谣传说等都成为至关重要的素材，而一些活生生的可以直接取得的具有说服力的且更加可信的数据性材料往往得不到应有的重视。尽管定量研究可能不是最适合的村落研究方式，① 但却绝对是一个较为良好的补充方式，可以在一定程度上弥补定性研究过度阐释的缺陷。在村落研究中尽力尝试定性研究与定量研究的结合，对于未来村落研究的发展具有理论和实践两方面的重要意义。

从时间维度上来看，历时性研究在村落研究中得到了普遍的重视。横剖研究主要出现在一些对村落进行全面描述的民族志作品之中；横向对比由于涉及多个村落也较少得到应用；目前大部分的村落研究的对象是单个村落，在时间维度上以历时研究为主，通过村落政治、经济、文化等各方面的变迁来体现作者的研究主题。历时性研究必然以两种途径来进行：在过程的不同时点

① 事实上，并不能证明定量分析不适用于村落研究。目前缺乏优秀的定量取向的村落研究作品的主要原因不在于定量研究自身的适用性问题，而在于很多人锢于传统思维认为定量分析不适用于村落研究。造成这种局面一方面是因为在村落研究中占据优势地位的人类学等学科具有强烈的定性取向和传统；另一方面是很大一部分人文社会科学研究者缺乏基本定量分析方面的训练，而具备定量分析素养的社会学研究者的研究重心又往往不在于这种小规模的村落研究。

进行观察，或通过现实的观察进行时间上的逻辑建构。① 由于现实性的原因，目前的研究大多以采用后一种方式，即从一个时点上通过回溯的方式获取资料并建构历时性的逻辑关系。这样一种建构方式的信度是值得怀疑的。通过完善研究设计，在多个时点收集资料可以作为这一类型研究的努力方向。

从研究对象上来看，研究中心基本集中于汉人村落。无论是黄宗智、杜赞奇等海外学者，还是王铭铭、庄孔韶等国内学者，在提出假设、建构理论以及验证分析的时候均以汉族村落作为立足点和出发点，而民族文化差异在其中没有得到足够的考虑。尽管少数民族村落研究一直有学者在关注，但是相对而言十分薄弱。少数民族村落研究的意义在于：对基于汉族村落建构的假设和理论进行适用性检验；进行民族间对比研究；发展适用于解释少数民族社会发展变迁的假设和理论。

二、追踪研究

回访或追踪研究作为一种行之有效的研究取向和极具理论价值的学术实践路径，20 世纪 80 年代以来得到了中国社会人类学界的广泛认同，不断地得以付诸实施，并因此成为相关学科的一个传统。近期来这种传统更有进一步发展的趋势，有关重访、回访、再研究、追踪研究等研究形式层出不穷，相关研究成果也受到普遍关注，体现了历时性视角在学界中越来越受到人们的重视。近期较有代表性的是北京大学和云南大学合作实施的课题项目“云南著名人类学田野调查点的再研究”以及徐平教授对广西大瑶山地区的回访等。此外庄孔韶主编的《时空穿行——乡村人类学世纪回访》一书则对 20 世纪 8 个著名田野点的人类学再

① ［美］艾尔·巴比：《社会研究方法》（上），邱泽奇译，华夏出版社 2000 年版，第 135 页。

研究进行了总结。其他以这种研究路径完成论文著述的更不在少数。

对于这些冠以不同的名称的研究类型，其共同点在于其历时性的视角，其不同点在于关注点上的差异。依据这些相同点和相异点我们可以进行大致的归类。虽然相关研究不少，但对于概念上的探讨和划分则不太多见。在这里我们进行一种类型比较和划分，将有助于写作思路的明晰化。王铭铭根据调查研究“反映被我们研究的那个社会自身的变化”还是“反映我们研究者自己的理论与心态的变化”将这些类型的研究归为跟踪调查和再研究两类；[①] 兰林友则根据后续研究是由自己进行还是由他人进行将这种历时性的研究分为重访和再研究两大类；[②] 潘守永根据研究目的的不同将这种类型的研究划分为跟踪研究和检验式重访。[③] 在综合比较学者不同观点的基础上，笔者倾向于将村落的历时性的研究划分为追踪研究和再研究两大类。再研究的着重点在于对话、验证或批判，对旧有的材料或地点进行新的挖掘或按照新思路新理论重新分析；而追踪研究则需要有一个连续的思路、主题，其目的在于延续以前的研究，通过在不同时点上收集纵向的资料，从而得到一个系统完整的认识。从这种意义上来说，追踪研究和再研究都是既可以由自己进行，也可以由他人进行。两者的真正分野在于研究思路、研究主题和理论方法上的延续性以及研究目的差异性上。

由于学者对这些概念自身理解存在很大不同，因此许多研究

① 这种划分理念首先是由费孝通先生提出。见王铭铭《继承与反思》，载《社会学研究》2005 年第 2 期，第 132—154 页。

② 兰林友：《人类学再研究及其方法论意义》，载《民族研究》2005 年第 1 期，第 36—46 页。

③ 潘守永：《“一个中国的村庄”的跨时空对话》，载《广西民族学院学报》2004 年第 1 期，第 69—75 页。

中往往同时具有追踪研究和再研究的特征。例如，我们在进行历时性研究时很难单单只是反映研究对象自身的变化或只是体现研究者理论方法上的不同，往往两者是依存而出现的。因此，我们这里的类型区分在很大意义上也只是一种理想类型。其目的在于理顺写作思路与研究重点。事实上，这种划分一方面体现的是研究者的侧重与思路问题；另一方面也体现了学科之间视角的差异性。如社会学更加关注发展变迁等话题，无疑其历时性研究更偏向于这里强调的追踪研究，而人类学关注反思与解释性的学科特性使其更侧重于再研究的类型。人类学的历时性研究强调对话和检验，社会学的研究强调变迁和发展。

追踪研究是对同一研究对象随着时间推移所发生的变化进行研究的研究方法。这样一种研究方式在充分利用前人研究资料并直接延续研究对象学术生命的同时，还获得了重新审视研究对象的机会。“一方面，这种审视因为时空的跨越而常会获得新知；另一方面，常因理论架构的不同而增加了观察的角度，对传统传承、文化再造和创新的认识，亦即对社会发展和文化进步的认识，也会因这种持续的研究而更为深刻。”① 曾对费孝通先生的江村做过回访研究的澳大利亚学者威廉·葛迪斯就曾论及人类学著名田野点对于再研究样本选择所具有的意义时指出：“这种书，作为知识界的一个里程碑，它的地位只有当它被用作进一步调查研究的起点时才能充分体现出来。在社会人类学形成时期所作的许多研究，其资料犹如分散的岛屿一般，彼此是孤立的。这些研究之所以有价值是因为它们提供了人类社会的各种实例，人们可以把这些实例作为基础来研究社会的一般理论。但是，如果研究都是孤立的，那么，对社会过程的了解无论是从实际知识的角度

① 潘守永：《“一个中国的村庄”的跨时空对话》，载《广西民族学院学报》2004 年第 1 期，第 73 页。

或从科学分析的角度来说，其作用都是有限的。有关具体地区的一些资料很快会过时，它们只能提供关于变迁的可能性和原因方面的一些推测，因为每一具体地区的资料只能描述某一个时期的情况。然而，如果后来，同一个作者或其他作者，在过去研究的基础上能继续以同样的精确性对同一个社会进行描述，情况就会大不相同。从不同阶段的比较就能得出关于社会过程的有效的成果，其价值也就超过各个孤立研究。"① 这段话对整个追踪式研究的意义有了较为明确的叙述。

这种追踪重访型的研究在国内外还是相当常见的。国外的如弗里曼对米德萨摩亚研究的再研究、萨林斯与奥贝塞克拉基于各自对对方研究点的再研究以及雷蒙德·弗思、玛格丽特·米德、罗伯特·雷德菲尔德等各自对自己早期调查点的追踪研究，等等。在国内学界，比较著名的例子有费孝通先生对花篮瑶、江村和云南三村的重访。其中，对江村这个由他自己开创的田野点进行的历时六十多年、共计二十余次的追踪研究更是追踪研究的一个典范。近期国内采用这种研究路径的成果较多，如庄孔韶对金翼家族的研究、阮云星对义序宗族重建的研究、兰林友对华北村落的追踪研究、周大鸣对凤凰村的追踪研究、孔庆忠对广州南景村的研究以及北京大学社会学系对云南一些著名的田野点的再研究。这些研究延续了前人学术研究的生命力和学术价值，与前辈进行了对话，也为后来者进行追踪研究提供了理论与实践上的借鉴。

三、蒙古族社会文化变迁研究

蒙古族社会文化变迁受到了许多学科的重视，近年来涌现出

① ［澳］葛迪斯：《共产党领导下的中国农民生活——对开弦弓村的再调查》，载于费孝通：《江村农民生活及其变迁》，敦煌文艺出版社 1997 年版，第 350 页。

一批相关的著作和文章。其中比较有代表性的著作如色音的《蒙古游牧社会的变迁》、闫天灵的《汉族移民与近代内蒙古社会变迁研究》、王玉海的《发展与变革——清代内蒙古东部由牧向农的转型》以及斯平主编的《内蒙古社会发展与变迁》，等等。这些著作虽然都是以蒙古族社会文化的变迁作为主题，但其研究路径还是存在明显的差异。大致可以分为如下两种：一种是宏观层面的理论性探讨，一种是微观层面的社区研究。如《蒙古游牧社会的变迁》一书以蒙地农耕面积的扩大和汉族人口的增加为突破口，阐明了农耕文化和游牧文化在北方草原上的冲突与交融的过程；《汉族移民与近代内蒙古社会变迁研究》一书则在占有大量史实资料的基础上，以汉族移民的进入为线索，探讨了近代内蒙古社会变迁的过程、特征以及影响。这些类型的研究显然属于上述的第一种研究路径。

注重村落社区研究，以小见大也是学界对蒙古族社会文化变迁研究的另一个重要特征。如色音的《蒙古游牧社会的变迁》一书的后半部分就提供了五个不同类型的社区个案来印证和加强自己的观点；包智明的《科尔沁蒙古族农民生活》一书则完全建构在村落社区研究的基础之上，展现了东部蒙古族社会由牧向农的转型，并通过村落的横向对比分析了相关因素在这一变迁过程中的影响与作用；马戎“体制变革、人口流动与文化融合”一文通过对一个蒙古族社区的深入分析，揭示了北方草原蒙古族牧业社会的历史文化变迁。

蒙古族社会文化变迁在内容上主要表现为生产方式由牧业向农耕的转变，在生活方式上逐步与汉族趋同。色音的《蒙古游牧社会的变迁》一书以历史的视角阐明了农耕文化和游牧文化在北方草原上的冲突与交融的过程，展现了蒙古族生产生活方式的变迁过程；包智明的《科尔沁蒙古族农民生活》一书通过村落研究的方式展示了东部蒙古族社会在生产生活方式上的转型；闫天灵的《汉族移民与近代内蒙古社会变迁研究》一书则在对史实资料细致分析的基础上，具体阐述了伴随着汉族移民的进入，近代内蒙古地区社会文化变迁的过程及特征。王玉海的《发展与变革——清代内蒙古东部由牧向农的转型》以及斯平主编的《内蒙古社会发展与变迁》等作品也都对这些变迁的内容给予了密切的关注。

在蒙古族社会文化变迁动因方面，学者们也给出了较为一致的答案。色音认为，蒙地开垦以及汉人的大量进入是蒙古族社会生产生活方式变迁的最直接动因。蒙地开垦导致蒙古族地区经济类型由单纯的牧业分化成牧业、半农半牧和农业三种，使得很大一部分蒙古族人口从牧民转化成农民，并在与汉族人口的频繁交往中改变了传统的生活方式。① 闫天灵关注的主题在于汉族移民对近代内蒙古社会变迁所产生的影响。他认为汉族移民的大量进入使得蒙古族社会变迁成为可能和必然，而汉族大量进入的原因在于农耕对游牧的经济补充、经济利益上的双赢、民族政策的保障功能以及蒙古族与汉族民间交往的存在。这样的一种大规模的民族交流导致了内蒙古地区民族—经济—文化区的重构；值得注意的是他还探讨了移民开垦与塞外生态环境变迁之间的关系。②包智明也认为，草、牧场的大面积开垦、汉族人口的大量涌入以及蒙古族本身的经济生活需求是导致蒙古族地区农业化的最根本原因。马戎则提出，在理解蒙古族社会文化变迁过程中必须抓住体制变革这一条线索，注意国家体制政策在这一过程中的作用与影响。③

---

① 色音：《蒙古游牧社会的变迁》，内蒙古人民出版社 1998 年版。

② 闫天灵：《汉族移民与近代蒙古族社会变迁研究》，民族出版社 2004 年版。

③ 马戎：《体制变革、人口流动与文化融合》，载于潘乃谷、马戎编《社区研究与社会发展》，天津人民出版社 1996 年版，第532 页。

由于自身到蒙古族地区插队经历的影响，马戎撰写了一系列与内蒙古地区蒙古族有关的文章，如《赤峰农村牧区蒙古族与汉族通婚的研究》、《居住形式、社会交往与蒙古族与汉族民族关系》、《体制变革、人口流动与文化融合：一个草原牧业社区的历史变迁》、《牧区体制改革与草场使用、人口迁移、社区生活及草原生态系统的变迁》、《内蒙古半农半牧区的社会、经济发展：府村调查》等，从多个角度展示蒙古族社会生活的方方面面，对相关研究产生过较大的影响。其他一些对本研究有启发性的相关研究还有闫天灵的"论汉族移民影响下的近代蒙旗经济生活变迁"、麻国庆的"论影响土默特蒙古族文化变迁的因素"、丁元竹的"牧区的经济组织及其发展问题——一个跨生产类型的比较研究"、色音的"巴尔虎蒙古部生产及生活方式的变迁"等文章。

以上这些学术成果为研究蒙古族社会文化变迁提供了相当多的实证资料和研究思路。然而我们能够发现目前对蒙古族社会文化变迁的研究中普遍存在研究方法较单一，缺乏可靠的历时性材料，因而对民族地区农村改革发展的解释缺乏历史厚重感。同样值得注意的是，对蒙古族社会文化变迁研究的另一个很大不足在于就事论事，缺乏理论视角的指导，没有深入的理论探讨。即使是那些进行宏观性理论探讨的著作也存在这样的缺陷，因而其研究成果对其他民族或其他地区缺乏普适性的解释能力及对比研究的可能。如国家与社会的研究框架在汉族社会研究中是一个非常重要且常见的分析框架，而这样一些理论在蒙古族社会文化变迁的探讨中很少得到应用。同时相关研究对蒙古族社会早期的变迁关注较多，而对近期尤其是20世纪90年代中期以来的社会文化变迁现实则没有做出应有的回应。变迁的研究很容易成为一种大而全的泛泛之谈，这就要求我们在进行这种类型研究的时候必须有鲜明的主线，而在一些既有的村落研究中显然没有做到这一点。本书拟从追踪研究的角度进行研究，尽量进行比较科学的研究设计，在力所能及的范围内力争克服现有研究存在的不足。

第六节 理论分析框架

一、国家—社会分析框架

“国家与社会”理论在20世纪90年代引入中国以来，很快席卷各个学科，成为当代中国研究的一个主流分析框架。在西方学术界的主流话语中，“国家与社会”可以表述为：个人从身份制的、血缘或地缘性的共同体获得解放；在旧的共同体瓦解的基础上，取而代之的是直接以个人（市民）为基本单位的新的社会结合形式；这样的结合形式一方面表现为统治直接及于个人的国民国家，另一方面则是通过个人的自由结合而形成、自立于国家或能够与国家相对抗的市民社会。① 这些结合形式中前者是对国家政权建设特质的基本概括，后者描述了市民社会的兴起。中国社会研究对“国家与社会”视角的引进和确立，也恰恰是通过这样两个途径实现的：一个是对市民社会理论研究，另一个是对“国家政权建设”的研究。② 而在具体研究中，我们通常使用的是“国家与社会”的常识性用法，即“存在于一定时空里的某种公共权力以及此公共权力之下人们的日常生活世界”。③ 国

① 王亚新：《内在的理解与冷静的批评》，载于张静编《国家与社会》，浙江人民出版社1998年版，第91页。

② 熊万胜：《“国家与社会”框架在乡村政治研究中的适用性》，载《华东理工大学学报》（社会科学版）2003年第3期，第56页。

③ 王亚新：《内在的理解与冷静的批评》，载于张静编《国家与社会》，浙江人民出版社1998年版，第92页。

家—社会分析框架在解决自上而下的“国家”主导解释模式的同时，还注意了事物发展过程中内因与外因的关系、结构与能动的关系等问题，成为学者分析中国社会的一个强有力的工具。

（一）国家与社会关系

国家与社会分析框架是建立在二元对立的架构上的。这一框架把国家和社会视为两个不同的权利单位，从市民社会与国家的分立这个角度来讨论问题，它假定在这两个单位之间存在着一种紧张的关系。[①] 这样国家与社会关系就成为国家与社会分析框架的核心问题，对国家与社会关系的认定是采用这一分析框架进行研究的基础。

在西方，国家与社会的关系问题自古以来就是社会政治思想的一个重要组成部分，其发展经历了一个演变过程：古希腊城邦时期有关个人、社会、国家有机统一的社会理想——无政府主义者以社会对抗国家的思想——自由主义者“小政府、大社会”的国家与社会关系理论——黑格尔主义中“作为社会最高组织形式的国家”的理论。[②] 这些理论中以洛克为代表的自由主义者的“市民社会先于或外在于国家”的关系构架和黑格尔所倡导的“国家高于市民社会”的关系构架影响最大。洛克认为，市民社会先于或外于国家，实质上市民社会决定国家，而国家对市民社会只有工具性的作用，市民社会对国家享有最高裁判权。而黑格尔认为虽然市民社会与国家相互依存，但又是处于不同层次，国家高于市民社会，并对市民社会不自足的状况进行救济抑或干预，从而肯定了国家对于建构市民社会的积极作用，在某种程度

---

① 徐富海：《政治社会学研究——访北大社会学系张静》，载《北京大学研究生学刊》2002 年第 1 期。

② 唐士其：《西方关于国家与社会关系的理论》，载《国际政治研究》1994 年第 4 期，第 59—65 页。

上否认了市民社会对于建构国家的正面意义。[①] 这两种关系构架是对不同侧面的强调，即洛克透过对国家权力的限定而肯定市民社会，黑格尔透过对市民社会的低评价而对国家至上的基本认定，构成了它们之间的区别。这两种关系构架是关于国家和社会结构关系分析的最基本的分野，是国家与社会关系的两大学理传统。[②] 一些学者从反思国家与社会关系二元对立预设的角度出发，提出了一些超越性的观点。如英国哲学家柯亨（Cohen Jean. L）和阿拉托（Arato Andrew）提出以“市民社会/经济/国家”三元模式替代“市民社会/国家”这个二元模式；[③] 黄宗智认为从西方近代历史中抽象出来的基于二元对立的“国家/社会”模式不适合于分析中国社会。他通过对清朝司法系统运行的研究，提出了在研究中国问题时应采用“国家/第三领域/社会”的三元分析模式。[④]

目前关于理想的市民社会与国家关系模式，国外学者提出以下几种具有代表性的观点：市民社会制衡国家、市民社会对抗国家、市民社会与国家共生共强等，还有学者认为在民主体制下市民社会和国家关系理想的格局是强国家和强市民社会和谐共存。[⑤] 沿袭西方的学理传统，在对中国社会文化历史的宏观分析和对特定时空进行实证研究的基础上，学者们对中国的国家与社

① 王建平：《从当代中国研究反观国家与社会的关系》，载《学术交流》2003年第5期，第93—98页。

② 唐利平：《国家与社会：当代中国研究的主流分析框架》，载《广西社会科学》2005年第2期，第171页。

③ 童世骏：《“后马克思主义”视野中的市民社会》，载《中国社会科学季刊》1993年第5期。

④ 梁治平：《习惯法、社会与国家》，载于张静编《国家与社会》，浙江人民出版社1998年版，第79页。

⑤ 何增科：《市民社会：民主化的希望还是偶像——八十年代以来国外市民社会研究述评》，载《中国社会科学季刊》1998年第2期。

会关系得出了不同的见解，主要有国家控制社会、社会与国家相互渗透、社会改造国家这样三种观点。针对同一研究对象得出这样大相径庭的观点，表面看来十分矛盾，事实上正是反映了中国国家与社会关系的多样性和复杂性。笔者认为，产生这种现象的原因不外乎以下三点。

第一是研究者对中国进行分析时所针对的时代不同，即时间要素差异。从人类历史的角度来看，国家与社会关系表现出很不同的特点；就同一国家而言，在不同的内部和外部环境下，国家与社会关系也呈现不同面相。不同时代国家与社会关系既取决于一个民族特定的历史文化传统，也取决于各个时代每一个社会面临的具体环境，还取决于它本来的发展方向。[①] 在国家与社会关系并非一成不变的前提下，学者针对中国不同时代进行研究自然容易得出不同的结论。

第二是研究者对中国进行分析时所针对的地域不同，即空间要素差异。中国幅员广袤，而且地区之间发展存在极大的不平衡性。前者导致文化差异，如华南社会与华北社会之间在历史文化传统上的不同乃至家族势力的大小等因素上的差异也会导致对中国国家与社会关系得出不同结论。后者体现社会发展阶段的差异，如当今中国东南沿海地区国家与社会关系显然会与中国西部地区存在较大不同。

第三是研究者对中国进行分析时所针对的领域不同，即层次要素差异。相关研究中一个值得注意的问题是国家与社会关系在各个领域中并非具有均质性。即使在一个特定时空中，其文化领域、政治权利领域、经济领域和社会领域之中可能会体现出不同的国家与社会关系。例如，一个地区在政治领域是国家控制社

① 唐士其：《国家与社会的关系——传统社会主义模式的理论与实践》，载《国际政治研究》1995 年第 3 期，第 99—102 页。

会，在经济领域是社会改造国家，在社会生活领域则体现出社会与国家相互渗透的趋势。这样一种局面是有可能出现的，甚至可以说东南沿海地区已经出现了这样一种局面。

国家与社会的关系是社会生活中最基本也是最复杂的关系。不难看出，不论是采用何种特定分析模式，都难以真正认识和把握中国国家与社会的复杂互动关系。而只有将这一框架置于特定时空中的社会，并将关注点集中在特定领域时，才能洞彻二者之间联系作用的复杂机制。[①]

（二）研究路径

市民社会理论和对国家政权建设过程的理解是国家与社会分析框架的两个源头；中国社会研究对“国家与社会”视角的引进和确立，也恰恰是通过这样两个途径实现的。[②] 20 世纪 90 年代开始，作为对“社会中心论”和“国家中心论”的一种反动，一些学者极力破除这样的一种二元对立，倡导“社会中的国家”这样一种新取向。张静在《政治社会学及其主要研究方向》一文中将国家与社会分析框架划分为“市民社会说”、“国家中心说”和“社会中的国家说”这三种有所交叉的研究路径。[③] 可以发现，在某种程度上这三种研究路径与上文学者对中国国家与社会关系的三种不同认识是一一对应的。

1. 市民社会研究方向

所谓“市民社会”，是指在那些源自保护个人自由的思考以及反对政治专制的近代自由主义政治思想、源自对市场经济的弘

---

① 王建平：《从当代中国研究反观国家与社会的关系》，载《学术交流》2003 年第 5 期，第 96 页。

② 熊万胜：《“国家与社会”框架在乡村政治研究中的适用性》，载《华东理工大学学报》（社科版）2003 年第 3 期，第 55—59 页。

③ 张静：《政治社会学及其主要研究方向》，载《社会学研究》1998 年第 3 期，第 15—23 页。

扬以及对国家干预活动的应对的近代自由主义经济思想的基础上而逐渐产生的相对于国家以外的实体社会。[①] 市民社会研究是“国家与社会”研究在中国兴起的主要途径。这样一批研究者在“对原本中国社会发展研究中的那种自上而下单向性‘国家’范式进行批判的基础上，把社会或市民社会的观念引入了中国社会发展研究之中，进而形成了‘国家与社会’这一理论分析框架”。[②] 市民社会论特别关注国家与社会双方的权利边界确定，以防止垄断组织—国家的越权。由于核心概念“市民社会”在概念上的争议及适用性方面的问题，导致这一研究方向在理论上的贡献远大于在实际研究中的贡献。一些学者特别指出用市民社会理论分析中国市场化改革带来的城市社会结构变迁是有意义的，而用之分析中国乡村社会结构，特别是传统乡村或改革前后的乡村社会结构基本上是无效的。[③]

2. 国家政权建设研究方向

国家政权建设理论是指在现代化进程中，后发现代化国家的现代资源总是稀缺的，需要国家动用国家的力量把稀缺的现代化资源动员集中起来，以推动国家的现代化进程。中国自晚清政府、民国政府，直至中华人民共和国，国家政权不断向乡村渗透，终于建成了“全能主义国家”（total state），国家垄断了一切有价值的资源，形成原子化的个人直接面对国家的格局。对中国社会进行研究的学者，特别是研究中国基层社会秩序和社会变迁

① 邓正来：《国家与社会》，载于张静编《国家与社会》，浙江人民出版社 1998 年版，第 274 页。

② 邓正来：《“国家与社会”研究框架的建构与限度——对中国乡土社会研究的评论》，载于王铭铭、王斯福编《乡土社会的秩序、公正与权威》，中国政法大学出版社 1997 年版，第 609 页。

③ 郑卫东：《“国家与社会”框架下的中国乡村研究综述》，载于《中国农村观察》2005 年第 2 期，第 72—79 页。

的学者，大都接受一个主流性的观点，他们使用国家政权建设来解释基层秩序的变化，认为这种变化的重要原因之一，是国家政权深入基层的结果。① 这个主流性的框架对现代中国基层社会研究产生了决定性的影响，这一研究路径被公认为是研究成果最多的。费孝通、杜赞奇、黄宗智、张仲礼、孔飞力、魏菲德、T. Skocpol 等学者有关中国社会史的研究，都曾以不同的方式和概念话语指出，由于近代国家强化自身权力、向基层吸取资源过程的推进，使基层秩序发生了一个前所未有的变化。②

3. 社会中的国家研究方向

这种新取向的目的在于破除国家与社会的两分，主张把国家看成非统一的组织体系，国家的各个部分“嵌入”社会的情况都是差异性的，它的中心部分和边缘部分同社会的各个群体互动，这些互动有着不同的形态、特质、速度和结果。国家的作用依靠它的不同部分与社会不同部分的联结，当他们互相面对的时候，各种推力和拉力影响着双方的控制领域，这些领域的边界模糊而又经常移动。这种研究取向把社会及国家各自的行动理解为灵活的、反应性的，因而至少部分地是偶然的，非前设的（预定的）。国家和社会双方在社会结构中的相对位置及行动都是互动的结果，无法预先确定。③ 民众对国家的适应性转变，和国家对民众的适应性转变一样，这两个过程使双方的政治行动得以持续，民众和国家都给对方压力，只是不同的部分接受的压力不同，所以国家和社会事实上是相互创造并互为条件的。郑卫东认为“社会中的国家”采取的是一种“事件/关系”分析模式。他

① 郑卫东：《“国家与社会”框架下的中国乡村研究综述》，载于《中国农村观察》2005 年第 2 期，第 73 页。

② 张静：《基层政权——乡村制度诸问题》，浙江人民出版社 2000 年版。

③ 张静：《政治社会学及其主要研究方向》，载《社会学研究》1998 年第 3 期，第 20—21 页。

在总结相关研究基础上提出，持该种立场学者对社会现象的解释表现出基本相同的立场："坚持回到问题本身去解读社会现象，引入策略行动者假设，通过'过程—事件'分析，在实践中把握国家与社会的关系本质；"同时他们的研究具有共同旨趣："过程—事件"的分析策略、引入策略行动分析、把国家与社会关系看作是一种过程。①

二、研究主题与分析框架的结合

马戎在"体制变革、人口流动与文化融合"一文中提出，在理解蒙古族社会文化变迁过程中必须抓住体制变革这一条线索。在不同的行政管理体制、生产资料所有制、经济商业管理体制下存在着不同的社会组织形式，对人的观念、行为和各类人际关系也有不同的规范体系。长期以来，我国的政治体制、政府政策在社会、经济和人民生活中的作用是十分重要的。他认为，抓住这条主线，分析各种体制下人们如何生产生活，如何与社区内部成员、外界人员交流互动，在两种体制交替的转型时期如何根据外界条件和自身利益来理性调整自己的行为，就有可能帮助我们从总体社会发展、文化变迁的角度理解这个小小社区，又反过来在透视这个社区的过程中力争理解和把握蒙古族社会发展、文化变迁的总体轨迹。② 笔者认为这种研究思路是相当中肯且具有重要实践意义的。正是基于对体制政策在社会变迁中重要性的这种认识，本研究通过对蒙古族村落社区发展与变迁的考察，有意识地探讨"体制政策与社会变迁"之间的关系问题。

---

① 郑卫东：《"国家与社会"框架下的中国乡村研究综述》，载于《中国农村观察》2005年第2期，第75—76页。

② 马戎：《体制变革、人口流动与文化融合》，载于潘乃谷、马戎编《社区研究与社会发展》，天津人民出版社1996年版，第532页。

"体制"一词大致对应于英文中的"Institution"，具体指国家机关、企业、事业单位等的组织制度。它的意思是，人们为了实现某种社会功能而形成的办事原则、准则和规范，以及负责这些规范的实施的社会组织或机构。这个词在汉语中和"制度"一词的含义基本重合，我们一般把"体制"一词应用于一些较大的基本的社会制度上，如政治体制、经济体制、文化体制，等等。而政策则主要指国家或政党为实现一定历史时期的路线而制定的行动准则。我们通常所说的"大政方针"就可以看作体制政策的同义词，其中大政可以对应体制，方针可以对应政策。体制政策是国家政府意志的体现，国家以体制政策作用于社会。在一定程度上来说，国家与政府就是通过制定体制政策的方式来构建社会运行方式和达成社会运行目标的。国家与社会的互动往往正是通过这样一些媒介来实现的。从这个角度来说，对国家体制政策与社会变迁的关注可以归结到对国家与社会关系的探讨上。

从第一章第五节有关国家—社会理论的介绍中可以看到，这一分析框架通常是先建构或划分出某种公共权利以及与其相对应的一个日常生活世界，然后在这样一个二元对立的基础上来分析两者之间的互动关系与结果。具体而言，本研究将把体制、政策作为国家的化身来看待，而把传统、习俗、民族文化和村落自身的运转逻辑作为社会的层次来对待，把社会变迁作为两者相互作用的结果，并探讨两者之间在社会发展变迁中的互动关系和互动过程。即在社会变迁与发展的过程中，国家扮演什么样的角色，居于什么样的地位，起到什么样的作用？社会层面在这一过程中如何应对及形成相互作用？二者互动的结果是什么？

上文提到，国家—社会分析框架在中国研究中通常有三种研究路径，即市民社会研究方向、国家政权建设研究方向及社会中的国家研究方向。本研究在总体上采用国家—社会分析框架，在具体研究路径上则倾向于国家政权建设。具体原因有以下两点：

一是国家政权建设中的国家与社会是国家与“基层社会”，而在市民社会研究中则是国家与“市民社会”。[①] 显然本研究所关注的关系类型属于前者。二是本研究关注国家体制政策对地方社会变迁的作用与过程，很显然这与国家政权建设者“使用国家政权建设或国家政权深入基层来解释基层秩序的变化”的解释旨趣相一致。然而国家政权建设视角倾向于关注外部条件对社会变迁的作用，即关注国家对社会的统制作用；这样一种“动力”的角度显然忽略了国家与社会之间“讨价还价”或竞争本身对社会变迁的意义。[②] 对于社会变迁这样一种社会事实，无视村落主体的反应与行动显然是不足以准确理解这一过程的。而社会中的国家研究方向“侧重于在国家与社会力量之间的互动和紧张中寻求社会变迁的建构道路与途径”。这样的一种关怀恰好可以弥补前者的不足。因此本研究在采用国家—社会分析框架来进行研究时，将结合国家政权建设方向和社会中的国家研究方向，力图取其优点，去其不足。就现实而言，在少数民族地区这样一个场景中，探讨国家通过体制与政策这样一个媒介对社会文化变迁的作用与影响，很显然是国家居于主导地位，社会处于配合的地位。国家的作为是社会发展的主要动力，社会层面自身并未发展出促进社会变迁的主导力量和能力，或者说这一层次的力量相对而言非常弱小。然而这些并不能否认这些地区国家与社会之间互动的存在，包括良性（相互配合与支持）与非良性（彼此敌对或消极应对）的互动过程。正是在这样一种不对称的互动中，在国家力量与社会力量的博弈中，一场以国家体制政策为主导的社会变

---

① 熊万胜：《“国家与社会”框架在乡村政治研究中的适用性》，载《华东理工大学学报》（社会科学版）2003 年第 3 期，第 56 页。

② 邓正来：《国家与社会》，载于张静编《国家与社会》，浙江人民出版社 1998 年版，第 283 页。

迁得以发生。

本部分说明了本研究采用国家—社会分析框架进行理论解释的合适性和必要性。事实上，采用这样一个分析框架还具有如下几方面的意义。

第一，尽管国家与社会这个解释框架近来在中国社会研究中得到了较为广泛的应用，但由于这一解释框架来源于政治学，其往往是与“权力”这个政治学中心词汇紧密相连。从目前来看，国家与社会的解释框架在中国乡村政治研究中应用相当普遍，而在乡村发展变迁方面的应用则没有得到太大的拓展。本研究可以看作这方面的一种尝试。值得注意的是，政治范畴内的国家与社会和社会发展层面的国家与社会在意涵方面存在一定的差异性。政治范畴中的国家与社会关系中侧重权力的划分，侧重于公民社会研究方向或国家政权建设方向；社会发展范畴中的国家与社会侧重于权力合作的一面，其中颇有“社会中的国家”的意涵。

第二，在中国乡村社会研究中，国家—社会分析框架通常被用来解释乡村治理、乡村政治、秩序和权威的产生及维持等内容；以体制政策在社会变迁过程中的作用与结果作为纽带来研究国家与社会关系较为少见，拓展了这一框架的分析范围。

第三，学界目前对国家—社会分析框架的应用主要集中在分析城市社会（大多以汉人为主）和汉人社区，而缺乏在这一框架指导下的少数民族社会研究，这必然容易导致研究结果的偏颇性，并降低其对中国社会的解释力度与适用范围。而在少数民族社会这样一个场景中，这种类型的研究在增长地方性知识的同时，还能让我们体会到国家与社会关系的多层次性与复杂性。

第四，使用国家—社会分析框架来解释少数民族地区社会变迁的过程其实也是对这一分析框架自身适用性的一个检验过程，同时还是对目前学者既有的国家社会关系判断的一个检验过程。正如一些研究者所言：中国正处在由“国家高度统合社会的时期”向“国家变更其职能而逐渐地撤出其不应干预的社会经济领域”转变的转型时期。① 大多数学者对这种现实感到欢欣鼓舞，普通民众也认可这样一种进步。然而在对这种国家与社会关系的变化持正面态度的同时，是否也应该考虑地域因素、民族文化因素和发展不平衡因素的存在。这种转型在政治经济文化相对落后的民族地区、农村地区、偏远地区是否适合？是否会导致国家退而社会不进或不力的状况呢？这样一些问题在后文中将会得到具体解答。笔者认为，在这些地区，暂时的国家统合社会还是必须的。就本研究而言，笔者认为国家的体制政策适宜于在这些地区当前的发展与变迁中发挥主导性作用。在这样一些地区，社会中需要更多国家身影的存在。

第七节 基本研究假设

在相关文献整理和初步调查的基础上，本研究提出如下基本假设。

（1）蒙古族地区的社会变迁是全方位的。这种变迁首先体现在生产方式上，而生产方式的变化又导致了蒙古族在生活方式、行为方式、思维方式乃至价值观念上的变化。

（2）国家体制政策在社会发展过程中有着举足轻重的作用。对于相对缺乏发展内生性动因的民族地区而言，体制政策在其社会文化变迁方面的影响更为明显。国家的体制与政策可以视为蒙古族乡村社会变迁的重要力量和主要线索。

（3）蒙古族社会文化变迁是国家力量与当地社会力量相互

① 邓正来：《国家与社会》，载于张静编《国家与社会》，浙江人民出版社 1998 年版，第 265 页。

作用的结果。本研究把体制、政策作为国家力量的象征来看待，而把传统、习俗、民族文化和村落自身运转的内在逻辑作为社会力量的层次来对待。在国家政策的基础上，各种力量相互博弈最终决定了社会变迁的方向与速率。

（4）在国家与社会两极的互动过程中，两者的地位并不平等。国家力量居于主导地位，社会力量居于从属地位。在蒙古族乡村社会发展变迁过程中，当地民众是参与者，但并非决定性力量。社会整体变迁乃至大多数人生活境况的改善在较大程度上受国家体制政策等宏观因素的影响，而非个人奋斗等微观因素。从国家与社会关系的角度来看，这些地区明显属于“强国家—弱社会”的类型。

（5）国家体制政策对农村社会变迁的作用是必然的，但是变迁的方向与程度往往不是制度设计者所能预设的。国家在民族地区的政策必须具有针对性，应充分考虑其历史文化特性、当前发展阶段乃至区位地理环境等现实情况。基层政府作为国家政策的执行者，在社会变迁中的作用不容忽视。

第二章　历史视野中的村落变迁：村落史的脉络

第一节　村落形成与村名的由来

村落是从农业社会中发展出来的一种居住和生活形式，其自身包含有定居、聚居的意涵。这种特征显然是与农业社会的生产生活方式相适应的。而对于具有游牧传统的蒙古族而言，在历史上他们并没有形成聚村而居的习惯。即使是在农业生产方式进入蒙古地区，乃至半农半牧经济形态逐步形成的情况之下，村落的自然发展程度仍然较为低下。

白村村落形成于伪满时期。在伪康德三年（1936），伪满政府为了加强对东部蒙古族地区的统治和管理，实行“并户”政策，强行把分散居住的住户和小居民点合并到一起，并用高高的围墙把所有的住户围起来，成立为一个“甲”。从此在这一地区形成了真正意义上的村落（自然屯）。

在现代东部半农半牧区的蒙古语中，村落叫“艾里”（ail）。但是，艾里的原意并非指村落，而是指一户“人家”。而在内蒙古的锡林郭勒盟等地的纯牧区，艾里现在仍然指人家而非村落，因为在这些地区至今没有形成真正意义上的村落，只有三、五户人家组成的居民点（当地人称之为“浩特”）。在东部蒙古地区出现定居放牧和引进农耕文化之后，出现了少则三五户，多则也只有十几户的定居点。但是，这时仍然没有形成类似汉族地区的村落。在居民点内部各户之间，也是分散居住，远的相隔几百米，近的也有五六十米。这个时期的艾里也用来指居民点，但其原意并没有发生根本的变化。只是用这个居民点中最有地位的人家来代表这个居民点而已。比如“帮代艾里”、“汇班艾里”和“沙德图艾里”等，“帮代”、“汇班”为当时的官衔，“沙德图”为人名，因在居民点中居住着这种有权势的人家，所以用这个人家来代表整个居民点。实际上，当时的每个居民点都是以一户有权有势的人家为中心形成的，其他住户不是他的亲戚，就是为他做耪青（类似汉族农业社会中的长工）扛活的人家。当然也有一些居民点是以其附近的土丘、山丘等的名字命名的，比如“特木根温都尔”等。

总之，从并户之后，在这一地区才真正形成了类似汉族地区的村落，“艾里”这个蒙古语词的词义也发生了根本的变化。从社会语言学的角度讲，这种词语语义的变化事实上是社会现实变化的一个反映。“艾里”的词义从“独户人家——小的居民点——村落”的逐步转化过程恰好反映了内蒙古东部蒙古族地区居住方式的演变历程。而我们也注意到，蒙古族村落的形成并非一个自发的过程，其中外力的推动甚至比内发因素有着更重要的作用。

在伪满政府推行“并户”政策之前，白村村址是当时这一带有名的旺其克白音[①]的牧场。实行并户之后，把沙德图、额日吐、特木根温都尔和黄沙吐等附近居民点的住户（30余户、150人）集中到这里成立为一个甲。一个甲就是一个自然屯，蒙古语也叫“艾里”。如前文所言，这时的艾里的词义，与其原意有了本质的不同，不再指称某一户人家，而是指整个自然村落。并户

① “白音”，蒙古语的意思是有钱人家，汉语译为“牧主”。

后，村名（即艾里名）定为“套浩宝日”。“套浩”的意思是胳膊肘，“宝日”的意思是土丘。因村中有一块胳膊肘形状的土丘而得此村名。“套浩宝日艾里”从此诞生。1947 年土地改革时村名更改为“白音套浩”（汉文多写“白音套海”）。1958 年公社化以后，全村分为两个生产队（五队和六队）归属于东花灯大队，村名不再作为行政单位来使用。1984 年撤销大队，成立嘎查（行政村）。五队和六队从东花灯独立出来，共同组成一个嘎查，恢复 1958 年前的村名，叫“白音套浩”嘎查，并一直沿用至今。

第二节　行政区划及所属的演变

白村所属地区在历史上隶属蒙古科尔沁部，是成吉思汗的二弟哈布图哈萨尔及其后代的领地。天命九年（1624）科尔沁部领主奥巴率部归降后金。崇德元年（1636），清政府开始在科尔沁部所属地区编建札萨克旗，[①] 所建各旗为清政府的直辖旗，隶属于蒙古衙门（后改称“理藩院”），受哲里木盟长监督，盛京将军节制。到顺治七年（1650），清政府在原科尔沁部所属地区共编建了科尔沁右翼中旗、科尔沁右翼前旗、科尔沁右翼后旗、科尔沁左翼中旗、科尔沁左翼前旗和科尔沁左翼后旗等科尔沁 6 个札萨克旗。清政府在编建札萨克旗的同时，还对原来的科尔沁部的领地重新进行了调整。

清朝编建札萨克旗之后，白村所在地区隶属于科尔沁左翼中旗。科尔沁左翼中旗编建于崇德元年（1636），满珠习礼为首任

① 每个旗又下设“佐领”（蒙古语称“苏木”），150 丁编为一佐领。在科尔沁各旗中，白村所属的科尔沁左翼中旗为最大的一个旗，下设的佐领有 46 个。

札萨克。[①] 顺治九年（1652），因清政府赐予该旗札萨克“达尔罕”号，故俗称科尔沁左翼中旗为达尔罕旗。清朝时期，该旗所属地域包括今天的内蒙古科尔沁左翼中旗、吉林省公主岭市、梨树县的全部，内蒙古通辽市（今通辽市科尔沁区）、吉林省四平市、双辽县的大部，内蒙古科尔沁左翼后旗、辽宁省康平县的一小部分。由此可见，当时的科尔沁左翼中旗的地域之辽阔。

清朝初年，内蒙古地区实行的是一元化的蒙旗制度，直属理藩院管理，实行独立于内地行省制的边疆特别体制。其后在清政府“蒙禁”政策日渐松弛的情况下，汉族移民大量进入蒙地垦荒。汉族移民的增加，不仅引起塞外民族结构和经济地理的变化，同时也给这里的行政管辖提出了新问题。[②] 为了解决这些问题，清政府开始在蒙古族地区设置独立于蒙旗政府的机构处理相关事务。自此，蒙古族地区进入旗县分立、蒙古族与汉族分治的二元体制时期。

随着在科尔沁地区开垦种田的汉族民众和做买卖的满汉商民大量增加，清政府在这一地区也陆续增设了如同内地的府、厅、州、县建制，管辖满汉商民和已经开垦的地区。这种旗县分立的二元体制使得科尔沁各旗的管辖范围和权限有所减少，部分区域被这些新的建制割去，或在同一地区形成了旗县并存的局面。自乾隆年间至清末，清政府在原哲里木盟所辖地区就增设了三府、四厅、一州、十二县。其中，与原科尔沁左翼中旗的管辖区域有关的新建制就有昌都府及其所管辖的奉化县、怀德县、康平县和辽源州等。

---

① 札萨克，指清朝和民国初年，蒙古各旗的封建世袭（或由清政府任命）的一旗之长。

② 闫天灵：《汉族移民与近代内蒙古社会变迁研究》，民族出版社2004年版，第282页。

“中华民国”成立之后，民国政府设立蒙藏事务局（后改为蒙藏院、蒙藏委员会等），专门处理内蒙古等地区的事务。民国初年至伪满洲国建立，民国政府继续在内蒙古地区实行清代建立的盟旗制度和札萨克世袭制度，但内蒙古各旗被划分到各省管辖。科尔沁左翼中旗归属奉天省管辖。

1931 年“九一八事变”之后，我国东北地区被日本侵略者占领。在日军的操纵和策划下，在东北建立了伪满洲国。内蒙古东部的哲里木盟、昭乌达盟、卓索图盟以及呼伦贝尔、西布特哈地区相继被日军占领，也成为伪满洲国的一个组成部分。1932 年（伪大同元年），伪满洲国中央政府设立直属于国务院的兴安局（后改为兴安总署、蒙政部和直属于国务总理的兴安局等），管辖日军占领的东部蒙古地区。兴安局（或兴安总署）下设兴安南、兴安北、兴安东、兴安西等四个分省（后“分省”改为“省”）。与此同时，伪满政府废除了从清朝时期沿袭下来的盟建制。虽然名义上保留了原来的旗建制，但对原有的体制进行了大幅度的改革。[①] 比如废除札萨克及其王公世袭制度，建立旗长制，设立其实际权限超过旗长的、由日本人担任的参事官等；同时取消札萨克衙门和旗总管衙门，建立旗公署。伪满政府又以法令[②]的形式为科尔沁 6 个旗规定汉文简称，根据左东右西的原则规定，科尔沁左翼中、前、后旗分别简称为东科中旗、东科前旗、东科后旗，科尔沁右翼中、前、后旗分别简称为西科中旗、

① 这种改革涉及很多方面，当然也涉及蒙古地区的社会制度方面，如废除自古沿袭下来的奴隶制度等。

② 1932 年（伪大同元年），伪满政府颁布《旗制》，建立了新的旗建制和行政制度。

西科前旗、西科后旗。[①] 日本投降之后这些简称停止使用。1943年兴安南、兴安东、兴安西等三省合并为兴安总省，仍保留兴安北省。这种建制一直延续到1945年日本投降。

伪满时期，白村所在的科尔沁左翼中旗隶属伪满兴安南分省（后改为兴安南省、兴安总省），简称东科中旗。东科中旗下设若干区（蒙古语称“努图克”）。白村所在地区隶属第九区。因区公所设在敖古斯台艾里，当地蒙古族民众也称该区为敖古斯台努图克。努图克下设行政村（蒙古语称嘎查），白村隶属敖古斯台努图克第二行政村（简称“二村”）。二村管辖包括白村（套浩宝日）在内的5个甲（即自然屯，蒙古语叫“艾里”）。一个甲管辖2—5个牌，一个牌管辖10个住户。白村最初只有3个牌，后逐渐发展为5个牌。伪满政府为了加强对蒙古地区的统治，建立了省、旗、区（努图克）、村（嘎查）、甲（艾里）、牌等的各级行政管理体制，使中央政权延伸到了占领区的每一个角落，为在这些地区顺利实施伪满中央政府的各项政策（包括征收苛捐杂税、招募国兵等）建立了较为完备的行政体制。可以说，以往的任何朝代都没有做到这一点。[②] 这种行政体制一直延续到日本投降和伪满洲国倒台。

1945年伪满洲国倒台之后，在白村这一带，国民党军队和共产党领导的人民军队进行拉锯战，交替建立各自的政权。直到1947年活动在这一带的包善一率领的国民党残余军队被彻底消灭之后，这一地区才得以解放，并建立了人民政权。1946年4月，（后来与共产党合作的）东蒙古人民自治政府下设了包括科

① 蒙古族人用蒙古语简称上述各旗时，用王公封号，如达尔罕旗、宾图旗、博王旗等；伪满之前和内蒙古解放（1947）之后，汉文或汉语的简称为科左中旗、科左前旗（后被取消）、科左后旗等。

② 在清朝，每个旗虽也下设佐领（苏木），但在上下权力的衔接和管理上较为松散。

尔沁左翼三旗、库伦旗、奈曼旗、通辽县、开鲁县（同年5月由昭乌达盟划入）的哲里木省（后改为哲里木盟）。1946年5月，东蒙古人民自治政府解散之后，哲里木盟先后隶属于兴安省和辽吉省（后改为辽北省）。1949年4月这一地区正式划归内蒙古自治政府管辖。

1948年10月，白村所在的敖古斯台努图克由东科中旗划入东科后旗。东科后旗即是伪满之前的科尔沁左翼后旗，是科尔沁6个旗之中最晚编建的一个旗。[①] 该旗第十任札萨克僧格林沁（1811—1865）因镇压太平天国农民起义有功，被清政府封为博多勒噶台亲王，因此该旗也称博王旗。1949年东科后旗恢复科尔沁左翼后旗的名称，简称科左后旗。

新中国成立之后，科左后旗的隶属关系发生了几次变化。1953年撤销哲里木盟建制，科左后旗隶属内蒙古自治区东部行政公署；1954年撤销东部行政公署，科左后旗又隶属于重新恢复的哲里木盟；1969年哲里木盟被划入吉林省；1979年哲里木盟又划归内蒙古自治区。

尽管旗和盟的隶属关系发生了几次变化，但自1948年之后白村所属的区（乡、公社、苏木）一直隶属科左后旗，科左后旗的管辖区域也没有再发生变化。但是，随着各种政策的出台，对旗内部的行政建制和区划进行了多次调整，白村的隶属关系也发生了几次变化。

敖古斯台努图克被划入科左后旗之后，在白村这一带（现在的花灯苏木的管辖区域内）设立了两个行政村（嘎查），一村包括白村（白音套浩）、东花灯、西花灯和黄沙吐等四个自然屯（艾里），二村包括额日吐、套海、西苏博等三个自然屯（艾

① 科尔沁左翼后旗编建于顺治七年（1650）。

里）。1956 年合并上述一村和二村成立花灯嘎查（乡）。[①] 敖古斯台努图克（十区）分为包括花灯嘎查在内的三个嘎查。1956 年白村与东花灯合并成立一个高级合作社，叫东花社。东花社分为两个组，白村为二组。1958 年取消努图克（区）和嘎查（乡）建制，成立人民公社，公社下设管理区。白村划分为两个生产小队，为隶属于敖古斯台人民公社花灯管理区东花灯生产大队的第五和第六生产小队（简称五队、六队）。1963 年白村（五队、六队）所属的东花灯大队和附近的四个大队从敖古斯台公社分出来成立为花灯人民公社。[②] 同年取消管理区建制。白村的五队和六队仍隶属东花灯大队。这种隶属关系一直延续到 1984 年。

1984 年 11 月，内蒙古自治区根据中央政治经济体制改革的有关规定，撤销人民公社、生产大队、生产小队建制，建立苏木、乡、镇人民政府。乡级政府在蒙古族聚居区称苏木，汉族聚居区称乡，工业和商业较集中的地区建镇。苏木、乡、镇以下设嘎查或村民委员会。这一年原花灯公社改为花灯苏木，原东花灯大队分为两个嘎查：白村的五队、六队为白音套浩嘎查，一至四队为东花灯嘎查。白音套浩嘎查又分一组和二组两个小组。原五队为一组，六队为二组。小组的划分只是人们对本村当初作为两个生产队存在这一历史印记的延续。由于村内事务均由嘎查出面处理，土地财产归村集体共有，因此所分出的两个小组没有什么实际功能。在白村，目前只有嘎查发挥着基层组织的作用。

2001 年，内蒙古自治区基层政府机构改革和乡镇合并工作全面展开，白村所属的花灯苏木和与其相邻的努古斯台苏木合并，共同组成了努古斯台镇。白村成为努古斯台镇管辖的一个行

① 这时的“嘎查”是指乡级政府，与现在“嘎查”的意义不同，并非指行政村。

② 实际上，原属于花灯管理区的几个大队成立为一个独立的人民公社。

政村。

第三节 半农半牧经济文化形态的形成

蒙古族自登上历史舞台就以游牧民族著称于世。然而现代研究表明，蒙古地区的先民们在从采集植物果实作食物到人类农业史的所有各个阶段中都延续了农耕活动。前苏联和蒙古国学者通过考古和其他资料研究发现，蒙古地区的先民们很早就开始农耕活动并将其产品用于生计。[①] 在蒙古兴起以前，蒙古地区就已经存在相当水平的农业生产活动，但只有汪古部和弘吉剌部等少数部落参与农业经营。到了元代和明代，蒙古地区农业虽有所发展，但规模甚小，并多以官田和军屯的形式存在。同时，那些占有畜群较少的蒙古牧民也一直把农业作为一种副业来经营。在这一时期，虽有部分牧民弃牧从农，但人数上无法与从事牧业的牧民人数相提并论。综上所述，清代以前的蒙古族传统农业是以游牧经济的副业和补充形式出现的。

在清代之前漫长的历史过程中蒙古族地区农业发展缓慢的原因除了蒙古族的牧业传统之外，人为的政策因素也起了很重要的抑制作用。蒙古族的上层人物并不希望在蒙古地区发展农业。一方面他们拥有的大量畜群需要大量的草牧场，而农业的发展则会占用大片肥沃土地；另一方面蒙古部分地区严酷的自然气候也不适于发展农业生产。例如，1320 年和 1337 年统治者分别以北部地区不产粮和北部边疆戈壁地区过于寒冷为由，下令禁止官田。[②] 这些法令政策在客观上打击和限制了当地农业发展。

---

① 《蒙古学信息》，1993 年第 2 期。

② 色音：《蒙古游牧社会的变迁》，内蒙古人民出版社 1998 年版，第 2—3 页。

由于历史的原因和现实统治的需要，清朝的满族统治者自始至终把与蒙古族的关系置于建立政权和巩固政权的重要地位。这样一种关系的建构也是通过推行一系列政策来达到的。通过对蒙古族实行“恩威并用，怀柔为主”、“满蒙联姻”、“盟旗制度”、“设立蒙古事务的专门管理机构”、“对蒙古族封建领主封官赐爵”、“大力提倡和保护喇嘛教”以及“严禁蒙古族与汉族民族交往”等一系列政策，使得蒙古族成为清政权的一个稳定因素，甚至成为其维持统治的重要支持力量。①

蒙古各部归附清朝（后金）之后，清政府在蒙古地区实行盟旗制度并对所编建的蒙古各旗采取了分而治之和禁垦等政策，后人称“封禁政策”。在清朝各代，这些政策在内容上涉及广泛且有所不同。下面是从各代发布的封禁令中归纳出来的与农业开垦、蒙古族与汉族交流等有关的禁令：（1）禁止各旗蒙古人之间私自往来和通婚；（2）禁止各旗蒙古人越界游牧；（3）禁止内地汉人进入蒙古地区开垦种田；（4）禁止蒙古族人私自开垦牧地；（5）禁止内地汉族人进入蒙古地区定居、与蒙古族人通婚；(6）禁止内地商人私自进入蒙古地区经商贸易。

第一、第二条可以说是盟旗制度的一部分，也是清政府为了削弱蒙古各部的整体实力而采取的“分而治之”的政策。这一政策虽然与后来在蒙古地区出现半农半牧的经济文化形态没有直接的联系，但它所导致的游牧范围的限定和缩小，一定程度上促进了蒙古人的定居化进程，为引进农耕文化提供了条件。第三、第四条则是直接与农业开垦有关的政策。清政府不仅禁止汉族人私自进入蒙古地区开垦种田，而且也禁止蒙古族人（王公贵族）招汉人开垦牧地。这些政策一方面直接限制了蒙古地区的农业发

① 白凤岐：《清代对蒙古族政策述略》，载《黑龙江民族丛刊》1991 年第 3 期，第 79—84 页。

展，另一方面则对蒙古地区长期保留单一的游牧经济文化起到了很大的保护作用。从第五、第六条可以看出，清政府不但禁止汉族人来蒙古地区开垦种田，同时也控制蒙古族与汉族民族在经济上和文化上的相互交流。上述禁令都是清政府为了封锁和统治蒙古地区所采取的政策。不难看出，这些政策导致了蒙古地区长期处于封闭状态。

在清朝前期，清政府所采取的禁垦政策确实有了一定的效果，避免了蒙古地区的大规模开垦。虽有少部分内地汉族人口进入蒙古地区开垦种田，但规模较小，没有对蒙古地区原有的游牧经济产生剧烈冲击。但是，到了18世纪，在内地难以维持生计的农民和失去土地的农民大规模地违禁涌向东北地区乃至东北的蒙古地区开始垦荒种田。尽管清政府三令五申蒙古地区土地禁垦，但屡禁不绝，造成了蒙古地区大片土地被开垦的既成事实。面对源源不断地涌来的流民（汉族民众），各旗札萨克及王公普遍认为蒙古地区土地宽广，流民开垦不至于影响蒙古人的生计，因此主动违禁容留，出荒收租。由于土地肥沃且租金少，来蒙古地区开垦的流民越来越多，所开垦的面积也越来越大。在这种情况下，清朝政府也不得不默认已经形成的事实。为了把已经流入蒙古地区的汉族民众与原有的蒙古族民众进行“分而治之”和管理已经被大片开垦的地区，清政府在蒙古地区设立了府、厅、州、县等机构。蒙古各旗也为了使本旗的大规模开垦合法化，纷纷向清政府理藩院呈请放垦，并相继获得批准。到了清朝末年，由于列强加剧了在蒙古地区的侵略活动，许多有识之士纷纷建议开垦蒙荒，以“裕国课而重边防”。在日益严重的蒙边危机和财政危机面前，清政府不得不放下“禁垦蒙荒”的祖宗家法，开始实行“移民实边”的政策，并任命官员主持蒙地开垦事务，从而揭开了清末全面放垦蒙荒的序幕。这一政策的出台极大地加速了蒙古地区汉族人口的进入和农业发展的进程。

在清朝统治的两百余年间，尽管其间略有反复，清政府对蒙古地区开垦的政策大致经历了一个从“禁止—限制—默认—支持”的逐步放开的过程。① 在社会经济发展潮流与国家政策相互作用下，蒙古地区半农半牧经济文化形态开始逐步形成。

在科尔沁诸旗中，科尔沁左翼后旗最先获准放垦。1791 年（乾隆五十六年），来自山东、河北、河南一带的大批流民冒禁涌入该旗东南境内的常突额勒克地方，私开宽 20 里、长 50 里的荒地。1802 年（嘉庆七年），旗札萨克上报朝廷请旨后，获准在所辖的昌图地段招民垦荒。放垦短短 4 年之后，涌入该地的流民达到数万之多，农户达到 3900 余户。于是，清政府于 1806 年（嘉庆十一年），在这一地区设置昌图厅，管辖东至吉林边栅，西至辽河，南至威远堡，北至白塔水河的广大地域的流民（汉族民众）事务。1803 年（嘉庆八年），清政府承认科尔沁左翼中旗容留的 74 个流民村为合法，并准许继续出放八家镇荒地。从此揭开了科尔沁各旗合法地大规模开垦的序幕。自 1802 年科尔沁左翼后旗获准招垦算起，到 1902 年（光绪二十八年）设置辽源州止，前后 100 年，仅科尔沁左翼三旗的招垦面积就达 106 万垧（约合 1590 万亩）。② 在科尔沁地区出现了大片大片的农业区域。

蒙古各旗出放大片土地招垦开垦以及大量内地流民涌入，其原因主要有三个方面。其一是推力，“塞内土地紧张，收成丰歉不均，捐税繁多沉重”。因天灾人祸的原因大批在内地别无谋生之路的穷苦之众不得不来到蒙古地方开荒种地。其二是拉力，“塞外土地肥沃，地广人稀，蒙旗地租轻薄”。对流民来说，到

① 清政府对蒙地的政策变化有多种表述，其意思大致与四阶段论类似。如杨强认为清廷对蒙政策也经历了从最初的蒙古族与汉族隔离政策、松弛和默认的政策、“借地养民”政策到“移民实边”政策。参见杨强《论清代对蒙古地区汉族移民的政策》，载《辽宁师范大学学报》2005 年第 2 期，第 115 页。

② 田志和：《清代东北蒙地开发概述》，载《哲里木盟史志》1984 年第 3 期。

蒙古各旗开垦种田，所受剥削较轻，只要付出劳动，就可以解决温饱。其三，对蒙古各旗的王公来说，出放土地招垦开垦，可以收取押荒银和地租等而获得高额的经济利益，尤其是对那些负债累累的王公来说，出放土地是他们还清债务最简便的方式。

要在蒙古地区开垦，必须根据所开垦面积预先缴纳一定的押荒银。然而，身无分文的流民是一下子交不起押荒银的。于是在蒙古地区出现了大批的所谓“揽头”，即由一些有钱人（包括汉民和蒙古族）交纳押荒银开垦后，把开垦的土地出租给流民耕种，流民每年收割后向揽头缴纳一定的粮租。

白村附近地区的招垦开荒较晚，始于清末民初。巴林太来[①]是离白村最近的一个开荒区。巴林太来位于现在的通辽市区的南端，离白村约有25公里。在开垦之前，这个地区并不叫“巴林太来”，而叫“巴林他拉”。巴林他拉的“他拉”的蒙古语意思是“草原”，而巴林太来的“太来”的蒙古语意思则是“农田”。从“巴林草原”到“巴林农田”的地名变化反映了这个地区由牧业向农业的转变。

在清朝时期，巴林太来及其附近地区是一望无际的天然牧场，是科尔沁左翼中旗（达尔罕旗）的闲散王公卓哩克图亲王的领地。据通辽市志记载，[②] 1894年（光绪二十年），额尔德木毕里克图承袭卓哩克图亲王爵位。他常驻北京，挥金如土，负债累累，难以偿还。恰在此时，他被启用为达尔罕旗印务协理，便利用职权，私自将温都尔王乐哈新甸领地用以抵押债务，虽已立字据，但未来得及实施就病死了。1909年（光绪三十四年），其

① 巴林太来，汉文也写作“白音太来”。

② 通辽市志编撰委员会编《通辽市志》，1990年（油印本）。

在孟克召庙学经的二弟色旺端鲁布还俗继承了卓哩克图亲王爵位。[①] 色旺端鲁布为了还俗承袭爵位，花费了大量的金银，其兄旧债未还，又添新债。1912 年（民国元年），色旺端鲁布与奉天都督商议，呈请大总统袁世凯准许，把东自巴林他拉，西至爱新庙，南起小细河（教来河），北至辽河南岸，长约 50 里、宽约 30 里的牧场出放，以偿还债务。当年开始行绳丈放，历时 3 年放荒告竣。就这样，在白村北面不远处的小细河以北出现了大片的农业区。

在蒙古地区大量开垦之后，蒙古族的传统牧业经济受到了严重的冲击。但是，蒙古族民众并没有随开垦立即弃牧从农。他们接受农耕文化经历了相当长的历史过程。由于清朝政府长期采取蒙古族和汉族隔离政策，因此，尽管蒙古地区出现了大片的农区，但除少数被开垦地区的蒙古族人和汉民杂居之外，绝大部分蒙古族与附近农区的汉民仍然隔离居住，相互间几乎没有来往。尽管蒙古族聚居区与汉民聚居区相隔不远，但蒙古族和汉族从事的经济活动和行政归属完全不同：蒙古族人放牧，汉民种田；蒙古族人归旗管辖，汉民归府、厅、州、县管辖。白村附近的开荒区（巴林爱新荒务局）归辽源州管辖，而白村仍归科尔沁左翼中旗管辖。不过，清朝灭亡之后，也有少数情况，汉民集体（20—30 户）到旗管辖的蒙古族人聚居区租种佃子地，与蒙古族居住在同一区域内。然而，蒙古族和汉族依然是各干各的，相互之间几乎从不来往。这些汉民尽管到了蒙古族聚居区，但人仍归府、厅、州、县管辖，来此耕种也往往是临时性的，不知什么时候又会回到原来的汉族聚居区。

当然，并不能说在开垦之前白村附近地区完全没有农业。这时在这一带的蒙古族聚居区已经出现了农业，但这种农业只是蒙

① 额尔德木毕里克图因无子，病死后其爵位由其福晋（夫人）暂时继袭，后来才由其二弟继承。

古族的一种副业。而且在耕种的方式、耕种的土壤种类以及种植的农作物的种类等方面，与汉民的农业有很大的不同。蒙古族不像汉族那样，精耕细作，而是采用粗放型的耕作方式，即所谓的“漫撒子”的耕作方式，蒙古族也不像汉族那样在一块田地上种植几十年，而是种植数年甚至仅仅一年之后就更换新地；耕种的地方也不像汉族那样挑选土质肥沃的甸子地，而是选择土质松软、容易耕种的坨子地；蒙古族种植的农作物的种类也与汉族的有所不同，蒙古族种植最多的农作物是糜子和荞麦，汉族种植最多的则是高粱和谷子等。

清末民初，随着开垦面积的扩大，在蒙古族聚居区出现了以下两种现象：(1) 各旗札萨克及闲散王公除了出放的土地之外，在仍属于旗所辖的自己的领地上招民垦种；(2) 大量失去牲畜的牧民开始转向农业，或者自己租地耕种，或者做长工（榜青）或短工，为王公、牧主、佃户种田。由于清朝实行蒙古族与汉族隔离的政策，不论是王公，还是牧主、佃户，在旗所辖的区域内耕种，所雇用的人员绝大部分是蒙古族。这使得蒙古族也逐步掌握了汉族农民的精耕细作的农业技术，尤其是学到了耕种甸子地和种植高粱、谷子等农作物的技术。不过，在当时的科尔沁蒙古地区，从人口和面积来说，耕种甸子地的远远少于坨子地。然而，耕种甸子地的蒙古族人口的出现，对其经济文化的变迁来说，是一个转折点。耕种甸子地不同于耕种坨子地，需要投入大量的时间和劳力。对于一个普通的佃户来说，如果租种了大面积的甸子地，说明这个家就成了一个农业户。因为在甸子地上必须投入这个家的全部劳力，甚至还要雇用其他的长工，因此，不可能有更多的精力去发展牧业。需要指出的是，当时在蒙古族聚居区开垦的甸子地是很有限的。因此，并不是所有人都能租种到产量高的甸子地。另外，由于地租高、投入大，也并不是所有的人都想租种甸子地。尤其是那些自古就在本地生活并拥有一定牲畜的牧业户很少耕种甸子地。

清末民初，在科尔沁蒙古族聚居区逐步形成了四种类型蒙古族家族：第一类是牧业户，第二类是农业户，第三类是农牧兼营户，第四类是为上述三类住户打长工的榜青户。第一类的牧业户多为本地户，[①] 他们拥有相当数量的牛、羊、马等牲畜，牧业是家庭经济收入的主要来源，他们当中的大部分，同时也耕种少量的坨子地作为副业。第二类的农业户多为移民户，他们专门从事农业生产，虽有几头牛、几匹马，但这是农业生产的工具，并不是靠出售牛、马来获得经济收入。第三类的农牧兼营户又分为两种情况：一种是牧主，全部为本地户，他们不但拥有成群的牛羊，而且还有大片的耕地，家里雇用着很多榜青，甚至还拥有奴隶；另一种是农牧兼营的平民百姓，既有本地户，又有移民户，这类蒙古族家族拥有百八十头（只）牛羊，又经营部分农业，在经济收入中农牧业各占一半左右。第四类是因各种原因失去或没有牲畜，且没有农业生产工具的蒙民户，他们不能独立从事农业和牧业生产，因此，只能为上述三类蒙古族家族打长工维持生计。[②] 在第四类蒙古族家族中，有不少原来为别人打长工，后来赚得一定的牲畜、粮食之后自己独立生产并富裕起来的情况。

自“中华民国”成立之后，在总的趋势上，白村附近地区呈现了强劲的农业化趋势。也就是说，在蒙古族民众的经济收入中，牧业比重越来越小，农业比重越来越大。可以说，有几种因素进一步加快了这种农业化的进程：（1）清朝灭亡至伪满洲国成立、伪满洲国灭亡至土地改革，在这两个时间段，土匪猖獗，

---

① 所谓的“本地户”，是指很早以来就在这一带游牧，后来又在这一带定居的蒙古族住户。

② 在前三类蒙古族人户（除牧主）中，有剩余劳动力的，也有去别人家里打长工或短工的情况。

很多蒙古族人的大部分甚至全部的牲畜在一夜之间被成群结队而来的土匪抢走。失去牲畜的蒙古族民众不得不把经济收入和生产的重点放在农田上。（2）伪满洲国时期，实行的“并户”政策，使蒙古族人口密集居住在一个狭小的范围内，①传统的牧业管理和生产方式受到了冲击，一定程度上阻碍了传统牧业的发展。与此相对应的是，适合于村落化的农业得到了进一步的发展。

总之，尽管不同的地区，不同的蒙古族家族在农业和牧业生产的比重方面有很大的差异，但就整个科尔沁蒙古族聚居区来说，在清末民初，半农半牧的经济文化的格局已经基本形成。

纵观清代以后科尔沁蒙古地区的历史，可以说是定居化、农业化逐步推进，传统牧业逐步衰退的过程。盟旗制度的实行，使牧民的游牧范围严格地限制在一个旗的范围内。游牧范围的缩小，导致了定居或半定居的牧业生产方式的出现。大面积的开垦，使牧场进一步缩小，牧业生产受到了严重的阻碍，同时也导致了蒙古族的完全定居。农业所带来的即时经济利益，使各旗的王公和普通的蒙古族百姓也都加入了农业开垦的行列。稳定的农业生产对于游牧经济的脆弱性具有很强的救济与互补的作用。农业耕种技术的掌握，使得那些因种种原因失去牲畜的蒙古族民众在农业上得到了自救。由此可见，草牧场的大面积开垦、汉族人口的大量涌入、游牧经济自身的不稳定性以及蒙古族本身的经济生活需求等，是导致蒙古地区农业化的最根本的原因。

农业化的进程使得蒙古族聚居区逐步形成了牧区、半农半牧区和农区三种不同的生产经营区域。到20世纪90年代中晚期，内蒙古农区面积占全区总面积的13.6%，蒙古族总人口的18.6%住在农区；内蒙古半农半牧区面积占全区面积的16.4%，

---

① 并户之后，属于一个艾里（甲）的各户，都被集中到高高的围墙之内居住，进出受到严格的管制。

蒙古族人口的56.3%居住在半农半牧区；内蒙古纯牧区占全区面积的60.5%，但居住在那里的蒙古族人口只占蒙古族总人口的16.3%。[①] 可见约有3/4的蒙古族人口经营农业或半农半牧业，其中经营半农半牧业的蒙古族人口超过了其总人口的一半。

而近几十年来，由于乱垦乱伐和过度放牧等，导致了草场大面积的沙化和盐碱化，牧业生产正在严重退化。相比之下，由于引进灌溉、施肥等先进的农业技术，农业生产正在呈现出稳步发展的势头。在越来越多的地方，牧业正在成为农业的补充。可以看出，科尔沁蒙古族正在逐渐由半农半牧民向纯粹的农耕民转化。但是在一个具有深厚游牧文化和传统的民族里，这种转化也必将经历一个较为长期的过程。就目前看来，半农半牧依然是这一地区主要的经济文化形态。

以上主要通过历史文献和相关研究成果，简要地从历时性的角度回顾了这一蒙古族地区截至民国的变迁历程。社会经济文化形态由游牧向半农半牧的转型是这一历史时段社会变迁的主线。在这样一个转化的历程中，不难发现历朝历代统治者所制定的体制与政策对这一区域变迁的巨大推动作用。

第四节　新中国成立后的体制与社会生活变迁

一、土地改革及农业合作化时期的体制及生活(1947—1958)

从1947年的土地改革到1958年的人民公社成立，白村在体

① 色音：《蒙古游牧社会的变迁》，内蒙古人民出版社1998年版，第112页。

制上逐步实现了由个体经济向集体经济的转化。1945 年伪满洲国倒台之后，经过两年的国民党军队和共产党军队的拉锯战，于 1947 年 7—8 月间中国共产党领导的人民军队终于解放了白村隶属的哲里木盟（今通辽市）全境。随之，共产党领导的土地改革和民主改革在这些地区轰轰烈烈地开展起来。

在新中国成立前的内蒙古地区存在三种类型的社区：农区、半农半牧区和牧区。农区基本上是汉族聚居区和蒙古族和汉族杂居区；半农半牧区和牧区基本上蒙古族聚居区。1947 年下半年开始的土地（或民主）改革对三种不同类型的社区采取了不同的政策。1947 年 10 月 10 日《中国土地法大纲》正式公布之后，内蒙古党委和内蒙古自治政府根据其基本精神，结合内蒙古的地区特点和民族特点，制定了内蒙古解放区土地改革的基本政策。其基本内容为：（1）承认内蒙古境内的土地为蒙古民族所公有，废除封建的土地所有制。（2）废除土地改革前农村中的一切地主、王公、高利贷者对贫苦农民的一切债务。（3）农业区实行耕者有其田。原封建地主与庙宇的土地，一律收归公有，按人口统一分配给无地或少地的蒙古族和汉族人民；对蒙古族一般地主、富农的土地不动，坚决保护中农。土地分配后，应即承认各阶层人民对其所分得与保留的土地，有自由经营、买卖与在特定条件下出租的权利。①

以上三条实际上是针对农区制定的土地改革的方针。由于牧区和半农半牧区的地区特点与农区不同，1947 年 11 月，内蒙古党委和内蒙古自治政府提出，在牧区和半农半牧区不进行土地改革，而进行民主改革的基本方针，同时制定了相关的政策。针对牧区的民主改革的政策是：（1）承认内蒙古的牧场为蒙古民族所公有，废除封建的牧场所有制。（2）废除封建阶级的一切特

① 郝维民：《内蒙古自治区史》，内蒙古大学出版社 1991 年版，第 36 页。

权，废除奴隶制度。（3）牧区实行保护牧民群众，保护牧场，放牧自由，在牧民与牧主两利的前提下，有步骤地改善牧民的经济生活，发展畜牧业。[①] 针对半农半牧区的民主改革的政策是：(1) 承认土地与牧场为蒙古民族所公有，废除封建土地所有制与牧场所有制。(2) 废除封建阶级的一切特权。(3) 在废除一切地主、王公、高利贷者对贫苦农牧民的一切债权的前提下，发展半农半牧区的农业和畜牧业，适当地提高贫苦农民与牧民的生活。[②] 1948 年 7 月，乌兰夫在内蒙古干部会议上进一步明确了半农半牧区的民主改革政策，提出：（1）在半农半牧区农业占优势的地方，大中地主的固定的大垄土地、耕畜平分给贫苦农民，小地主和富农的土地、耕畜不平分；（2）在牧业占优势的地方，大牧主的役畜平分给贫苦牧民，但牧群不分；（3）个别蒙奸恶霸的土地、牲畜和财产，经政府批准可分给农牧民。

白村隶属的哲里木盟是在内蒙古较早进行民主改革的地区。[③] 而白村所属的敖古斯台努图克则是在哲里木盟蒙古族聚居的半农半牧区中，最早进行民主改革的两个努图克（区）之一。[④]

1947 年 9 月，由盟干部学校学员组成的工作队，到科左中旗的敖古斯台等两个努图克开展民主改革的工作。在两个月的时间里，镇压了 19 名大牧主和大地主，贫苦农牧民分得土地 700 多垧，牲畜 3900 多头（只），房屋 430 多间，农具 510 多件，衣物 1000 多件等。取消了牧主对草牧场的垄断，实行了牧场公有，

---

① 郝维民：《内蒙古自治区史》，内蒙古大学出版社 1991 年版，第 39 页。

② 郝维民：《内蒙古自治区史》，内蒙古大学出版社 1991 年版，第 42 页。

③ 半农半牧区的普通老百姓把民主改革和土地改革统称“土改”（即“土地改革”），并不像官方或正式公文中那样，严格区分“土地改革”与“民主改革”。

④ 在新中国成立前的拉锯战时期，在哲里木盟，曾进行过民主改革，但正式的民主改革是从 1947 年 9 月开始的。

放牧自由。工作队还在42个自然屯培养了278名农牧民干部，改造了两个努图克政权，新建了努图克武装，初步划定了阶级成分。由于各村屯（艾里）经济类型不同，划分阶级成分的标准也比较灵活。农业为主的村屯主要参照汉区的标准划分成分。半农半牧村屯按牲畜土地多少或有无以及剥削关系来划阶级成分，人均牲畜近3头且雇工3人以上者为牧主或地主。以牧为主地区主要以牲畜头数来划阶级成分，人均牲畜5头以上者为牧主。牲畜以3岁犍牛为标准，老弱幼畜按一定标准折算，山羊8只折算为1头标准牛，绵羊6只为1头标准牛。[①] 白村及附近地区就是按上述标准进行了民主改革。实际上这个标准扩大了打击面，与上面引述的内蒙古党委和内蒙古自治政府制定的半农半牧区民主改革的政策是不相符合的。尤其是在1947年年底召开的全盟土改工作会议上提出了"贫雇农说了算，团结中农，平分富农，消灭蒙奸恶霸，打垮牧主、地主，牧场公有、平分牲畜、平分土地，充分满足贫雇农的要求"的口号。这时哲里木盟的半农半牧区的民主改革，与农区的土地改革已经没有什么区别了。哲里木盟地委很快发现了在民主改革和土地改革中的偏"左"现象，根据当时内蒙古自治政府主席乌兰夫的意见，在1948年年底在阶级定案时，进行了纠正，缩小了打击面，从而哲里木盟的民主改革与内蒙古自治政府管辖区域内[②]的蒙古聚居区的做法基本取得一致。

表2-1是1949年白村及其临近村落的人口家庭状况，而表2-2是阶级定案后白村临近的东花灯艾里的阶级划分和牲畜拥有情况。白村和东花灯一样，对地主和富农的牲畜进行没收并平分给贫苦牧民。由于未能在陈旧的档案资料中找到白村的相关

---

① 刘忱:《哲里木盟蒙区民主改革》，载《哲里木史志》1992年第2期。
② 当时的哲里木盟暂由辽北省管辖。

资料，故以地域和相关政策都相近的东花灯的数据对这一情况进行说明。表内数字显示，无论从户数，还是从人口来看，打击面（地主和富农）均小于15%。

表2－1　1949年白村及附近村落的人口状况①

项目／村落	户数			人口						
	蒙	汉	合计	蒙			汉			合计
				男	女	合计	男	女	合计	
白村	56	3	59	145	137	282	7	4	11	293
西村	42	46	88	131	107	238	102	86	188	426
东花灯	96	9	105	264	199	463	23	22	45	508

表2－2　1949年东花灯艾里的阶级划分和牲畜拥有情况②

项目／成分	户		人口		牲畜		
	户数	百分比	人数	百分比	数量	户均	人均
雇农	42	40.00	197	37.81	48	1.14	0.24
贫农	26	24.76	118	22.65	62	2.38	0.52
中农	25	23.80	130	24.95	79	3.16	0.61
富农	8	7.61	51	9.79	19	2.36	0.66
地主	4	3.80	25	4.80	4	1.00	0.16
合计	105	100.00	521		212		

① 表2－2的数字为1949年5月份的统计数字。

② 表2－2数字为1949年7月7日统计数字。

民主改革和土地改革废除了白村旧有的土地和牧场的所有制关系，真正实现了“耕者有其田”。与此同时，白村大面积的牧场也归村民公有。然而，由于两年的战乱和土匪的掠夺，土地改革时白村的牲畜已经所剩无几，牧业生产几乎处在停滞状态。村民在土地改革中从农会分得的果实，平均每户不到1头役畜，尤其是绵羊、山羊等小畜接近于零。从可利用的牧场资源来看，白村具备了半农半牧区的特点，但从牲畜数量上则几乎与农区一样。据1949年的统计，白村的人均牲畜拥有量只有0.45头（只），白村附近的其他村落的情况也差不多（见表2-3）。这样一种客观现实使得白村的农业发展进一步加快了步伐。

表2-3　1949年白村及附近村落的牲畜拥有情况①

项目＼村落	马（匹）		牛（头）		驴（头）		山羊	户均、人均			
								户均		人均	
	役畜	总计	役畜	总计	役畜	总计		役畜	计	役畜	计
白村	1	1	41	105	13	25	1	0.93	2.24	0.19	0.45
西村	5	5	37	67	17	39	0	0.67	1.26	0.14	0.26
东花灯	0	0	74	193	52	67	5	1.20	2.52	0.24	0.52

民主改革之后，白村的经济虽然在体制上仍然是个体经济，但在两个方面与民主改革之前有截然的不同：（1）由于“家家有耕地，户户有牲畜”，因此不存在因无耕地或无牲畜而为地主、牧主或佃户等做耪青的情况，从而消灭了对耪青劳力的剥削；（2）由于土地为公有，不存在租种地主、牧主或大官僚的私有

① 表2-3的数字为1949年5月份的统计数字。上述三个村落均没有绵羊，西村当时有1峰骆驼没有列入表中。

土地的事情，消灭了这些特权阶级对佃户的剥削。

白村与其他的农业地区不同，虽然也缺少役畜和大型农具（见表2－3和表2－4），但在这种低水平的状况下大部分家庭还是能够进行独立耕作。因而，民主改革结束后，尽管党和政府号召“组织起来，互助合作”，但白村的互助组发展得比较缓慢。1952年之前，白村虽然成立了一些互助组，但都是临时的季节性的互助组。1952年之后白村及附近村落的互助组才有了一定的发展，到1954年白村78%的农户加入了不同类型的互助组。其中，加入常年性互助组的农户占52%。这时只有22%的农户仍然继续单干（见表2－5）。加入常年性互助组的各户，根据所投入的劳动力、畜力和耕地的多少，秋收后分成；加入季节性互助组的各户，分别耕种各自的耕地，农忙时互助合作，农闲时解散。白村的互助组只在农业生产方面互助合作，牲畜并没有归入互助组统一管理。

表2－4　1949年白村及附近村落大型农具拥有量①

村别＼项目	犁杖		大车	
	总计	户均	总计	户均
白村	31	0.53	12	0.20
西村	29	0.33	23	0.26
东花灯	41	0.39	26	0.25

① 表2－4的数字为1949年5月份的统计数字。

表 2-5 1954 年白村互助组情况①

项目/组别	组数	户数	人口	劳动力	犁杖	大车	耕地（垧）			牲畜		
							甸子	坨子	合计	役	非	计
常年组	6	31	157	69	17	14	64.2	76.5	140.7	60	116	176
季节组	7	16	64	24	7	6	19.4	52	71.4	29	42	71
单干	-	13	84	32	12	9	30.5	40.5	71	35	59	94
合计	13	60	305	125	36	29	114.1	169	283.1	124	217	341

参加互助组的各户大多是一些缺乏大型农具和役畜的家庭。从表 2-6 可以看出，互助组的户均犁杖、大车和役畜都远远低于单干户的户均数量。以最主要的农具犁杖为例，常年组的 31 户共有 17 把犁杖，季节组的 16 户仅有犁杖 7 把；而 13 个单干户就有 12 把犁杖，接近 1 户 1 把犁杖，可以独立耕作。尽管当时党和政府号召“互助合作”，但同时也强调“自愿互利”，所以能够独立耕作的农户通常都不愿意参加互助组。但同时也有一些农户由于自身原因——如人际关系不佳或劳动态度差等——而被互助组拒绝接纳。如个案二在访谈中就提及村落中有 4 户人家因被认为懒惰而不能加入互助组。

表 2-6 1954 年白村互助组和单干户的户均大型农具和役畜

项目/组别	犁杖	大车	役畜
常年组	0.55	0.45	1.94
季节组	0.44	0.38	1.84
单干户	0.92	0.69	2.69

① 表 2-5 内数字为 1954 年 5 月份的统计数字。表内牲畜栏内“役”表示役畜，“非”表示不能使役的牲畜。白村另有 6 户非农业户没有列入表内统计。

白村 1955 年成立初级社。这时的初级社实际上是由若干互助组联合而成的规模更大的互助组，在体制上与原来的互助组没有本质的变化。白村当时只有 1 个初级社，叫“红旗社”。成立初级社之初，并不是所有的农户都加入了初级社，有一半以上的农户仍以互助组的形式从事农牧业生产，还有极个别的农户还在单干（见表 2－7）。与白村邻接的黄沙吐艾里，1955 年还只有 2 个互助组，没有成立初级社。

表 2－7　1955 年白村及附近村落的村民参加初级社、互助组的情况①

项目 村别	总户数	初级社			互助组			单干户	
		社数	参加户	百分比	组数	参加户	百分比	户数	百分比
白村	59	1	27	45.76	3	31	52.54	1	1.69
西村	102	1	20	19.61	8	76	74.51	6	5.88
东花灯	111	1	48	43.24	9	60	54.05	7	6.30
黄沙吐	19	0	0	0.00	2	19	100.00	0	0.00

1956 年白村与邻接的东花灯艾里联合成立一个高级社，叫作“东花社”。② 高级社与互助组、初级社相比，在体制上发生了本质的变化。可以说，高级社的成立，完全实现了集体经济体制。成立高级社之后，每口人留 0.5 亩的自留地，每户留 1 头奶牛的自留畜之外，全部耕地无偿归高级社所有，所有牲畜必须低价卖给高级社。1956 年黄沙吐合并 2 个互助组成立初级社。但是，这时在黄沙吐成立的初级社与 1955 年白村成立的初级社不

① 表 2－7 内为 1955 年 11 月的统计数字。另外，没有把非农业户（白村 10 户，西花灯 4 户，东花灯 17 户）列入表内统计。

② 白村为东花社二组，也曾叫“东花二社”。

同，在体制上与同一年在白村和东花灯成立的高级社一样，也是耕地归初级社所有，初级社低价收购农户牲畜。1957 年黄沙吐的初级社并入东花社（高级社），从此白村、东花灯和黄沙吐三个艾里（村）联合为一个高级社，为 1958 年成立为人民公社的一个大队，打下了基础。这时的高级社不仅仅是农牧业生产的合作组织，而且也是党和政府的最基层的组织。高级社设有党支部，党支部设有书记 1 名、副书记 1 名和支部委员若干名。高级社还设有主任 1 名、副主任 2 名、文书 1 名等，2 名副主任又分别兼任水田主任和旱田主任。

成立高级社以后，实行以高级社为基本核算单位的记工分红制，即按劳动力出勤情况记工分，年终根据所记的工分进行分红。刚开始时记分标准时有变化，有了一定的经验之后记分标准就固定下来了。记分标准有日工和包工两种。日工又因劳动的月份和劳动者的性别不同，有不同的记分标准。日工 1—3 月份每天一个劳动力为男 8 分，女 6 分；4—5 月份为男 10 分，女 8 分；6—7 月份为男 12 分，女 10 分；8—12 月份为男 10 分，女 8 分。年纪大的劳动力与青壮年一样，只是给予照顾，安排一些轻活。

包工包括挖河沟、排水渠、灌溉渠和打草等，规定一定的工作量的记分标准后，多干多记工分，少干少记工分。比如打 800 斤草为 10 分的话，如果一个劳动力打 1600 斤草就会得 20 分。对于能干的人，干包工最能挣工分，有时一天能挣 30 多分。一般劳动力的一年的工分大约 2700—3000 分左右。出勤的天数多工分就多，反之亦然。很显然，劳动力多的家庭，工分就多。

另外，每年有一些人被上级抽调当民工（社会义务工）或被高级社指派做义务劳动（社内义务工）。因此，每年从每个劳动力的工分中，作为义务工分而减去一定的工分。每个劳动力每年社会义务工被减去 50 分左右，社内义务工被减去 100 分左右。成立人民公社以后基本核算单位发生过变化，但上述的记工分红制一直延续到1982年的单干（包产到户）为止。

高粱、玉米、糜子和荞麦是半农半牧的蒙古族聚居区的最主要的粮食作物。糜子和荞麦是科尔沁蒙古族种植的最主要的传统粮食作物。白村及附近地区糜子和荞麦的种植面积和产量的比例，新中国成立后一直到建立高级社没有大的变化（见表2－8、表2－9）。值得注意的是，糜子和荞麦的产量在全部农作物产量中所占的比例要远低于其种植面积所占的比例。这是因为，这两种作物本身的产量较低，再加上绝大部分都种植在土质较差的坨子地上。

表2－8　花灯嘎查（乡）不同年度主要粮食作物种植面积所占百分比（%）①

农作物／年份	高粱	玉米	糜子	荞麦	其他农作物
1949	37.49	11.44	19.98	9.50	21.59
1954	39.83	14.79	17.88	5.45	22.05
1956	15.17	32.95	18.77	5.43	27.68

表2－9　花灯嘎查（乡）不同年度主要粮食作物的产量所占百分比（%）

农作物／年份	高粱	玉米	糜子	荞麦	其他农作物
1949	44.82	11.57	16.99	8.67	17.95
1954	38.26	18.84	16.05	1.89	24.96
1956	20.77	36.90	10.19	2.02	30.12

① 花灯嘎查（乡），1949年、1954年包括白村、西花灯、东花灯和黄沙吐，1956年包括白村所属的东花二社在内的6个高级社。表内的“其他农作物”包括谷子、水稻、小麦等粮食作物，黄豆、绿豆等豆类作物，蓖麻、向日葵、打瓜等油料作物等。

自蒙古族地区引进农业之后，高粱一直是在甸子地上种植面积最多的粮食作物。而高粱米则是农民食用最多的粮食种类。玉米虽然很早就在蒙古族地区种植，但最初种植面积很少，除了夏天农民食用青玉米之外，大部分都用作牲畜饲料。玉米虽然产量比高粱高，但过去没有专门的脱粒机，收割后的去皮脱粒非常麻烦。种植面积较大时，作为一个家庭很难应付。再有，比起玉米，农民更喜欢食用高粱米。正因为这个原因，成立高级社之前，高粱一直是种植面积最大、产量最高的粮食作物。玉米的种植面积和产量排在第二、第三，甚至更后。然而，建立高级社以后，由于追求高产量和引入脱粒机，不论是种植面积，还是产量，玉米在所占的比重猛然之间翻了一番，遥遥领先地排在了第一位（见表2－8、表2－9）。

新中国成立以后一直到1956年底，在所有耕地中，甸子地一直是远远多于坨子地，虽然所占比例有所减小，但幅度不大（见表2－10）。为了迅速恢复和扩大生产，1949年到1956年之间，耕地面积增加了近一倍。但由于开垦甸子地，比开垦坨子地难度大得多，因此甸子地的开垦速度略小于坨子地开垦速度。由此呈现了甸子地所占比例逐渐减小，坨子地所占比例逐渐增大的趋势。

表2－10 不同年份白村及附近村落的甸子地和坨子地所占的百分比①

种类 / 年份	甸子地		坨子地		耕地总面积（垧）
	面积（垧）	百分比	面积（垧）	百分比	
1949	638	74.10	223	25.90	861
1954	721	69.39	318	30.61	1039
1956	1123	65.83	583	34.17	1706

① 表内数字为白村、西花灯、东花灯和黄沙吐等四村（艾里）的统计数字。

土地（民主）改革之后，由于家家都有了属于自己的耕地和牲畜，因而极大地调动了农牧民的劳动积极性。在高级社成立之前，大部分农牧民的生活水平都有了一定的提高。但是，同时也出现了两极分化的现象，有的家庭不但粮食生产连年丰收，而且牲畜也有了相当的发展。而另有一些家庭则食不果腹，甚至连基本的生产工具都没有。高级社体制以及随后建立的人民公社体制基本上消灭了贫富差别，但并没有能够使农牧民真正走上共同富裕的道路。

二、人民公社时期的体制及生活（1958—1978）

1958 年 9 月下旬，白村隶属的科左后旗与全国的其他地区一样，响应中央“大办人民公社”的号召，在全旗 14 个努图克，69 个嘎查（乡）的基础上建立了 19 个人民公社。公社下设管理区，管理区下设生产队（后来称“生产大队”，以下简称“大队”），生产队下设生产小队（后来称“生产队”，以下称“生产队”）。建立人民公社后，白村隶属敖古斯台人民公社花灯管理区东花灯大队。

人民公社的基本特点是“一大二公，政社合一”。所谓大，就是规模大，一个公社等于一个乡，甚至是一个努图克（区）。所谓公，就是生产资料的集体化和公有化。所谓政社合一，就是公社既是总揽经营大权的经济实体，同时又是一级政权机构。1958 年人民公社建立后，为了实现“一大二公，政社合一”的既定目标，公社将社员的生产资料转为公社所有，社员的自留地、自留畜一律归公社经营，公共积累统一归公社管理；公社实行工、农、商、学、兵结合的制度，超出了单一经济组织的范围，成为比原来的努图克（区）、嘎查（乡）权力更大的政治、经济、文化、军事的统一体；在分配制度上，实行供给制与工资制相结合的制度，在农村、牧区和城市普遍建立了公共食堂。

人民公社建立后，白村隶属的东花社（高级社）成为一个生产大队（东花灯大队），白村便成为这个大队的第五生产队和第六生产队。建立公社后，原东花社的土地、牲畜以及社员的自留地、自留畜一律归敖古斯台公社统一经营。当时的花灯管理区、东花灯大队等只是负责生产的管理组织等活动，并不具有经营实权。当时白村建了2个食堂，一个生产队1个食堂。大队设有食堂管理员，负责全大队的粮食加工和向各个生产队发放粮食。每个生产队的食堂都设有食堂会计，负责到大队领取粮食，并负责向社员发放饭票。刚开始时，社员们都到食堂吃饭，后来又改为用饭票去食堂打饭，带回家里吃饭。当时白村社员每天每口人只能领到2.5两粮食，过着食不果腹的艰难生活。在这一期间，在白村一带出现了大量的因饥饿和营养不良导致的疾病患者。这种平均主义的特殊供给制实行的三年，即食堂化的三年，被当地人称为三年困难时期。

这种畸形的分配制度显然无法长期维持下去。白村与科左后旗的其他地区一样，于1961年取消了分配上的供给制，停办了公共食堂。不久又重新恢复实行高级社时的自留地和自留畜的政策。1962年把原来以生产大队为基本核算单位改为以生产队为基本核算单位。同时实行旨在体现按劳分配原则的记工分红制。由此白村的两个生产队（五队、六队）成为两个独立的基本核算单位。这一体制一直延续到1982年的单干（即“包干到户”或家庭联产承包责任制）政策实施为止。

从1962年开始，一个家庭的收入与这个家庭的劳动力一年所记录总工分数直接挂钩。白村记录工分的方法与高级社时没有什么差别。但核算和分红的单位，已不是高级社或生产大队，而是生产队。这种基本核算单位的缩小在一定程度上能提高劳动者的积极性，并降低监督成本。所谓生产队为基本核算单位的分红制度就是，根据生产队的当年的收支情况，核算出劳动分值（每

10 工分的现金收益），当时叫“分红”，如 0.80 元、1.20 元或 1.70 元等。从这个劳动分值可以折算出每个劳动力的当年现金收益。

在日常生活中，生产队按人口分粮食（口粮）、蔬菜，按户分柴禾，逢年过节按劳动力分肉类等。年终从这个家庭的劳动力的分红中，扣除粮食、蔬菜、柴禾、肉类等款项，所剩下的部分就是这个家庭可以拿到的现金收益（纯收入）。由于当时分值都很低，因此，扣除粮食等款项后，大部分家庭（70%—80% 的家庭）不但拿不到任何现金，反而还会欠下生产队一些款项。

集体时期有整劳动力和半劳动力之分。这种划分主要是针对义务劳动制定的。当时的标准是，男的 18—55 岁为整劳动力，女的 18—45 岁以及男的 56—60 岁为半劳动力。按整劳动力和半劳动力为单位派遣参加社内义务工和社会义务工。实行单干政策之后，只要男的 18—50 岁、女的 18—40 岁都要参加义务劳动。每年义务劳动的天数根据实际需要决定。如果符合条件的不参加义务劳动，将会按一定的标准进行罚款。

1978 年以前，个人只允许拥有少量的自留地和自留畜，其他土地和牲畜均归集体所有。自留地按人口分，每口人 5 分（0.5 亩）地。自留畜按户分，每户 1 头奶牛，小牛 3 岁时生产队便低价收购。3 岁公牛 100—120 元，3 岁母牛则为 70—80 元。总之，采用低价收购这种控制方式使得每户奶牛不能超过 1 头。

在这样一种体制与政策之下，分家有时能获得很多好处。因为生产队的一些政策是以户为单位实行的，如分配蔬菜、柴禾等。养自留畜也是一个例子，如果一个家庭分为两户，可以多养 1 头奶牛（自留畜从生产队购买，70—80 元）。尽管有诸多好处，但是由于当时社会普遍贫困，一般人家里都没有什么积蓄，分家以后盖房子在当时来说是一件非常不容易事情，因此在经济上分家又受到一定的制约。

表2－11 集中展示了1963—1978 年白村（五队、六队）土地、人口及主要农牧业经济指标等相关数据，对其进行详细分析有助于我们加深对白村在这一时期社会文化变迁的理解。

人均收入和劳动分值是反映一个生产队及其社员的收入水平和消费水平的主要经济指标。我们可以从这样一些微观数据里看出白村及其周边地区在这一阶段国家特定体制政策下的社会经济发展的状况。从表2－11 看，年人均收入的最小值五队为61.15 元，六队为62.51 元，最高值五队为134.60 元，六队为129.93 元。这些数据说明，年景最好的时候人均年收入也仅为130 元左右。劳动分值的最小值五队为0.82 元，六队为0.64 元，最高值五队为1.54 元，六队为1.70 元。劳动分值是指每10 个工分的现金收益。一般来说，一个劳动力平均每天只能记10 个工分。因此，碰上好年景劳动一天也只能挣1.54 元或1.70 元，如果碰上差一点的年景劳动一天还挣不了1 元钱。如果是劳动力少的家庭，这个家庭的困难程度就可想而知了。从这些数据的分析可以看出，尽管在这一段时期内国家体制政策不断急剧调整，但并未能促进农村的发展。白村及其周边地区依然处于贫困之中。

表2－11 1963－1978 年白村（五队、六队）土地、人口及主要农牧业经济指标

年份＼项目＼村别		人口	耕地面积（亩）合计	耕地面积（亩）甸坨地比值	农牧业收入的比值（%）	人均收入（元）	劳动分值（元）	牲畜头数合计	牲畜头数人均	牲畜头数大畜百分比
1963	五队	233	2518	1.74	6.52	91.52		565	2.4	48.32
	六队	212	2118	0.72		103.88		422	2	76.07
1964	五队	247	2193	1.11	6.85	61.98	1.26	599	2.4	52.59
	六队	235	2181	1.16		90.67	1.26	464	2	74.14

续表

年份＼项目＼村别		人口	耕地面积（亩）		农牧业收入的比值（%）	人均收入（元）	劳动分值（元）	牲畜头数		
			合计	甸坨地比值				合计	人均	大畜百分比
1965	五队	248	2082	0. 83	21. 03	85. 46		548	2. 2	65. 69
	六队	236	2158	0. 87		90. 98		535	2. 2	76. 45
1966	五队	250	1969	1. 94		104. 69		358	1. 4	93. 30
	六队	237	1942	1. 06		104. 17		532	2. 1	80. 45
1967	五队	251	1949	2. 00	8. 08	91. 06	0. 82	334	1. 3	95. 21
	六队	248	2104	0. 89		82. 46	0. 64	551	2. 3	81. 13
1968	五队	262	2069	1. 69	6. 69	77. 85		351	1. 4	100
	六队	247	2216	0. 82		73. 50		521	2. 2	94. 05
1969	五队	274	2184	1. 47	2. 83	61. 15		306	1. 1	100
	六队	273	2054	0. 95		62. 51		498	1. 8	100
1970	五队	274	2038	1. 76	9. 34	76. 53		259	0. 9	100
	六队	285	2144	0. 87		73. 62		413	1. 4	100
1971	五队	278	2025	1. 79	10. 43	76. 00		271	1	100
	六队	293	2150	0. 87		77. 60		409	1. 4	100
1972	五队	284	2005	2. 13	5. 09	76. 00	0. 95	292	1	100
	六队	300	1934	1. 01	15. 12	79. 40	1. 05	471	1. 8	100
1973	五队	283	1805	1. 24	4. 29	88. 84		310	1. 1	98. 71
	六队	305	1693	1. 44	27. 35	81. 00		470	1. 5	97. 23
1974	五队	289	1735	3. 34	6. 45	84. 20	1. 03	417	1. 4	79. 86
	六队	308	1777	3. 44	31. 84	82. 60	1. 05	506	1. 6	96. 44

续表

年份	村别 项目	人口	耕地面积（亩）		农牧业收入的比值（%）	人均收入（元）	劳动分值（元）	牲畜头数		
			合计	甸坨地比值				合计	人均	大畜百分比
1975	五队	282	1565	3.29	8.84	86.00	0.93	419	1.4	75.66
	六队	292	1453	7.55	13.47	70.83	0.83	446	1.5	75.78
1976	五队	284	1700	1.43	6.48	108.00	1.31	451	1.5	74.50
	六队	294	1789	3.58	65.26	115.80	1.41	469	1.6	92.96
1977	五队	295	1503	9.02	4.32	101.50	1.21	461	1.5	70.93
	六队	306	1690	5.63	30.86	93.40	1.70	484	1.6	83.88
1978	五队	276	1456	6.17	10.12	134.60	1.54	386	1.3	64.77
	六队	304	1497	14.43	21.66	129.93	1.60	420	1.5	80.71

从表2－11中我们还能看出，白村（五队和六队）的甸子地与坨子地的比值有逐渐上升的趋势。也就是说，甸子地的相对数量越来越多，坨子地的相对数量越来越少。实际上，坨子地的绝对数量也是在逐渐地减少。糜子和荞麦等蒙古族传统粮食作物是坨子地上种植的主要粮食品种。坨子地减少，实际上反映的是糜子和荞麦的种植面积的减少。甸子地与坨子地面积上的这种变化是可以理解的。在独立耕作的时期，人们在选择种植粮食作物种类的时候一方面会考虑产量，另一方面也会考虑家庭成员的口味与喜好。在这种情况之下，传统的蒙古族粮食作物就会在总种植面积中占据相当的比重。这从表2－8中可以得到印证。而在人民公社集体经营体制之下，决策者的偏好往往只在于粮食作物的产量，坨子地及低产量的传统作物品种自然不被重视。这一时期大量开垦甸子地使得两者之间的比值越来越高。到1978年，白村五队的甸子地是坨子地的6.17倍，六队的甸子地面积更是达

到了坨子地面积的14.43倍。图2－1用折线图的形式表现了白村甸子地与坨子地比值的变化。甸子地与坨子地面积的变化事实上也在一定程度上反映了作物种植结构的变化，而随之发生变化的就是蒙古族的传统饮食结构。

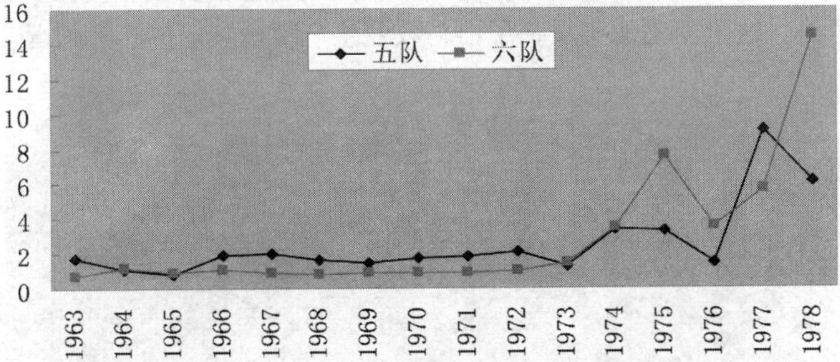

图2－1　甸子地与坨子地比值变化情况

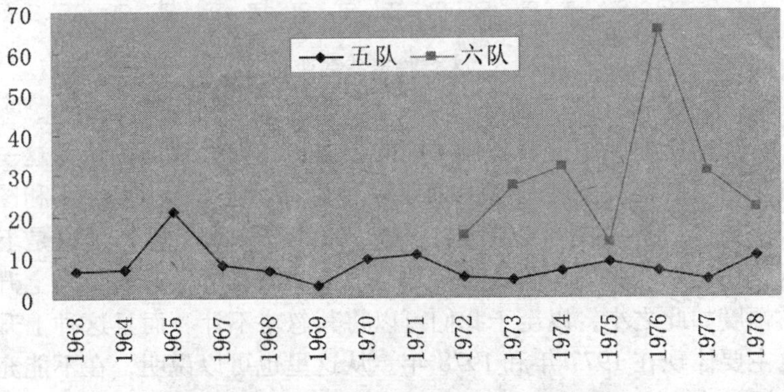

图2－2　农业收入与牧业收入比值变化情况

再看一下农牧业的比重，从图2－2看，六队的情况虽有一些大起大落的变化，最终还是回归到一个比较平均的水平。而五队情况没有明显的变化，比值主要在5—8之间变动。也就是说，在生产队的收入结构中，农业收入为牧业收入的5—8倍。在白村的经济结构中农业的主导地位一直没有发生变化，牧业只是以一种补充经济的形态出现。在从人均牲畜头数来看（图2－3），这一时期虽没有大的变化，但可以看出人均牲畜头数缓慢减少的趋势。这个变化确实反映了白村牧业生产缓慢衰退的实际情况。

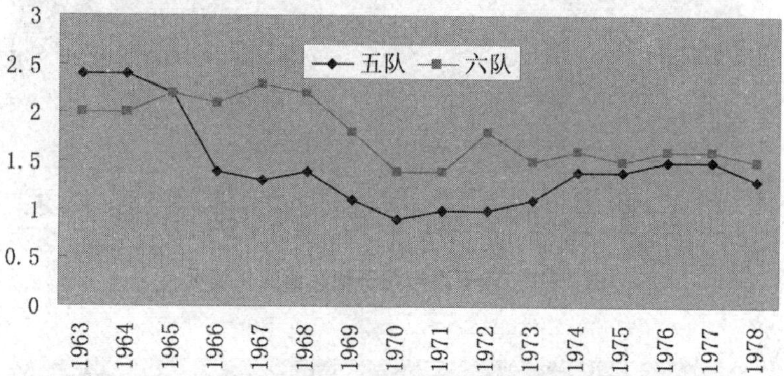

图2－3 人均牲畜头数变化情况

如前所述，根据表2－11中的数据，我们大致可以认为这一阶段白村的经济发展基本上处于一种停滞状态。从图2－4和图2－5的详细折线图可以看出，从1963年至1978年，无论是五队，还是六队，人均收入和劳动分值都略微有所上升。但是上升的幅度如此之小，以至于我们可以将其忽略不计。而且这种上升也主要体现在1977年和1978年。从这里也可以说明，在不能充分调动人们劳动积极性的“大锅饭”体制下，要大幅度地提高社员的收入是非常困难的。

通过对图2－4和图2－5的观察，可以发现这样一个问题，即无论是人均年收入还是劳动分值都存在一个完全停滞或出现下滑趋势的区间。两图中这一共同区间对应的年代大致在1966—1975年之间。回顾历史，这段时期正是“文化大革命”的10年。显然这两者之间是存在因果关系的。政治的动荡对社会经济生活产生了巨大的影响。村落微观数据证明了政治动荡即使对少数民族农村地区也产生了强烈的负面冲击。

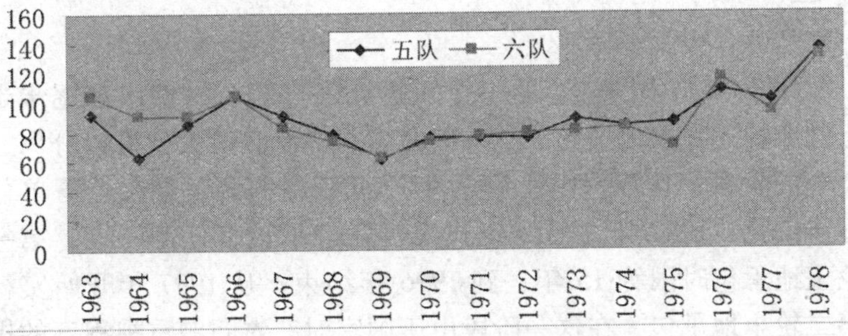

图2－4　人均收入的变化情况

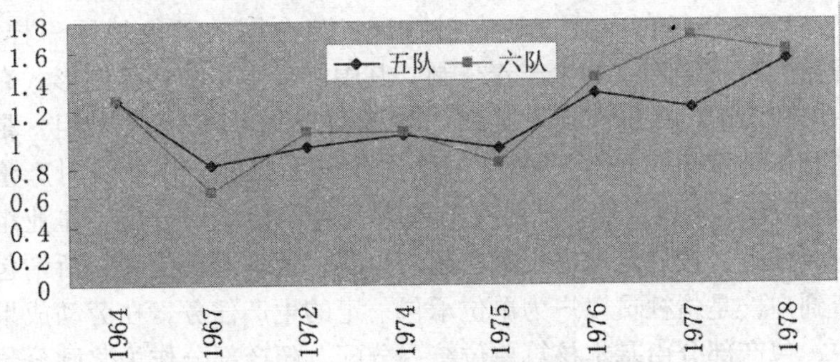

图2－5　劳动分值的变化情况

总而言之，人民公社时期的“政社合一”、“三级所有，队为基础”的管理体制，严重地束缚了生产力的发展。特别是生产组织上"大集体"，分配制度上的平均主义"大锅饭"，极大地挫伤了农牧民的劳动积极性，致使农村经济的发展受到严重的阻碍。在这样的体制下，白村经济不可能有很大发展，农牧民的生活水平也不可能有实质性提高。

三、家庭联产承包责任制时期的体制与生活（1978年后）

1978年是中国社会的一个转折点，自此乡村城市都逐步走上健康快速发展的道路。这一阶段农村体制政策大致可以分为三个小的阶段：1979—1981年为生产责任制的调整期，经营单位逐步细化；1982年之后为正式实行联产承包责任制时期，第一轮土地承包时限为15年，到1996年结束；从1997年开始实行第二轮土地承包，在这一阶段由于国家对三农问题重视程度的提高，农村政策有较大的调整。

（一）生产责任制调整阶段（1979—1981）

1979年起在内蒙古的农村牧区，与全国的其他地区一样，开始实行不同形式的生产责任制。其中，最主要的责任制形式有"包产到组"、"包产到户"和"包干到户"。所谓包产到组，是指基本核算单位把生产项目包给作业组去完成，作业组对产量（或产值）承担责任，产品交给基本核算单位统一分配，作业组完成任务，按规定取得报酬，超产得奖，管理不善受罚；所谓包产到户，是指社员以户为单位承包一定的生产任务，在劳动成果中，包产部分由基本核算单位统一分配，超产部分作为奖励分给承包的社员；所谓包干到户，是指把土地、牲畜、农具等固定到农户，农户除独立完成全部生产过程外，还负责完成国家征购和集体提留公共积累任务，全部产品中除了交征购粮、集体提留公共积累和其他费用外，剩下全部为承包户所得。

在上述三种责任制形式中，“包干到户”的联产承包责任制，最有效地把农民的收入与他们的劳动成果挂起钩来，使承包者关心生产的全部过程，重视质量，讲求实效，精打细算，节约开支，争取最好的经济效果。这种联产承包责任制，克服了旧体制下吃大锅饭的平均主义分配方式，更好地贯彻了按劳分配的原则，因而大大地调动了农牧民生产的积极性和主动性。因此，这一政策一经实施就得到了广大农牧民的欢迎，并在短短的几年之内就大幅度地提高了农牧民的收入和生活水平。

白村与花灯公社的其他 12 个生产队一起，从 1979 年起实行“包产到组”的责任制。每个生产队分为 2 个作业组，白村的 2 个生产队共分为 4 个作业组。“包产到组”的责任制，是以作业组为承包和责任单位。由于把作业组的责任和利益结合在一起，因此对解决作业组之间的平均主义，发挥社员的积极性，提高农业产量起到了积极的作用。然而，这种责任制形式，由于仍以生产队为基本核算单位，包产以内的实物和现金仍实行统一分配，因此仍然没有彻底解决作业组内社员之间劳动报酬分配的平均主义的弊端。在白村，“包产到组”的责任制只实行了两年，没有经过“包产到户”直接过渡到了“包干到户”。

（二）第一轮土地承包阶段（1982—1996）

1981 年的夏天，白村以及全花灯公社的 13 个生产队同时把正在生长的青苗包给各户。当年秋天又把牲畜和农具作价分给社员。1982 年的春天正式将土地“包干到户”，开始实行持续到今天的家庭联产承包责任制。实行“包干到户”时仍为社队体制，白村的五队和六队仍归东花灯大队管辖。各个生产队的承包或分配标准是不同的，其标准由大队根据各生产队的具体情况制定。五队的标准为：把耕地分为三个等级，每口人一等地 3 亩、二等地 1 亩、三等地 0.5 亩，即每人为 4.5 亩地。六队的耕地质量差异较大，因此分为四个等级。每人一等地 2 亩、二等地 1 亩、三等地1亩、四等地0.5亩，也是每人4.5亩。

五队和六队的牲畜和车辆的分配原则如下：耕牛、马和大车按人口分，7人分到1匹马或1头耕牛，30人分1挂大车。母牛和羊按户承包，1户1头母牛和2只绵羊（缺5户母牛，用3只绵羊顶1头牛的方式顶替）。

实行“包干到户”以后，土地仍为集体所有，农户对所承包的土地，只有使用权，没有买卖或出租的权利。生产队（或后来的嘎查）根据人口的变动情况，按减人减地、增人增地的原则，每年调整一次。1983—1984年家庭减少一个人口收回4.5亩地，增加一个人口补给4亩地。1985—1989年减人收回土地，增人补给3亩地。1986年根据上级的退耕还牧的政策，从每口人的4.5亩的承包地中收回低等田0.5亩作为放牧场。原来的每口人的4.5亩承包地一律变为4亩地。1990年调整土地时，给原来承包3亩地的人口补1亩地统一变为4亩地。1990年以后每口人的承包地一律变为4亩地，并且实行减人减4亩，增人增4亩的承包原则。这种土地政策一直延续到1997年第二轮土地承包为止。

牲畜和车辆的承包，与土地承包有所不同。虽然当初也叫承包，但由于把牲畜和车辆一次性“作价归户”，因此，农户分到的牲畜和车辆，实际上成了他们可以自由买卖的私有财产。对于发包方的生产队（或嘎查）来说，也不存在根据人口变动重新调整的问题。当时白村的牲畜和车辆的作价情况是：大车400元左右，马200—280元，耕牛330—380元，奶牛120—240元，绵羊50元左右。

白村实行家庭联产承包责任制以后，一个家庭为一个农业生产的单位，即每个家庭各自经营自己所承包的土地。但是，白村牧业生产有所不同。由于各户承包到的牲畜很少，不可能每一个家庭都能建立一个畜群。因此，牧业生产采取了委托代放的形式。也就是委托生产队（或嘎查）指派的放牧员或个体放牧员放牧，由各户根据牲畜头数缴纳代放费。刚开始时，生产队（或嘎查）指派专门放牧员放牧，每家按代放的牲畜的头数向嘎查缴纳一定的代放费（牛 6.5 元/头/年，羊 3 元/只/年），嘎查把收上来的代放费发给放牧员。1989 年出现（非嘎查指派的）个体放羊户，1995 年出现个体放牛户。把牛或羊交给个体户牧放，虽然代放费高一些，但认真负责，大家都很放心。从 1997 年开始全部改为个体放牧，一年的代放费牛 40 元/头，羊 18 元/只。放牧员的放牧方式是一年四季跟群放牧。每年 11 月 1 日到第二年 6 月 1 日白天在野外放牧，晚上把牲畜赶回村里，各家晚上自己喂玉米秸秆。从 6 月 1 日到 11 月 1 日，把当年产小牛的适龄牧畜及其小牛放在一个牛群，白天在野外放牧，晚上赶回村里，在各家围栏隔离母牛和小牛过夜，第二天放牧之前可以挤一次奶。其他的牛和羊群，不论白天还是夜晚都是在野外的放牧场，不会把这些牛羊赶回村子里来。

实行“包干到户”之后，由于农民对承包的农田上种植什么农作物有充分的自主权，因而农民很自然地选择投入少、产量高、经济效益好的农作物。在白村这一带种植的农作物中，种植玉米的投入最少，产量最高。因此，实行包干到户以后玉米的种植面积越来越大（见表 2 - 12）。在这一时期，作为征购粮和商品粮来种植的全部是玉米。其他粮食作物，如水稻、小麦、糜子、荞麦等基本上都是作为自己消费的粮食来种植的。

表 2 - 12　花灯苏木不同粮食作物的种植面积所占百分比（%）

年度＼作物	水稻	小麦	玉米	高粱	糜子	荞麦	其他
1982	0.00	6.04	38.18	27.10	10.71	4.51	13.46
1990	11.01	4.79	57.58	8.28	6.32	1.48	10.54
1995	3.05	2.74	63.62	5.63	7.51	3.29	14.16

表 2－13　花灯苏木（公社）牲畜头数的变化情况

项目 年份	大畜		小畜	
	总头数	人均头数	总头数	人均头数
1978	5456	1.36	3746	0.93
1982	5148	1.25	5381	1.31
1990	6677	1.23	5328	0.98
1995	5812	1.04	7978	1.46

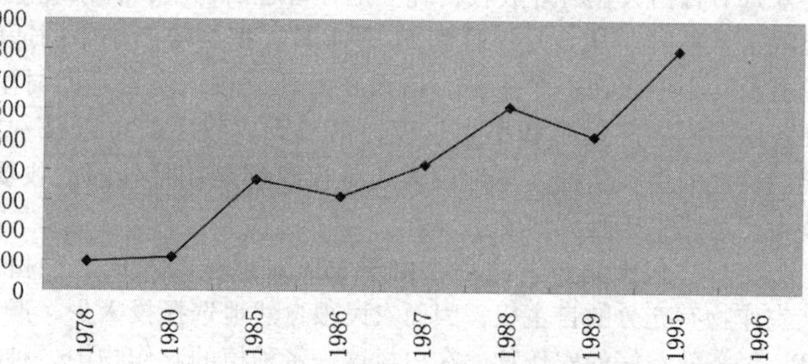

图 2－6　科左右旗农民人均纯收入变化情况（单位：元/年）

实行联产承包责任制以后，受限于草牧场的面积和质量，白村这一带的牧业生产并没有太大的起色，人均牲畜仍然很少（见表 2－13）。对于白村大部分村民来说，农田仍然是经济收入的最主要的来源。不过，在白村也出现了个别的牧业大户。他们在经营自己承包的农田的同时，还经营相当数量的牲畜。有些养羊大户不但自己拥有了百余只羊，而且还通过为他人代放羊而获得可观的收入。而一些养牛大户每年能出售 1—7 头牛，收入在 3000—15000 元之间。除了牧业大户，在白村还出现为数不少的副业大户，有开商店的，开链轨拖拉机的，办粮食加工厂的，搞焊接的，做小买卖的，甚至还有捡破烂的。这些副业大户的副业收入每年多则上万元，少的也有数千元。总之，实行家庭联产承包责任制和开展多种经营之后白村乃至整个科左后旗的农牧民经济收入都有了大幅度的提高（见图2－6）。

（三）第二轮土地承包阶段（1997年后）

家庭联产承包责任制对农村生产力与生产关系进行了有效的调整，在一定时期内调动了农民的生产积极性，促进了农村经济的迅速发展。但是就在第一轮土地联产承包经营的后期，农村却逐渐出现了农民负担沉重、农村村治混乱、农业发展日渐萎缩的局面。三农问题是国家农村政策（农业收益分配制度、乡镇基层管理体制以及国家二次分配制度等）和乡村社会运作机制长期积累的后果，这种局面在20世纪90年代中晚期更是达到了顶点，真正呈现出“农民真苦，农村真难，农业真危险”的境况。[①]因此可以说，第一轮土地承包时期既是农村经济大发展的时期，也是各种矛盾积累和激化的时期。为了解决农村发展中的一系列问题，第二轮土地承包以来国家在农村土地制度、分配制度和基层管理制度等方面进行了一系列改革和调整。

1997年正式实行第二轮承包的时候，白村每个人口分到的耕地是四亩。在这四亩耕地中，一亩叫做保命田或口粮田，其他三亩叫做承包田。凡是欠国家、集体钱款不还的家庭就扣承包田，违反计划生育的妇女的承包田也要扣除，只给一亩“保命田”。这种地方规定的土地调节政策从第一轮土地承包后期就开始实施，并一直执行到2004年。尽管国家法律明文规定对农民合法土地使用权的保护，但我们从这样的村落个案中可以看到村民合法承包土地的权利并没有得到应有的尊重。我们可以看出，

① 村民对20世纪90年代中期白村各种问题的描述和看法真实反映了三农问题在当时的严重性。相关内容可见附录一中的访谈记录。

作为国家和农民中间力量的地方政府，经常会为了自己的目标和利益，做出既有悖于国家政策又有悖于农民利益的种种“目标置换”行为。

为稳定和完善以家庭承包经营为基础、统分结合的双层经营体制，赋予农民长期而有保障的土地使用权，维护农村土地承包当事人的合法权益，促进农业、农村经济发展和农村社会稳定，2003 年国家颁布了《中华人民共和国农村土地承包法》，对第二轮土地承包中涉及的各种问题进行了规范。内蒙古自治区依据这一法律，在结合本区实际情况的基础上，制定了《内蒙古自治区土地承包管理条例》。条例具体规定了第二轮土地联产承包的期限为 30 年，保护村民土地承包经营权，村集体预留机动耕地面积控制在 5% 以内等内容。白村共有耕地 4000 余亩，1997 年第二轮土地承包的时候实际上分给村民的只有 3000 多亩，集体留下了 1000 多亩，远远超过了国家规定村集体预留土地不超过 5% 的规定。按照这样一些法律文件的规定，2004 年白村在 1997 年初步承包的基础上对第二轮土地承包进行了完善。村集体减少了预留地，村民按人口每人增加 2 亩地，达到人均 6 亩耕地。这是实行联产承包责任制以来的最高水平。对于被扣掉承包田的家庭，从 2004 年开始执行一个新的政策，只要缴纳以往欠嘎查或国家钱款的 10%，就可以补给 5 亩地，和其他村民一样分到 6 亩地。可以说第二轮土地承包尤其是其后的一系列完善政策保证了农民利益的最大化，在保护了村民土地经营权利的同时，也激发了村民生产经营的积极性。

税费负担沉重一直是农村社会生活中的一个重大问题，严重影响了农村进一步发展的能力。以白村为例，村民普遍反映，在 20 世纪 90 年代农业投资和各种税费要占到农业总收益的 70% 左右；而剩余的部分只能维持基本简单再生产和家庭生活的需要。为解决这一问题，中央政府推行了税费改革政策，从分配制度上来彻底减轻农民的负担。白村从2002年起开始施行税费改革第一阶段的措施，将合理的收费纳入税收的范围，规范各级政府的收费行为，凡是不合理的、违背国家政策的税费都被禁止收取；从2005年开始进入了税费改革的第二个阶段，全面免征农业税，并对农业生产给予相应的补贴。通过这样一系列分配制度的调整，农民税费负担问题得到了彻底的解决。按照村民的估计，全面免征农业税之后，人均可以增加400元的纯收入。

与此同时，为了配合税费改革，减轻乡村社会负担，并提高基层政府的行政效率，中央政府还进行了基层政府机构改革，推行乡镇合并、机构合并、人员分流等多项措施。白村所在的花灯苏木与临近苏木合并，原苏木的行政事业机构全部撤销，转移到原努古斯台苏木所在地办公；各种配套机构如医院、中学、派出所、信用社、供销社等也被撤销。这样一系列的国家体制政策的调整给白村及附近地区的生产生活带来了深远的影响。

第三章　现实场景中的村落生活：比较的视角

1996—2005 年短短的 10 年是少数民族农村地区发展历程中的一个小小片断。尽管在这 10 年中民族地区乡村社会在体制上并未发生根本性变动，但在具体政策层面上却有着不间断的较大幅度的调整。从第二轮土地承包到第二轮土地联产承包责任制的完善，从农村税费改革的初步实施到彻底免征农业税，从基层政府机构改革中人员分流到大规模的机构撤并，这样一系列宏观政策在微观时空中具有什么样的影响？作为国家意志体现的体制与政策变化带来了农村社会怎样的变迁？在这样一种大的形势下，村民是如何应对的？具体到村落生活中，又产生了哪些实实在在的变化？

本部分将以 1996 年和 2005 年两次问卷调查为主要依据，以四个村落中的人口、家庭、婚姻、生产、消费以及日常生活等方面的资料来展示 10 年间这一地区的社会发展与文化变迁。遵循既定叙述框架，本部分以四个村落的资料在 1996 年和 2005 年两个时间点上分别进行横向对比；纵向追踪则主要集中于白村。整体叙述以白村作为主体，其他三个村落资料主要起补充印证作用。

第一节　人口

人作为社区生活的主体，其各个方面的变化在一定程度上反映了社区和整个社会的发展变迁。对于一个社区的人口研究，所涉及的内容是多方面的，本章对白村人口状况的描述，只限于以下几个方面的内容：人口及其民族构成的变动情况、人口的文化程度、蒙古族和汉族能力等。在分析白村人口的民族构成、文化程度和蒙古族和汉族能力时，将引入德村、西村和东村的问卷调查资料，进行对比分析。

一、人口变动

从人口学的意义上来说，人口变动是一个自然过程，更是一个社会过程。整个社会的人口变动通常是一个缓慢的自然过程，而特定地区或社区人口的变化则有可能是一个较为快速的社会过程。人口变动较大的时代背景往往是一些重大社会事件的发生或者社会的急剧转型，如战争、自然灾害、城市化等。对于村落这种较为稳定的传统社区而言，人口的变动在某种程度上反映了其发展变迁的程度与方式。

1936 年，白村刚刚形成村落之时，共有 30 户人家，人口为 150 人。经过 60 年的时间，到 1996 年白村的户数发展为 196 户，人口增加到 795 人，户数增加了 5.53 倍，人口增加了 4.3 倍（见表 3－1）。白村人口变动的主要因素除了人口的自然增长之外，政策性搬迁也是其中一个重要因素。1957 年黄沙吐的初级社并入白村和东花灯联合成立的东花社（高级社）之后，黄沙吐的住户相继搬到白村和东花灯。1963 年取消黄沙吐的牧业生产队之后，当地的全部住户搬迁出来，其中，大部分搬到白村。这次集体搬迁导致白村人口骤然增加。

从表 3－1 中可以看到，1996—2005 年 10 年之间，白村人口保持稳定增长的态势。2005 年白村户数为 204 户，总人口为 838 人。相较 1996 年而言，10 年间白村户数增长了 4%，人口数增长了 5%。

表 3－1　1936－2005 年白村户数与人口变化情况

项目 年份	户数		人口数	
	计	比上一统计年份增加倍数	计	比上一统计年份增加倍数
1936	30		150	
1949	59	0.97	293	0.95
1951	57	－0.03	306	0.04
1954	63	0.11	326	0.07
1963	87	0.38	445	0.37
1968	86	－0.01	509	0.14
1973	101	0.17	588	0.16
1978	112	0.11	580	－0.01
1981	120	0.07	584	0.01
1982	130	0.08	613	0.05
1990	178	0.36	793	0.29
1996	196	0.10	795	0.003
2005	204	0.04	838	0.05

作为一个传统性的蒙古族村落，除了特定年份政策性人口迁移之外，白村的人口流动较小，迁入与迁出人口数也基本均衡。从问卷调查的资料来看（见表 3－2），白村现有人口中绝大多数为本村出生，其生老病死都将发生在这样一个固定的时空坐标之中，构成了一个我们通常所说的“乡土社会”。人口变动较小、流动性弱是这种类型社会的重要特征之一。但我们比较 1996 年与 2005 年的调查数据也能发现一些重要的变化：1996 年白村本村出生的人数占全村人数的 84.2%，非本村出生的人数只占

15.8%；2005年本村出生人口比例下降到76.5%，非本村出生人口比例则上升了近8个百分点，占到了调查人口的23.5%，尤其是本乡（非本村）和本旗（非本乡）出生人口数量都有较大幅度的增长。人口出生地构成的变化在一定程度上反映了白村通婚圈和交往范围的扩展。在更深的层次上，这种扩展背后也反映了白村对外经济社会联系的紧密程度正在不断增强。

表3-2　1996年、2005年白村人口出生地情况①

项目＼年份	1996		2005	
	人数	百分比	人数	百分比
本村	669	84.2	592	76.5
本乡	24	3.0	59	7.6
本旗	74	9.3	97	12.5
本盟	24	3.0	21	2.7
本区	2	0.3	5	0.6
区外	2	0.3	0	0.0
总计	795	100.0	774	100.0

在白村这种类型的乡村，人口流出的主要途径是通过接受高等教育、参军、招工、外嫁等方式而将户口转出；而人口流入的主要途径则是婚姻，其中大部分是非本村出生的妇女嫁入本村。从表3-3的数据可以看到，1996年白村非本村出生的人员中，女性占73.8%；2005年非本村出生的人员中，女性占79.7%。

① 这两次问卷调查均设计为针对白村所有人口的普查。在2005年的调查中，由于白村一些家庭举家前往呼和浩特、沈阳、北京以及邻近的一些城市打工或生活，并且长年不归。尽管他们的户口仍在白村，但未能对这部分人口进行调查。最终获得相关资料的人口仅为774人，而不是政府统计资料中的838人。此类情况后文中将不再说明。

从中我们可以看出，在非本村出生的人员中，大部分为出嫁到本村的女性。1996 年，白村 10 名汉族中，只有 2 人是本村出生的，其他 8 人均由外地迁入。可见，白村是以本村出生的蒙古族人口为主体发展起来的村落。

表 3-3　白村非本村出生人口性别比

性别＼年份	1996		2005	
	人数	百分比	人数	百分比
男	33	26.2	37	20.3
女	93	73.8	145	79.7
总计	126	100.0	182	100.0

二、人口的民族构成

在白村刚刚形成之际，村民全部是由居住在附近的蒙古族集中而成。统计资料显示，自 1949 年以来白村一直都有汉族人口存在。但是，汉族人口在白村总人口中所占比例一直很低。相对来说，60 年代末期到 80 年代初期之间，白村汉族人口所占比例较高。从表 3-4 的统计来看，1978 年白村曾有汉族人口 41 人，占全村总人口的 7.1%。这是白村历史上汉族人口比例最高的年份。而从 1996 年到 2005 年 10 年间，汉族人口大致保持为 10 人，约占调查人口的 1.3% 左右。除蒙古族和汉族以外，白村还居住有少量的满族。从表 3-4 中可以看到，满族人口的数量在最多的时候也仅为 3 人，只占总人口数的 0.4%。2005 年白村仅有满族人口 2 人。从目前情况看来，在相当长的时间内，白村的这种民族构成将会比较稳定。由于蒙古族以外其他民族人口总共不超过全村总人口的 2%，我们可以认为白村是一个蒙古族聚居的村落。

表 3 - 4　1936—2005 年白村人口民族构成的变化

项目 年份	总人口	蒙古族		汉族		其他少数民族	
		计	百分比	计	百分比	计	百分比
1936	150	150	100.0	0	0.0	0	0.0
1949	293	282	96.2	11	3.8	0	0.0
1951	306	300	98.0	6	2.0	0	0.0
1954	326	323	99.1	3	0.9	0	0.0
1963	445	440	98.9	5	1.1	0	0.0
1968	509	483	94.9	26	5.1	0	0.0
1973	588	548	93.2	39	6.6	1	0.2
1978	580	538	92.7	41	7.1	1	0.2
1981	584	555	95.0	28	4.8	1	0.2
1982	613	607	99.0	5	0.8	1	0.2
1990	793	785	99.0	5	0.6	3	0.4
1996	795	782	98.4	10	1.3	3	0.4
2005	774	762	98.4	10	1.3	2	0.4

从表 3 - 4 中，我们可以发现，1981 年白村有汉族人口 28 人，到 1982 年汉族人口仅为 5 人，汉族人口所占比例从 4.8% 下降到 0.8%。对于特定的人群，民族成分作为一个较为稳定的个人先赋性特征，在如此短暂的时期内发生急剧的变动，其背后必然有着起重要推动作用的社会性或政策性力量存在。

1982 年白村隶属的科左后旗开始实行新的民族身份认定政策，子女可以随父母任何一方更改民族成分。① 在此之前，按照

① 实际上，这个政策是内蒙古自治区全区性的政策，只是各旗县实行年份有所不同。

常规子女一般只随父亲的民族成分。由于政府对少数民族在很多方面给予优惠政策，上述政策实行之后，不少原来民族成分为汉族的村民，只要父母一方可追溯到有少数民族血统，就改为少数民族。比如爷爷为汉族，奶奶为蒙古族，他父亲原来一般为汉族，他自己也是汉族。但是，实行上述政策之后，因为他奶奶是蒙古族，他父亲可以改为蒙古族，既然他父亲改为蒙古族，他自己也随之可以改为蒙古族。用这样的方式，白村一下子增加了不少蒙古族、满族等少数民族。据科左后旗的统计资料，在 1981 年和 1982 年两个统计年度之间，一年之内蒙古族人口增加了 14.97%，满族人口增加了 318.67%，而汉族人口则减少了 18.96%（见表 3－5）。就白村一个村子来说，1982 年就有 23 人由原来的汉族改为蒙古族（见表 3－4）。可以看出，新的民族认定政策是统计数据上白村汉族人口迅速减少的主要原因。

表 3－5　1981—1982 年科左后旗不同民族人口增减情况

年份＼民族成分	蒙古族	满族	汉族
1981	202050	916	142623
1982	232299	3835	115571
增加百分比	14.97	318.67	－18.96

在四个调查点中，白村和德村为蒙古族聚居村落，蒙古族人口均在 98% 以上；西村和东村为蒙古族和汉族杂居村落，汉族人口所占比例较高，其中东村的汉族人口多于蒙古族人口，占全村人口的 48.3%（见表 3－6）。

表 3－6　1996 年四个调查点民族构成情况

村别 民族	白村		德村		西村		东村	
	人数	百分比	人数	百分比	人数	百分比	人数	百分比
蒙古族	782	98.4	343	99.7	688	82.3	302	45.9
汉族	10	1.3	1	0.3	138	16.5	318	48.3
满族	3	0.4	0	0.0	10	1.2	38	5.8
合计	795	100.0	344	100.0	836	100.0	658	100.0

由于白村和德村的汉族人口的基数不大，因而部分汉族改族后对这两个村落的民族构成影响不大。但是，改族时汉族人口基数较大的西村和东村情况就有所不同。在改族前出生的现有少数民族中，一部分人是改族前本来的民族成分为少数民族，另一部分人则是在改族政策实施之后更改民族成分而成为少数民族的。从表 3－7 中可以看出，通过更改民族成分而具有少数民族身份的分别占这两个村落改族前出生少数民族人口的 14.1% 和 33.9%。然而在“改族”这种现象的背后，我们能够发现一个深刻的事实，即在这些蒙古族和汉族杂居的地区，历史上汉族、蒙古族和满族之间的通婚是非常频繁的，以至于不少家庭包含了若干种民族成分。在民族身份政治意味及现实利益的驱动之下，这个事实使得该地区部分人口转变民族身份成为可能。

表 3－7　西村和东村改族前出生的现有少数民族情况

村别 种类	西村		东村	
	人数	百分比	人数	百分比
改族后少数民族	71	14.1	85	33.9
改族前少数民族	431	85.9	166	66.1
合计	502	100.0	251	100.0

在改族前后这两个村的民族构成的变化较大，蒙古族人口分别增加了11.2和13个百分点，而相应的汉族人口则分别减少了11.3和16.5个百分点（见表3－8）。以东村为例，新的民族政策实施以前，该村汉族人口比重接近70%，占绝对多数；经历改族风潮之后，汉族人口和蒙古族人口比重变得十分接近，差距在几个百分点以内，彻底改变了村落的民族构成性质。由此可见，上述有关更改民族成分的政策，对民族杂居区的民族构成的影响是非常大的。相当多的人口正是借助这一政策取得了少数民族身份。这样一种结构性变化对于当地的文化变迁、社会经济发展以及民族融合历程等产生了事实上的影响。从中我们能够发现，国家体制政策以各种形式和多种渠道在民族地区的社会变迁中起着重要的推动作用。

表3－8 西村和东村在改族前后民族构成变化（%）①

村别 / 民族	西村		东村	
	改族前	改族后	改族前	改族后
蒙古族	67.7	78.9	29.9	42.9
汉族	31.7	20.4	68.0	51.5
满族	0.6	0.6	2.1	5.6
合计	100.0	100.0	100.0	100.0

表3－9是2005年四个调查点民族构成情况。对比表3－6中1996年四个村落的民族构成情况可以看出，10年间白村、德村和西村三个村落民族构成在结构上没有变化，只是在蒙古族人口比例上有细微变动，基本维持着稳定的态势。这与20世纪80年代因国家民族身份认定政策调整而导致民族构成显著变化形成

① 表格内数据根据1996年问卷调查资料推算而得，并非当年统计数据。

了鲜明的对比。东村则在人口的民族构成上产生了一个结构性的变化，即蒙古族人口比例由10年前的45.9%上升到2005年的51.5%，也就是从一个汉族人口略占多数的村落转变为一个蒙古族人口略占多数的村落。这种变化可能与蒙古族生育率高于当地汉族有关。但总具体数字上来看，与10年前相似的是东村蒙古族人口和汉族人口依然大致相当。

表3-9　2005年四个调查点民族构成情况

村别 民族	白村		德村		西村		东村	
	人数	百分比	人数	百分比	人数	百分比	人数	百分比
蒙古族	762	98.4	316	97.5	669	87.1	360	51.5
汉族	10	1.3	8	2.5	96	12.5	295	42.2
满族	2	0.3	0	0.0	3	0.4	44	6.3
合计	774	100.0	324	100.0	768	100.0	699	100.0

三、人口的文化程度

人口的文化程度是社会发展的一个重要指标。本部分先以1996年和2005年调查资料为主横向对比四个调查村落的人口文化程度，并力图从中寻找出影响民族地区文化程度的因素。然后以白村1996年调查与2005年调查资料进行纵向对比，展示10年间这一村落人口文化程度变迁的相关情况。

从1996年调查资料中可以看出，在四个调查点中，白村的初中以上文化程度的人口所占的比例最高，西村的文盲率最低，而德村的初中以上文化程度的人口所占比例最低，文盲率也最高（见表3-10）。白村是花灯苏木（公社）中心学校和花灯中学的所在地，受教育的条件最好。尤其是因为本村设有初级中学，本村村民子女上初中不需要在学校寄宿，花费最低，因而初中的就学率一直在四个调查点中最高，拥有初中及以上文化程度的人口高达64%。德村地处交通不便的偏僻地带，上初中要到20里外的白村住校上学，花费较高，因而初中就学率较低，拥有初中及以上文化程度的人口只有34.3%，在四个调查点中为最低。同时由于牧业生产方式的影响，需要子女在较小的时候就参与放牧打草等生产活动，因此德村小学就学率也最低，导致文盲率达到15.2%。西村的小学就学率最高，因而文盲率最低，只有7.1%。但是，西村没有初中，上初中必须到外地。近十几年来，西村小学全部变为汉语授课，而设在邻近白村的花灯中学又取消了汉语授课的初中班，西村的小学毕业生只能跨苏木，甚至跨旗县上初中。因此，虽然小学就学率最高，但升入初中学习的人却并不多。对比整个内蒙古自治区的情况，四个调查点的文盲率均低于内蒙古全区的平均水平。初中及以上文化程度的人口，除德村低于全区的平均水平之外，其他三个调查点均显著高于全区的平均水平。

表3-10　1996年四个调查点15岁或以上人口文化程度

村落 \ 文化程度		高中或以上	初中	小学	文盲或半文盲	合计
白村	人数	66	301	144	62	573
	百分比	11.5	52.5	25.1	10.8	100.0
	累计百分比	11.5	64.0	89.2	100.0	
德村	人数	19	68	103	64	254
	百分比	7.5	26.8	40.6	15.2	100.0
	累计百分比	7.5	34.3	74.8	100.0	
西村	人数	80	268	217	43	608
	百分比	13.2	44.1	35.7	7.1	100.0
	累计百分比	13.2	57.2	92.9	100.0	

续表

村落＼文化程度		高中或以上	初中	小学	文盲或半文盲	合计
东村	人数	12	276	126	47	461
	百分比	2.6	59.9	27.3	10.2	100.0
	累计百分比	2.6	62.5	89.8	100.0	
内蒙全区①	百分比	13.4	29.6	38.9	18.1	100.0
	累计百分比	13.4	43	81.1	100.0	

从以上分析中我们可以看出，教学语言、学校设置距离、教育花费及交通条件等都是影响民族地区农村教育发展的关键因素。虽然从表3－10百分率分析来看，不同类型调查点在文化程度上存在一些差异。如果我们将村落与文化程度建构交互分类表，发现两者之间相关系数tau－y仅为0.029。这表明就整体而言各个村落之间在人口文化程度上并无明显区别，在受教育水平方面较为接近。这也反映了四个村落在经济社会发展水平上的同质性，层次大致相当。

表3－11　2005年四个调查点15岁或以上人口文化程度

村落＼文化程度		高中或以上	初中	小学	文盲或半文盲	合计
白村	人数	98	351	137	35	621
	百分比	15.8	56.5	22.1	5.6	100.0
	累计百分比	15.8	72.3	94.4	100.0	
德村	人数	32	90	67	19	208
	百分比	15.4	43.3	32.2	8.1	100.0
	累计百分比	15.4	58.7	91.9	100.0	

① 内蒙古自治区全区的统计数字引用1990年第四次人口普查资料。

续表

村落 \ 文化程度		高中或以上	初中	小学	文盲或半文盲	合计
西村	人数	76	290	220	26	612
	百分比	12.4	47.4	35.9	4.2	100.0
	累计百分比	12.4	59.8	95.8	100.0	
东村	人数	49	380	126	15	570
	百分比	8.6	66.7	22.1	2.6	100.0
	累计百分比	8.6	75.3	97.4	100.0	

表3－11展示的是2005年四个村落15岁以上人口的文化程度分布情况。与1996年情况（表3－10）相比，最显著的变化是四个村落的文盲半文盲人口比例大幅下降，全部在10%以下。四个村落平均文盲人口比例不足5%。而10年前除西村文盲为7.1%外，其他三个村落文盲人口比重均超过10%，平均文盲人口比例高达11.4%。尽管四个村落中人口的文化程度与10年前一样主要以初中为主，但初中及以上文化程度人口比例却得到了很大的提高。靠近通辽市区的东村这一比例最高，达到了75.3%。而牧业村德村初中以上人口比例提高最快，由10年前的34.3%提高到2005年的58.7%。其他两个村落也有相当程度的提高。

推动民族地区人口整体教育水平的提高，其原因除了政策扶持、社会经济的发展和教育条件的改善外，家长提高子女教育水平的意愿和认识不断得到强化也是一个重要的因素。这从白村的访谈资料中可窥一斑：

我希望两个孩子都能上大学，再穷也不能穷孩子。小孩子如果放在村里念小学，一分钱都不用花；为了孩子的前途，（送孩子到城里上学）每年要花4000—5000元。当初我就是吃了没文化的亏，在部队不能得到提高。

——摘自个案二

三女儿初中马上毕业……怎么样也得让三女儿上高中，让儿子上大学。——摘自个案五

咱们当地有个习惯，要供学生。

——摘自个案六

在这些主、客观条件的推动下，这一地区人口的文化程度有所提高。以白村为例，从表3-12中可以看出，白村高文化程度人口所占比例，低年龄组明显高于高年龄组。在20—29岁年龄组中，8.1%的人口接受了大专及以上的教育，97.1%的人口具有初中及以上教育水平。在49岁以下的人群中，没有文盲或半文盲的人口。综观全表，60岁以上组教育水平的众值为文盲或半文盲（69.6%），50—59岁组教育水平的众值为小学(72.4%)，而其他三组教育水平的众值均为初中，且其比例随年龄趋于年轻而逐步提高。两者之间的Somers's dy系数为0.342，显示年龄越低，教育水平越高，体现了这一地区教育呈阶梯式发展的趋势。

表3-12　2005年白村20岁及以上人口不同年龄组文化程度（%）

文化程度＼年龄组	20—29	30—39	40—49	50—59	60及以上
大专及以上	8.1	0.8	0.0	0.0	0.0
高中或中专	6.6	15.4	23.9	5.7	0.0
初中	82.4	73.2	55.1	19.0	6.5
小学	2.9	10.6	21.0	72.4	23.9
文盲或半文盲	0.0	0.0	0.0	2.9	69.6
各年龄组人数	(136)	(123)	(138)	(105)	(46)
Somers's dy = 0.342					

对上学年数与年龄这两个变量计算 Pearson's R 相关系数，第一次调查数据的 R 值为 -0.738，第二次调查数据的 R 值为 -0.628。这表明这两个变量之间存在非常强的负相关关系，也即年龄越小，受教育年限越长。这也从定量的角度印证了前文得出的白村人口“年龄越低，教育水平越高”的结论。个人的上学年数也是反映人口文化程度的一个重要指标。通过 1996 年和 2005 年两次调查数据的对比我们能够发现，白村人口教育水平在 10 年来得到了一定程度的提高。1996 年白村 20 岁以上人口平均上学年数为 6.64 年，2005 年则为 7.23 年，平均上学年数增长了 0.59 年，同时村民最大上学年数也从 11 年增长到 15 年。这些数据综合反映出该地区居民在文化程度上有一定水平的提升，但幅度较小。

四、蒙古族与汉语使用能力

民族作为一种文化集合体，其自身是凭借文化方面的若干差别来进行相互区分的。语言是各民族传统文化的重要载体，无疑成为民族认同与民族区分的重要特质之一。对本民族语言文字的态度与使用能力在很大程度上成为民族认同、民族意识以及民族文化传承的重要标志。与此同时，随着族际交往的增多，语言作为交流工具的作用也愈加明显，其交流和融合被视为文化交流与融合的重要组成部分。某个民族对族际通用语的掌握与使用、对其他民族语言文字的学习与使用以及对教育语言的选择等方面体现了该民族的开放程度和社会综合发展水平。民族意识、族际关系、国家民族政策等在各少数民族的语言选择与使用的实践过程中发挥着重要的作用。语言自身所具有的文化象征和交流工具的双重性质，使得“在衡量当前的族群关系现状或分析族群关系的历史演变时，关于语言使用情况的调查和语言变化的分析成为一个非常重要的专题”。①

（一）蒙古族和汉语使用能力及变迁

语言的变化包括微观和宏观两个方面的变化。语言的微观变化是指语言本身内部结构的变化，即语音、语义、词汇和语法的变化。如前文所述蒙古文中“艾里”一词词义的变化即为此例。而语言的宏观变化是指一个民族从使用一种语言改变为使用另一种语言，或者对某一种语言使用的熟练程度发生明显的变化。语言的微观变化是在漫长的历史长河中所发生的渐进的、自然的变化；而语言的宏观变化是有条件的，它需要急剧变动的社会文化环境。语言的宏观变化实际上是社会变迁的必然结果。从这种角度上来说，前者主要属于语言学意义上的变化，而后者则是社会学意义上的变化。②

表3－13集中展示了1996年与2005年四个调查村落6岁以上蒙古族人口蒙古语和汉语语言使用能力。从蒙古语使用能力来看，2005年白村与德村熟练使用蒙古语的蒙古族人口比例都达到了99%，而且这两个村落都没有完全不会蒙古语的蒙古族人口。这一数据与10年前大致相当，表明这两个村落近10年来蒙古语使用能力没有下降，得到非常完好的保持。一方面由于村落生活与族内交流的需要，另一方面在于民族聚居所营造的文化环境，蒙古语在蒙古族聚居村落中的优势地位并未改变。相对而言，西村和东村蒙古族的蒙古语使用能力较10年前则有了明显下降。西村蒙古语熟练人口比例由10年前的60.2%下降到2005年42.1%，完全不会蒙古语的人口比例则增长至接近蒙古族人口的1/4。东村的蒙古语使用能力则在10年前较低的水平的基础

① 马戎：《语言使用与族群关系》，载《西北民族研究》2004年第1期。

② 包智明：《变动中的蒙古族人生活》，载《社会学研究》1991年第1期，第52—57页。

上进一步下降，2005 年全村蒙古族人口熟练使用蒙古语的比例不到6%，较10 年前下降了4.5 个百分点，而完全不会蒙古语的蒙古族人口则超过了七成。

潘乃谷、马戎[①]等学者在对蒙古族地区半农半牧村落的研究中，发现蒙古族居民的蒙古语能力普遍下降，日常用语呈现从蒙古语向汉语转化的趋势。而从表3－13 中数据可以看到，这四个村落蒙古语能力呈现两种趋势：白村和德村几乎全部村民都保持着非常高的蒙古语能力，蒙古语水平并没有出现明显下降的趋势；而西村和东村的蒙古语能力水平与10 年前相比则有显著下降。对照四个村落基本情况我们能发现，白村和德村是蒙古族聚居村落，以蒙古语作为村落主要日常生活语言；东村和西村是蒙古族与汉族杂居村落，汉语在日常生活中起着重要作用。在此基础上我们可以判断出现这种语言使用能力分化的主要原因在于村落内部的民族构成以及由此所决定的日常生活用语选择。白村和德村这样的蒙古族聚居村落并没有出现明显的汉语取代蒙古语的趋势，蒙古语作为内部交流语言的重要性是显而易见，可以预见蒙古语的主导地位在近期内不会受到剧烈冲击；而作为蒙古族与汉族杂居村落的东村和西村，由于蒙古语不是日常生活语言，村民蒙古语能力的衰落不可避免。在某种程度上来说，保护少数族群语言最好的方式是在日常生活中使用这种语言。这些村落个案可以让我们对前人研究结论进行修正，即蒙古族农村地区蒙古语向汉语的转化因村落内部民族构成和日常语言不同而呈现显著差异。

---

① 马戎、潘乃谷：《内蒙古半农半牧区的社会、经济发展：府村调查》，载于潘乃谷、马戎：《边区开发论著》，北京大学出版社 1993 年版。

表 3－13　1996 年与 2005 年四个调查点 6 岁以上蒙古族人口蒙古族与汉族语使用能力对比①

语言能力＼村别		白村		德村		西村		东村	
		1996	2005	1996	2005	1996	2005	1996	2005
蒙古语	熟练	704 (99.7)	721 (99.0)	315 (100.0)	233 (99.1)	361 (60.2)	249 (42.1)	27 (10.4)	18 (5.9)
	一般	2 (0.3)	6 (0.8)	0 (0.0)	2 (0.8)	40 (6.7)	141 (23.8)	8 (3.1)	27 (8.9)
	会一些	0 (0.0)	1 (0.1)	0 (0.0)	0 (0.0)	74 (12.3)	55 (9.3)	44 (17.0)	38 (12.4)
	不会	0 (0.0)	0 (0.0)	0 (0.0)	0 (0.0)	125 (20.8)	147 (24.8)	180 (69.5)	222 (72.8)
汉语	熟练	124 (17.6)	188 (25.8)	4 (1.3)	24 (10.2)	540 (90.0)	541 (91.4)	252 (97.3)	300 (98.4)
	一般	298 (42.2)	462 (63.5)	94 (29.8)	116 (49.4)	23 (3.8)	50 (8.4)	7 (2.7)	5 (1.6)
	会一些	184 (26.1)	18 (2.5)	99 (31.4)	74 (31.5)	35 (5.8)	1 (0.2)	0 (0.0)	0 (0.0)
	不会	100 (14.2)	60 (8.2)	118 (37.5)	21 (8.9)	2 (0.3)	0 (0.0)	0 (0.0)	0 (0.0)
合计		706	728	316	235	600	592	259	305

与不同村落蒙古语能力出现分化有所不同，调查区域中蒙古族人口的汉语水平非常一致地较 10 年前有显著提高。在现代社会中交流的对象和内容是广泛的，村落生活并不是村民生活世界的全部，蒙古语的适用范围显然不够。族际交往的增多，对外联系的加强，政府、工商、教育、医疗卫生和其他服务机构普遍以

① 6 岁时语言能力已较为成熟，且已开始接受学校教育，故本节统计对象均为 6 岁以上人口。

汉语作为交流语言，这些客观因素都增强了汉语作为蒙古族对外交往主体语言的地位。2005 年白村蒙古族人口汉语水平在一般以上的人口接近 90%，而 1996 年这一比例仅为 60%，目前全村蒙古族人口基本可以使用汉语进行交流。与白村类似，德村蒙古族的汉语能力较 10 年前也得到了快速提高，汉语水平在一般以上的人口比例达到 60%，10 年前这一比例仅为 30%，熟练使用汉语的人口由 1996 年的 1. 3% 增长到 2005 年的 10. 2%。而西村和东村蒙古族人口长期以来对汉语使用较多，在汉语能力上保持着较高水平。目前两村蒙古族中已经没有不会使用汉语的人口，西村汉语水平为“熟练”的蒙古族人口比例超过 90%，东村则更是接近 100%。汉语能力的全面提升可能得益于两个因素：一是整体教育水平的提高；二是族际交流的机会和需求的增加。从乡村蒙古族汉语能力的全面提高可以看到，汉语作为我国族际通用语对少数族群的语言选择和使用产生了巨大的影响。

综合上文的分析，乡村蒙古族在语言的使用与变迁上呈现出如下特征：汉语能力普遍提高，但杂居村落的汉语水平明显高于聚居村落的汉语水平；蒙古族和汉族杂居村落蒙古语能力进一步衰退，衰退程度与村落蒙古族人口比例呈现负相关关系，在未来一段时间内汉语可能会彻底取代本族群语言成为通用语言；蒙古族聚居村落的蒙古语能力水平与 10 年前大致相当，蒙古语在村落生活中的优势地位和作用并没有因汉语能力整体提高而受到明显影响。

（二）语言能力差异的村际因素分析

从上文的分析中可以看出，不同村落的蒙古族在蒙古族与汉族语言能力方面存在较大的差异，在语言能力变化的速度和方向上也各有不同。本部分结合调查村落自身特点，对导致乡村蒙古族语言能力村际差异的相关因素进行分析。

1. 村落民族居住类型与语言能力

民族居住类型分为民族聚居和民族杂居两大类。白村和德村属于蒙古族聚居村落，西村和东村则属于蒙古族、汉族及满族杂居村落。从语言使用能力的现状和变迁趋势来看，白村和德村较为类似，西村与东村较为类似。白村和德村蒙古族的蒙古语保持较高的水平，与此同时汉语水平也持续得到提高。而西村和东村蒙古族的蒙古语水平则快速衰退，汉语在很大程度上取代本族群语言成为通用语言。乡村蒙古族在语言能力上所呈现的村际差异表明了民族居住类型对村落语言能力的整体影响。聚居型村落更有利于对本民族语言的传承，杂居型村落则有利于对族际通用语的学习。

民族居住类型之所以能够对村落的整体语言能力造成影响，在于它形成了一种文化场域，在一定程度上规定或制约着整个村落语言、习俗以及生产生活方式等方面的选择。民族聚居型村落创造了一个本族群文化、语言、传统的循环圈子，使村落居民得以在本族群文化氛围内成长，接受潜移默化的影响。在村落生活过程中，学习和使用蒙古语成为村民理所当然并且是必需的选择。在语言习得方面，聚居型村落既创造了一个纯洁的文化环境，也创造了一个纯洁的使用环境。聚居型村落客观上对本族群语言的保存有着积极的作用。相反，民族杂居型村落则由于内部文化、习俗和传统的多元性，形成一个较为开放竞争的系统。[①]语言文化在这样的场域之中相互融合，语言的交流和竞争由此形成。在多元竞争的环境中，语言选择受多种因素的影响，如村落内部文化力量对比、语言应用范围以及人们对语言优越性的认识等。就杂居村落蒙古族而言，语言环境的多元、文化氛围的下降和应用范围的减小都使得其蒙古语能力明显差于聚居村落。

---

① 郝亚明：《乡村蒙古族语言的使用与变迁》，载《西北第二民族学院学报》2008年第4期，第17—23页。

民族聚居型村落对族群语言的保护作用提醒我们，聚居对于一种文化的产生和保存是具有重要意义的，尤其是在面对一种优势文化的时候更是如此。但是我们也应该清醒地认识到，这样一种隔绝和保护是否具有现实意义。

2. 村落民族成分比例与语言能力

相对于聚居村落人口民族成分的单一，杂居村落则存在村落人口的民族比例对比问题。村落中民族比例成分会影响到村落的政治生态，也会对村落的文化氛围乃至语言使用产生影响。在聚居村落中，其他民族成员人数极少，蒙古语在村落生活中的主导地位不可动摇。而对于杂居村落西村和东村而言，汉语是村落生活用语的重要组成部分。鉴于汉语的外向交流优势非常明显，西村和东村蒙古族居民也倾向于学习和使用汉语，这直接导致杂居村落蒙古族人口蒙古语能力持续下降。

但由于两个村落人口民族构成比例上的差异，在蒙古语与汉语使用能力的现状和变迁上还是存在着不同。东村蒙古族人口约占全村人口 50%，而且很大一部分属于改族之后的蒙古族。村民以汉语作为日常交流语言，蒙古语很少被应用，因此东村蒙古族蒙古语水平下降最快，接近衰亡的局面。而西村蒙古族人口占全村人口比例超过 80%，有条件在村落内部形成蒙古语使用的圈子与环境，蒙古语与汉语并列成为村落日常用语。因此尽管蒙古语熟练者大幅下降，但能够使用蒙古语进行交流的蒙古族依然接近 70%。可见，杂居村落中少数族群人口比例越低，在语言上越容易被同化。

3. 村落日常生活用语与语言能力

应用是语言的生命力所在，在日常生活中得到广泛使用的语言生命力才会旺盛，而那些在日常生活中很少被应用的语言必然呈现衰退局面。因此在村落日常生活中使用何种语言对村民的语言能力有着决定性的影响。表 3 – 14 展示的是四个调查点蒙古族人口日常生活语言，其与各村落蒙古语与汉语使用能力现状有着高度的一致性。

表 3－14　2005 年四个调查点 6 岁以上蒙古族人口日常生活语言

村别 日常语言	白村		德村		西村		东村	
	人数	百分比	人数	百分比	人数	百分比	人数	百分比
汉语	11	1.5	6	2.5	394	65.8	289	94.4
蒙古语	715	98.2	232	96.7	87	14.5	7	2.3
蒙汉双语	2	0.2	2	0.8	118	19.7	10	3.3
合计	728	100.0	240	100.0	599	100.0	306	100.0

白村超过 98% 的蒙古族人口以蒙古语作为日常生活用语，德村这一比例也接近 97%。而西村使用蒙古语作为日常生活用语的蒙古族人口比例只有 14.5%，东村更低至 2.3%。与这一比例相对应，白村和德村的蒙古语水平最高，全体蒙古族都保持了很高的蒙古语水平；西村次之，有一定的蒙古族人口保持较好的蒙古语水平。由于在日常生活中已基本不再使用蒙古语，东村蒙古族的蒙古语能力最低。同样，汉语使用能力也与各村落汉语作为日常用语的比例相一致。东村蒙古族汉语能力最强，西村次之，而白村和德村蒙古族汉语能力相对较弱。

（三）语言能力差异的个体因素分析

1. 年龄层次与语言能力

年龄层次与语言能力的关系实质上反映的是代与代之间在语言选择、学习及使用上的差异问题。本研究将调查点人口按照年龄分为老年、中年和青少年三组，分别与其蒙古语能力和汉语能力进行交互分类，计算相关系数如表 3－15。

表3－15 四个调查点年龄层次与蒙古族与汉族语言能力相关系数

村别 相关系数	白村		德村		西村		东村	
	蒙古语	汉语	蒙古语	汉语	蒙古语	汉语	蒙古语	汉语
dy	0.002	－0.034	0.020	－0.363	0.175	－0.044	0.354	0.007
sig	0.874	0.225	0.152	0.000	0.000	0.065	0.000	0.685

从表3－15中的数据来看，四个村落中蒙古族居民的蒙古语水平与年龄层次均成正向关系，也即年龄较大的村民蒙古语能力更强。尽管白村和德村的相关系数为正值，但接近于0，表示这两个村落中村民蒙古语能力与年龄之间不存在显著的相关关系。这是由于这两个村落以蒙古语为日常生活语言，村民普遍蒙古语能力都很好，蒙古语能力基本与年龄无关。而西村和东村村民蒙古语能力与年龄层次则显著相关，两个村落中年轻蒙古族的蒙古语能力与中老年蒙古族相比有较大差距，而这种趋势在东村最为明显。

汉语能力与年龄层次之间的关系则呈现出另一种形态。东村由于日常用语是汉语，蒙古族村民的汉语能力普遍较好，因而汉语能力与年龄层次之间呈现不相关。而白村、德村和西村蒙古族的汉语能力与年龄层次都呈现出负相关，即年龄越大汉语言能力越弱。德村的这种负相关的趋势最为显著，相关系数达到了－0.363。相对而言，白村和西村的负相关则不太显著，相关系数值较小，只能看出有这样一种微弱影响的存在。

2．性别与语言能力

探讨性别与语言能力差异基于这样一些假设：妇女往往被要

求更多地承担族群文化传承的义务，① 因此妇女对本族群语言的保持状况可能会更好；通常男性社交圈子更大，因此对族群通用语言掌握水平要比女性更好。

表 3－16 四个调查点性别与蒙古族与汉族语言能力相关系数

村别 / 相关系数	白村		德村		西村		东村	
	蒙古语	汉语	蒙古语	汉语	蒙古语	汉语	蒙古语	汉语
tau－y	0. 000	0. 005	0. 008	0. 026	0. 000	0. 003	0. 021	0. 015
sig	0. 862	0. 044	0. 204	0. 001	0. 965	0. 184	0. 001	0. 049

以显著度 0. 05 为标准，白村和德村蒙古族村民的汉语能力、东村蒙古族村民的蒙古语和汉语能力都因性别的不同而有所差异。但是从表 3－16 中数据来看，所有的相关系数都接近于 0，显示四个调查点中蒙古族村民蒙古语和汉语的语言能力没有因性别因素而存在实质性的差异，大致水平差异不大。也即上边所提出的两个假设均不适用。

3. 文化程度与语言能力

白村和德村是蒙古族聚居的村落，日常生活用语是蒙古语，具有特别优越的蒙古语学习和使用的环境，因此其村民蒙古语能力与文化程度之间的相关不显著，相关系数都接近于 0。相关系数方向为正，可能是由于白村和德村的村民普遍以蒙古语作为教育用语，而系统的文化教育对其蒙古语能力略有促进作用。

西村和东村都是蒙古族与汉族杂居的村落，其蒙古语的语言

① 性别之间的这种差异能够在诸如服饰、语言和婚姻等很多方面得到体现。如在西藏地区调查可以发现，男性的服装非常汉化，而妇女的着装则多为民族服饰；同时在语言能力上，男性的汉语能力要远高于女性。很多民族在族际通婚方面对男女的要求非常不同，男性与外族通婚的比例远远高于女性。

环境要差于白村和德村，村民蒙古语能力参差不齐。从表3－17的相关系数可以看出，西村和东村蒙古族村民的蒙古语能力与文化程度呈现负相关，即文化程度越高，蒙古语能力越差。这里有两方面的原因，一是上文所展现的年龄与蒙古语能力之间的正相关关系，而年轻人的文化程度往往较高，从而导致了蒙古语能力与文化程度之间的负相关；二是西村和东村蒙古族普遍接受汉语教育，因而可能对其蒙古语言能力产生了负面的影响。而在相关程度上，东村要比西村更为明显。

表3－17　四调查点文化程度与蒙古族与汉族语言能力相关系数

村别 / 相关系数	白村		德村		西村		东村	
	蒙古语	汉语	蒙古语	汉语	蒙古语	汉语	蒙古语	汉语
dy	0.001	0.102	0.004	0.448	－0.139	0.064	－0.202	0.009
sig	0.864	0.001	0.647	0.000	0.001	0.012	0.004	0.660

对于蒙古族村民而言，汉语并非他们的母语，学校教育是提高汉语能力的一个重要途径。无论是接受汉语授课教育的蒙古族，还是接受蒙古语授课的蒙古族，其课程设置中还是有很多的汉语学习课程，这显然能够提高蒙古族的汉语能力。从表3－17中的数据来看，白村、德村和西村蒙古族村民的文化程度与汉语能力之间都存在显著关系。白村和德村是以蒙古语为日常用语的蒙古族聚居村落，不具备其他村落那样的汉语语言环境，这两个村的村民学习汉语的最主要的途径就是学校教育。从表3－17的计算结果来看，白村和德村的文化程度与汉语能力有相当强的正相关，即文化程度越高，汉语能力越强。相比之下，西村以蒙古语与汉语双语作为日常生活用语，村民汉语能力部分来自日常交流，部分来自学校教育，因此文化程度对汉语能力的影响没有白

村和德村高，相关系数仅为 0.064。东村是四个调查点中的特例，由于汉语是村落的日常生活语言，村民普遍汉语能力都很强，并且汉语能力主要来自日常生活，因此接受学校教育对于提高汉语能力水平之间没有明显的相关。从相关系数上来看，东村汉语能力与教育水平接近零相关。

在四个调查点中，德村是地处偏僻地带的牧业村落，与汉族接触较少，汉语语言环境最弱；白村本身虽汉族极少，但由于与汉族居民较多的西村相邻，且地处苏木（乡）政府所在地附近，汉语语言环境比德村稍强；西村的日常语言是蒙古语与汉语双语，但仍有很大一部分居民能够熟练地使用蒙古语，因此还远不是纯粹的汉语语言环境；东村汉族众多，只有极少数的人能够熟练地使用蒙古语，可以说东村的语言环境接近纯粹的汉语语言环境。不同的语言环境，汉语能力与文化程度的相关强弱是不同的。从表 3－17 相关系数的大小（德村 > 白村 > 西村 > 东村）可以看出这样一种趋势：蒙古语语言环境越强，汉语语言环境越弱，汉语能力与文化程度的相关关系就越强，也就是说汉语的学习和提高更加依赖于学校教育。

（四）教育语言选择及影响因素分析

蒙古族聚居村落的白村和德村，其村民普遍选择以蒙古语作为教育语言，选择以汉语作为教育语言的人口比例极低。白村选择以汉语作为教育语言的人口只占蒙古族总人口的 1.6%，德村的比例更是只有 1%。由于我国民族语言政策规定，在少数族群聚居的地方普遍推行民族语言教育，因此在蒙古族聚居村落附近的学校往往只以蒙古语授课，希望接受汉语教育的家庭只能将子女送到外地上学。白村和德村接受汉语教育的学生都是送到县城或通辽市就读。到外地接受汉语教育一方面花费较多，另一方面往往还需要成人陪读，成本十分高昂。这种选择往往只能在家境较好且父母有意愿为子女教育进行投资的家庭中才会出现，基本上属于特例。蒙古族聚居村落中普通村民也往往很少有意识地对子女的教育语言进行选择，村民大多都在纯正的蒙古语环境里成长，顺其自然地在附近的学校接受蒙古语教育是他们绝大多数人的选择。

表 3－18　2005 年四个调查点 6 岁以上蒙古族人口教育语言的选择

村别 教育语言	白村		德村		西村		东村	
	人数	百分比	人数	百分比	人数	百分比	人数	百分比
汉语	11	1.6	2	1.0	467	83.7	289	97.6
蒙古语	677	98.4	214	99.0	91	16.3	7	2.4
合计	688	100.0	216	100.0	558	100.0	296	100.0

真正能够体现蒙古族对教育语言自主选择的是蒙古族与汉族杂居的村落。首先，蒙古族与汉族杂居村落附近通常有汉语授课学校，或者在蒙古语授课学校中有汉语授课班，这使得蒙古族自主选择教育语言有了可能。其次，杂居村落中蒙古族通常在汉语和蒙古语上都具备一定的基础，可以根据自身条件和兴趣来选择教育语言。从表 3－18 中可以看到，西村和东村蒙古族普遍选择以汉语作为自己的教育语言，西村选择汉语的比例超过 80%，东村选择汉语作为教育语言的比例则达到了 97.6%。也就是说，杂居村落中蒙古族绝大多数倾向于选择以汉语作为教育语言。这种选择的偏向性可能是由于对接受汉语教育的未来有更好的预期。

通过实地调查与访谈，我们大致可以归纳出如下几种对村民教育语言选择产生影响的因素。

1. 周边学校教育语言的提供

教育语言的选择要受限于周边教育机构所能提供的教育服

务。以白村附近的蒙古语授课小学为例，1992 年之前还办有汉语授课班。由于地方政府要求加强蒙古语授课，同时汉语授课师资力量不够，1992 年之后就停办了汉语授课班，全部改为蒙古语授课。周边村落部分希望接受汉语教育的蒙古族学生要么只能接受蒙古语教育，要么只能转到其他汉语授课学校去就读。白村村民 WSQ 表示：

> （我家）小孩子成绩不算太好。我们家是蒙古族与汉族家庭，家里汉话蒙话都说。孩子汉话说得更好，对汉文也有兴趣些。可是我们这里的小学只有蒙古文蒙古语授课，孩子跟不上，深点的东西都不能太懂，也不愿意问老师。
>
> ——摘自个案十三

2. 村落因素的影响

民族居住类型、民族人口比例、村落地理位置等村落类型因素都会对教育语言的选择产生影响。村落类型对教育语言选择的影响体现在三个方面：一是村落类型决定了学校的教育语言设置，如聚居村落附近的学校往往都是以蒙古语授课，学生只能选择蒙古语作为教育语言；杂居村落学生则可能有更多选择。二是村落类型决定了个人的语言基础，如蒙古族聚居村落学生在入学前都具备较好的蒙古语水平，因此大多顺其自然选择以蒙古语作为教育语言；杂居村落学生则具备蒙古语与汉语双语语言基础。三是村落类型决定村落文化氛围，不同村落有不同的文化氛围，从而导致村民在教育语言选择上具有特定偏向。

3. 对教育语言的认识和理解

语言应当说具有双重性，一是作为一种传统文化的载体，它寄托和体现出人们对于这种文化的感情。二是纯粹作为信息交流的工具，实现的是传递信息的功能。当人们在进行语言选择的时候，有时感情和功利的考虑并存，有时则会有所偏重。① 对于子女教育语言选择方面，当地的蒙古族村民普遍有两种不同的看法：第一种是汉语可以用来学习科学技术、进行社会交流和在全国范围内争取更多的个人发展机会；第二种是蒙古语有助于保持本民族的文化传统和民族意识，蒙古族当然要学习和使用蒙古语。对语言持有何种认知和理解在很大程度上决定着对教育语言的选择。

4. 国家民族语言政策

在我国的少数民族自治地区和聚居地区，都建立了使用这些民族语言作为教学语言的“民族学校”，为各少数民族建立了与普通学校平行的从小学到大学的“民族教育体系”。我国的语言政策，一方面对少数民族语言作为教育语言起到了保障作用，使得其在教学条件、教学设施方面获得了可能性；另一方面，国家语言政策还为少数民族语言作为教育语言有推动作用，较低的录取分数线、较高的高等教育录取比率等也促使和激励他们选择民族语言作为教育用语。

（五）典型案例分析：国家民族语言政策与教育语言选择

MD是一名退伍军人，现任白村村长。本部分以典型案例分析的方式，依据MD的访谈资料，通过他本人及其子女的教育语言选择过程来展示和分析国家语言政策对教育语言选择所产生影响。

> 当兵的时候我体力好，能吃苦，新兵第二年就被提升为班长，并且获得团里嘉奖六次。当初我就是吃了没文化的亏，在部队不能得到提升。每次给机会让我考军官我都考不上，别人一次就考上了，我甚至连班会记录都不会写。考试

① 马戎：《试论语言社会学在社会变迁与族群关系研究中的应用》，载《北京大学学报》2003年第2期，第133页。

的时候都是用汉文，我只懂蒙古文不行。我的孩子都是上的蒙古文学校，但女儿在学校蒙古文、汉文和英文都学。我女儿学习成绩很好，写作文总能得到老师的表扬。

当初为决定孩子上汉文学校还是上蒙古文学校我们考虑了很久。孩子上汉文学校知识较广，用处大；学蒙古文要是考不上学回来就一点用也没有了。但是蒙古文学校升学率高，有60%—80%的把握；汉语学校升学率50%不到。我想让孩子上汉语学校，但怕孩子考不上大学抱怨我们。再说现在蒙古文学校汉文和英语也是同步抓的。

——摘自个案二

从个人自身经历出发，MD因为以蒙古语而不是汉语作为自己的教育语言，失去了个人发展的重要机会。在对教育语言的认知上，MD也觉得汉语“用处大”，蒙古语“一点用没有”。从这些角度出发，他希望自己的子女选择以汉语作为教育语言。但是考虑到国家的民族语言照顾政策，即蒙语授课学校升学率较高，子女有较大的把握考取大学，MD最终选择让孩子接受蒙古语教育。可以说这是村民在权衡得失之后就子女教育语言选择所做出的理性选择，这种实用主义的语言选择在村民中具有较强的代表性。MD选择蒙古语作为子女教育语言，并非是基于民族意识或文化传承方面的考虑，而是一种实用主义的选择。“在当今全球化的大潮中，各国之间、各个族群之间的交往和相互竞争也日趋激烈，对于语言的感情层面的考虑有下降的趋势，而对语言的功利方面的考虑则在显著上升。”①

随着民族地区经济社会的发展，族际交往日益频繁，汉语的优势非常明显，民族语言必将处于更加不利的状态。上边这一案

① 马戎：《试论语言社会学在社会变迁与族群关系研究中的应用》，载《北京大学学报》2003年第2期，第133页。

例从侧面说明国家民族语言政策对少数民族语言文字保护具有积极的作用。可以想象，如果没有相关国家语言政策和民族照顾政策作支撑，少数民族语言文字的消逝将进一步加速。

第二节 家庭

家庭是社会的细胞，是最古老、最重要的社会组织形态。对家庭的界定，学术界有不同的观点。我们通常所言的家庭，指的是“一个社会团体，其内包括两个或多个彼此结婚之不同性别的成人，并且包括已婚双亲之亲生的或收养的一个或多个孩子”。[①]也即以婚姻、血缘和收养关系建构起来的社会生活的组织形式和基本单位。[②]

在汉族社会中，家主要指以婚姻和血缘关系为标志的群体，而户则指主要以居住为标志的群体。[③]但就蒙古族社会而言，家庭指的就是共住、共食和共财的社会单位。“家”在蒙古语中叫“格日”（ger），与“房子”是同一个词。在蒙古族社会中，共同居住于同一个房子，是构成一个“家”的最主要的标志。在这种意义上，蒙古族家的含义更类似于汉族“家户”的概念。[④]

一、家庭结构

对于家庭结构的类型，因学者和研究对象的不同，有不同的

① Murdock. G. P. , *Social Structure*. New York：The Free Press, 1965；转引自麻国庆《家与中国社会结构》，文物出版社 1999 年版，第 17 页。

② 《中国大百科全书·社会学卷》，中国大百科全书出版社 1991 年版，第 102—103 页。

③ 潘允康：《家庭社会学》，重庆出版社 1986 年版，第 37 页。

④ 麻国庆：《家与中国社会结构》，文物出版社 1999 年版，第 18 页。

分类方法。本研究根据调查区域的家庭结构的特点，分为以下6种类型。

（1）核心家庭：由父母与未婚子女组成的家庭；

（2）单亲家庭：由父母一方与未婚子女组成的家庭；

（3）夫妇家庭：由夫妇二人组成的家庭，这种家庭既包括新婚还没有生育的夫妇家庭，也包括终身没有生育或子女已经全部分家出去的夫妇家庭；

（4）主干家庭：由父母与一个已婚子女及其配偶、孩子组成的家庭，其成员还包括其他未婚子女；

（5）单亲主干家庭：由父母一方与一个已婚子女及其配偶、孩子组成的家庭，其成员还包括其他未婚子女；

（6）其他家庭：不包括在以上5种家庭类型之内的极少数的特殊家庭，如由未婚兄妹组成的家庭等（因调查点联合家庭数量极少，本书也将其归于其他家庭一类）。

根据以上分类方法对白村等4个调查点的家庭类型进行分类可以看出，1996年在4个村落中，所占比例最高的都是核心家庭；其次是主干家庭和单亲主干家庭；单亲家庭、夫妇家庭以及其他家庭所占比例都很低，均不超过8%（见表3－19）。

白村有3户“其他家庭”。其中，1户为未婚兄妹2人一起生活的家庭；1户为户主夫妇及其2个子女与父亲的1个兄弟一起生活的家庭；1户为户主夫妇（三个女儿均已出嫁，无子）与母亲一起生活的家庭。

德村也有3户“其他家庭”。其中，1户为户主夫妇（无子女）与户主配偶的未婚2兄弟、2姊妹一起生活的家庭；1户为户主夫妇及其1子与户主未婚兄弟一起生活的家庭；1户为户主及其3个子女与户主母亲、户主配偶妹妹一起生活的家庭。

表 3-19 1996 年四个调查点家庭结构类型分布情况①

类型＼村别	白村		德村		西村		东村	
	家庭数	百分比	家庭数	百分比	家庭数	百分比	家庭数	百分比
核心	127	65.8	38	50.7	121	62.7	109	66.5
单亲	15	7.8	6	8.0	8	4.1	11	6.7
夫妇	8	4.1	3	4.0	13	6.7	6	3.7
主干	16	8.3	11	14.7	29	15.0	13	7.9
单亲主干	24	12.4	14	18.7	17	8.8	22	13.4
其他	3	1.6	3	4.0	5	2.6	3	1.8
合计	193	100.0	75	100.0	193	100.0	164	100.0

西村有 5 户“其他家庭”。其中，2 户为同代有两对夫妇的联合家庭；1 户为户主夫妇及其 2 个子女与父亲的兄弟一起生活的家庭；1 户为户主夫妇及其 3 个子女与户主父亲的 1 个兄弟和户主母亲的 1 个兄弟一起生活的家庭；1 户为 3 个未婚兄弟一起生活的家庭。

东村有 3 户“其他家庭”。其中，2 户为户主夫妇及其 2 个子女与户主的未婚哥哥一起生活的家庭；1 户为户主及其 2 个子女与户主父亲兄弟一起生活的家庭。

核心家庭、主干家庭和联合家庭通常作为划分家庭结构的 3 种主要形式出现。从调查的数据来看，核心家庭和主干家庭是这一区域家庭结构的主导类型，而四个调查点中只有西村有 2 户联合家庭。因数目太少，没有单独归类，在这里仅将其划在其他家

① 在问卷设计中本来有单身户这一项，本研究认定单身户不算家庭，故在此处统计中没有计入单身户数目。1996 年单身户白村有 3 户，德村有 1 户，西村有 6 户，东村有 1 户。

庭类型之中。同时我们还应该注意到这些联合家庭的“过渡性”。以西村的2户联合家庭为例，在同代的两对夫妇中，其中一对夫妇是刚结婚的，还没有来得及分家，等到分家的条件成熟了会分离出去。两对夫妇不可能长期一起生活，目前的联合只是一种过渡状态而已。

然而这样一种家庭结构的分布并不是历来如此的。仅就白村而言，虽然目前没有联合家庭的例子，但在新中国成立前联合家庭却是比较普遍的。如访谈个案一和个案四中，家里的同代夫妇在新中国成立前一直是两对以上，并且一直维持着三代同堂或四世同堂的大家庭。即使在新中国成立后，在一个家庭里，有两对以上夫妇的情况有所减少，但没有完全消失。在个案二的访谈记录中可以看到，1977—1980年之间，在这个家庭里，有被访者夫妇和被访者弟弟夫妇等两对夫妇。同样也在个案二中，1994—1995年，在这个家庭里，有其次子夫妇和三子夫妇等两对同代夫妇。需要注意的是，新中国成立后同一代的两对夫妇在一个家庭存在的时间较短，只要条件成熟了（如另盖新房或买房）就会分家。也就是说，新中国成立后同一代有两对或以上夫妇的联合家庭均为存在时间较短的过渡性的联合家庭。实行家庭联产承包责任制后，随着家庭经济条件的提高，这种过渡性的联合家庭也越来越少。在集体经济时期，由于盖房子是一件非常困难的事情，因此，常常采取先结婚后盖房分家的方式。在有多个男孩子的家庭不能及时盖房时就会产生临时性或过渡性的联合家庭。而现在则是先盖房后结婚，结婚的同时也就分家了。因此，现在不易出现在一个家庭里有两对或以上同代夫妇一起生活的情况。尤其是随着计划生育的严格实行以及经济生活水平的进一步提高，出现一个家庭有两对同代夫妇的可能性已经很小。

在实地调查中也能发现，如果家里有多个儿子，通常是结婚一个分出去一个。一般来说，父母与最小的儿子（通常也是最后一个结婚的儿子）生活在一起。有的学者把这种现象叫做“幼子继承制”。尽管在蒙古族社区并没有严格规定父母必须与幼子一起生活的制度，但实际上在蒙古族地区，包括纯牧业社区，这种做法是普遍存在的。

可以说，白村家庭结构的这样一种历史变迁过程，是生产力水平（经济水平提高）、生产经营方式（集体制向家庭经营转变）、国家体制政策（如集体时期按户分配以及如今的计划生育政策等）、社会观念（小家庭的优越性）等各方面变化的共同产物。

表 3－20　2005 年四个调查点家庭结构类型分布情况

村别／类型	白村		德村		西村		东村	
	家庭数	百分比	家庭数	百分比	家庭数	百分比	家庭数	百分比
核心	119	62.0	43	57.3	128	64.3	95	53.1
单亲	12	6.3	5	6.7	3	1.5	22	12.3
夫妇	9	4.7	3	4.0	17	8.5	11	6.1
主干	25	13.0	6	8.0	29	14.6	32	17.9
单亲主干	23	12.0	17	22.7	15	7.5	17	9.5
其他	4	2.1	1	1.3	7	3.5	2	1.1
合计	192	100.0	75	100.0	199	100.0	179	100.0

对比 2005 年调查和 1996 年调查可以看到，10 年间家庭类型在总体上并没有发生结构性的变化，而只是出现了一些细微的调整。核心家庭依然是四个村落主要的家庭结构类型。白村、德村和西村三个村落的家庭类型总体保持稳定，仅有汉族人口为主的东村在家庭类型上有较大波动。东村家庭类型最主要的变化是核心家庭比例比 10 年前下降了 13 个百分点，而单亲家庭比例则上

升为 10 年前的两倍。这反映出东村较其他三个村落在家庭婚姻上存在着明显的不稳定性。

另一个比较突出的变化是主干家庭比例的升高。这样一种具体的变化背后反映的是国家计划生育政策调控作用。例如，早期一个家庭生育了三个子女，父母与其中一个组成主干家庭，那么同时就能产生两个核心家庭；当实行计划生育只生育两个孩子的时候，父母与其中一个孩子组成主干家庭，同时产生的就只有一个核心家庭。从这种角度，就能部分解释白村核心家庭和主干家庭比例的这种变化。

虽然核心家庭是目前中国社会主流家庭模式，但是在实行计划生育政策和注重家庭养老传统双重因素的作用下，中国乡村社会主干家庭比例将在一定阶段内呈现一种上升态势。

尽管与子女同住组成主干家庭是很多老年人的选择，但我们在调查中也发现，一些有条件（多余的住房、身体较好等）的老人选择单独生活，从而形成夫妇家庭或单身户。一些访谈对象在解释自己的行为时这样说：

> 我们一起干活，住是分开的。我们两口子身体不错，自己照顾自己很好，儿子的事情我们也可以帮着做一些。我们住得清静，又减少了和儿媳妇之间的矛盾，这样关系更好。等老得不能动了再和他们一起住吧。
>
> ——摘自个案一

> 我今年 59 岁了。妻子今年过世了，现在我一个人住。身体不错，一个人也清静，还能挣些收入……现在我住的是几十年前盖的土坯房，我不想盖新房，等再老一些以后去城里买房和孩子一起住。
>
> ——摘自个案九

2005 年调查中白村 12 户单身户中有 5 户属于没有和任何子女生活在一起的老人；8 户夫妇家庭中有 6 户是没有与子女共同

生活的老年夫妻。这些数据说明老年父母单独居住的现象也较为普遍。

二、家庭规模

在某种程度上，家庭结构决定了家庭规模。如果在一对夫妇所生育的子女数目相同的情况下，一个联合家庭的规模肯定大于核心家庭和主干家庭的规模。从上面的家庭类型的分析来看，在四个调查点中，核心家庭所占比例均在一半以上。在一些村落中核心家庭的比例已经超过60%。

在家庭结构类似的情况下，生育意愿就成为家庭规模的决定性因素。而生育意愿的形成显然是外力（国家计划生育政策）和内力（自我权衡比较）共同作用 的结果。自20世纪80年代实行计划生育之后，核心家庭的规模被严格限定。由于在民族地区实行一对夫妇两个孩子的政策，因此，实行计划生育后建立的核心家庭的规模最大也只有4人。虽然有些人为了多要一个孩子宁愿受罚，但这样的家庭毕竟只是少数。1996年，在白村只有4户人家因超生受罚。个案五就是其中一个典型的例子。个案五于1983年、1986年和1989年先后生育了3个女儿，1992年又生育了一个儿子，成为全村有名的超生户。

计划生育政策规定的两个孩子满足了一般村民的生育要求，超生的原因通常都在于希望自己能生育一个可以传宗接代的儿子。村里超生家庭较少的原因除了生育观念的转变之外，还在于超生会受到国家和集体的双重惩罚。

为了有一个儿子，1992年我们要了第四胎。结果怀孕期间被村里的计划生育村长发现，劝说我们做流产手术。我们坚持要这个孩子，并且按规定预交了500元的押金。出生后苏木和嘎查有关干部通知我们，按有关规定，罚款10500元。扣除已经预交的500元，还须交1万元。除了把我们家

> 的黑白电视、缝纫机、收音机和部分家具作价1000元之外，其他均交了现金。我把11头母牛卖了10头，又卖了1匹马，在当年年底前凑够了罚金。这一年是我们家的大灾年……小儿子出生后因超生，没收了妻子的3亩承包地，只给我妻子留了1亩的所谓“口粮田”。而小儿子则一直没有给地（2004年完善二轮土地承包，妻子的6亩地补齐了，儿子给了4亩）。
>
> ——摘自个案五

与这样一些超生受罚家庭的情况相反，大部分家庭都较为遵守两胎制的计划生育政策。村民也普遍认为两个孩子是最好的选择。但也有一些家庭的生育观念转变非常之快，他们不仅不会超生，而且坚持只生育一个子女。如个案十一只生育了一个女儿，并已经决定不再生育孩子。

> 我只打算生一个孩子，女儿也很好。咱都是农村人，知道孩子少的经济好处。对谁都好，对自己、对孩子都好。供两个学生和供一个学生当然不同，想开了啥都可以放开。
>
> ——摘自个案十一

从1996年的调查资料来看，不论是白村，还是其他三个村，四口之家所占的比例最高（见表3－21）。四个调查点家庭规模都主要集中在3—5人之间。白村家庭规模在3—5人之间的家庭占全体家庭数的81.9%，德村为70.7%，西村为73.0%，东村为81.7%。而家庭规模超过6人的家庭比例在白村为3.6%，德村为13.3%，西村为7.8%，东村为1.8%。除偏重牧业的蒙古族聚居村落德村这一比例高过10%以外，其他村落较大家庭比例都普遍较低。

表 3-21 1996 年各调查点家庭规模分布情况

村别 人口数	白村			德村			西村			东村		
	家庭数	百分比	累计百分比	家庭数	百分比	累计百分比	家庭数	百分比	累计百分比	家庭数	百分比	累计百分比
2	18	9.3	9.3	7	9.3	9.3	17	8.8	8.8	14	8.5	8.5
3	36	18.7	28.0	6	8.0	17.3	37	19.2	28.0	33	20.1	28.7
4	73	37.8	65.8	27	36.0	53.3	63	32.6	60.6	73	44.5	73.2
5	49	25.4	91.2	20	26.7	80.0	41	21.2	81.9	28	17.1	90.2
6	10	5.2	96.4	5	6.7	86.0	20	10.4	92.2	13	7.9	98.2
7	5	2.6	99.0	7	9.3	96.0	11	5.7	97.7	2	1.2	99.4
8	2	1.0	100.0	2	2.7	98.0	4	2.1	100.0	1	0.6	100.0
9				1	1.3	100.0						
合计	193			75			193			164		

从 3-21 表中还可以看出，德村最大的家庭有 9 口人，其他三个村的最大家庭均为 8 人。除了西村八口之家有两户是联合家庭之外，人口最多的家庭均为主干家庭，并且均为蒙古族家庭。在新中国成立前，由于联合家庭较为普遍，家庭人口有十几人甚至有二十余人的大家庭并不罕见（如个案一和个案四等）。但是，现在人口超过 10 人的家庭是非常少见的。在四个调查点中都没有这种家庭出现。

2005 年调查资料显示，四个村落中最为常见的家庭规模依然是四口之家，而三口之家所占的比例在四个村落中均有较大程度上升。五口以上家庭所占比例白村为 9.9%，德村为 10.4%，西村和东村分别为 5.5% 和 7.8%。除白村基本持平外，其他三个村落均有较大幅度的下降，显示家庭规模缩小的趋势。

表 3－22　2005 年各调查点家庭规模分布情况

人口数＼村别	白村			德村			西村			东村		
	家庭数	百分比	累计百分比	家庭数	百分比	累计百分比	家庭数	百分比	累计百分比	家庭数	百分比	累计百分比
2	17	8.9	8.9	5	6.5	6.5	20	10.1	10.1	26	14.4	14.4
3	40	20.8	29.7	11	14.3	20.8	63	31.7	41.7	43	23.9	38.3
4	81	42.2	71.9	36	46.8	67.5	68	34.2	75.9	63	35.0	73.3
5	35	18.2	90.1	17	22.1	89.6	37	18.6	94.5	34	18.9	92.2
6	18	9.4	99.5	7	9.1	98.7	8	4.0	98.5	14	7.8	100.0
7	1	0.5	100.0	1	1.3	100.0	2	1.0	99.5			
9							1	0.5	100.0			
合计	192			77			199			180		

从家庭平均规模来看，1996 年白村家庭平均人口为 4.10 人，德村为 4.59 人，西村为 4.31 人，东村为 4.02 人。牧业比重较大的蒙古族村落德村平均家庭规模最大，而汉族人口比例较大的蒙古族和汉族杂居村落东村的平均家庭规模最小，两者之间的差距达 0.57 人。从表 3－23 还可以看到，在 1996—2005 年 10 年间，四个村落家庭平均人口都呈下降趋势。白村户均人口下降 0.1 人，德村下降 0.42 人，西村下降 0.51 人，东村下降 0.2 人。户均人口从多到少排序由 10 年前的德村 > 西村 > 白村 > 东村变为如今的德村 > 白村 > 东村 > 西村。在四个村落中家庭平均人口变化最大的是西村。西村地处通辽市区附近，2005 年被并入木里图开发区。西村家庭人口的快速下降是城市化及生育观念快速转变的结果。蒙古族聚居村落德村户均人口基数较大，但 10 年来户均人口下降幅度也相当大。

除均值变化外，户均人口的标准差也呈现出规律性的变化。

除东村户均人口标准差两次调查基本一致外，其他三个村落户均人口标准差都有较大程度的下降。这些数据说明这一地区家庭规模持续变小的同时，不同家庭之间的人口差距也不断缩小，家庭都趋于小型化和同一化。这也与前文所得出的家庭结构核心化的结论相一致。

表 3－23　1996 年与 2005 年各调查点家庭规模变化对比

村别 项目	白村		德村		西村		东村	
	1996	2005	1996	2005	1996	2005	1996	2005
户数	193	192	75	77	193	199	164	180
最小值	2	2	2	2	2	2	2	2
最大值	8	7	9	7	8	9	8	6
均值	4.10	4.00	4.59	4.17	4.31	3.80	4.02	3.82
标准差	1.19	1.08	1.51	1.04	1.39	1.12	1.12	1.14

第三节　婚姻

婚姻是家庭的基础和起点，是家庭成立的根据。婚姻和家庭的关系非常密切，婚姻的实现表示家庭的产生；婚姻的类型决定着家庭的类型；离婚则意味着家庭的解体。在社会学和人类学的研究领域，与婚姻有关的研究内容很多。如婚姻条件、婚姻动机、择偶标准和范围、婚姻媒介、婚姻缔结、婚姻嫁娶礼仪以及婚姻的解除等。① 每一个民族的婚姻都是历史文化传统、周边民

① 潘允康：《家庭社会学》，重庆出版社 1986 年版，第 13 页。

族影响及社会发展的共同产物。[①] 因此婚姻作为民族社会文化变迁的重要指针，经常成为民族研究的一个重要方面。在对蒙古族婚姻的研究中，当前的成果主要集中于婚姻的历史形态研究，或者通过史实资料分析蒙古族婚姻习俗、制度和宗法性基础等内容。对当代蒙古族婚姻学者们关注相对较少，其研究兴趣也大多在于民族通婚这一主题。本研究拟从定量分析的角度出发，对研究区域的婚姻形式、通婚范围、婚姻媒介以及族际通婚进行全面分析。通过追踪研究的资料对比，展现调查点婚姻方面的变化，试图对内蒙古东部地区乡村蒙古族婚姻的现状与变迁作一较为完整的初步探讨，探寻这些变化背后所蕴涵的社会文化变迁。

一、婚姻状况

虽然四个调查点在生计方式、民族构成方面存在着明显差异，但从婚姻状况来看，四个调查点情况基本趋同。这反映出乡村蒙古族在婚姻状况方面普遍存在的共性。从表 3－24 来看，1996 年四个村落 20 岁以上人口中已婚、未婚比例都大致相当。已婚比例大致在 80% 左右，未婚比例在 10%—16% 之间。白村与其他三个村落在婚姻状况上的一个突出的特点是离婚的比例非常低，离婚率最高的东村也不过 0.7%。这种情况与藏北牧区乃至整个西藏地区的情况有很大的不同。如包智明调查过的藏北社区，每 2.8 个家庭就有 1 人为离婚者，离婚率高，再婚率也高，每 4 个家庭就有 1 人为两次以上结婚者。[②] 而在白村及附近地区，由于受到汉族传统观念的影响，把离婚视为不光彩的事情。无论

---

① 郝亚明：《乡村蒙古族婚姻的现状与变迁》，载《西北民族研究》2008 年第 1 期，第 155 页。

② 包智明、万德卡尔：《藏北牧区亲属结构》，载于北京大学社会学人类学研究所、中国藏学研究中心合编《西藏社会发展研究》，中国藏学出版社 1997 年版，第 357—358 页。

因何种原因离婚，离婚者都会经常受到社会的歧视。因此，在这些地区，尽管因家庭矛盾闹离婚的人不少，但最后真正离婚的人却寥寥无几。

这种对比也显示了蒙藏两个在宗教和生产方式方面有些相似的民族在婚姻上的差异。这种差异属于一种文化上的差异。费孝通曾指出“结婚并不是件私事”，“婚姻是由社会力量造成的……婚姻对象的选择非但受着社会的干涉，而且从缔结婚约起一直到婚后夫妇关系的维持，多多少少，在当事人之外，有别人来干预”。[①] 然而这种干预程度在各个民族各种文化中显然是不一样的，这种不一样造就了不同的婚姻观念。如在藏北牧区婚姻更多地被认为是个人的事情，与个体情感密切相关的事情；而在蒙古地区，尤其是深受汉族文化影响的半农半牧地区，婚姻中更多地被赋予了社会的意涵。

表 3－24　1996 年与 2005 年四调查点 20 岁以上人口婚姻状况对比

状况＼年份＼村别	白村		德村		西村		东村	
	1996	2005	1996	2005	1996	2005	1996	2005
已婚	386 (77.2)	411 (77.5)	162 (77.5)	129 (67.5)	434 (79.8)	443 (82.8)	332 (80.6)	391 (84.4)
未婚	69 (13.8)	80 (15.1)	26 (12.4)	41 (21.5)	85 (15.6)	71 (13.3)	45 (10.9)	26 (5.6)
丧偶	44 (8.8)	37 (7.0)	20 (9.6)	17 (8.9)	22 (4.0)	15 (2.8)	32 (7.8)	33 (7.1)
离婚	1 (0.2)	2 (0.4)	1 (0.5)	4 (2.1)	3 (0.6)	6 (1.1)	3 (0.7)	13 (2.8)
合计	500	530	209	191	544	535	412	463

① 费孝通：《生育制度》，天津人民出版社 1981 年版，第 33 页。

在四个村落中，离婚者基本上是年轻人。离婚经过一定时间后，他们大部分都会再次结婚。而丧偶者大部分都是50岁以上的人，除少部分早年丧偶者再婚之外，大部分都不再结婚。实际上从总体来看，四个村的再婚人数都很少。白村再婚者有6人，前次婚姻终止原因为离婚2人，丧偶4人；德村再婚者有5人，前次婚姻终止原因全部为丧偶；西村再婚者有4人，前次婚姻终止原因2人离婚，2人丧偶；东村再婚者有6人，前次婚姻终止原因3人离婚，3人丧偶。在四个村的婚姻状况中，丧偶状况的人数远远多于离婚状况的人数，但在再婚者中有不少是离婚者，除德村均为丧偶后再婚之外，其他三个村均有离婚后再婚的人。其中，西村和东村，离婚后再婚的人数与丧偶后再婚的人数相等。

从2005年的调查情况来看，四个村落的婚姻状况与10年前相比基本保持稳定。但值得关注的是，上文所强调的低离婚率在10年之后大幅提升。总体来看，四个村落离婚者无论从人数上还是比例上均有显著上升。最为明显的是东村，离婚者共有13人，占村落成年人口的2.8%；而10年前的数字仅为3人和0.7%。东村是汉族人口较多的蒙古族和汉族杂居村落，其靠近通辽市区，婚姻生活观念受城市影响大于其他村落。这可以解释东村离婚率较高的事实。白村、德村和西村尽管离婚者绝对数量不多，但从比例上来看和10年前相比却是成倍增长。离婚率的升高客观反映了这一地区婚姻观念从传统向现代的转型。

而根据2005年的调查资料显示，四个村落中婚姻次数为2次或以上的成年人口比例也大幅增加，也即离婚再婚和丧偶再婚的现象越来越普遍。这一数字的增加也从侧面表明在离婚与再婚问题上个人自由度的增加和婚姻观念的逐步开放。

二、通婚范围

对通婚范围或通婚圈的研究历来就是社会学的研究旨趣之一。在社会学中，通婚圈是作为婚姻家庭研究的一个分支而存在的。社会学较多关注通婚圈的变迁，主要采取的是动态的视角来研究通婚圈。社会学研究者普遍预存一个假设：社会结构、社会制度的变迁带来了婚姻家庭结构的变迁，作为反映通婚距离和范围的通婚圈也发生变迁。由此，研究者围绕通婚圈的变迁态势、影响通婚圈变迁的因素以及通婚圈变迁带来的社会后果等展开研究。① 本研究将以村落调查资料为依据，来展示这些具体社区通婚范围及其变迁，并就其影响因素进行分析。

从 1996 年问卷调查的情况来看，各村的通婚范围有很大的差异。对本村出生的户主通婚情况的统计结果显示，西村村内婚比例最高，为 64.9%；其次是白村，为 53.3%；德村和东村分别为 30.5% 和 29.7%（见表 3－25）。一般来说，村内婚比例的高低，与村落的人口规模有一定的关系。人与人之间的交往的范围是有限度和规律的。在白村一带，日常交往的范围主要限于本村内部。同村的村民之间的接触和交往最多，相互了解也最多，因而把同村人作为择偶对象的可能性也最大。但是，如果村落的人口规模很小，那么可供作为择偶对象的人数就很少，村内婚的比例也就很低。也就是说，在其他条件相似的情况下，村落内部通婚的可能性与村落人口规模呈正比关系。这种规律性得到了问卷调查资料的论证：西村、白村和德村人口分别为 837 人、795 人和 344 人，村内婚比例分别为 64.9%、53.3% 和 30.5%，村内婚比例的高低与村落的人口规模正好相吻合。

---

① 唐利平：《人类学和社会学视野下的通婚圈研究》，载《开放时代》2005 年第 2 期，第 153—158 页。

表 3－25　1996 年四调查点本村出生户主配偶出生地情况①

村别／地域	白村		德村		西村		东村	
	人数	百分比	人数	百分比	人数	百分比	人数	百分比
本村	80	53.3	18	30.5	111	64.9	33	29.7
本乡	9	6.0	11	18.6	13	7.6	25	22.5
本旗	48	32.0	26	44.1	9	5.3	37	33.3
本盟	13	8.7	3	5.1	34	19.9	10	9.0
本区	0	0.0	1	1.7	1	0.6	2	1.6
区外	0	0.0	0	0.0	3	1.8	4	3.6
合计	150	100.0	59	100.0	171	100.0	111	100.0

然而，东村的情况有些特殊。东村是一个移民村落，村外亲属关系较多，村民交往行为“外向化”，因而在村外择偶的可能性大于其他三个村落。同时，东村也是蒙古族和汉族杂居的村落，在民族身份认定政策改变之前汉族人口长期占绝对多数。在东村蒙古族基本被汉化，因此，蒙古族和汉族通婚率已经很高。但在老一代村民中存在一定的民族偏见，蒙古族人认为“汉族心眼儿多”；汉族民众则认为“蒙古族人埋汰（脏）”。在老一代人中，总希望找同民族的人作为配偶，由于本村的同民族人口有限，在村内择偶的比例有所减少。因此，在老一代的已婚人口中，村内婚的比例较低（东村 50 岁或以上人口中村里通婚比例为 22.2%，50 岁以下人口中为 30.4%，而德村 50 岁或以上人口的村内婚比例为 40%）。以上两个因素（移民以及蒙古族和汉族

① 出生地中：“本乡”指同一个乡（苏木、镇）非同一个村；“本旗”指同一旗（县、市）非同一个乡；“本盟”指同一个盟非同一个旗；“本区”指同一个自治区不同的盟。

杂居）导致了尽管东村的人口规模大于德村，但村内婚的比例略低于德村。

表3-25中一个更加值得我们关注的特点是：通婚范围为本乡的人口所占比例非常之少。白村本乡通婚比例为6.0%，本旗通婚比例则达到32%；德村本乡通婚比例为18.6%，本旗通婚比例为44.1%；西村本乡通婚比例为7.6%，尽管本旗通婚比例只有5.3%，但本盟通婚比例则为19.9%；而东村本村、本乡和本旗通婚比例大致相当，其中本旗通婚高达33.3%，其后才是本村通婚和本乡通婚。可见，就这些调查点而言，通婚距离与通婚比例之间呈现非常明显的非线性关系，在本乡处有明显下降的拐点存在。

这样一种看似不甚合理的情形是可以解释的。“村落的规模以一般人相互熟知的极限为其极限。假如说一个人能熟知的人数不大可能超过几百人，那么这个小群体的人数的上限就应当是几百人。”[①] 从某种意义上说，超出一定规模的人群范围，即使空间接近，也很难“熟知”到可以缔结婚姻关系的地步。上面提到，村民日常交往的范围主要限于同一个村落，超出这个范围，无论是同一个乡，还是同一个旗，在直接交往的频率方面区别并不大。因此，在村外形成婚姻关系，显然不能再依赖于地缘因素，而要寻求或建构其他有效的媒介。

行政地理空间、“祭祀圈”和“市场圈”都是构成乡土社会空间的有机部分。[②] 在共同或交叉的乡土社会空间里，这些因素都是达成村民相互交往、缔结“熟人社会”乃至构建通婚圈的媒介。如上文所述，在村民之间交往地理空间有限的情况之下，

① 李银河：《生育与村落文化》，中国社会科学出版社1994年版，第58页。

② 吴重庆：《社会变迁与通婚地域的伸缩——莆田孙村“通婚地域”调查》，见世纪中国网站，2001年6月6日，http：//www.cc.org.cn/。

通常祭祀圈、市场圈乃至水利圈等被认为是构建更大更稳固通婚圈的有效媒介。如美国汉学家施坚雅（G. William Skinner）提出了著名的市场体系理论：基层市场社区除了具有满足农民交换产品需求的基本经济职能外，还具有满足社会交往的社会功能。他指出，通婚圈与基层初级市场是一致的，人们往往从初级市场圈内寻娶媳妇，初级市场所在地是通婚圈的中心。[①] 然而，上述的祭祀圈、市场圈和水利圈不可避免地与地域空间因素重合，在村民自身扩展交往空间能力不足的前提下，这些因素建构通婚圈的能力也难免大打折扣。同时，祭祀圈、市场圈和水利圈等被很多学者借重的因素之所以被认为是一种有效媒介，在于"祭祀"、"市场"、"水利"等对农民的生活具有重大意义。但在当今中国社会宗族仪式模糊、城乡市场一体、农业重要性下降的总体趋势之下，这些因素作为有效媒介的作用也值得质疑。以白村为例，祭祀仪式很少，仅限于祖宗祭祀，且大多以家庭为单位进行；作为初级市场的花灯集市辐射范围为周围几个村落，商品提供者多为外地生意人，附近村民只在此购买少量的物品，来去匆匆，彼此间少有交流；而水利上的合作也仅为村内的合作灌溉，甚至很多都是自家打井用电力灌溉。就本研究而言，根据实地调查的情况来看，超出本村范围寻找对象主要依靠亲友介绍。在这种情况下，亲友的分布情况直接影响择偶可能性的大小和通婚范围。在这种现实之下，亲友圈取代祭祀圈、市场圈和水利圈等成为通婚圈的建构媒介。白村和德村这两个村落的村民可能由于同旗非同乡的亲友多于同乡非同村的亲友，因而出现了本旗通婚远超本乡通婚的局面。

从已有的村落研究案例来看，王铭铭通过对福建晋江县塘东

① 唐利平：《人类学和社会学视野下的通婚圈研究》，载《开放时代》2005 年第 2 期，第 153—158 页。

村和安溪县美法村的调查，得出了支持施坚雅的结论：即通婚圈与祭祀圈、市场圈一致。[①] 而在对福建溪村陈氏的通婚范围考察中，王铭铭将陈氏的通婚圈按距离分为四层：本里、附近乡村、县邑及附近、县境以外，并认为通婚人口随着距离的由近及远而递减。[②] 很显然，本研究中的资料并不支持这些观点，但也不能否认这些理论在其他文化或时空中的适用性。一个值得思考的问题是：中国地域广大、民族众多、文化复杂，针对村落的研究很难证实、证伪或创建理论。以个别村落研究的结果来对整个社会的情况下结论显然是不合适的。从某种意义上来说，村落研究无所谓优劣对错，而只在于增长地方性知识，增进对相关问题内涵的探讨，因村落研究结果相左而相互指诘或驳斥也是毫无意义的。

从表3－25中可以看出，西村的情况与白村和德村不同，配偶为本盟的比例高达19.9%，远远高于本乡和本旗的比例。这种结果，与西村的地理位置，历史背景和文化形态有密切的关系。西村[③]地处本旗（科左后旗）与本盟汉族聚居的通辽市的交界处，不但村内有不少汉族，而且与其接壤的通辽市的村落均为以汉族人口为绝大多数的村落，新中国成立前与这些村落同属于一个行政区域。同时西村也是原花灯苏木中唯一的以蒙古语和汉语双语作为主要日常语言的村落，与蒙古族聚居的以蒙古语为主要日常语言的科左后旗的大部分村落在风俗习惯和语言使用方面有一定的差异。因此，如果西村人在本村之外寻找语言和风俗习惯上相同的配偶对象，只能超出本旗范围。

① 王铭铭：《村落视野中的文化与权力》，生活·读书·新知三联书店1997年版，第185页。

② 曹树基先生曾认为这是一个显而易见的常识，本研究的资料却不支持这一“常识”。见曹树基《中国村落研究的东西方对话》，载《中国社会科学》1999年第1期。

③ 2005年7月西村并入通辽市科尔沁区木里图镇。

从四个村的总体情况来看，由于日常交往和亲友所在区域的限制，因而其通婚的范围都主要局限于本盟范围之内。配偶为本区或区外所占比例的极小，尤其是配偶为区外的，在白村和德村都没有，在蒙古族和汉族杂居的西村和东村也只有 1.8% 和 3.6%。

通婚范围尤其是农村地区通婚范围的变迁是一些关注社会变迁问题的学者兴趣之所在。一批学者就这一主题进行了一系列实证研究。关于农村地区通婚范围变迁的观点主要有以下几种：第一种是认为改革开放后农村通婚圈缩小，内卷化；第二种认为改革开放以来农村通婚圈变化不大；第三种观点则认为农村通婚圈呈现扩大趋势。表面看来，这些建构在实证研究基础上的结论相互冲突令人费解，但这样一系列的研究却勾勒出中国农村通婚圈的基本状况：农村通婚圈总体比较狭小，通婚圈发生着变化，但变化方向不一。[①] 就表 3－26 而言，1996 年白村村内通婚比例为 53.3%，2005 年这一比例仅为 33.8%，下降了近 20 个百分点；与此同时，10 年间本乡通婚率增长了 18.7%；本旗通婚率略有增长，与本村通婚共同成为白村最主要的通婚区间；本盟通婚率则没有太大变化。就总体来看，10 年来白村的通婚范围有明显扩大，村内通婚不再占据主导地位。白村与本区或区外通婚情况与 10 年前一样依然未有发生，显示目前白村的通婚范围依然有限。

通婚范围变迁的背后必然有着其深层次原因。研究者通常认为影响其变化的因素有两方面：一是经济因素和社会发展，二是社会政策方面的因素。就白村附近蒙古族村落而言，其通婚范围的扩大更多的是社会经济发展的必然结果，而较少受到社会政策的影响。

① 唐利平：《人类学和社会学视野下的通婚圈研究》，载《开放时代》2005 年第 2 期，第 153—158 页。

表 3－26　1996 年与 2005 年白村本村出生户主配偶出生地情况对比

年份	出生地	本村	本乡	本旗	本盟	本区	区外	合计
1996	人数	80	9	48	13	0	0	150
	百分比	53. 3	6. 0	32. 0	8. 7	0. 0	0. 0	100. 0
2005	人数	52	38	52	12	0	0	154
	百分比	33. 8	24. 7	33. 8	7. 8	0. 0	0. 0	100. 0

三、婚姻途径

婚姻是将两个独立的个体捏合成一个高度全面合作的群体的过程。而两个独立的个体走到一起必然需要媒介的存在，也就是这里所探讨的婚姻途径问题。婚姻途径的变化也经常被认为是社会文化变迁的一个重要指标。

从表 3－27 中 1996 年的数据可以看出，通过“自己认识”的方式也就是通常所说的自由恋爱方式结婚的人在四个村落中都不是主流。比例最高的西村为 30. 7%，德村为 28%，白村为 20. 3%，而比例最低的东村这一比例仅为 2. 4%。东村是汉族人口占多数的蒙古族和汉族杂居村落。相对于蒙古族而言，汉族从来没有太多自由恋爱的传统，“父母之命，媒妁之言”才是其传统的婚姻途径，这点在汉族聚居的农村地区尤为明显。同时东村具有移民村落和民族杂居的特点，在一定程度上限制了村民在村内自由择偶的可能。这些因素综合起来可以解释东村自由恋爱结婚比例较低的现象。

在四个村落中，“亲朋介绍”都是村民主要婚姻途径。德村、西村和东村以“亲朋介绍”作为婚姻途径的比例都超过了一半，其中东村这一比例更是高达 76%，西村也超过了 60%，比例最低的白村也接近40%。可见，亲戚与朋友是这一地区的主要婚姻媒介。这一结论也印证了有关“亲友的分布情况直接影响择偶可能性的大小和通婚范围”的说法，同时也增强了上文有关通婚范围讨论的可信度。

众所周知，媒人作为中国社会传统婚姻媒介的地位已经式微。在比较现代的地方，如城市里自由恋爱已经是绝对主流的婚姻途径；即使在一些传统乡村，亲朋好友的介绍也逐步取代了媒人的位置。然而，从表中可以看出，专业媒人在这些调查点中仍然起到一种重要婚姻媒介的作用。白村39.9%的婚姻缔结是通过媒人实现的，与亲朋介绍并列位居白村婚姻途径的首位；在东村媒人介绍达成婚姻的比例也超过了20%；德村的比例为17.1%；西村这一比例最低，仅为8.1%。除白村外，其他三个调查村落中均有受访者表示自己的婚姻是父母包办的。不过这类型个案数量非常少，而且年龄均在60岁以上。随着这一批老人的逝去，父母包办的婚姻将逐步从这一地区消失。

表3-27 1996年与2005年四调查点已婚人口的婚姻途径对比

状况 \ 村别/年份	白村		德村		西村		东村	
	1996	2005	1996	2005	1996	2005	1996	2005
自己认识	84 (20.3)	177 (39.6)	49 (28.0)	60 (33.0)	133 (30.7)	231 (50.0)	8 (2.4)	30 (6.9)
亲朋介绍	165 (39.9)	153 (34.2)	91 (52.0)	113 (62.1)	262 (60.5)	196 (42.4)	253 (74.9)	261 (59.9)
媒人介绍	165 (39.9)	117 (26.2)	30 (17.1)	6 (3.3)	35 (8.1)	33 (7.1)	73 (21.6)	143 (32.8)
父母包办	0 (0.0)	0 (0.0)	5 (2.9)	3 (1.6)	3 (0.69)	2 (0.4)	4 (1.18)	2 (0.5)
合计	414	447	175	182	433	462	338	436

与10年前相比，2005年的调查数据显示四个村落的婚姻途径呈现三个特点。

第一，自由恋爱的比例逐步增高。白村增长19.3个百分点，达到39.6%；德村增长5个百分点，达到33%；西村增长幅度最大，为20个百分点，达到50%；东村自由恋爱比例依然不高，不过也由10年前的2.4%增至目前的6.9%。

第二，亲朋介绍依然是绝大多数村落主要的婚姻途径。与10年前一样，在德村和东村，亲朋介绍仍然是第一婚姻途径。德村和东村对这一途径的依赖度在60%左右，可见其主体地位。尽管白村和西村目前婚姻途径以自由恋爱为主，但通过亲朋介绍结婚的比例依然高达34.2%和42.4%。

第三，媒人介绍作为一种婚姻途径在各个不同类型村落中变化趋势不一。从目前来看，白村和东村媒人介绍而缔结的婚姻依然比例很高。白村达26%，东村超过30%。而在德村和西村媒人介绍婚姻的比例则在10%以下，德村仅为3.3%。与10年前比较，以蒙古族人口为主体的白村、德村和西村媒人介绍婚姻比例均有较大幅度的下降；而在汉族人口较多的东村媒人介绍婚姻则有相当比例的提高，显示媒人这种传统的通婚媒介在受汉文化影响较深的村落中仍然有较大影响力。

表3-28 年龄组与婚姻途径的条件百分表（%）

婚姻途径	年龄组		
	30岁以下	30—50岁	50岁以上
自己认识	33.8	22.9	1.2
亲朋介绍	38.2	49.6	10.7
媒人介绍	27.9	27.5	88.1
（总计）	（68）	（262）	（84）
$\lambda_y = 0.261$			

婚姻途径具有时代特性。我们将白村已婚村民按年龄分成老中青三组，与婚姻途径进行交互分类可以发现：老年组的婚姻途径绝大部分为媒人介绍；中年组的婚姻途径主要为亲朋介绍，但媒人介绍和自己认识的也占该年龄组的一半左右；青年组中三种婚姻途径的比例大致相当，但自由恋爱的比例要远高于其他两组。两个变量之间的相关系数为 0.261，存在比较明显的相关关系。从中我们可以看出，随着年龄段的变化婚姻途径发生变化的趋势，即婚姻主要途径从“媒人介绍—亲朋介绍—自己认识”转变。从目前情况看来，这一转变正在进行之中，趋势并未完全明朗。

四、蒙古族与汉族通婚

族际通婚通常被认为是民族融合的最高境界。只有当两个民族的大多数成员在政治、经济、文化、语言和宗教等方面达到相互一致或高度和谐，相互之间没有偏见和歧视，存在着广泛的社会交往，他们之间才可能出现大量的通婚现象。[①] 对于关注民族关系、民族意识与民族融合的学科，如民族学、社会学等都把族际通婚当作一个重要的研究课题。关于蒙古族和汉族的通婚，学术界已经有了一定的研究。如马戎、潘乃谷对赤峰农村牧区蒙古族和汉族的通婚的研究，包智明对内蒙古赤峰市三爷府村蒙古族和汉族的通婚条件的研究、色音和闫天灵对蒙古族和汉族的通婚与民族间文化交流的探讨等。

从 1996 年四个不同村落的问卷调查资料来看，蒙古族聚居的白村和德村的蒙古族和汉族通婚的情况很少。白村两个民族通

① M. Gordon. Assimilation in American Life. New York: Oxford Univ. Press, 1964. 转引自：潘乃谷、马戎：《边区开发论著》，北京大学出版社 1993 年版，第 116 页。

婚夫妻只有6对，占全部现有夫妻数的3.6%；德村两个民族通婚夫妻只有1对，占全部现有夫妻数的1.6%。与白村和德村不同，蒙古族和汉族杂居的西村和东村的两个民族通婚的比例较高。西村蒙古族和汉族通婚夫妻有54对，占全部现有夫妻数的30.5%；东村德村蒙古族和汉族通婚夫妻也有54对，占全部现有夫妻数的36.0%。由此可见，蒙古族和汉族杂居对两个民族之间的通婚有着根本性的影响。

从蒙古族和汉族通婚发生的年代来看，20世纪60年代以后两个民族之间的通婚逐渐增多，到了80年代达到高峰（见表3-29）。新中国成立前，在西村和东村已有了相当多的汉族，但当时蒙古族和汉族两个民族之间的交往甚少，相互间的偏见仍然很深，族际通婚是极其罕见的。新中国成立后，在相当长的一段时间里，两个民族之间的交往仍然很少，民族偏见仍然存在，蒙古族和汉族通婚很少发生。从表3-29统计数据来看，60年代以前西村只有1例蒙古族和汉族通婚，东村也只有2例。

表3-29 四调查蒙古族和汉族通婚情况①

村别 年份	蒙古族—汉族通婚				汉族—蒙古族通婚（白村）			
	白村	德村	西村	东村	白村	德村	西村	东村
1951—1960	–	–	1	1	–	–	–	1
1961—1970	1	–	6	3	–	–	2	–
1971—1980	1	–	11	10	–	–	3	2
1981—1990	4	1	21	19	–	–	3	6
1991—1996	–	–	6	12	–	–	1	–
总计	6	1	45	45	0	0	9	9

① 表中“蒙—汉”通婚指户主为蒙古族，户主配偶为汉族；“汉—蒙”通婚指户主为汉族，户主配偶为蒙古族。

20世纪50年代末期的农业合作化和人民公社化，使蒙古族和汉族两个民族无可选择地走到了一起，在同一个集体（高级社、生产队）里共同劳动和生产。两个民族在日常生活和生产劳动中的频繁交往，使两个民族在语言使用和文化上逐渐融合。相比之下，蒙古族更多地接受了汉族的语言和文化。在东村，新中国成立后出生的新一代蒙古族，大部分都已不会自己的民族语言，在语言使用上与同龄的汉族几乎完全一样。这一代蒙古族与其上一代蒙古族不同，对汉族几乎没有什么偏见。而同龄的汉族也看不到这些新一代蒙古族与自己有什么不同，自然也没什么偏见。因此，这一代蒙古族和汉族到了适婚年龄的20世纪七八十年代，两个民族之间的通婚骤然间增多。与此同时，国家实施的民族政策给予蒙古族在生育、上学、招工等许多方面以优待，这客观上也激起了汉族进行族际通婚的热情。

我们将蒙古族和汉族通婚进行如下区分：一类是蒙古族户主与汉族的通婚，另一类是汉族户主与蒙古族的通婚。由于蒙古族有男尊女卑的传统，丈夫就是一家之主，这一地区的户主通常都是男性，因此以上两类划分又可以转化为蒙古族男性与汉族女性的通婚以及汉族男性与蒙古族女性的通婚。从表3－29中可以看出，蒙古族男性与汉族女性的通婚比例要远远高于汉族男性与蒙古族女性的通婚比例。这一结论与马戎在府村调查的结论以及包智明在三爷府村调查的结果非常一致。对于蒙古族和汉族通婚中这样一种比例失衡的现象，学者们有着不同的理解。马戎和潘乃谷从民族意识上对此进行解释："少数民族容易产生被大民族同化的担心。在民族通婚中，少数民族比较容易赞成本族男子娶异族女子，因为在男子当家的传统下，通婚所生的孩子属于本民族，这样可以扩大本民族的人口。另一方面，反对本民族女子嫁到外族，认为那是人口流失……（而汉族）对于通婚时的性别选择和所生子女的民族成分的选择则没有这种担心被同化的意识。"①而包智明则从经济学和实用主义的角度解释这一现象。他认为，由于农区和牧区在经济水平上存在差异，"蒙古族不但不愿意把姑娘嫁给汉族，而且也不愿意嫁给农区的蒙古族"，这样蒙古族和汉族杂居区的蒙古族只能娶汉族女子为妻。同时，现行民族政策对蒙古族有一系列的照顾，因此汉族愿意娶蒙古族媳妇或把姑娘嫁给蒙古族。正是这两种因素的共同作用使得蒙古族和汉族通婚中性别比例失衡现象的产生。②

蒙古族和汉族通婚的影响因素也是学者们关注的问题之一。有些学者在研究蒙古族和汉族通婚时，特别强调文化程度（或上学年数）与族际通婚的关系。他们认为，在蒙古族中，随着上学年数的增加，其与汉族妇女结婚的比例呈线性增长。③ 事实上，这样一种看似真实的相关关系是否具有普遍意义是值得怀疑的。之所以得出这样的统计结论，是因为把不同年龄、不同地区（农村和牧区）的分析对象混在一起进行分析的结果。在具体研究过程中，这些变量可能与教育程度产生交互效应，从而使得这一研究结果在其他实证研究中得不到验证。

如果把分析对象只限定在同一类型村落、同一个年龄层时，族际通婚者与族内通婚者之间在文化程度方面并没有多大的差异。表3-30和表3-31是对西村和东村1980年以后结婚的族际通婚夫妻与族内婚夫妻的文化程度的对比情况。在西村，族际通婚户主初中或以上文化程度的为68.5%，而族内婚户主文化程度为初中或以上的超过了80.0%；族际通婚配偶初中或以上

① 马戎、潘乃谷：《内蒙古半农半牧区的社会、经济发展：府村调查》，载于潘乃谷、马戎《边区开发论著》，北京大学出版社1993年版，第119页。

② 包智明：《变动中的蒙古族人生活——三爷府村实地调查》，载《社会学研究》1991年第1期。

③ 马戎、潘乃谷：《"赤峰农村牧区蒙古族与汉族通婚的研究"》，载《北京大学学报》1988年第3期，第79页。

文化程度的为71.4%，族内婚配偶的为71.3%。再看东村的情况，族际通婚户主初中或以上文化程度的为73.0%，族内婚户主的为85.1%；族际通婚配偶初中或以上文化程度的为83.8%，族内婚的为63.8%。从以上西村和东村的情况来看，蒙古族和汉族通婚户主的文化程度低于族内婚户主的文化程度，与上文提及学者的观点恰好相反。[①] 而蒙古族和汉族通婚配偶的文化程度却高于族内婚配偶的文化程度。那么，是不是高文化程度的男性（户主）更容易排斥族际通婚，而高文化程度的女性（配偶）则更容易接受族际通婚呢？很显然，要论证上述假设，需要更多的实证资料的验证。

表3－30　西村蒙汉通婚与族内婚户主和配偶的文化程度的对比

文化程度＼通婚类型	蒙古族与汉族通婚				族内婚			
	户主		户主配偶		户主		户主配偶	
	人数	百分比	人数	百分比	人数	百分比	人数	百分比
高中或以上	6	17.1	6	17.1	12	18.2	10	15.2
初中	18	51.4	19	54.3	41	62.1	37	56.0
小学	11	31.4	10	28.6	13	19.7	18	27.3
文盲半文盲	0	0.0	0	0.0	0	0.0	1	1.5
合计	35	100.0	35	100.0	66	100.0	66	100.0

我们可以尝试性地做如下理解：婚姻观念的变化是导致发生蒙古族和汉族通婚现象的基本原因。受教育程度从表面看是民族间通婚观念变化的主要因素，似乎受教育程度越高，越容易接受民族间通婚的事实。然而在现实生活中我们也能看到，少数民族

① 笔者在内蒙古其他地区的研究中也得出了类似的观点。详见包智明《变动中的蒙古族人生活——三爷府村实地调查》，载《社会学研究》1991年第1期。

的精英尤其是文化精英往往就是本民族文化、语言、服饰乃至民族纯洁性最强有力的维护者。文化程度越高的人往往民族意识和民族危机感越强烈，并且容易在这些问题上与文化精英的观念趋同。这样他们较高的文化程度并不能促使他们接受族际通婚的理念，相反却激起其维护本民族纯洁性的思想，在最根本上抑制了其进行族际通婚的可能。①

表 3-31 东村蒙汉通婚与族内婚户主和配偶的文化程度的对比

通婚类型 / 文化程度	蒙古族与汉族通婚				族内婚			
	户主		户主配偶		户主		户主配偶	
	人数	百分比	人数	百分比	人数	百分比	人数	百分比
高中或以上	0	0.0	0	0.0	4	8.5	3	6.4
初中	27	73.0	31	83.8	36	76.6	27	57.4
小学	10	27.0	6	16.2	7	14.9	17	36.2
文盲半文盲	0	0.0	0	0.0	0	0.0	0	0.0
合计	37	100.0	37	100.0	47	100.0	47	100.0

笔者认为，比起单个的统计指标，从语言和文化的融合（或同化）的角度综合考察蒙古族和汉族通婚更具有普遍意义。“真正起作用的是蒙古族与汉族两个民族在语言、文化、生活习惯方面的趋同。只有双方趋同，才能使汉族姑娘进入蒙古族家庭或们蒙古族姑娘进入汉族家庭成为可能。”②

从表 3-29 中可以看到，白村在 1996 年时全村蒙古族和汉

① 郝亚明：《乡村蒙古族婚姻的现状与变迁》，载《西北民族研究》2008 年第 1 期，第 162 页。

② 包智明：《变动中的蒙古族人生活——三爷府村实地调查》，载《社会学研究》1991 年第 1 期。

族通婚的夫妻有 6 对，且都是蒙古族男性娶汉族女性为妻。2005 年的调查数据显示，白村蒙古族和汉族通婚的夫妻为 7 对，其中蒙古族男性娶汉族女性的 6 对，汉族男性娶蒙古族女性的 1 对。10 年来蒙古族和汉族通婚比例几乎没有增长的事实说明了单民族聚居的村落是其他民族难以进入的，也从反面说明了杂居是促进民族交流与融合的最佳途径。就白村来说，撇开生活习惯和文化差异不言，仅仅日常交流语言蒙古语就足以使得一般汉族望而却步。分析白村蒙古族和汉族通婚 7 对夫妻的出生地可以看到，这些族际通婚中的汉族出生地全部都是本村，也即这些婚姻是族际通婚的同时也是村内通婚。在白村的生长经历使得这些汉族在语言、文化、生活习惯乃至认同上与本村的蒙古族差别不大，他们之间的差异甚至比白村的蒙古族和外地蒙古族之间的差异更不明显。从这个意义上更能说明为何杂居能够促进族际通婚。

蒙古族和汉族通婚得以产生的基本原因是，蒙古族和汉族两个民族之间存在的民族偏见的消除。而消除蒙古族与汉族两个民族间偏见的基本条件是蒙古族和汉族杂居。只有蒙古族和汉族两个民族成员居住于一个社区才能够频繁地相互接触和交往，从而能够加深了解和消除偏见。民族杂居同时也能够使两个民族在语言使用和风俗习惯方面相互融合，从而具备两个民族成员可以无障碍地生活在一个家庭中的基本条件。如色音就认为："不同民族之间进行通婚首先必须具备一个前提条件。这个前提就是消除文化偏见、打破文化冲突、统一价值标准。只有这样才能够顺利进行通婚。杂居是消除文化偏见难得的捷径。杂居的历史越长越要加速两个民族间文化融合的进程，同时更加增强了中华民族的凝聚力。"①

① 色音：《蒙古游牧社会的变迁》，内蒙古人民出版社 1998 年版，第 227 页。

第四节　经济生活

经济生活，即物质财富的生产是人类社会赖以存在和发展的基础。社会的发展变迁是多种因素、多种力量相互作用的结果。生产方式、人口因素、地理环境的变化、文化传播、创造与发明、科学技术的发展、各种社会系统的调整等都是社会结构变迁的原因和影响社会结构变迁的因素。生产力是社会结构变迁的最终决定力量。这都是因为人类社会赖以存在和发展的基础是物质资料的生产，其他一切活动都是以物质生产活动为前提的。经济变迁给整个社会变迁以决定性的影响。经济系统的变迁不仅引起该系统内部各子系统的变化，要求各子系统与之协调发展，而且要求政治、文化系统协调发展。① 经济生活上的变迁体现且主导了社会结构的变迁。

一、经济结构

本研究中经济结构特指的是村落经济生产方式的构成。在传统汉族农村地区，通常将其经济结构描述为农牧副相结合的状态。本研究根据调查点的具体情况，大体上将其基本经济结构划分成以下几个部分。

（1）农业：狭义农业或传统农业，这里主要指的是种植业；

（2）牧业：以养殖牛、羊、马等获取收入的经济形式；

（3）家庭养殖业：以饲养猪和家禽获取收入的经济形式；

（4）副业：参与正式职业之外的劳动以获取额外收入的经济形式；

---

① 色音：《蒙古游牧社会的变迁》，内蒙古人民出版社 1998 年版，第 168 页。

(5) 外出务工：以在临近城市务工作为主要职业或谋生手段的经济形式。

(一) 农业

如前文所述，在清末民初，科尔沁地区半农半牧的经济文化格局已经形成。

而近几十年来，由于乱垦乱伐和过度放牧等，导致了草场大面积的沙化和盐碱化，牧业生产正在严重退化。相比之下，由于引进灌溉、机械耕作等先进的农业技术，农业生产正在呈现出稳步发展的势头。在越来越多的地方，牧业正在成为农业的补充。总体而言，科尔沁蒙古族正在逐渐由半农半牧民向纯粹的农耕民转化。

在四个调查点中，从收入所占比重来看，农业都是这些村落中占绝对主导地位的经济形式（在每个村落中农业收入都超过总收入的70%，具体收入结构见后文）。这样一种局面的产生有其客观原因。

一是这些调查点地处松辽平原，土地肥沃。近年来在引进一些优良品种（如玉米优良品种958等）、改善施肥灌溉条件之后，农业产量非常高。除一些土质极差的林地和坨子地亩产只有600—700斤外，一般的甸子地亩产玉米约在1300—1500斤之间。有些情况下甚至亩产达到2000斤，当地人称之为“吨粮”。

二是人均耕地面积远高于全国平均水平。以白村为例，1982—1997年第一次土地承包期间，人均4亩地。2004年第二轮联产承包责任制完善之后人均承包土地为六亩。而德村的人均耕地接近10亩。再加上一些可供耕种的林地和旱地，相对而言，这一地区的人均土地资源十分充足。这与南方很多地区人均只有几分地的情况形成了鲜明对比。

蒙古族地区有句俗语，叫“带毛的不是财”，说的是牧业的脆弱性。与牧业显著不同的是，农业通常被认为是一个收益稳定的产业，风险较低。然而在有牧业传统的村民看来，农业是一个投入很大的产业，远不如牧业成本低。

> 1 亩地的投入可以算一下：6 斤种子（30 多元）；80 斤尿素和其他化肥（105 元）；灌溉水 3 次（电费和人工费大约是 35 元/亩）；农药、除草剂（7 元/亩）；开耙费（18 元/亩）；玉米脱粒（8 元/亩）。这样算来每亩投入要 200 元左右……农业投入大……农业投入大概是收入的 1/3 左右，1 亩地也就剩 300 元左右。
>
> ——摘自个案七

在农业税取消之后，农民抱怨最多的就是农资涨价和粮食价格问题。在他们看来，农资涨价进一步增加了他们的投入负担，而粮价的下跌使得收益下降，从而抵消了税费减免带给他们的好处。

> 我比较担心粮食价格是否稳定，有产量，有价格，才能有收益。现在农产品价格不涨，农资价格涨价很厉害，农药、化肥、种子、灌溉用电都涨价。种子价格最厉害的由原来的 2 块多涨到现在的 6 块多。
>
> ——摘自个案二
>
> 担心的问题是农产品价格不行，而农资又涨得没谱。种子翻了两番，尿素从去年的 80 元涨到今年的一百多，农药更是不用说。粮食价格基本上抵不上去年的，增产不增收。
>
> ——摘自个案十

值得一提的是，这一带农业已经初步实现了机械化，如耕地、灌溉等。一般的家庭都拥有三轮、四轮农用车等农用机械。在这样一种情况下，农业的生产率也得到了很大提高。当地人介绍，一个劳力可以“伺候”20 亩地。

从职业结构上来看，除一些有公职的人员和学生之外，所有村民都自认为是农民，没有人认为自己属于牧民。这种职业结构也说明农业是村落中主要的产业。

白村附近地区的农业基本上属于一种商品农业。村民种植的作物95%以上都是玉米，除留下很小的一部分作为饲料，绝大部分都用来出售。而村民所食用的面粉和大米，除少量家庭种植一些小麦、稻谷供家庭消费外，基本上都是到市场上购买。村民的林地和田间地脚，通常会用来种植一些豆类和其他经济作物，基本也是用来出售。由于这一地区农业并非以自给为主，村民的生活水平与商品市场存在紧密关联，因此村民普遍对农产品市场和价格非常敏感。

这一地区的农业原本是粗放型的，农业的发展和农民收入的提高往往是以土地的大面积开垦和种植为基础的，产量普遍偏低。从20世纪90年代开始，随着优良品种的引进和先进灌溉技术的广泛应用，农业单产迅速提高，有效地提升了当地村民的收入水平，同时也使得农业作为这一地区主要产业的地位更加稳固。

（二）牧业

牧业作为蒙古族的传统产业，在半农半牧区一直得到维持和发展。牧业的存在一方面形成了对农业的补充，另一方面可以看做对民族传统的一种保留。

牧业存在与发展的一个先决条件是草牧场，牧业发展的规模与质量与草牧场的面积与质量息息相关。在四个调查点中，德村是牧业比重最大的村落。从草牧场数量来看，牧业条件最好的德村放牧场面积有51770亩，另外还有专门的打草场2600亩；其次是白村，拥有草牧场5000亩；而西村和东村拥有的草牧场则更为有限，他们发展牧业只能利用那些未经开发的沙坨子、盐碱地、河沟和林地等。这样一些基本条件决定了村落的经济结构。如1996年德村的牧业收入占总收入的比重接近20%，其他一些村落的牧业收入比重均不超过4%。白村尽管有自己的草牧场，但由于面积较小且质量较差，也未能明显提高牧业收入所占比重。

由于牧业发展的周期性和规模性问题，牧业并不能像农业产出那样每年提供稳定的收益。因此从统计资料看来，牧业收入所占比重很低，牧业对村民的经济活动和日常生活只是起着补充性的作用。然而实地调查发现事实并非如此，牧业可以说是村民生活的一种重要保障。村民在平常时候并不出售牲畜，只有在家庭面临重大事件或突发事件需要数额很大现金时才出售牲畜。牧业能够随时迅速提供大笔收入的优势是农业所不具备的。我们在访谈中听到：

> 大儿子在1997年考上内蒙古财经学校，我卖了4头牛凑足了学费。我的三个儿子是在三年中连续结婚的，而且是按照从小到大的顺序结婚的。三个儿子结婚共花掉6万多元，基本上将家中的牛马卖光了。去年卖掉了4头牛1匹马，加上卖粮的8000多元钱，还掉了15000多元欠款……1996年的时候，我家里养了10头牛（其中4头犍牛，6头奶牛）。全部花在孩子身上了，现在我们家已经没有养牛马了，只养了10只羊。
>
> ——摘自个案一
>
> 1992年生第四个孩子的时候被罚了10500元，卖了8头牛、3匹马，家里只留下1头牛。
>
> ——摘自个案五
>
> 我们家最近买了一个新四轮农用车，花了8500元。去年卖了13头猪、1匹马全部用来买车了。
>
> ——摘自个案八
>
> 以前我养了12头牛，老伴在呼市治病的时候卖了几头。老伴去世了，牛也卖了。
>
> ——摘自个案九

以前我们家有不少羊，1988 年盖房子的时候全部处理掉了……牧群都不会很快转变成现钱。老一点的母牛才处理，公小牛一般养到 2 岁就卖掉，其他的牛都留着发展，只有家里有大事的时候才处理一批。　——摘自德村个案访谈

可见村民在遇到诸如上学、结婚、生病、购买大型农机、建造住房、亲人去世以及其他意外事件的时候更多是依赖牧业的。可以说牧业在村民生活中的作用远远不是补充性的，而是具有强大的最后保障功能。尽管农业能提供稳定的收入，但在应付家庭生活中可能遇到的重大事件或突发事件时往往显得力不从心。农业的这种稳定低效的性质尽管可以保障基本的生活需求，但同时也给农民带来抵御风险能力低下的不足，农民的生活往往由于一些突发事件而陷入困境。因此牧业历来都在村民的生产生活中有着重要的地位。

收入统计中的牧业收入数据大多指的只是皮毛的收入或处理一些病弱牲畜的收入，根本不能反映牧业在这一地区生产生活中的重要性。而且半农半牧区的牧业收入缺乏规律性和稳定性，这种收入并没有平均到每个年份上，而是根据需要一次性集中释放。因此，在很多年份的收入统计统计中大多数家庭都很少或没有该种收入。目前的这种统计方法给人留下的印象就是牧业对村民生活可有可无，掩盖了牧业在这一地区生产生活中的地位和作用。

正是由于牧业的这种保障功能，再加上农牧业投入上的差异，村民普遍对发展牧业存在着一种偏好。在很多村民看来，农业苦，投入大，收入不高；而牧业比较轻松、投入少，产出大。唯一受限制的就是草牧场条件。

如果有条件希望能多养羊，畜牧业投入少，收钱多。农业投入大，种子 5 元 1 斤，尿素 1 块多 1 斤。农业投入大概是收入的 1/3 左右，1 亩地也就剩 300 元左右。

——摘自个案七

总体看来，10 年来白村牧业有了一定的发展。由于农耕机械化和交通运输的现代化，马、驴和骡等通常作为役畜来使用的牲畜的养殖下降很快。马匹总数从 237 匹下降到 85 匹，驴和骡从 1996 年的 34 头下降到 2005 年的 7 头。牛和绵羊的户均养殖数目略有增长，而山羊的数量则有显著增加。山羊被认为对生态破坏严重，因此政府对山羊养殖的发展采取了一些限制措施。但由于山羊经济效益高且自身具有抗病易养的特点，其数量还是得到了较大的发展，从 1996 年的 351 只增加到 2005 年的 848 只。

山羊和绵羊相比，不容易生病，而且山羊绒值钱。山羊绒 1 斤能卖 100 元左右，我们这里山羊 1 只差不多可以剪 1 斤山羊绒；而绵羊绒 1 斤只值 5 元，每只绵羊产 6 斤绒也就是 30 元左右。但是绵羊肉多，山羊没什么肉。相比较而言，山羊肉更好吃一些。 ——摘自个案一

表 3-32 白村牧业情况对照表

年份	项目	最小值	最大值	均值	标准差	总计
1996	牛	0	21	2.94	2.90	576
	马	0	6	1.21	1.13	237
	绵羊	0	60	3.01	8.29	590
	山羊	0	30	1.79	4.77	351
	驴骡	0	2	0.17	0.42	34
2005	牛	0	31	3.06	5.19	618
	马	0	3	0.42	0.75	85
	绵羊	0	200	3.36	16.36	679
	山羊	0	200	4.20	15.99	848
	驴骡	0	1	0.03	0.18	7

（三）家庭养殖业

家庭养殖业通常都是作为农区的一种补充经济形态而存在的。在这些调查点中，几乎所有的家庭都有自己的养殖业，不进行任何家庭饲养的家庭所占比例在5%以下。家庭养殖业是这一地区经济生活的重要构成部分。从收入比例来看，白村和东村家庭养殖业收入都超过了总收入的10%，德村和西村的比例均在5%左右。仅从数据的角度来看，家庭养殖业的重要程度甚至要高于牧业。

村民家庭养殖的主要是猪和家禽。农村家庭小规模养猪的成本很低，只需要喂一些剩饭剩菜、野菜和玉米面之类即可。通常每个家庭至少都会养一头猪，最常见的情况是养两头左右。出售生猪可以为家庭带来一笔不小的现金收入，而“过年猪”在村民的生活中更是具有重要的意义。春节时分全家团圆之际，宰杀过年猪的活动能带来浓厚的喜庆氛围。过年猪的猪肉除了供全家人春节期间食用需求外，还有很大一部分都要储存起来。村民们房屋前通常都会有一口大缸，用来放置腌制的猪肉，并在室外冷冻贮藏。这些腌肉可以满足农村家庭来年半年的肉食需求。鸡鸭鹅之类家禽的饲养更是普遍，几乎每家每户门前都能看到这些动物的影子，村子道路上也不时出现成群结队的鸭和鹅。蛋和家禽除部分供家庭食用外，更多的是被村民拿到集市上出售，以满足家庭对油盐酱醋茶和蔬菜的需求。部分村民还通过孵化幼禽出售来增加家庭的收入。

尽管绝大多数的家庭养殖都是规模较小且以自给为主，但也有部分家庭开始发展规模养殖业。如一些村民兴办小型养猪场，猪的数目达到了几十头。近年来随着邻近城市对农村饲养家禽需求的猛增，家禽价格随之上涨，很多家庭都开始成群饲养各种禽类。在白村，几十只的鹅群随处可见，数百成群的也不在少数。家庭养殖业作为经济结构的组成部分在村民的生活中依然具有重要的地位。

（四）副业

副业是村民在主要进行农牧业生产之外所附带从事的以增加家庭收入为目的的生产经营性活动。农业生产特有的漫长周期，在一年之中造成了2/3的农闲时间。而牧业发展又受到草牧场的限制。在这样的情况之下，副业成为很多村民的选择。

以白村为例，村民们目前从事的副业主要有手工业、修理、加工、收购（废品）、贩卖牛羊、承包机井、承办筵席和代人放牧等。尽管村落中从事副业的人口不多，但是副业收入往往要占村民家庭收入很大的一个比重。

忽略生产效率的差异，每个家庭的农业收益由家庭承包土地数量所决定。而这一部分收益通常是较为固定的，平均到人头上每个家庭之间相差无几。同样牧业收入在大部分家庭之间也差异不大。因此副业收入的多少对于决定一个家庭在村落中的经济地位相当重要。从下文家庭个案的介绍中可以看到，上等经济水平的家庭普遍都是有较高副业收入的家庭；而那些仅有农牧业收入而没有任何副业收入的家庭大多经济状况不佳。

（五）外出务工

外出务工指的是村民以非农产业作为主要职业和收入来源，通常离开居住地前往附近大中城市从事各种生产活动的行为。外出打工的风潮在20世纪90年代就开始形成。由于当时农民负担沉重，农业收益极低，很多人不得不通过打工收入来维持家庭各种开支，出现“以打工维持农业”的局面。事实上，这一地区外出务工也是一种必然的趋势。

首先，尽管前文提过这一地区人均耕地面积远高于全国平均水平，但这一地区农业机械化水平也在不断提高。农地耕种、灌溉和脱粒等工作基本实现机械化，农业对劳动力的需求逐步减少。以白村为例，本次调查涉及781个人口，劳动力为443人。

按照访谈中所言每个劳动力可以耕种20亩地的话，全村只需要一半的劳动力即可完成农业生产任务，另一半则会成为剩余劳动力。从表3-23中可知，2005年白村户均人口4人。在完善第二轮土地承包之后，每个人口土地为6亩，也就是说每个家庭口粮地在24亩左右，这只相当于一个劳动力的劳动量。而白村户均劳动力约为2.2人，也就是说每户平均要多余1.2个劳动力。富余劳动力是需要转移的，外出务工就成为这部分人的一种选择。

其次，农业收入是一种稳定但低收益的产业。相对而言，外出务工带来的收益则更为高效而直接。比较效益的差距不但使得富余劳动力由农业向打工转移，甚至使得一部分家庭完全放弃农业而外出务工。将土地转包给他人，举家外出务工现象在各个村落都有出现。东村这类家庭有24户，白村有近20户，西村这种类型的家庭也在10户以上。增加家庭收益的期许使许多村民加入了打工者的行列。

四个调查村落中，东村和西村外出打工的人口最多，其次是白村，德村外出打工的人口最少。东村和西村靠近城区，人均土地较少且村民对城市生活接触更多，这使得他们具有更加强烈的外出务工意愿。白村近年来外出打工人数也有很大增长，即使是偏远交通不便的德村，一些村民也开始放弃农牧业，走出家门追求新的生活。尽管外出务工的人数逐年增加，很多人甚至常年不归，然而村民依然认为打工只是一时之计，并不把它作为自己的长远打算，更未在此基础上形成所谓的阶层或阶层意识。

二、收入结构

对应上文的经济结构，本研究把农民的家庭收入也划分为五个部分。

（1）种植收入：指来自农田上的一切收入；

（2）牧业收入：指出售牛、羊、马及其皮、毛等的收入；

（3）家庭饲养收入：指饲养猪、家禽等所获得的收入；

（4）工资和补贴：在家庭人口中有拿工资或享受各种补贴的人（如国家干部、教师、村干部或老村干部等）才有这种收入；

（5）副业收入：指上述收入之外的其他各种劳动收入，如代放牧、承包机井、搞运输、开商店、做木工、收破烂等。有鉴于外出务工者并没有改变自己农民的身份和自我认知，在他们看来，打工依然是一时之计，自己的根基依然在家乡，在农田上。因此在这里将打工的收入计入副业收入。

（一）家庭人均毛收入的变化

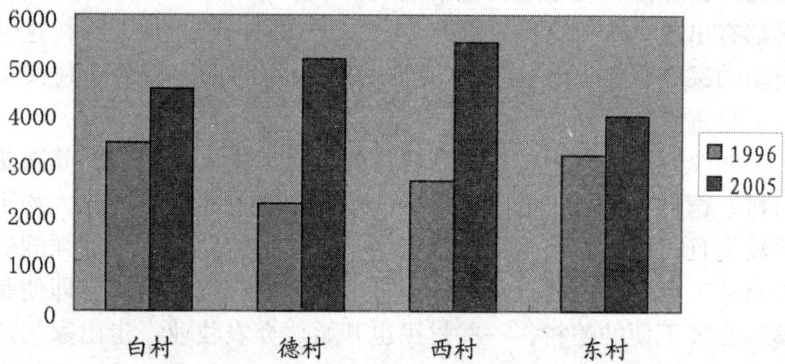

图3-1　各调查点家庭人均毛收入对照（单位：元）

按照上面的划分，我们对四个村落中每个家庭的收入情况进行了统计汇总。表3-33是1996年和2005年各调查点家庭人均毛收入情况对照表。从表中能够看出，相对于10年前而言，各个村落的家庭人均毛收入都有一定程度的增长，但收入增长的速度上则存在着较大的差异。白村家庭人均年毛收入从1996年的3386元增长到2005年的4497元，10年间增长了32.8%；德村从1996年的2181元增长到2005年的5103元，增长了134%；西村从1996年的2628元增长到2005年的5454元，增长了107.5%；东村从1996年的3163元增长到2005年的3957元，增长了25.1%。增长速度上的差异也导致了各个村落之间人均收入排名上的变化。1996年家庭人均毛收入由高到低依次是白村、东村、西村和德村；2005年这一顺序则改变为西村、德村、白村和东村。

增长速度和收入排名的变化是各个村落在发展过程中内外因条件的综合体现。西村属于外因推动型发展。近年来西村被纳入开发区的范围，村民获取农牧业之外其他收入的机会和条件要远多于其他村落；同时土地征用的补偿金也对西村的经济发展和家庭生活提供了资金支持。在这些条件共同作用下，西村家庭人均毛收入10年间翻了一番。德村经济增长速度在四个村落中排名第一，但其发展动力主要来自于内在条件。德村地广人稀，人均实际可利用耕地面积远多于其他村落。近年来，随着井灌技术的普及，原本的旱田变成了水浇地，再加上优良种子的应用，德村农业收益成倍增长，使得总体人均收入实现飞跃。

表3－33　1996年与2005年各调查点家庭人均毛收入情况对照表

村别／项目	白村		德村		西村		东村	
	1996	2005	1996	2005	1996	2005	1996	2005
户数	194	199	63	78	179	201	165	186
最小值	1200	1615	1010	1224	1000	1000	1112	1150
最大值	8800	15836	11032	13774	17500	26500	14495	11187
均值	3386	4497	2181	5103	2628	5454	3163	3957
标准差	1101	2193	941	2399	1102	3224	1262	1846

与西村和德村10年间人均收入迅猛增长相比，白村和东村的增长幅度则要逊色得多。受限于村落人均耕地面积和交通条件的制约，这两个村落在发展的内外因上缺乏推动力，只能沿着传统农业村落发展模式缓慢前行。

在收入总体增长的同时，我们也能发现村民在经济上的分化更为严重。以白村为例，1996年家庭人均毛收入最大值与最小值之间的比值为6.33，到2005年这一比值扩大为9.81倍。从标准差上也可以直观地看出各个家庭之间人均收入差距拉大的趋势。白村1996年标准差为1101元，2005年标准差上升为2193元；德村1996年标准差为941元，2005年标准差上升为2399元；西村1996年标准差为1102元，2005年标准差上升为3224元；东村1996年标准差为1262元，2005年标准差上升为1846元。计算各个村落两次调查的离散系数①可得，白村1996年与2005年家庭人均毛收入的离散系数分别为0.325和0.488，德村两次调查离散系数分别为0.431和0.470，西村两次调查离散系数分别为0.419和0.591，东村两次调查离散系数分别为0.399和0.467。四个村落家庭人均毛收入离散系数上的增大表明了这一地区农民在经济上的逐步分化。

丁元竹在解释内蒙古牧区经济分化时认为，个体生产增长率的差异就是群众的分化，这种分化使群体在结构上呈等级序列。② 就白村这种类型的社区而言，个体生产增长率高低的决定因素主要有土地、劳动力、观念和门路。正是这些因素在各个家庭之间存在的差异，决定了各个家庭在经济分化序列中所处的位

① 离散系数是一种相对差异量数，主要用于对两组或两组以上数据的离散情况进行比较。其计算公式为CV = S/M。其中S表示标准差，M表示均值。

② 丁元竹：《牧区的经济组织及其发展问题》，载于潘乃谷、马戎《边区开发论著》，北京大学出版社1993年版，第317－382页。

置。下文白村经济的个案研究将对此进行详细论证。

经济收入的普遍增长与加剧分化还反映了白村处于经济转轨过程之中的事实。10年前村民的经济结构普遍雷同，在这种情况之下收入差异不会太过明显。而现在经济结构处于调整之中，导致处于不同经济结构的村民收入差距拉大。如有的家庭搞综合开发，农、牧和家庭养殖业全面发展，而且积极寻找门路开拓副业；有的家庭却依然守着几亩薄田度日。这样两种家庭之间经济收入自然有着巨大的差距。

(二) 家庭收入的构成

从1996年调查情况看，农田上的收入（种植收入）在各调查点的总收入中所占的比例均在70%以上，且各调查点之间的差异并不大（见表3－34）。但是，从总体上来说，在农村地区由于农田上的收入并不能满足全部的消费和支出需求，因此，必须有其他的收入来源进行补充。四个调查点的种植收入以外的其他收入的分布情况差异比较明显，尤其是排在第二位的收入，四个调查点各不相同。白村为家庭饲养，德村为牧业，西村为工资或补贴，东村为副业。具体而言，白村和东村以种植业、家庭饲养业和副业为主要经济来源；德村以种植业和牧业为主要收入来源；西村以农业和工资补贴为主要来源。

表3－34　1996年各调查点不同类型收入所占百分比（%）

村别／收入类别	白村	德村	西村	东村
种植业	72.7	73.1	78.2	72.1
牧业	3.2	17.8	1.8	3.7
家庭饲养	12.7	4.0	5.1	10.1
工资补贴	3.4	2.6	12.1	2.8
副业	8.0	2.5	2.8	11.3

在四个调查点中，德村的牧业收入比例远远高于其他三个调查点，高达17.8%。其他三个调查点均不超过4%。德村之所以与其他三个调查点有如此大的差异，主要与其土地资源有很大的关系。德村拥有丰富的土地资源和天然草牧场。德村人均土地总面积多达185.6亩，草牧场面积多达158.1亩，远远高于其他三个调查点（见表3－35）。正是因为德村具备了发展畜牧业的这种有利条件，牧业才成为除农田之外的最主要的收入来源。德村的种植收入和牧业收入占全部收入的90%以上，因此其他收入所占比重都很少，均低于其他三个调查点。事实上，由于上文所述的牧业特点和收入计算的方法，无论是德村还是其余三个村落，牧业收入的比重和牧业在村民生活中的重要性远不止表3－34数据显示那样的低。

表3－35　各调查点的人均土地资源（单位：亩/人）

项目＼村别	白村	德村	西村	东村
人均总面积	33.2	185.6	29.9	11.8
人均草牧场	22.5	158.1	14.8	6.0

其他三个调查点因受草牧场资源的限制，不具备发展大规模牧业的条件。因此，必须通过其他方式来增加经济收入。白村通过发展家庭饲养业和副业，西村通过兴办村办企业，而东村则通过发展副业和家庭饲养业等，提高了村民的经济收入。白村和东村的家庭饲养业收入和副业收入加在一起均占全部收入的20%以上。而西村和德村的这两项之和还不到全部收入的8%。从表3－34可以看出，西村的工资和补贴收入所占比例远远高于其他三个调查点，为12.1%。西村的此类收入高于其他村，除了住

在本村的国家干部、公办教师等拿工资的人员多于其他村之外，更主要的原因是本村有两个村办集体企业（糖化饲料厂、养猪场）和一个乡办集体企业（砖厂）。西村在四个调查点中，是唯一的有企业的村落。西村这三个企业的大部分职工虽不是常年性的，但他们从企业拿到的工资均占他们家庭收入的很大比重。

表3－36至表3－40为每一种收入在总收入中所占的不同百分比在各调查点的家庭中的分布情况。各村无种植收入的家庭几乎没有，比例最高的东村也只有2户家庭，占全部户数的1.2%。种植收入占总收入的60.6%以上的家庭，除德村之外，其他三个村所占的比例均超过或接近80%。尽管德村的牧业收入在每一个家庭的收入中均占很大的比重，但种植收入占总收入的60.6%以上的家庭也达到了68%。这也印证了农业在这些调查点中的主导地位。

表3－36　种植收入所占比例在各调查点的分布情况（%）

所占百分比＼村别		白村	德村	西村	东村
种植收入在总收入中所占百分比	0.0	1.0	0.0	0.5	1.2
	0.1－5.5	0.0	1.3	0.0	0.0
	10.6－20.5	1.5	0.0	0.5	0.6
	20.6－30.5	0.0	2.7	3.1	1.2
	30.6－40.5	2.6	6.7	1.6	2.4
	40.6－60.5	12.2	21.3	13.5	15.2
	60.6－80.5	42.3	17.3	26.6	41.8
	80.6－100.0	40.3	50.7	54.2	37.6
户数合计		（196）	（75）	（192）	（165）

无牧业收入的家庭，德村最少，仅占28%。西村则有84.4%的家庭没有牧业收入，在各调查点中为最多。白村和东村这一比例分别为54.6%和69.1%。可见这一地区牧业的发展受草牧场等客观条件限制是非常严重的。德村有34.7%的家庭，其牧业收入占家庭总收入的20.6%以上。而其他村落这样的家庭都很少，总体比例都少于4.0%。在德村，牧业收入占总收入的10.6%—20.5%的家庭为最多，占总户数的22.7%。

表3-37 牧业收入所占比例在各调查点的分布情况（%）

所占百分比 \ 村别		白村	德村	西村	东村
牧业收入在总收入中所占百分比	0.0	54.6	28.0	84.4	69.1
	0.1-5.5	21.9	10.7	6.8	2.4
	5.6-10.5	11.7	4.0	2.1	15.2
	10.6-20.5	9.7	22.7	4.7	9.1
	20.6-30.5	1.5	10.7	0.5	3.6
	30.6-40.5	0.5	8.0	1.6	0.0
	40.6-60.5	0.0	13.3	0.0	0.6
	60.6-80.5	0.0	2.7	0.0	0.0
户数合计		(196)	(75)	(192)	(165)

在某种意义上，家庭饲养业与牧业是相互替代型的产业。草牧场条件比较好的地方适宜于发展牧业，草牧场条件比较差的地方则只能因地制宜发展家庭饲养业。从表3-38可以看出，在牧业发展水平较差的白村无家庭饲养业收入的家庭只有1%，而牧业较强的德村却有68%的家庭没有家庭饲养业。白村有66.5%的家庭，其家庭饲养业的收入占总收入的10.6%以上，在四个

调查点中为最多。西村只有18.3%的家庭，其家庭饲养业的收入占总收入的10.6%以上，在四个调查点中为最少。在白村，家庭饲养业收入占总收入的10.6%—20.5%的家庭为最多，占总户数的59.3%。

表3－38 家庭饲养业收入所占比例在各调查点的分布情况（%）

所占百分比 \ 村别		白村	德村	西村	东村
家庭饲养业收入在总收入中所占百分比	0.0	1.0	68.0	56.0	8.6
	0.1－5.5	3.6	2.7	6.8	9.2
	5.6－10.5	28.9	8.0	18.3	41.7
	10.6－20.5	59.3	20.0	15.7	37.4
	20.6－30.5	6.7	0.0	2.1	1.8
	30.6－40.5	0.5	0.0	0.5	
	40.6－60.5	0.0	1.3	0.5	1.2
户数合计		（194）	（75）	（191）	（163）

白村、西村和德村家庭中没有工资和补贴收入家庭的比例都超过了85%，其中德村有88%的家庭没有工资或补贴收入，在四个调查点中为最多。西村只有56.8%的家庭没有工资或补贴收入，在四个调查点中为最少。值得关注的是西村有近30%的家庭，其工资或补贴收入占家庭总收入的20.6%以上。而东村只有4.8%的家庭，其工资或补贴收入占家庭总收入的20.6%以上；白村和德村的这一比例也都在10%之下。在西村，工资或补贴收入占总收入的20.6%—30.5%的家庭为最多，占总户数的14.1%。

表 3－39　工资和补贴收入所占比例在各调查点的分布情况（%）

所占百分比＼村别		白村	德村	西村	东村
工资和补贴收入在总收入中所占百分比	0.0	86.2	88.0	56.8	87.3
	0.1－5.5	1.5	1.3	1.6	0.6
	5.6－10.5	2.0	2.7	5.7	2.4
	10.6－20.5	2.0	1.3	6.3	4.8
	20.6－30.5	3.6	2.7	14.1	3.0
	30.6－40.5	2.0	2.7	9.4	0.6
	40.6－60.5	1.5	1.3	3.6	0.6
	60.6－80.5	1.0	0.0	2.6	0.6
户数合计		（196）	（75）	（192）	（165）

从表 3－40 可以看出，由于农牧业居于经济结构的绝对主导地位，德村没有副业收入的家庭高达 94.7%；而东村没有副业收入的家庭比例远远低于德村，仅为 56.7%。副业收入占总收入比例超过 20.6% 的家庭，东村有 23.8%，德村只有 5.4%。东村和白村副业收入在总收入中所占的比例为最高，有副业收入的家庭也最多。在这两个村，副业收入占总收入的 10.6%—20.5% 的家庭为最多，东村占总户数的 11.6%，白村占总户数的 16.9%。

表 3－40　副业收入所占比例在各调查点的分布情况（%）

所占百分比＼村别		白村	德村	西村	东村
副业收入在总收入中所占百分比	0.0	62.6	94.7	89.6	56.7
	0.1－5.5	1.0	0.0	0.0	3.0
	5.6－10.5	5.6	0.0	3.1	4.9
	10.6－20.5	16.9	0.0	1.6	11.6
	20.6－30.5	6.7	2.7	2.1	9.8
	30.6－40.5	3.1	0.0	2.6	6.1
	40.6－60.5	3.6	0.0	0.5	6.1
	60.6－80.5	0.5	2.7	0.0	1.2
	80.6－100.0	0.0	0.0	0.5	0.6
户数合计		（196）	（75）	（192）	（165）

（三）白村家庭收入构成的变化

家庭收入构成的变化反映了一个社区经济产业结构的变迁。根据表 3－41，1996 年种植业收入占白村全村总收入的 72.7%，到 2005 年这一比例是 61.1%，下降了 11.5 个百分点，显示目前种植业仍然占据白村经济主导地位，但重要性已经出现明显下降趋势。

表 3－41　白村 1996 年与 2005 年收入构成情况对比（%）

年份＼收入类别	种植业	牧业	家庭饲养业	工资补贴	副业
1996	72.7	3.2	12.7	3.4	8.0
2005	61.1	6.7	6.8	6.9	18.4

尽管种植业收入所占比重有所下降，但牧业收入所占比重从1996年的3.2%增长至2005年的6.7%。这样一种牧业复苏现象与国家的政策有着很大的关系。在20世纪90年代中期，当地政府为保护生态对破坏草牧场特别厉害的山羊征收“登山费”，基本标准是每只山羊20元，同时还征收各种与牧业生产有关的税费。这些政策在客观上限制了当地村民发展牧业的积极性。

> 1997年的时候，每只山羊都要收登山费，每只20元。这是因为山羊破坏性很大，对生态不好。农业税那个时候是2岁以上的牲畜都要收税，牛马都是5元，绵羊每只1.5元，山羊每只3元，另外还要交特产税。每户免1匹马和2只奶牛的税。
>
> ——摘自个案一

> 1996年、1997年、1998年收的税费很多……牧业税最多的时候大牲口达到15元/头，交易税、屠宰税和其他税费都有。
>
> ——摘自个案十

从2001年开始，白村附近的地方开始免征牧业税；同时尽管山羊的发展和放牧受到限制，但“蹬山费”已经取消。在这样宽松的政策之下，白村的牲畜总量和牧业收入有了明显增长。其中增加最为明显的是以往最受限制却又最有经济效益的山羊，其数量从1996年的351只增加到2005年的848只，增幅达到142%。值得关注的是，政策的宽松在带给村民明显经济效益的同时也加重了周边生态的负担。但从目前白村草牧场沙漠化日益严重的现实来看，这一区域的牧业 发展将受到很大的限制，未来牧业发展的难度已经越来越大。

家庭饲养业的萎缩也是10年来的一个重要趋势。白村1996年家庭饲养业收入占总收入比重为12.7%，2005年这一比重仅为6.8%。就白村而言，家庭养殖业的支柱主要是猪和家禽。从

表 3－39 对比数字来看，总量和户均规模均大幅下降。生猪的数量仅为 10 年前的 40%，家禽养殖数目也只有 10 年前的 44%。

表 3－42　1996 年和 2005 年白村家庭养殖业户均规模比较

年份	项目	最小值	最大值	均值	标准差	总计
1996	猪	0	15	5.1	2.4	990
	家禽	0	40	20.9	8.4	4150
2005	猪	0	10	1.9	1.3	390
	家禽	0	50	9.1	5.4	1830

家庭饲养业的式微与市场风险的增大和对比效益下降有着直接的关联。村民如此表述自己对这一问题的看法。

前些年我一直养猪，收入不错。现在是市场经济了，想养的人多，价格肯定要跌。幸亏那个时候我看出了形势，赶快转行。照现在的价格，猪价下跌了很多，养多了肯定亏死。现在干事情风险太大、太多。

——摘自个案六

以前家里养猪也多，现在猪娃太贵，没钱投资。

——摘自个案五

可以看到，村民已经对市场的影响有着较为充分的认识，也更加细致地计算投入与产出的关系。家庭养殖业的发展历程也说明作为传统的家庭式小规模产业在市场经济中的尴尬地位。

白村工资补贴占总收入的比重从 1996 年的 3.4% 增长到 2005 年的 6.9%。如上文所述，只有很少一部分家中有人吃国家饭、财政饭的家庭才拥有这一类型的收入。10 年来白村拥有工资补贴家庭的数目并没有太大变化，但工资收入占总收入的比重却增长了一倍以上。这从客观上反映了工农差距或者说城乡差距的扩大，农民收入增长远远慢于教师、干部和工人收入的增长。从具体数据来看，1996 年白村家庭中工资收入最高为 1 万元，2005 年家庭最高工资收入为 3 万元，最低工资收入也接近 1 万元。

在白村家庭收入构成中一个最大的变化是副业所占比例的迅猛发展。其比例从 1996 年的 8.0% 增长到 18.4%。在白村副业的发展中有这样几个特征。

首先是从事副业家庭比例的增长。1996 年有副业收入的家庭只占家庭总数的 37.4%，2005 年这一比例上升为 51.5%，即大多数家庭都从事副业。

其次是出现一批专门以副业为生计的村民。2005 年资料显示白村有 15 户的收入全部来源于副业。

第三是副业门路的拓展。村民们目前从事的副业主要有承包机井、代放牧、做短工、收购牲畜皮毛、回收破烂、经营商店、维修、开出租车、当服务员、搞综合开发以及到周边城市务工等等。

副业的发展一方面增加了村民的收入，另一方面也使得他们进一步跨入市场经济，扩大了与外界的联系，开阔了眼界，在家庭的经济发展上有了更多的新思路。

三、种植结构

种植结构通常会带有一些民族和地域的特色，而种植结构的变化则反映出饮食结构的变化和社会生产生活的变迁。本部分从当地种植结构的构成和变迁出发，探视村民生产生活的变迁及其背后的动力。

无论从生产生活方式来看，还是从收入结构比例来看，种植业都是这些调查点中最主要的经济类型。种植业在村民的生产生活中有着基础性的地位，村民一年中大多数活动都围绕着农田种植而进行。那么，种植的农作物有哪些，种植面积比重如何？作为蒙古族传统粮食作物的糜子、荞麦在各村的种植情况又如何？

根据调查区域的实际情况，村民种植的农作物主要有玉米、水稻、小麦、豆类、糜子、荞麦、经济作物、其他作物等8类。表3－43呈现的是1996年四个调查点农作物种植结构，从中可以看出，除德村之外的其他三个村的情况有些相似，排在第一位的玉米的种植面积均占80%以上，排在第二位的水稻种植面积也都超过了10%，这两种农作物的种植面积所占比例，在三个村落之间相差不大。其中白村玉米种植面积百分比最高，达到了87.35%；而东村的水稻种植面积比重最大，达到了12.59%。

表3－43 1996年各调查点不同农作物种植面积所占百分比（%）

村别 / 作物种类	白村	德村	西村	东村
玉米	87.35	39.15	85.68	80.31
水稻	10.17	0.00	11.68	12.59
小麦	0.05	0.00	0.08	5.61
豆类	1.15	15.76	1.56	1.02
糜子	0.00	15.38	0.15	0.00
荞麦	0.00	8.77	0.28	0.00
经济作物	0.69	20.73	0.29	0.47
其他农作物	0.59	0.21	0.28	0.00
合计	100.00	100.00	100.00	100.00

白村的玉米和水稻的种植面积之和所占的比例高达97.52%。也就是说，其他农作物的种植面积之和还不到3%。除玉米和水稻之外的农作物，豆类占1.15%之外，其余均不到1%，甚至蒙古族传统的农作物糜子和荞麦的种植面积等于零。

西村在四个村当中，是唯一的种植所列的全部8种农作物的村落。但是，由于玉米和水稻的种植面积之和所占的比例高达97.36%，因此其他农作物种植面积之和也不到3%。除豆类占1.56%之外，其余均不超过1%。值得注意的是，西村虽然是一个蒙古族和汉族杂居的村落，但比起蒙古族聚居的白村来说，多少还种一些蒙古族传统的农作物糜子和荞麦。不过，这些作物的种植面积都极少，所占比重分别为0.15%和0.28%。实际上，西村只有1户种糜子，2户种荞麦，1户既种糜子又种荞麦。需要说明的是，种植糜子和荞麦的4户村民均为喜欢食用炒米（糜子）和荞麦面的蒙古族村民。

东村的玉米和水稻种植面积之和虽少于白村和西村，但也接近93%。东村的小麦种植面积占全部农作物种植面积的5.61%，在四个村当中为最高。其他三个村的小麦种植面积为零或接近零。此外，东村还种有1.02%的豆类和0.47%的经济作物。

德村是在四个村当中最特殊的一个村落。其他三个村的耕地基本上是甸子地，而德村的耕地几乎全部为坨子地。坨子地不适合种植水稻和小麦。因此，德村的水稻和小麦的种植面积均为零。在德村的所有农作物中，玉米种植面积虽然还是排在首位，但其所占比例只有39.15%，比其他三个村少了40多个百分点。与之对应，德村的豆类、糜子、荞麦和经济作物的种植面积所占比例则远远高于其他三个村落。在德村，有86.7%的家庭种糜子，77.3%的家庭种荞麦，因此，糜子和荞麦种植面积所占的比例分别高达15.38%和8.77%，远远高于西村的0.15%和0.28%。糜子和荞麦不同于其他粮食作物，产量很低，一般亩产不超过100斤。因此，在追求经济效益的今天，如果没有足够的耕地不会种植产量很低的糜子和荞麦。德村拥有广阔的土地资源，因而有条件继续保留蒙古族传统农作物的种植。需要说明的是，德村种植的糜子和荞麦几乎全部为自己食用，并不是为了增加经济收入。显然，德村的种植结构与其他三个村落存在着显著差异。这样一种种植结构的差异既有客观环境的因素（德村耕地中甸子地少，坨子地多），也有认识和取向上的差异（自我消费第一，市场出售第二）。

玉米的种植面积之所以最多，是因为它在当地所有农作物中产量最高，经济效益最好。因此，农民用玉米来缴纳国家征购粮、各种税款、乡村提留和承包费等。同时，农民还通过出售玉米来获得现金收入，并用于购买所必需的消费品和支付必要的家庭开支。因此，可以说，无论哪一个村，玉米都是最主要的农业收入来源。种植豆类和经济作物主要是为了增加经济收入，而水稻、小麦、糜子和荞麦大部分是为了自己食用，依靠种植这几种粮食作物"发财"的，在四个村还没有一家。作为蒙古族而言，糜子和荞麦是传统主食。在这些有着众多蒙古族人口居住的村落，除德村外其余村落的种植面积比例如此之小，还有部分蒙古族聚居村落完全没有种植这些传统作物，也从侧面反映了饮食结构的变迁。虽然蒙古族村民也会购买一些糜子和荞麦食用，但是总量都非常的少。这种趋势我们在下文有关饮食结构的分析中得到了印证。

表3－44是努古斯台镇的三个调查点2005年不同农作物种植面积的报表。相对于1996年而言，白村的玉米种植面积从87.35%上升到96.7%，德村的玉米种植面积更是从10年前的39.15%上升到如今的73.5%，西村玉米种植面积则与10年前大致持平，略微下降了4.5个百分点，其主要原因可以归结为其他农作物种植面积大幅增加。从调查中我们可以发现，事实上村民的所谓农业收入都是出售玉米所得的收入。玉米种植的主导趋势进一步明显是可以找到原因的，如深井灌溉技术进一步发展，优良品种的引进使得玉米产量显著提高，周边地区玉米深加工产业的引入使得玉米的销路与价格都有保障，村民种植活动中

经济取向的逐步增强等。

表3－44　2005年各调查调查点不同农作物种植面积情况（单位：公顷）①

村别＼作物种类	白村		德村		西村	
	面积	百分比	面积	百分比	面积	百分比
玉米	326.0	96.7	178.7	73.5	232.0	81.4
水稻	3.0	0.9	0.0	0.0	0.0	0.0
小麦	0.0	0.0	0.0	0.0	0.0	0.0
豆类	6.0	1.8	53.4	22.0	1.0	0.3
糜子	0.0	0.0	0.0	0.0	0.0	0.0
荞麦	0.0	0.0	0.0	0.0	0.0	0.0
经济作物	0.0	0.0	7.91	3.3	1.0	0.3
其他农作物	2.0	0.6	3.0	1.2	51.0	17.9
（合计）	337.0	100.0	243.0	100.0	285.0	100.0

最近两年玉米产量上涨很快，因为我种了优良品种958，嘎查里有的人土地好的话亩产可以达到2000斤。产量尤其是2004年上涨很多。玉米优良品种958是2003年开始试种的，当时产量并没有上来。这个品种具有抗旱、抗病、抗倒的特性。2004年村里开始普遍种958，一般亩产都超过了1500斤。

——摘自个案一

我小舅子去年种了84亩地，打了11万斤玉米，有四五万元毛收入，今年的收入也差不多。

——摘自个案九

现在大家种优良玉米品种958，亩产可以达到1700—

① 材料来源于努古斯台镇政府统计资料，故缺少东村的数据资料。

1800 斤，有的还可以达到吨粮（2000 斤/亩）。

——摘自个案十

10 年前在白村、西村种植面积均占 10% 以上的水稻如今已几乎没有人种植。在白村水稻的种植面积仅有 3 公顷，而西村已经完全没有种植水稻。生产费用的显著增加和比较经济效益进一步下降是水稻在这一区域基本被淘汰的主要原因。事实上，在水资源并不丰富的内蒙古地区种植水稻绝非好的选择。

以前村里有人种稻子，大概是 1989 年开始种的，到 20 世纪 90 年代中期种的人最多，90 年代中期我们这里大米卖到 1.8 元 1 斤。那个时候灌溉费用低，每亩 60 元左右，产量好像还可以。到 2000 年的时候每亩水稻田灌溉费要 230 元，而亩产也不过是 400—500 斤。大家觉得种玉米更划算，到 2003 年、2004 年的时候基本上就没有人种水稻了。

——摘自个案一

去年我家种了 27 亩玉米，4 亩稻子。以往种水稻可以有 1000 斤/亩的产量，现在只有 600—700 斤。水也不足，现在都种玉米了。在 1996 年左右，村里大概种了 300—400 亩水稻，去年只有 30 多亩，今年几乎彻底没有了。今年我家 34 亩口粮地全部种玉米。

——摘自个案十

小麦原本在白村和西村都有少量种植，由于产量低、质量差，在这些村落中现在都已经无人种植。豆类的种植也大致维持 10 年前的水平，白村种植比例略有上升，西村种植比例有所下降，德村豆类种植面积依然是这些村落中最多的，种植面积比例也从 10 年前的 15.76% 上升到 2005 年的 22.0%。德村在玉米种植比例大幅增长的情况之下，豆类种植比例略有上升，其原因一方面在于德村的坨子地适宜于种植这些杂粮；另一方面豆类虽然产量较低，但作为一种经济作物其价格明显高于其他农作物。豆类花费农业劳动时间较少且投入低也是村民乐意种植的原因之一。

糜子和荞麦是蒙古族的传统粮食作物和主食。然而在1996年的时候，白村就已经完全没有人种植这些作物；西村虽然有家庭种植，但种植比例均在0.3%以下；只有在德村糜子和荞麦得到了广泛的种植，两项占种植面积的24.15%。但从2005年统计资料来看，这三个村落已经完全没村民种植糜子和荞麦。作为传统作物被保留下来的仅有高粱，其种植面积在白村为2公顷，西村1公顷。由于灌溉技术的发展和传统作物经济效益的低下，德村以前很多种植传统作物的田地都开始种植玉米。作为蒙古族传统作物的一些品种已经完全被淘汰。

> 以往这里总是种些荞麦和糜子等传统作物，自己感觉不行，产量不高，而且迟种早收，土地总是光秃秃的，很不利。现在我们嘎查95%的土地面积种的是玉米，豆类和蓖麻籽之类也只是在田间地角种。玉米产量高，而且秸秆可以用来喂牛。 ——摘自德村个案访谈

与表3—43比，表3—44中一个引人注目的变化是其他农作物所占比重的扩大，其中最明显的是西村。西村其他作物的种植面积为51公顷，占全部种植面积的17.9%。这51公顷土地全部用来种植青饲料，然后通过青饲料来发展家庭养殖业和牧业。很显然这是种植业发展的一种新思路。这种典型的农牧结合方式无疑将增加种植业的效益，同时促进其他产业的发展。从这个角度来讲，西村在产业结构和种植业发展模式上已经走在了前边。目前，牧业程度较高的德村也种植了3公顷的青饲料，而白村尚未有家庭种植青饲料。

从上文对比分析中可以看出，与一些地区传统农业自给自足的形式不同，调查点中村民的种植业已经基本面向市场。自己食用的传统作物或经济效益较低的作物其种植量持续下降，而产量

高经济效益好的玉米几乎占据了所有的农田。村民种植玉米除留下少量作为牲畜的饲料之外，全部出售，成为大多数家庭收入的主要来源。其余种植的各种豆类、经济作物也大多出售。农作物种类的选择和种植面积的决定都主要考虑作为商品出售所带来的经济效益。

商品农业中对经济效益的考量导致了这一地区种植结构的逐步变化，而种植结构的变化又在某种程度上导致了饮食结构的逐步改变。整个社会系统就在这样一种相互联系中不断变迁发展。

四、白村经济个案研究

从表3－33可以看到，2005年白村家庭人均毛收入最少的为1615元，最多的达到15836元，后者接近前者的10倍。表3－45是白村村民对自家经济状况的自我评价，38.0%认为自家经济状况为好，16.5%认为自家经济状况为中上，22.0%认为自家经济状况为中等，认为自家经济状况为中下或差的分别有11.0%和12.5%。从这些数据中可以看出，无论是从村民家庭客观经济收入来讲，还是从村民自我认知来讲，白村的家庭之间在经济上存在着明显的分化。

表3－45　2005年白村村民对家庭经济状况的自我评价

项目 经济状况	家庭数（户）	百分比（%）	累计百分比（%）
好	76	38.0	38.0
中上	33	16.5	54.5
中等	44	22.0	76.5
中下	22	11.0	87.5
差	25	12.5	100.0
（合计）	200	100.0	

本研究从经济分层的角度在白村选出几户具有代表性的家庭进行个案分析，一方面生动形象地展示白村的经济生活；另一方面通过这些家庭的对照来探寻村落中家庭经济发展的影响因素。

（一）上等经济收入家庭

A家庭：全家4口人，夫妻以及一子一女。户主妻子是外地的汉族。儿子在师范学校念书，女儿念小学。户主于1992年开始从事焊接修理副业；1993年开始经营以碾米、磨粉和饲料加工为主要业务的加工厂；在20世纪90年代中晚期曾大量养猪，并曾筹划建立糖化饲料厂发展养殖业，后因资金和政策问题未能成功。机构改革花灯苏木撤并之后不再办厂，专心经营农业。村里人对其评价是“能干，敢干，有魄力，敢投资”。2005年家庭从事经济活动及主要收入来源有：（1）承包土地224亩，收获玉米16万斤，出售玉米毛收入达6万元；（2）承包集体草场100亩，发展牧业或多种经营。家里养牛20头，绵羊90只。2004年皮毛出售收入为1200元，每年牧业收入超过万元。（3）家庭养猪四头，2004年出售猪的收入为2000元。（4）出租自家早年在街上修建的房屋，每年租金收入约有3000元。粗略估计2004年家庭毛收入达7.5万元。今年将改良地全部种玉米，预计产量会达到25万斤，仅农业纯收入即可达到8万元。目前户主正在自己承包的大片土地和草场上进行综合开发，同时发展养鸡、养鸭、养鹅、养猪和种地等产业，预计近年就能取得更大的经济效益。

B家庭：全家5口人，夫妻、父母和一个在小学念书的儿子。家庭劳动力两人，自家耕地面积30亩，承包以前苏木中学勤工俭学地100亩，共计130亩。2005年卖粮15万斤，卖的价格较高，接近5毛，毛收入达7万多元，纯收入5万元左右。自家有农用四轮，同时承包地里有水井，投入不大。这个家庭开始较为贫困，在兄长的资助下，承包大片土地，逐渐取得农业发展。家庭牧业发展顺利，有牛 25 头，是全村最多的户。每年卖的小牛犊 7—8 头，牧业每年收入在 1.2 万元左右。家庭人均纯收入超过万元。

C 家庭：全家四口人，夫妻加俩孩子。女儿在上大学，儿子中学毕业辍学在家务农。自家四口人耕地 24 亩，承包他人耕地 30 亩。夫妻两人特别能干，50 多亩地不雇工，全部自己经营。自家有农用三轮车、四轮车、摩托车、灭茬机、播种机等农用机械。长年积极改良土地，每亩产量在 1500—1600 斤，每年卖粮 7 万斤以上，卖价较高，毛收入在 3.5 万元左右，纯收入 2.5 万元。2005 春天所买的灭茬机和播种机都是最先进的，农忙时别家租用机器的收入也在 3000 元左右。同时家里牲畜多，养牛 15 头，每年牧业收入达 6000—7000 元。同时，户主有厨师手艺，附近公认做饭做得好。每年冬天操办红白喜事多（秋收卖粮后手中有钱，都集中到这个时候办喜事），不但自己嘎查请，其他嘎查也请，这一项收入在 8000 元以上。一般红喜事，本村 250 元一天，别的村子 300 元一天，通常一个喜事操办两天。白喜事本村 150 元一天，别的村子 200 元一天。其他建房、上学、做生等也差不多价钱。每年家庭纯收入 4 万元以上，人均 1 万元。

D 家庭：四口人，夫妻加上一子一女。女儿正在上大学，儿子高中退学在家。户主是这一片的电工头，负责几个嘎查的电力维修，工资由供电所发，在嘎查电费里扣取，每月工资加奖金在 1000 元左右。户主是高中毕业生，文化水平较高，从 1983 年开始当电工，有经验有头脑，技术很高，在供电所很有名气。户主同时承包嘎查里的变压器，负责维修管理之类，年收入在 5000—8000 元之间。两项起码每年 1.5 万元以上的纯收入。户主的两个妹妹嫁入甘旗卡，户口留在村里，可以多分到两个人口的地。因此家里土地较多，共计 40 亩。每年至少卖粮 4 万斤，毛收入在 1.8 万元左右。由于家里有较多其他现金收入，秋收不忙卖粮，等价格高再卖。每年家庭纯收入在2.5万—3万元左右，人均纯收入7000元以上。

以上四户是白村经济状况为上等的家庭的代表。A家庭通过副业经营积累资金，再利用所得资金承包大片土地发展农牧业，进行综合开发而致富；B家庭依靠亲属的资助取得大片土地的承包经营权，再在此基础上大力发展牧业，获得较高的经济收益；C家庭在对自家承包的土地进行精耕细作获得较高农业收益的基础上，积极发展牧业和副业，收益颇丰；D家庭户主具有电工技术，其较高的工资和承包经营收入使得该户的家庭收入跻身于村落高收入家庭之列。从中可以看出，这些家庭具备以下某些特点：（1）土地较多，通常通过承包土地的形式获得比普通家庭更多的土地；（2）多种产业共同发展，不完全依赖于农业收入，牧业、副业等方面也较为突出；（3）在资金、劳动力、技术、发展意识和门路方面较其他家庭有优势；（4）市场经济参与度较高；（5）家庭没有过多的负担。

（二）中等经济收入家庭

E家庭：全家四口人，夫妻加一子一女。女儿于今年春天出嫁。自家承包地24亩，承包“外走户”土地24亩，去年卖粮5万斤。毛收入2.5万元，纯收入1.8万元。户主原本是本地有名的养羊大户，最多时养羊超过一两百头，由于草场退化2005年仅养羊30多只，牧业收入约为4000元。妻子生病，长年需要吃药，家中劳动力较为缺乏。儿子今年在木里图味精厂打工，月工资约1200元。

F家庭：全家五口人，夫妻，老母亲，一儿一女。儿子上小学，女儿上初中。村民对户主的评价是“会过日子，有算计”。家庭收入主要有两项：养羊60余只，牛5头，马1匹，每年牧业收入在8000元左右。农业上家庭承包地30亩，田地土质较好，产量很高。2005年卖粮3.5万斤，留下8000斤作为饲料发展牧业，农业毛收入约1.8万元。家庭纯收入1.8万元。

G家庭：全家四口人，夫妻加两儿子。村民对户主评价是“善经营，勤俭节约，持家有道”。农业上自家承包地24亩，承包别人地6亩，共计30亩。2005年卖粮3万斤左右，留1万斤粮作饲料，农业毛收入1.5万元，纯收入1万元。牧业上养牛17头，每年卖小牛的收入约1万元。

H家庭：全家四口人。家庭承包地24亩，虽然土地不多，但户主在农业上投资高，管理好，因此亩产较高。余下饲料外，每年卖粮2.5万斤，1.2万元毛收入，纯收入8000元左右。牧业上家庭养牛24头，每年至少卖牛8头，收入在1.2万元左右。户主自身经常从事倒腾牛的生意，每年收入也在1万元。

以上四户是白村经济状况为中等的家庭的代表。这些家庭的一般特征是：较好经营自家承包土地，农业收入较高；农牧结合，牧业收入在当地较高；在资金、技术、门路和劳动力等某些方面存在不足；有一定的副业创收能力；家庭负担中等；户主在有限的资源下善于经营。

（三）低经济收入家庭

I家庭：全家五口人，夫妻二人、一子一女以及82岁的老母亲。家庭现有土地34亩，全部种玉米。部分土地是新分的，因此土地质量较别的家庭要差点。因缺钱进行农业投资，种的品种也不是全部优良。劳动力也只有夫妻两人，子女在上学，家里还有老母亲需要照顾。2004年玉米的亩产在1000斤左右，农业方面有1.3万元的收入。在牧业方面现在养了5头牛、3匹马和14只羊。牛马主要用来套车，牧业方面几乎没有收入。家庭现在居住的是1966年盖的土坯房。

J家庭：全家三口人，老母亲加上夫妻俩，三个女儿均已出嫁。家庭承包地为30亩。妻子因脑血栓常年卧病在床，母亲年龄接近80，家庭劳动生产力不足。由于户主父亲当年是当地有名的骨科大夫，70 年代时家庭条件很好好，户主年轻时没干过农活，对农业生产是外行。30 亩地中有 10 亩承包给别人，每年 1000 元收入。家庭没有农业机械，也没有牲畜，自己种的 20 亩要雇人生产，家庭开销大，农业生产成本高，收益很小。

K 家庭：全家 4 口人，夫妻及一子一女，女儿在念书。家庭承包地 24 亩。户主身患重病，脑血栓导致半身不遂，长年吃药。妻子大部分时间需要伺候户主，劳动力主要是抱养的儿子。由于生产经验和劳动力都欠缺，加之没有钱投入，每年只能卖粮约 1.7 万斤左右。家庭毛收入 7000 元，纯收入仅为 5000 元左右。

L 家庭：全家 4 口人，夫妻、儿子和儿媳。因欠集体各种钱款前几年家庭每人只种 1 亩保命地，直到完善第二轮土地承包后才分到人均 6 亩地，共 24 亩。由于是后来分的地，土质不好，每年卖粮 2.4 万斤，毛收入 8000 元，纯收入 5000 元。儿子利用家里的大三轮车跑运输，逢一、四、七运送村民去木里图赶集，来回 6 块钱一个人，年纯收入约为 3000—4000 元。另外老两口常年给人家打工，一年也有 3000 元收入。

以上四户是白村经济状况为下等的家庭的代表。这些家庭一般具有以下特征：家庭主要依赖种植口粮地所获得的农业收入，牧业、副业等其他收入很少或没有；土地数量较少或土地质量较差；家庭在资金、技术、门路和发展意识方面都存在欠缺；市场经济参与度低；家庭负担沉重，主要体现在医疗和教育上。

五、白村家庭经济影响因素定量分析

就农村家庭经济收入影响因素而言，既有国家政策和地区差异等宏观因素，也有微观层面上的家庭个体因素。[①] 而处于特定

① 包智明、郝亚明：《蒙古族农村家庭经济状况影响因素的定量分析》，载《西北民族研究》2009 年第 3 期。

时空中的村落社区，各个家庭经济状况的差异主要来源于微观的家庭个体因素。在这方面，很多学者做出了非常有益的研究。如段庆林指出，我国农村居民收入差距在很大程度上取决于“农民自身对政策机遇的把握，包括级差收益、市场化、分工专业化和产业化”。①陆文聪和叶建基于浙江和湖北两省农村的观察数据，实证分析了人力资本、政治身份、家庭经营模式对农户家庭收入的影响效应，并得出这些因素与区域因素发生交互作用的结论。② 在对民族地区农村家庭经济收入影响因素方面也有学者进行了探讨。如徐平把土地、劳动力和门路（社会关系或社会资本）作为影响羌村家庭经济收入的三个要素来分析村落经济的分化状况。③ 丁元竹在解释内蒙古牧区财产体系分化原因时提出了劳动力、资金和当地人民的创业精神这三个主要影响因素。④

从上文对白村经济结构和收入结构的分析中可以看出，白村的经济形态依然是传统的农牧副业相结合的模式。在前人研究的基础上，结合对调查区域的实地研究，本研究初步确定的对蒙古族农村家庭经济状况产生影响的因素主要有：家庭土地的数量、家庭劳动力数量、户主教育水平、家庭生产投资额、家庭是否有人从事副业生产以及家庭是否有工资收入。⑤

（一）1996 年数据与 2005 年数据的纵向对比分析

在利用 2005 年的截面数据横向分析各种因素对农村家庭经

① 段庆林：《我国农村居民收入差异的基本特征及其影响因素》，载《宁夏社会科学》1999 年第 1 期。

② 陆文聪、叶建：《市场化转型中的农民收入影响效应研究——对浙江、湖北两省的实证分析》，载《中国人口科学》2005 年第 4 期。

③ 徐平：《羌村社会》，中国社会科学出版社 1993 年版，第 42 页。

④ 丁元竹：《牧区的经济组织及其发展问题》，载于潘乃谷、马戎《边区开发论著》，北京大学出版社 1993 年版，第 348 页。

⑤ 事实上，对影响因素的确定也考虑了资料的可获得性问题。故一些难以获得准确数据的影响因素本研究未予考虑。

济状况影响效应的同时，了解这些因素随着时间变化其影响效应如何发生变化也是非常有意义的。因此，本研究引进了 1996 年在同一村落使用相同的问卷进行调查所得的数据资料，与 2005 年的调查资料进行纵向对比分析。

在一些研究中，家庭经济状况这一变量通常以家庭总收入作为测量指标。然而由于家庭经济总收入与家庭人口总量息息相关，家庭总收入多并不能表示家庭经济条件好。例如，一些家庭总收入比较高，但是家庭人口也很多，导致家庭经济条件相对较差。相对而言，家庭经济条件好坏的一个有效指标是家庭人均收入。由于具体的纯收入不便于计算，本研究以家庭人均毛收入作为这一指标的替代指标进行分析。为了考察上文假设的一系列因素与家庭经济状况之间的关系，依据 1996 年和 2005 年白村调查数据，以家庭人均毛收入（Y）为因变量，以家庭土地的数量（X_1）、家庭劳动力数量（X_2）、户主上学年数（X_3）、家庭生产投资额（X_4）、家庭是否有人从事副业生产（X_5）以及家庭是否有工资收入（X6）六个因素作为自变量，建立多元回归方程。因变量 Y 和自变量 X_1、X_2、X_3、X_4 均为定距测量层次的变量；自变量 X_5 和 X_6 为定类测量层次的变量，取值 1 表示家庭有人参与副业经营或领取工资，取值 0 表示没有，在这里作为虚拟变量进入回归方程。回归的结果见表 3－46。

从表 3－46 中可以得出的结论有：

（1）在把这 6 个自变量相互控制的基础上来预测白村家庭人均毛收入，在 1996 年时可以消减 43.9% 的误差，在 2005 年可以消减 41% 的误差。也即表示这 6 个因素在很大程度上影响和决定了家庭收入状况。

表 3-46　以家庭人均毛收入为因变量建立的多元回归模型

项目 自变量	1996 年			2005 年①		
	B	Beta	Sig	B	Beta	Sig
土地数量（亩）	13.738	0.116	0.201	37.381	0.203	0.027
劳动力数量（人）	-219.841	-0.208	0.009	-504.874	-0.262	0.001
户主上学年数（年）	-20.848	-0.039	0.557	27.772	0.033	0.610
生产投资（百元）	16.673	0.253	0.011	5.848	0.083	0.346
是否有人副业	781.054	0.339	0.000	1218.325	0.329	0.000
是否领取工资	472.688	0.108	0.131	3049.415	0.457	0.000
常数项（constant）	2883.755	-	0.000	3152.763	-	0.000
R squared	0.439			0.410		

注：B 为非标准化回归系数；Beta 为标准化回归系数；Sig 为显著度。R squared 为决定系数，表示消减误差比例。

（2）在 0.05 的显著度下，1996 年数据显示这一时期对家庭人均毛收入有显著影响的变量是劳动力数量、生产投资和家庭是否有人从事副业；2005 年数据显示目前对家庭人均毛收入有显著影响的变量是土地数量、劳动力数量、家庭是否有人从事副业和家庭是否有人领取工资。

比较两次调查的数据，1996 年有显著影响的自变量生产投资额在 2005 年数据中不再显著，其原因可能在于近年来农牧业生产资料大幅涨价，每家每户的生产投资额都有大幅增加，其边际效益下降所致。访谈中村民普遍认为种子、化肥、农药、农用

① 2005 年白村分析资料中排除了三户耕种土地在 100 亩以上的家庭。这些家庭土地超过 100 亩的原因是嘎查拖欠个人债务，在第二轮土地承包中以土地耕种的形式予以补偿。由于这些个案不具有代表性，并且它们构成的极端值极大地影响了线性回归，故在分析过程中进行了剔除。

薄膜以及柴油的涨价幅度都太大，抵消了农业税减免给农民带来的好处，严重影响了农牧民的收入增长。而1996年不显著的自变量土地数量和家庭是否有人领取工资在2005年都成为显著性因素。前者原因在于土地收益随科技进步得到提升，如近年来村民采用优良品种和深井电灌，使得玉米亩产增幅高达20%—30%；后者原因在于工资收入在家庭总收入中所占比重显著上升，在一定程度上表明工资收入增长速度远高于农牧业收入的增长速度。

（3）从标准化回归系数可以看出，1996年各自变量对家庭人均毛收入影响力大小依次是家庭是否有人从事副业（X_5）、家庭生产投资额（X_4）、家庭劳动力数量（X_2）、家庭土地的数量（X_1）、家庭是否有工资收入（X_6）、户主教育水平（X_3）；2005年各自变量对家庭人均毛收入影响力大小依次是家庭是否有工资收入（X_6）、家庭是否有人从事副业（X_5）、家庭劳动力数量（X_2）、家庭土地的数量（X_1）、家庭生产投资额（X_4）、户主教育水平（X_3）。从两次排序变化中可以看出，工资收入、家庭土地数量对家庭人均收入的影响有所提高，副业依然保持重要影响，生产投资额的影响明显下降。

两次调查中均显示家庭劳动力的影响是负向的，也即家庭劳动力越多，人均毛收入越低。而标准化回归系数的变化则显示，家庭劳动力对家庭收入的负面影响较10年前进一步加剧。一般情况之下，家庭人均收入与家庭总人口数之间呈现负相关是可以理解的，而家庭人均收入与家庭劳动力人口之间呈现负相关显现这一地区劳动力严重过剩，在目前的经济结构中无法完全吸纳剩余的劳动力。其解决途径有两条：一是产业升级或结构调整，增加对劳动力的吸纳量；另一个就是劳动力转移，如外出务工等等。在K旗已经有部分劳动力被转移到农产品深加工产业之中，同时一些年轻人也开始走出家门到北京、沈阳和东南沿海打工，但这些人只是剩余劳动力大军中很少的一部分。值得注意的是，由于语言、文化习俗以及心理认同等方面的差异，少数民族地区较汉族地区而言在剩余劳动力转移上将艰难得多。

根据表3-46，分别建立两次调查的非标准化多元回归方程式：

$$Y_{1996} = 13.74\ X_1 - 219.84\ X_2 - 20.85\ X_3 + 16.67\ X_4 + 781.05\ X_5 + 472.69X_6 + 2883.76$$

$$Y_{2005} = 37.38\ X_1 - 504.87\ X_2 + 27.77\ X_3 + 5.85\ X_4 + 1218.33\ X_5 + 3049.42X_6 + 3152.76$$

通过以上两个方程非标准化回归系数的相互比较，可以知道各个自变量对家庭人均毛收入影响程度的变化情况：

（1）家庭土地的数量（X_1）系数的变化显示土地每增加一亩，家庭人均毛收入在1996年增长13.74元，2005年增长37.38元。土地效益有较大提升。根据实地调查可知效益提升在于灌溉条件的改善和优良品种的引进使得土地产量大幅提高。同时，第二轮土地承包的完善和农村税费改革极大地刺激了农民种粮积极性，这也成为土地效益增加的一个重要因素。

（2）家庭劳动力数量（X_2）系数从1996年的-219.84变为2005年的-504.87。负的系数表示家庭劳动力越多，家庭人均毛收入越低。这事实上说明的是白村劳动力过剩的事实。系数绝对值的增大表明由于耕作机械化和灌溉电动化的进一步普及，劳动力过剩的现象更加明显。

（3）户主教育水平（X_3）在1996年对家庭人均收入的影响为-20.85，2005年则为27.77。第一次调查的负向影响可能是由于上学年数较长的户主与上学年数较短的户主相比，在农牧业生产技能和对农村生活的适应性上要差于后者，从而影响了家庭经济收入；而10年间影响由负变为正，显示户主的教育水平对家庭收入开始产生贡献，如利用文化知识引进先进技术和优良品种，以及在副业方面走在村落的前列。

（4）家庭生产投资额（X_4）每增加100元对家庭人均收入的提升幅度从1996年的16.67元减少到2005年的5.85元。由于绝大多数家庭的生产投资都只是投资在农牧业生产上，这显示农业投入边际效益急剧降低，高投入高产出的农业已经走到尽头。

（5）1996年有人从事副业的家庭人均毛收入要比没有从事副业的家庭高出781.05元，2005年这一数据上涨为1218.33元；1996年有工资收入的家庭人均毛收入要比没有工资收入的家庭高472.69元，2005年则为3049.42元。可见是否有副业收入和工资收入对家庭人均毛收入具有极其重要的影响。尽管10年间工资收入增幅远大于副业收入的增幅，但是由于工资收入只有少数家庭才有，而副业收入则比较普遍，因此家庭是否有副业收入对家庭人均毛收入具有更强的现实意义。

（二）农牧业收入与非农牧业收入的横向对比分析

从上文的整体性分析中我们看出，家庭土地的数量（X_1）对家庭人均收入的影响不太强烈，在1996年的数据中其作用甚至不显著；而家庭劳动力数量（X_2）对家庭人均收入的影响都是负向的；同时户主上学年数（X_3）对家庭人均收入的影响虽然从1996年的负向变为2005年的正向，但影响程度非常微弱；同样家庭生产投资额（X_4）对家庭收入的提高作用明显下降。问题是这些通常对农村家庭经济都非常重要的变量真的在白村都没有太大意义吗？这显然有悖于我们通常的认识，也与其他学者的研究结论相悖。本研究在这里将家庭总收入分为两部分：农牧业收入和非农牧业收入，并在此基础上建构家庭人均农牧业收入（Y_1）和家庭人均非农牧业收入（Y_2）两个变量分别作为因变量，以上变量作为自变量进行多元回归分析。回归结果见表3－47。

表 3 - 47　以两种不同类型家庭人均毛收入为因变量建立的多元回归模型

项目 自变量	家庭人均农牧业收入（Y_1）			家庭人均非农牧业收入（Y_2）		
	B	Beta	Sig	B	Beta	Sig
土地数量（亩）	25.654	0.154	0.069	-5.712	-0.032	0.742
劳动力数量（人）	-425.663	-0.244	0.000	-32.578	-0.017	0.821
户主上学年数（年）	-41.165	-0.054	0.365	109.074	0.130	0.052
生产投资（百元）	36.643	0.575	0.000	-28.479	-0.411	0.000
常数项（constant）	1860.498	—	0.000	2070.322	—	0.001
R squared	0.393			0.321		

建立回归方程如下：

$$Y_1 = 25.65\ X_1 - 425.66\ X_2 - 41.17\ X_3 + 36.643\ X_4 + 1860.50$$

$$Y_2 = -5.71\ X_1 - 32.58\ X_2 + 109.07\ X_3 - 28.48\ X_4 + 2070.32$$

对家庭人均农牧业收入（Y_1）的多元回归方程而言，家庭土地的数量（X_1）和家庭生产投资额（X_4）产生的是正向影响，其中生产投资对因变量的影响特别显著，生产投资每增加100元，家庭人均农业收入能增长36.643元；家庭劳动力数量（X_2）和户主上学年数（X_3）则产生负向影响，其中劳动力数量对因变量的影响非常显著，家庭劳动力增加1人，人均农牧业收入减少超过400元。

对家庭人均非农牧业收入（Y_2）的多元回归方程而言，与农牧业生产高度相关的家庭土地的数量（X_1）和家庭生产投资额（X_4）这两个变量明显与因变量有负向相关关系。投入到农牧业生产上的时间、精力和金钱较多，自然非农牧业生产上会受到很大影响，从而导致这方面收入的减少。虽然回归系数也显示家庭劳动力数量（X_2）对家庭人均非农牧业收入（Y_2）也是负向效应，但相对于因变量 Y_1 而言，其负效应明显减弱。这表明该地区部分剩余劳动力已经转移到非农牧业生产领域，从整体上增加了家庭的总收入，但收入增长的幅度尚不能抵消家庭人口多而带来的负效应。

一个值得关注的问题是：从表 3 - 46 中建构的多元回归方程均显示户主上学年数（X_3）对家庭经济收入影响不明显；在 1996 年的数据中两者还存在负向影响。而从理论上我们一般会认为，户主的文化程度对其参与市场经济、开拓副业门路、吸收和引进新技术方面都有促进作用，从而对家庭收入产生显著的正面影响。在我们把家庭收入分为农牧业收入和非农牧业收入之后，户主教育水平的作用显现出来：户主上学年数（X_3）对家庭人均农牧业收入（Y_1）存在不太显著的负向影响，户主多上学 1 年对因变量的影响为 41.17 元；户主上学年数（X_3）对家庭人均非农牧业收入（Y_2）则有着较为明显的正向影响，户主多上学 1 年对因变量的影响接近 110 元。这说明知识层次较高的户主家庭更致力于副业或其他非农牧业的发展，从而增加了家庭的经济收入。表 3 - 46 中的方程不能正确显示户主上学年数的影响在于把家庭收入作为一个整体来看待，在不同收入类型中的不同作用相互抵消了，从而得出一个总体上的错误结论。

在劳动力过剩、农牧业收入遭遇增长瓶颈的情况之下，大力发展副业和其他产业是唯一出路。从文中实证分析来看，提高劳动者的教育水平对提升农村家庭非农牧业收入是非常重要的。

（三）小结

从上文分析可以看到，家庭土地的数量、家庭劳动力数量、户主教育水平、家庭生产投资额、家庭是否有人从事副业生产以及家庭是否有工资收入等六个自变量对蒙古族农村家庭经济状况进具有一定的解释力，可以在一定程度上解释和预测这一地区家庭经济的分化。但是我们也能看到，本研究分析结果与若干基于其他地区的研究稍有不同，主要表现在一些自变量在发生影响的程度和方向上存在差异，如家庭劳动力数量、户主文化水平的对家庭经济状况的影响等方面。这种差异的存在可能有两方面的原因，一是内蒙古自身发展程度与其他研究区域存在不同，二是蒙古族乡村社会自身的社会文化特点。依据上文的定量分析，结合本研究的研究假设，我们可以做出如下总结与分析。

1. 土地对农村家庭经济分化的影响较小

农牧业收入仍然是内蒙古地区农村家庭收入的主要来源，但在人多地少的基本国情与家庭层次经营的现实条件下，基于人口数量的土地均分政策使得各个家庭土地数量和土地收益大致相当，不会成为农村家庭经济分化的重要影响因素。随着农村家庭经济收入逐步多元化，传统观念中土地是农村家庭经济收入主要决定因素的认识已经无法成立。在实施农业税费改革和增加农业科技应用的条件下，土地对家庭收入的贡献较10年前有所提高。但调查数据显示这种增长是微不足道的。基于土地的传统农业生产只能提供一般水平的生活保障，而很难为农村的发展提供进一步的动力和资源。这事实上也是农民收入增长缓慢和三农问题的根本原因。

2. 剩余劳动力转移是民族地区农村发展的重点与难点

家庭人口数量与家庭人均收入之间的负向关系在相关研究中较为常见，可以解释为人口过多对家庭人均收入的拖累；而家庭劳动力数量与家庭人均收入之间呈现明显的负相关则并不多见，表明该地区劳动力的绝对过剩。数据显示，与10年前相比调查区域劳动力过剩状况更加明显，影响也更为显著。这种状况的出现有两方面的原因：一方面是常用农机的普及和人均耕地的减少，机械化的使用使得劳动力在农业生产中的重要显著下降，生产效率的提高使得对劳动力需求减少。根据土地数量和劳动者劳动能力计算，该地区剩余劳动力超过总劳动力人口的一半以上。

另一方面，由于语言文化等方面的原因，长期以来剩余劳动力转移问题一直没有得到妥善解决，积累到今天成为民族地区农村实现经济水平跨越性发展的一大障碍。毫无疑问，剩余劳动力转移问题已经成为内蒙古乃至全国民族地区农村发展的重点与难点。

3. 户主教育水平与家庭收入之间并非一种简单的线性关系

教育水平可以看作一种人力资本或能力。在基于汉族乡村地区的实证研究中，研究者普遍得出了教育水平对家庭经济收入起正向作用的结论。而本研究的两次调查数据均显示两者之间不存在显著的关系，1996 年的数据甚至呈现出微弱负相关的结论。基于与常识相悖的困惑，本研究将家庭收入分为农牧业收入和非农牧业收入两类进行分析，得出户主教育水平在两种收入中发生作用的方向与程度不同的结论。户主教育水平与农牧业收入呈微弱负相关，这种负向关系的出现可能是由于调查误差，也可能是真实情况的反映。可以断言的是与教育水平低的户主相比，教育水平高的户主在农牧业生产中并不具有优势。而对于非农牧业收入而言，户主教育水平与其存在较为强烈的正相关关系。这说明提高教育水平，可以增加家庭的非农牧业收入。对于整体教育水平较低的蒙古族农村地区而言，这条结论无疑具有重要的启示性作用。另外，户主教育水平与家庭总体收入之间相关不显著依然可以从侧面说明，与其他地区相比，教育水平没有起到在家庭经济发展中应该起到的作用。究其原因，要么是缺乏途径，要么是缺乏意识。

4. 家庭生产投资边际效益快速下降

家庭生产投资对于开展生产活动具有基础性作用，但它只是家庭经济收入增加的必要条件，但不是充分条件。数据显示，2005 年 100 元生产投入对家庭人均收入的贡献仅为 1996 年的 1/3，投入产出比呈现急剧下降趋势。家庭生产投资边际效益快速下降可以从以下两个原因上得到解释，一是近年农牧业生产原材料涨价导致家庭生产投入大幅上升，而成本的增加并没有相应的收入增加与其对应；二是家庭生产投资大部分都用于农牧业生产，调查的家庭中仅有不到5%的家庭有部分经营性投资，其余家庭的生产投资全部投入在农牧业生产上。调整家庭生产投资方向，适时引导村民投资副业和第三产业，发展特色经济，将有利于改变目前的不利局面。

5. 家庭经济收入多元化

与土地、劳动力等传统农村家庭经济影响因素的衰落相对应，副业收入和工资收入在农村家庭收入中所占比重越来越大，农村家庭经济收入呈现多元化的局面。在农牧业收益相对固定的情况下，副业收入和工资收入开始成为农村家庭经济状况分化的重要决定因素。因此提高农村居民收入要把增加工资性收入和家庭副业收入作为突破口。这样一种农村发展思路在四川、湖北、湖南、江西等农业大省都得到了良好的实践。在农牧业收入增长遭遇瓶颈、劳动力过剩的情况之下，努力提高农民教育水平，引导农民投资副业和其他产业，扩大农村剩余劳动力就业机会，提高农民工资性收入水平和副业收入水平是大幅度增加蒙古族农村家庭收入的关键。

第五节　支出结构

上文对调查点的经济结构及生产活动有了较为细致的描述和分析，本节着重关注这些村落的消费及支出情况。

生产是消费的基础，消费是生产的目的与动力。正如前文所述，村落中各个家庭的经济收入状况是存在差异的，这种生产成果上的差别势必会在家庭消费中体现出来。表3－48是白村2005年调查中户主对家庭收入水平和家庭消费水平自我评价的交互分类表。

表 3－48　2005 年白村家庭收入水平与家庭消费水平的交互分类表

家庭消费水平	家庭收入水平				
	上等	中上	中等	中下	下等
上等	75	0	0	0	0
中上	0	34	0	0	0
中等	1	0	44	1	0
中下	0	0	0	24	0
下等	0	0	0	0	23
（总计）	（76）	（34）	（44）	（25）	（23）
Gamma = 0.996					

从表 3－48 中可以看出，除两户家庭自身收入水平与消费水平不对称之外，其余家庭均处于对称状态。两个变量之间的相关系数接近于 1，一方面表明了生产对消费的决定性作用，另一方面也体现了村落生活中量入而出的消费原则。

本节首先分析总体消费的支出构成，在此基础上，再进一步分析在总体消费支出中所占比重最大的生活消费的情况，特别是对生活消费中具有民族特色的主食和肉食的消费情况进行较为详细的分析。下面我们将结合和对比两次调查的资料，从中剖析调查村落在支出结构上的特征及变化。

一、总支出的构成

从调查的四个村落的情况来看，村民生活中的全部支出主要由以下几个方面构成。

（1）生活消费：包括食品、穿戴、日常消耗品、耐用消费品、住房、医药、教育和交通等费用；

（2）礼仪费用：包括举办或参加婚事、丧事、生日祝寿、其他礼仪活动和祭祖等费用；

（3）农牧业生产支出：包括一切用于农牧业生产的开支，如购买设备、牲畜、燃料、种子、化肥、农药、牲畜饲料等，也包括农田的开耙费、灌溉费以及牲畜的代放费和设备的维修费等；

（4）税费支出：包括农业税、牧业税、特产税、屠宰税、工商税、草场管理费以及乡村的各项提留等；

（5）非农牧业经营支出：包括农牧业生产之外的一切副业和经营支出，如经营商店购进商品的费用，搞焊接的购买材料费和电费，办粮食加工厂的电费和设备维修费等。

（6）赡养费和捐赠支出：包括已经分家的子女给父母的赡养费或向亲友捐赠的各项款物等。

从1996年四个村落的调查数据来看，生活消费的支出均在全部支出的50%—60%之间，在各项支出中所占比重最大。该项支出所占比重最高的东村与所占比重最低的德村之间相差不到8个百分点，显示各调查点在生活消费支出方面有较强的共性。

表3－49　1996年各调查点总支出的构成（%）

消费构成 \ 村别	白村	德村	西村	东村
生活消费	54.8	51.9	54.4	59.5
礼仪费用	9.6	13.2	5.6	3.1
农牧业生产支出	28.1	19.5	34.0	29.8
税费支出	7.2	15.3	5.0	6.7
非农牧业经营支出	0.2	0.0	0.2	0.4
赡养费和捐赠支出	0.1	0.1	0.8	0.5

就礼仪费用支出而言，从表内数字看，各调查点该项费用所占的比重有比较明显的差异。礼仪费用可以分为两种，一种是本户操办婚丧礼仪活动的费用，另一种是本户成员参加别人家的婚丧礼仪活动的费用。前一种费用虽然很高（最高可达上万元），但在单一年份统计中只有极少数的家庭有这种支出，因而在总支出中所占比重很小。后一种费用虽然平均较低（通常每次不到百元），但大部分家庭都有这种开支，而且由于每个家庭在一年需要多次参加别人家的婚丧礼仪活动，这种支出累加在一起就成为一个不小的数字。因此，实际上后一种礼仪费用的多少，决定了一个社区的婚丧礼仪费用在总支出中所占的比重。从实地调查（参与观察和访谈）的情况来看，在蒙古族聚居的德村和白村，无论村里哪一家有礼仪活动，村民常常是不请自到。而蒙古族和汉族杂居的西村和东村的村民，举办婚丧礼仪活动只邀请亲朋好友来参加，没有被邀请的人一般是不会来参加的。因而德村和白村的婚丧礼仪费用在总支出中所占的比重明显高于其他两个村（见表3-49）。而且可以看出这样一种趋势：蒙古族人口所占的比重越高，传统风俗习惯保留越完整，婚丧礼仪费用的比重就越高，即德村>白村>西村>东村。

从农牧业生产支出来看，德村的生产性支出所占的比重明显低于其他三村。前文曾提及，德村的牧业比重远远高于其他三个村，而牧业生产的自我繁殖性使得其支出一般远低于农业生产的支出。另外，德村的耕地中坨子地较多，而其他三村的耕地主要为甸子地。坨子地不需要耙地，也没有灌溉设施，因而比起甸子地少了耙地费和灌溉费。另外，坨子地没有灌溉条件，因而较少使用化肥。因此，坨子地的经营费用远远低于经营甸子地，甸子地较少的德村的生产性支出自然少于其他三个村。其他三个村落在农牧业比重上差别不大，农牧业生产支出所占比重也大致相当。从表3-34中可知，西村种植业收入在四个调查点中所占比例最高。表 3 – 49 也相应表现出西村的农牧业生产支出所占比重最高。这两者之间呈现出一种对应关系。

与生产性支出恰好相反，德村的纳税和乡村提留所占比重却远远高于其他三个村。这种现象也与德村的牧业比重高有密切的关系。德村除了缴纳与其他村差不多的农业税和乡村提留之外，由于户均牲畜远远多于其他三个村，因而必须缴纳高出其他村很多的牧业税和特产税。从 1997 年起的一段时间内，政府为了限制对草场破坏较大的山羊的发展，每年从每只山羊身上还另外收取 20 元左右的草原管理费（又称“蹬山费”）。这一政策对山羊较多的德村的冲击最大，村民为了摆脱沉重的收费负担，唯一的选择就是尽快处理羊群或减少山羊数量。这些政策在短期内使得村民税费支出有所增加，从长期来看则会使得德村的农牧结构和畜种结构发生很大的变化。白村和东村农牧业收入比重极为相似，在赋税比例上也大致相当；而几乎没有牧业的西村的税费支出在总体支出中所占比例也最低。

最后的两项支出，即非农牧业经营支出以及赡养费和捐赠支出，在总支出中所占比重很低，均未超过 1%。这是因为只有极少数的家庭才有这两项支出，比如 1996 年白村明确表示有非农牧业经营支出的家庭只有 1 户，有赡养和捐赠支出的家庭也仅有 20 户，且支出的最大款额也仅为 300 元。其他村的情况也相差无几。可以说，这两种支出对村民的消费活动中不具有重要影响。

表 3 – 50　2005 年各调查点总支出的构成（%）

村别 / 消费构成	白村	德村	西村	东村
生活消费	45.2	51.7	49.9	48.3
礼仪费用	11.4	12.8	9.2	11.0

续表

村别 消费构成	白村	德村	西村	东村
农牧业生产支出	41.3	33.9	37.4	33.6
税费支出	1.2	1.4	1.5	1.7
非农牧业经营支出	0.85	0.2	1.4	3.9
赡养费和捐赠支出	0.05	0.04	0.6	1.5

表3－50是2005年各调查点总支出的构成情况。与表－49中1996年数据对比具有以下几个显著变化。

第一个显著的变化是各村生活消费占总体消费的比重有所下降。白村和东村下降幅度最大，均在10个百分点左右；西村下降接近5个百分点，德村仅有微弱下降。对于这样一个变化我们可以有如下两个截然不同的解读，一是由于生活消费中很大一部分是食品的支出，根据恩格尔系数的原理我们可以认为，这种比例的下降是村民生活水平上升的标志；第二个解释是由于村民农牧业生产支出费用的大幅增加迫使村民减少生活开支，因而这样一种比例的变化并不能被认为是生活水平上升的标志。哪一种解释更加合理取决于村民生活水平是否得到了实质性的提高。在实际村落调查中发现，这样两种因素对这一比例的下降都有一定的解释力。

第二个显著的变化是村民的农牧业生产支出占总体消费的比重急剧上升。与10年前相比，白村农牧业生产支出所占比重上升了13个百分点，德村的比重上升了14个百分点。相对而言，西村和东村农牧业生产支出所占比重增长幅度较小，分别上升了3个和4个百分点。四个村落农牧业支出占总体消费的比重都超过了1/3。这种生产费用的急剧上升与以下几方面的因素有关：

一是近年来农资涨价幅度较大使得生产成本增长。二是第二轮土地承包完善之后四个村落的人均耕地都有较大幅度增长。以白村为例，每个人口的口粮地增加了50%，从原来的人均4亩变为现在的人均6亩，从而家庭农牧业投资相应增加。三是近年来国家农牧业税方面的一系列举措极大减轻了农民的负担，第二轮土地承包完善落实了“土地承包经营30年不变”的政策，促进了农民的生产和投资积极性。四是村民对科学技术的认识得到加强，在优良品种、灌溉、化肥和农药的使用上较以前有更大的投入。至于白村和德村农牧业生产投入增长远快于西村和东村的事实也可以得到解释。蒙古族聚居的这两个村落原本在灌溉技术、机械使用方面和其他两个村落存在差距，近年来引进这些技术后生产成本快速增加，大致与其他两个村落持平。

第三个显著的变化是税费支出大幅减少。1996年四个村落中税费支出占总支出比重最高的是德村的15.32%，最低的是西村的4.97%；2005年调查显示四村税费支出占总支出比重均在1%到2%之间。以白村调查数据为例，1996年白村户均税费负担为879.58元，2005年户均税费负担为68.12元。很显然，这是国家实行的税费改革政策和最近实行减免农业税政策的结果。根据白村现任会计的介绍，白村现有耕地5078亩，近年来每亩地的应缴农业税为13.56元，而1997年农业税最高的时候每亩地为17.3元左右。2004年国家每亩地返还种粮补贴9.6元，实际上每亩地缴纳的农业税仅为3—4元，仅此一项就为白村村民节约现金收入近5万元。根据内蒙古自治区的政策，2005年起全区将全面免征农业税。而在此之前的2001年，牧业税已经全面免征。这些政策给农民带来了实实在在的好处，减轻了农民的支出负担。可以预见税费支出项目将很快从农民的消费支出中消失。

第四个显著的变化是整体上婚丧礼仪的支出的比例较1996

年有所上升。1996年四个村落此项支出差异较大，2005年四个村落此项支出比较彼此差异较小。最低的西村为9.2%，最高的德村为12.8%。四个村落中平均接近10%的礼仪支出成为村民生活中不小的负担。根据调查，白村2005年户均礼仪消费金额为1363.66元，其中花费最多的家庭接近3万元。从访谈中我们也能看出，在婚礼仪式和葬礼仪式上，村民普遍存在大操大办的习惯。

我的三个儿子是在三年中连续结婚的，而且是按照从小到大的顺序结婚的。三个儿子结婚共花掉6万多元，基本上将家中的牛马卖光了。

——摘自个案一

我父亲以往担任过一些公职，他去世之后国家的一些补贴都没有了。他去世是实行土葬的，葬礼也花了不少钱，差不多1万元吧。

——摘自个案三

2003年父亲去世的时候，花了13000元。父亲60年代当过生产队长，“文化大革命”中被弄去放牛，政策落实后又当过生产队长和会计等职务。想让他风风光光。

——摘自个案十一

与日常消费不同，由于仪式礼仪关乎村民的面子、尊严及村落地位，因此各种礼仪的花费通常有一个地方标准存在，而且村民之间存在攀比行为。礼仪花费往往并不与村民家庭收入相一致，操办一些较大的婚丧礼仪活动经常会给一些经济状况较差的家庭带来沉重的负担和债务。

与10年前大致相同，非农牧业经营支出以及赡养费和捐赠支出在村民消费中所占比重依然微不足道，而且只有很少的家庭存在这两种类型的支出。非农牧业经营支出的微不足道反映了这些村落的经济结构依然未有改观，经济生活主要围绕农业和牧业生产展开。

二、生活消费的支出构成

从上文的数据中我们知道，在各种支出中生活消费所占的比重最大。那么，生活消费的支出构成具体是什么样的呢？上面在介绍总体消费支出的各项内容时，已经提到生活消费包括食品、穿戴、日常消耗品、耐用消费品、住房、医药、教育和交通支出等八项内容。下面将考察这八项支出在生活消费的总支出中各自所占的比重。

表3－51是1996年四个调查点生活消费具体构成的比例情况。从表中数字来看，食品在各调查点的生活消费支出中所占的比重最大，均超过60%。其中东村的食品支出比例更是占到了生活消费的近75%，德村的这一比例也接近70%。穿戴为生活消费支出中的第二大项，各个村落的比例均在10%以上。这两项之和占全部生活消费的75%以上。可见，四个调查点的生活消费的大部分支出都是用于温饱的支出。实际上，这种消费构成在我国少数民族地区有一定的代表性。比如西藏农村牧区的生活消费的支出构成（生活消费中食品占69.9%，穿戴占11.1%）与本研究中调查区域的平均水平非常接近。①

表3－51　1996年四个调查点生活消费的支出构成（%）

村别／消费构成	白村	德村	西村	东村
食品	63.84	69.94	64.87	74.28
穿戴	18.76	11.05	10.37	10.93

① 马戎：《西藏的人口与社会》，同心出版社1996年版，第259页。

续表

消费构成＼村别	白村	德村	西村	东村
日常消耗品	1.03	2.84	2.69	2.16
耐用消费品	0.64	0.01	1.57	1.56
住房	6.90	4.44	5.78	6.33
医药	2.85	3.90	4.88	1.44
子女教育	3.68	7.51	6.19	3.20
交通	2.29	0.31	3.65	0.09

日常消耗品主要是肥皂、香皂、洗衣粉、雪花膏等洗涤、化妆用品，家家户户每年都有这种支出，但价钱便宜且消耗不多，因此这类支出所占比重均很小，各调查点均不超过3%。

购置电视机、洗衣机、缝纫机等耐用消费品花费较大，但一旦购进以后就成为固定资产而长期使用，历经很多年才有可能更换，在一个年度有这种支出的家庭并不多，因此这类支出所占比重也很低，不到2%。

住房支出包括新建或维修房屋费用、租房费用和电费等。由于各调查点的居民住房的所有权均归个人所有，因而没有租房开支。[①] 有新建和维修房屋开支的家庭虽然只有少数，但这项费用很大，再加上家家户户都有电费开支，住房支出也就不小了。因此，住房在生活消费的8项支出中，在不同村落中属于第三或第四大项支出。

农村人生了病，很少住院治疗，因此所谓医药费主要是门诊看病取药或从药店购买药品的费用。几乎所有的家庭（约94%

① 极个别的无房户也是借亲友多余的房子临时居住，不需要支付房租。

的家庭）都有这项开支。70%的家庭的医药费的开支在20—200元之间，占全部生活消费的3%左右。

由于大部分家庭都有子女上学，且目前的学杂费都很高，因此教育费用也是生活消费中的一个大项，在不同村落中属于第三或第四大项支出。在四村中，德村和西村的教育费比重高于白村和东村。这种差别主要表现在上初中的费用不同。德村离设有初中的白村有15公里，上初中必须住校，所以上学费用自然比白村高。西村小学均为汉语授课，而本苏木没有汉语授课的初中，西村子女必须跨苏木甚至跨旗县上学，费用当然也比白村高。与德村和西村不同，白村本村设有初中，东村附近村落设有初中，子女教育费用明显低于其他两个村。

农村人外出的频率很低，因此外出（交通）费用在生活消费中所占的比重也很小。最高的西村也不到4%，而最低的东村仅为0.09%。笔者调查的四个村村民外出的目的地主要是通辽市。相比之下，德村和东村的外出费用少于其他两个村。德村地处交通不便的沙坨子里，村民的汉语也不好，在四个村中外出的频率为最低，外出费用较少。东村人去通辽市频率虽很高，但距离通辽市较近，交通又方便，骑上自行车也只需要40分钟，几乎没有什么花费。比起德村，白村和西村的交通较方便，又无多大语言障碍，外出频率较高。而这两村比起东村，距离通辽市较远，必须花钱租车或坐班车前往。因而白村和东村的外出费用所占的比重高于其他两个村。

表3-52是2005年四个村落生活消费支出的构成情况。与1996年相比最大的变化是食品消费支出比重的大幅降低，四个村落下降的比重均在20个百分点左右。目前除德村食品支出占总消费支出比例略高于50%外，其他村落均在40%—50%之间。穿戴在生活消费中的比重除白村有所下降以外，而其他村落则与10年前基本持平。从恩格尔系数的意涵来看，这些数据的变化

说明这一地区在10年间生活水平有了明显的提高，村民可以将更多的钱用在维持温饱之外的其他方面。

表3-52　2005年四个调查点生活消费的支出构成（%）

消费构成＼村别	白村	德村	西村	东村
食品	47.38	52.45	43.10	49.45
穿戴	11.34	12.18	11.41	11.93
日常消耗品	1.73	2.35	2.53	2.62
耐用消费品	4.94	3.94	4.65	4.19
住房	6.29	5.08	17.95	7.78
医药	9.36	7.38	6.16	9.04
子女教育	16.16	14.77	11.59	13.44
交通	2.80	1.85	2.61	1.55

与食品支出和穿戴支出比例大幅下降相对应的是，10年来村民在医药和子女教育花费上的比重明显上升。四个村落中这两项费用所占比重和10年前相比成倍增长。白村从6.53%增长到25.52%，德村从11.41%增长到22.15%，西村从11.07%增长到17.75%，东村从4.64%增长到22.48%。就白村来看，2005年全村在医疗上的花费为102550元，在子女教育上的花费达到220900元。对这些数据的变化可以从两个方面来理解：从消费结构的变动上来看，即维持生存的消费（食品与衣着）的减少，用于发展和健康花费（教育与医疗）的增多显示村民生活水平与质量的提高。但从增长幅度和绝对金额上来看，这两项花费的快速增长与医疗费用和教育费用上涨过快有明显的关系，从而给村民带来了较为沉重的负担。以子女教育花费为例，1996

年高等院校收费并轨之前，国家实行的精英教育模式使得很多家庭不存在接受高等教育的花费，即使接受高等教育，其费用也主要由国家承担。同时基础教育阶段学费增长幅度一直较慢，这就使得当时子女教育的投资仅占生活消费的3.68%。而2005年数据显示每户此项花费接近1100元，最高的家庭达到8000元。近年来，尽管国家通过减免义务教育阶段学费的方式来降低农民的教育负担，很显然目前并未起到明显的效果。因为最沉重的负担在于非义务教育阶段或者说是接受高等教育的阶段。同时义务教育阶段实行的寄宿制也增加了农民的家庭负担。可以预测，在未来很长一段时间内，教育投资将成为很多农村家庭的主要消费方向和负担之一。国家在教育和医疗方面的市场化政策或指导方向使得村民感到负担沉重。小农经济根本就很难承受市场化带来的冲击与风险。

日常消费品和交通这两项支出基本是一种常量，每个家庭在这些方面的支出较为固定且总额不大，从比重上来看也与10年前大致保持同一水平。相对而言，波动较大的是耐用消费品支出与住房支出比例的变化。耐用消费品所占比例在四个村落中表现出一致的趋势，10年间在每个村落都有一定程度的增长。1996年四个村落耐用消费品占总消费比例平均在1%左右，2005年则上升到4%。住房费用所占比例的变化趋势在四个村子中分为两类，其中白村、德村和东村属于平稳类，所占比例在5%—8%之间，与10年前大致相当；西村则属于迅猛增长类，2005年这项消费占总消费比重近18%，远高于1996年的5.78%。

在农村，住房属于必需品，人们在有经济能力的时候首先要解决的就是住房问题。而各种家用电器之类的耐用消费品在某种程度上则属于锦上添花的奢侈品，是村民需要在解决许多实际生活问题之后才会予以考虑的问题。因此当村民具备了一定的经济实力后，修建房屋往往就成为他们的第一目标。由于修建房屋花费巨大，需要家庭的长期积累。各个家庭收入水平和支出状况不同，修建房屋花费所需的积累年限也就存在差异，这就形成了村落中几乎每年都有若干户人家修建新房的局面。这就可以解释一般村落每年在住房花费上的稳定性。而西村的情况比较特殊。西村邻近开发区，大片土地被征用，村民在短期内得到了数额不菲的现金补偿，从而大大减少了村民积累建房所需的年限。一些原本经济条件较差的村民纷纷利用这些资金来改善自己的住房条件。村落中大量资金被用于修建房屋，随处可见正在动工建设中的住房。与此同时，由于近年来国家政策的调整使得村民负担大幅减轻，科技在农业中的应用以及经济收入门路的增多，使得村民有意愿和能力购置各种家用电器，从而导致了这一地区耐用消费品支出比例的增高。这也从客观上反映出该地区人民群众生活水平的提高。

三、食品消费的支出构成

古代蒙古族生活在茫茫的草原上，逐水草而迁徙，不事耕稼，以牲畜肉和奶为其主要食物，并以猎物加以补充。[①] 这也就是我们通常所说的蒙古族的传统饮食结构——“红食”（肉类）与“白食”（奶制品）相结合。随着蒙古帝国的建立，蒙古族在更广阔的地域活动，同多种文化的人民交往，使其饮食结构发生了很大的变化。农业在蒙古地区兴起发展之后，各种农产品逐渐进入蒙古人的饮食之中，并在饮食结构中占据了重要的位置。就居住在内蒙古地区的蒙古族而言，虽然其饮食结构受地理环境和气候条件的影响而各有特点，但其主要特征却是依生产类型而定。内蒙古地区蒙古族目前的生产类型主要分为牧区、半牧半农

① 齐木德道尔吉：《蒙古族传统饮食文化》，载《内蒙古社会科学》（汉文版）2002 年第 4 期，第 37 页。

区和农区三种。从饮食结构来看，农区以粮食为主，以肉、乳为辅，远离草原的农区，乳、肉都比较少；半农半牧区粮、肉、乳并用；牧区主要是肉食和乳食，辅之以粮食，保留本民族饮食习俗最多。①

食品消费的构成反映的是饮食结构。饮食结构的变化并不是一个口味改变或进化的过程，而是一个与生产方式相联系的问题。消费与生产是联系在一起的，不仅生产的总量决定消费的总量，而且生产的产品种类也在很大程度上决定消费的构成。

食品消费的构成是生活水平状况的一个重要标志，其随着时间的变化又反映了一个民族和地区经济结构和生活习惯的变迁。从表 3－51 和表 3－52 中可以看出，四个村落 1996 年食品消费占生活消费的比重超过了 60%，2005 年这一比重也接近 50%，是生活消费中最大的构成项目。实际上，我们可以把食品分为主食、肉食、蔬菜、奶与奶制品和副食（包括少量的其他食品）等 5 项更小的支出项目来进一步分析这些调查点的食品消费构成。

表 3－53　1996 年四调查点食品消费的支出构成（%）

村别 消费构成	白村	德村	西村	东村
主食	54.21	44.52	51.79	52.00
肉食	24.47	35.60	27.60	30.85
蔬菜	4.81	3.6	8.81	9.12
奶与奶制品	1.15	7.38	0.12	0.26
副食	15.36	8.86	11.68	7.77

① 周玲：《漫议蒙古族的生活习俗》，载《长春师范学院学报》1994 年第 2 期，第 43 页。

从表3－53中可以看到，在食品的支出项目中，所占比重最大的是主食，其次是肉食。四个村在这一点上是共同的。但是，在所占比重的数额上，四个村之间有所差别。德村的主食所占比重只有44.52%，低于其他三个村，其中低于主食消费最高的白村近10个百分点。与此相反，德村肉食所占比重却高达35.60%，高于其他三个村，其中高于肉食消费最低的白村11个百分点。德村之所以肉食所占的比重大，是因为牧业成分高，除了消费与其他村差不多的猪肉之外，还要消耗比其他村相对较多的牛羊肉。

除了主食和肉食之外，支出所占比重最大的是副食。各村副食消费所占比重的大小顺序是白村>西村>德村>东村。其中白村和西村均超过了食品支出的10%。这种顺序可能与各个村落的消费习惯和偏好有关，而与这些村落的社会文化背景之间看不出任何明显的联系。与此相反，四村的蔬菜和奶及奶制品的消费状况与其社会文化背景有明显的联系。两个民族比较而言，汉族更喜欢食用蔬菜，蒙古族更喜欢食用奶与奶制品。因此，汉族较多的东村和西村蔬菜消费的所占比重高于汉族少的白村和德村。与此相反，蒙古族聚居的德村和白村的奶与奶制品的消费所占比重却高于蒙古族和汉族杂居的东村和西村。尤其是牧业传统的德村，奶产品的消费远远高于其他三个村落。

从以上的食品消费支出构成来看，这四个调查点的饮食结构处于半农半牧区与纯农区之间的状态。这与当地的经济类型是相符的。

表 3－54　2005 年四调查点食品消费的支出构成（%）

消费构成＼村别	白村	德村	西村	东村
主食	52.69	49.60	48.22	48.90
肉食	30.44	35.01	33.81	31.54
蔬菜	9.24	4.72	9.83	10.89
奶与奶制品	0.64	5.17	0.55	0.27
副食	6.98	5.50	7.59	8.40

表 3－54 是 2005 年四个调查点食品消费支出的构成情况。1996 年调查显示，四个村落在食品消费支出构成方面因生产方式和民族传统不同而存在较大差异；而 2005 年四个村落在食品消费构成上的差异明显减小，主食、肉食和副食在四调查点食品消费中所占比重彼此差异很小。白村、西村和东村主食支出在食品消费中的比重有一定程度的下降，而原来该项支出较少的德村则有所增加。2005 年四个调查点这一比例均在 50% 左右。在肉食支出方面，支出比例最高的德村为 35.01%，支出比例最低的白村也有 30.44%。副食方面支出比例最高的东村和最低的德村相差也在 3 个百分点以内。食品支出比例相近在某种程度上也可以看成是民族饮食传统没落和生产方式趋同的一个表征。

在蔬菜支出比例上，白村 10 年间有较大程度的增长，接近汉族人口较多的西村和东村的支出水平。白村村民除自己种植一些蔬菜外，还经常从集市上购买蔬菜作为补充。德村在蔬菜支出比例上尽管有一定程度的增长，但差异明显，此项支出所占比例仅为其他三个村落的一半左右。

作为蒙古族传统食品的奶与奶制品，在牧业比重较高的蒙古族聚居村落德村，其支出比例约为 5%，略低于 10 年前的 7%。而其他三个村落在奶和奶制品方面的消费支出占食品消费的比例均在1%以下，即使在蒙古族聚居村落白村情况也不例外。这表明在这些村落中奶和奶制品已经基本上从村民的餐桌上消失了。从白村的情况来看，2005年全村在奶与奶制品上的消费仅为3220元，户均仅为16元左右。从以下访谈中可以看出村民对这一改变的态度。

> 我们嘎查的人现在基本上都吃不着牛奶和奶制品了，我们很喜欢吃。因为这里牧场不好，牛没奶。
>
> ——摘自个案一

> 因为以往嘎查到处抬款，最近草牧场都向外处理了，用来补偿债务，大概有2/3的草牧场都处理给别人了。2000年左右我的羊就养得少了，没有办法，羊吃不饱，膘上不去，容易死，得病的多。最多的时候我养了130多只，就是因为草牧场变少，装不下，现在只剩下50多只了。草牧场这样只能少养，不能多养。
>
> ——摘自个案七

虽然村民目前的农牧业生产主要是面向市场，产品以销售为主，但自给自足依然是农民的主要生活方式。除特定生活必需品之外，村民的消费大多还是以自产为主，在不能自给的情况下即使购买也是很少量的。由于牧业总体衰败以及草牧场的原因，白村自己生产奶产品的能力很差。据了解，白村能够自己提供奶产品的家庭不超过10户，而且普遍反映质量差数量少。

奶与奶制品相对而言价格比较昂贵，绝大多数村民的选择只能是尽量不消费或少消费。① 可见饮食结构受生产结构的影响非常明显，而且饮食结构的变迁往往并不是主动的，而可能是一种被动的适应过程。

---

① 在白村调查时，房东的儿媳妇来自牧区，每次从娘家回来都会带回一些奶制品在村里销售。前来购买的村民较多，但购买的数量都不大。村民都表现出对奶产品的浓厚兴趣，但由于价格原因使得消费能力十分有限。

四、主食与肉食的消费支出构成

（一）主食消费支出构成

主食和肉食的消费，在所有调查点都是食品消费中支出比例最大的两个项目。从调查数据来看，在各调查点食品消费的支出中，这两个项目支出之和所占的比重均在80%左右。下面就对食品消费中的这两个大项进行进一步的分析。在分析时，把主食分为大米、面粉、糜子、荞麦和其他（主要为玉米和高粱）等5个小项目，把肉食分为猪肉、牛肉、羊肉、鱼类和家禽等5个小项目。

从表3－55来看，1996年各调查点在主食消费方面的差异很大，比如白村的面粉消费的比重小于其他三个村，德村和白村的糜子和荞麦的消费比重大于其他两个村。各村在主食消费结构方面所产生的差异，主要与两个因素有关：一个是民族的传统饮食习惯和偏好；另一个是目前所种植的粮食作物的结构。蒙古族喜欢食用糜子和荞麦，因此蒙古族聚居的白村和德村这两种粮食的消费比重大于蒙古族和汉族杂居的其他两个村。尤其是德村，由于自己就大量种植糜子和荞麦，因而糜子和荞麦的消费比重高达42.71%和9.83%，远远大于其他三个村。

表3－55　1996年四调查点主食消费的支出构成（%）

消费构成＼村别	白村	德村	西村	东村
大米	73.93	11.45	40.10	47.85
面粉	15.70	25.80	28.18	35.56
糜子	2.34	42.71	0.06	0.19
荞麦	2.31	9.82	0.30	0.00
其他	5.73	10.22	31.35	16.40

尽管农民家里存有大量的粮食，但手头上持有的现金却很有限，因此在主食消费上，往往以自家存有的粮食作为首选消费对象。除德村以外，其他三村的主食消费的格局，是从20世纪80年代后期逐步形成的。由于水稻在本地区种植成功，大米的消费比重超过原来比重最大的高粱和玉米，成为目前主食消费中的最大项。由于东村还种植相当面积的小麦，因而其面粉的消费比重大于不种植或几乎不种植小麦的其他三个村。对于德村来说，无论是大米，还是面粉，由于自己不种植，因而都必须购买消费。由于自己种植的米类主食的糜子的消费高达42.71%，因而在米类的主食和面类的主食之间，更多地购买面类主食的面粉进行消费。

表3－56　2005年四调查点主食消费的支出构成（%）

村别／消费构成	白村	德村	西村	东村
大米	71.40	50.58	51.60	51.08
面粉	22.37	33.34	40.67	36.99
糜子	2.64	4.72	1.09	0.00
荞麦	3.50	4.95	2.02	1.18
其他	0.10	6.41	4.61	10.75

从2005年情况来看，白村和东村的主食消费结构与10年前没有太大变化。2005年白村主食消费中大米的比重依然超过70%，面粉的消费较10年前上升了6.67个百分点，糜子和荞麦的消费则与10年前大致持平，而玉米和高粱的消费比重从1996年的5.73%下降到目前的0.1%。东村的主要变化在于大米消费比重的增加和玉米高粱消费量的减少。大米的消费比重从1996

年的47.85%上升为51.08%，而玉米和高粱的消费比重则从16.40%下降到10.75%，其他项目的消费基本维持稳定。从玉米高粱的消费比例来看，其他三个村落明显下降，只有东村依然维持着超过10%的比例。

德村与西村的主食消费构成则在10年间发生了结构性的变化。1996年调查显示德村村民主食结构较为分散，大米、面粉、糜子、荞麦以及玉米高粱都占有相当的比例。2005年调查则显示德村的主食构成开始与周围村落趋同，主要向大米和面粉集中。其中大米消费比重从11.45%上升到50.58%，面粉消费比重从25.80%上升到33.34%，糜子消费比重则从42.71%下降到4.72%，荞麦、玉米和高粱的消费比重也有一定程度的下降。德村主食构成中最显著的变化是大米消费比重的提高（39%）和糜子消费比重的迅速下降（38%），从这方面可以说德村的主食构成有了结构性的变化。我们可以从下面两个方面对此进行解释：一是随着灌溉技术的进步，原来只能种植糜子等传统作物的土地也可以种植玉米。由于玉米产量和经济效益更好，德村村民种植糜子比例逐年下降，在主食构成上也随之发生了变化。二是村民的生产和生活都更加面向市场，生产的产品主要用于出售，消费的产品主要来源于购买。西村也与德村类似，在主食构成上有很大的变化。西村是以农业为主的蒙古族和汉族杂居村，在生产生活上与德村还是有着不同的特点。1996年调查显示，西村主食主要以大米、高粱和玉米以及面粉为主，其中高粱、玉米的消费比重超过三成。2005年调查数据显示西村大米和面粉的消费比重稳步提高，而10年前大量消费的玉米高粱目前所占的比重已不足5%。

从表3－56中数据来看，白村和东村的主食结构与10年前相比变化不大，而德村和西村则发生了明显的结构性变化。目前，四个调查点主食构成呈现一种稳定趋同的趋势。值得注意的是，这种主食构成的稳定是建立在种植结构急剧变化的前提之下的。由于种植技术和品种的优化，玉米的比较效益明显高于其他农作物，这一地区近年来种植的粮食作物基本全部都是玉米（见表3－44）。1996年调查资料显示种植农作物的品种与主食消费结构具有很强的关联性，而2005年的资料则显示两者之间的关联性几乎不再存在。村民的生产和生活都更加面向市场，村落生活中自然经济的色彩大为减弱，生产生活逐步向市场经济转型。访谈资料也提供了相关印证：

> 现在人人都吃大米白面。这里大米1.2元一斤，白面1元左右1斤。粗粮基本不吃，新鲜的时候吃一两顿。村里现在种糜子的只有几家，种荞麦的也只有几家，都种得很少。
>
> ——摘自个案一

村中年龄稍大的一些老人对荞麦和糜子等传统主食存在一定的偏好，往往只能从附近的牧区购买或进行交换。白村村民所消费的主食基本上都不是自家种植的产品。与10年前比较，主食来源和基础已经发生根本性的变化。

（二）肉食消费支出构成

蒙古族是游牧民族，因此一般人认为蒙古族比起汉族更喜欢食用牛羊肉。由此可以推测，蒙古族聚居村落比蒙古族和汉族杂居村落更多地食用牛羊肉。然而，四村有关肉食消费的调查结果并不完全符合这种推测。例如，虽然牧业比重大的德村的牛羊肉消费比重均高于其他三村，但汉族最多的东村的牛羊肉消费比重却高于蒙古族聚居的白村和蒙古族人口占多数的西村（见表3－57）。通过多年的民族杂居和相互影响，在生活习惯上经常会出现地域差异大于民族差异的情况。在已经农业化的蒙古族地区，仅从民族传统饮食习惯的角度，考察牛羊肉的消费情况是否有效有待进一步考量的。不过，从农牧业的比重来考察却有一定说服力。比如农牧业收入的比重的高低顺序是德村＞东村＞白村＞西村，这个顺序恰好与牛羊肉的消费比重的顺序相吻合。可见，牛羊肉的消费与自家是否有可供消费的牛和羊有直接的关系。

表 3－57　1996 四调查点肉食消费的支出构成（%）

消费构成 \ 村别	白村	德村	西村	东村
猪肉	80.19	80.54	95.42	82.59
牛肉	2.64	5.02	0.36	4.30
羊肉	1.67	7.84	0.68	3.41
鱼类	8.00	5.91	0.72	4.10
家禽	7.49	0.68	2.81	5.59

从表中我们还能看出，猪肉是所有村落中最重要的肉食，其在四个村落肉食消费支出中所占比例均超过了 80%，在西村更是高达 95.42%。这与两方面的因素有关：第一是牛羊肉的价格高于猪肉，1996 年前后猪肉价格通常为每斤 5 元，牛羊肉通常为每斤 7 元。对于收入较为有限的村民而言，如果需要在市场上购买肉类时，猪肉就是第一选择。第二，猪肉成为主要消费肉类与家庭养殖业的普遍有关。如白村在 1996 年没有任何家庭养殖业收入的家庭仅占总户数的 1%。一个家庭可能没有牧业，不养牛羊，但几乎每个家庭都养有猪。在农村养猪是最普通的事情，"家" 字的原意就是指一个屋里有一头猪。农家养的猪一方面可以出售带来直接经济收入，另一方面就在于提供家庭食用的肉和油。如笔者在白村调查的时候发现，很多家庭都在庭院门口摆有一口大缸，冬天用来腌制和存放猪肉，可以解决一个家庭很长一段时间的肉食需求。

表 3－58 2005 四调查点肉食消费的支出构成（%）

消费构成＼村别	白村	德村	西村	东村
猪肉	80.89	74.9	79.82	71.96
牛肉	4.87	11.61	6.65	5.60
羊肉	4.33	6.41	2.25	2.91
鱼类	5.51	3.82	4.63	10.09
家禽	4.40	3.26	6.65	9.44

表 3－58 是 2005 年四个调查点肉食消费支出构成情况。与 10 年前相比，这些数据体现了以下特点。

第一，猪肉仍然是所有村落中主要的肉食种类。但相对于 10 年前而言，其重要性有所下降。目前四个村落猪肉占总肉食支出比例约在 70%—80% 之间。

第二，肉食种类多样化。价格比较贵的牛肉和羊肉的消费比例在四个村落都有所上涨，显示村民生活水平得到提高。

第三，鱼和家禽的消费在不同村落呈现不同趋势。汉族人口较多的东村和西村这方面的消费大幅攀升，而蒙古族聚居的白村和德村则与 10 年前没太大变化。可能的解释是不同民族在肉食偏好上的区别。

五、生产支出

在总体支出所占份额中，生产支出是仅次于生活消费的第二大支出项目。1996 年生产支出比重最低的德村是 19.5%，最高的西村是 34.0%；2005 年生产支出比重最低的东村为 33.6%，最高的白村为 41.3%。从这个角度来看，生产支出也是增长最快的支出项目。

本节将生产支出分解成农业生产投资、牧业生产费用及工具性投资三个部分，以白村的调查数据来分析生产支出结构的变化以及变化的主要原因。其中农业生产投资包括化肥、种子、农药、开耙费、灌溉费等支出；牧业生产费用包括牲畜饲料、牲畜医治、牲畜购买以及代放牧等费用；工具性投资指生产工具方面的基础性支出，如生产设备购买、燃料、设备维修以及仓库的建设或租赁等费用。由于非农牧业经营支出所占比例极小，在这里将农牧业生产支出和非农牧业经营支出放在一起作为生产性支出进行分析。

表 3 – 59　白村 1996 年与 2005 年生产性支出构成对比

年份 / 分类	1996		2005	
	金额（元）	比例（%）	金额（元）	比例（%）
农业生产投资	346600	47.5	548029	52.1
牧业生产投资	305020	41.8	382216	36.4
工具性投资	77910	10.7	119640	11.5
（合计）	729520	100.0	1049885	100.0

1996 年白村生产性支出总额为 729520 元，2005 年则达到 1049885 元，增幅达 43.9%。投入的增长一方面在于国家体制政策激发了农民生产投资的积极性，另一方面则在于国家的农村政策减轻了农民的负担，使得他们有能力扩大生产投资。事实上，这两方面是一个相辅相成的过程。

具体到生产性支出的构成部分，农业生产投资增长最为明显，绝对金额增长超过 20 万元，所占比例也由 1996 年的 47.5% 增加到 2005 年的 52.1%。农业生产支出比例超过总生产支出一半也说明了农业在这一地区的优势地位。尽管牧业生产投资的绝对金额较10年前增长了8万元，但其所占的比例却下降了5.4个百分点，也显示了牧业地位的衰落。白村附近地区历来有农业机械使用方面的传统，村民在力所能及的情况下每年都会投资一定的资金购买农机。与1996年相比，用于工具性投资的金额有所增加，但所占比例大致维持不变。

生产性支出总额的增加体现了村民投入积极性的增加和投资能力的增强。生产投资中各种构成的变化则体现了当地产业结构的变化。

第六节　日常生活

一、房屋

在农村，住房属于最昂贵的消费品和家庭财产。一个家庭所居住的住房的类型在很大程度上反映这个家庭的经济水平。在本研究研究的调查区域，大体上有4种类型的房子：土坯房、非瓦顶砖房、砖瓦房和北京平房。房子的种类不同，其造价也有很大的差别。以1996年修建3间房屋为例，土坯房造价最低，大约5000元左右；砖瓦房和北京平房造价最高，大约2万元左右；非瓦顶砖房大约1万元左右。2005年调查的时候房屋造价与10年前相比大约翻了一番。

从1996年四个调查点的统计情况来看，白村住房情况最差，居住在土坯房里的家庭比例在四村中为最多，占总户数的72.3%，住在砖瓦房和北京平房的家庭最少，只有20.5%。德村的住房情况最好，居住在土坯房的家庭，在四村中最少，只占38.7%，住在砖瓦房和北京平房的家庭为最多，占37.3%（见表3－60）。西村和东村的住房情况居于白村和德村之间，其居住在土坯房中的家庭比例均在60%左右。但从总体上来看，德村居住条件明显优于其他三个村落，西村和东村的住房条件依然与白村大致处于同一水平。

表3-60　1996年各调查点住房状况（%）

住房类型＼村别	白村	德村	西村	东村
土坯房	72.3	38.7	63.2	60.7
砖房无瓦顶	7.2	24.0	8.2	17.8
砖瓦房	19.0	32.0	21.4	17.2
北京平房	1.5	5.3	7.1	4.3
户数合计	（195）	（75）	（182）	（163）

为什么德村的住房情况明显好于其他三个村的情况呢？这主要与德村的经济类型和财产结构有关。在德村的经济收入中的牧业比重远远高于其他三个村，牧业收入主要来自牛羊等牲畜，而牛羊等牲畜既是牧业生产的产品，也是家庭的重要财产。德村的这种可以自行繁衍增值的特殊财产，远远多于其他村。在上文的叙述中已经提到牧业在村民生活中的重要性并不能通过牧业收入占总收入的比重来体现。由于村民并不是每年都大量出售牛羊，因而德村的每年正常性的牧业收入并不高，但因大部分家庭都拥有大量的牛羊等牲畜，当家里有盖房等急用时，可以一次性出售这些牲畜换得现金。从德村的实地调查的情况来看，盖房的绝大部分资金都是出售牲畜的收入。实际上，其他三个村的很多家庭盖房时也出售部分牲畜，但因牲畜数量有限，大部分资金还必须从每年的种植收入中慢慢积攒。仅靠种植收入盖砖瓦房通常需要很多年的积累，因此，对于牲畜很少的其他三个村来说，盖房远

比德村艰难。

住房的大小用房间数来衡量。从表3－61看，四个村有一个共同点，房间数为3间的住房所占比例最高。在调查区域，2间和3间的房屋结构是传统的住房结构。2间的结构分为里外2间，东间为外屋，作厨房用，西间为里屋，作卧室用。3间住房有两种不同的结构，一种是东间为外屋，作厨房用，西间为2间卧室；另一种是中间为外屋，作厨房用，东西两侧有两个里屋，作卧室用。如果是4间结构，就在后一种3间结构的西侧里屋，加上1间卧室。所有的传统住房不外乎就是上述的几种结构。全部的土坯房和非瓦顶砖房都属于上述几种结构，并且多为2间或3间，4间以上的土坯房和非瓦顶砖房很少。实行家庭联产承包责任制以后，由于家庭经济收入有了大幅度的提高，因而大部分家庭新建或扩建了住房。新建或扩建的住房大部分还是沿用了传统的3间结构。在新建或扩建的住房中几乎没有2间结构，现有的2间的住房几乎都是原来的老房子。因此，目前在四村的住房中2间结构的住房已经很少。在新建的砖瓦房和北京平房中，4间或有更多间数的住房正在增多，并且其内部结构出现多样化，模仿城里楼房结构的、不同于传统结构的住房越来越多。

表3－61 1996年各调查点住房间数分布（%）

住房间数 \ 村别	白村	德村	西村	东村
2	19.0	24.0	11.1	9.8
3	74.4	64.0	79.4	74.2
4	5.1	10.7	7.8	12.9
5及以上	1.5	1.3	1.7	3.1
户数合计	（195）	（75）	（180）	（163）

对于城市居民来说，人均住房面积（或房间数）是衡量居住水平的一个重要标准。但对于农村来说，住房的种类比起人均住房面积（或房间数）更能反映其居住水平或经济状况。城市居民大部分都居住在差别不大的楼房里，因此，人均住房面积最能反映其居住水平。对于居住在造价相差悬殊的住房的农村人来说，摆脱土坯房，住进砖瓦房才是他们认为的居住条件的改善。

经过10年的发展，调查点村民的住房状况发生了怎样的改变呢？这里通过对四个村落1996年与2005年的调查资料的对比，来寻找其中的一些新变化。

表3－62　2005年各调查点住房状况（%）

村别 住房间数	白村	德村	西村	东村
土坯房	56.5	19.0	32.3	36.8
砖房无瓦顶	1.1	7.6	3.6	0.6
砖瓦房	32.8	67.1	59.4	46.6
北京平房	9.7	6.3	4.7	16.0
户数合计	（186）	（79）	（192）	（163）

与10年前相比，四个村落的住房状况都得到了明显的改善。住房为土坯房的家庭比例在白村下降了15.8%，德村下降了19.7%，西村下降了30.9%，东村下降了23.9%。住砖瓦房和北京平房的家庭比例在各个村落都大幅上升。白村从20.5%上升为42.5%，德村从37.3%上升为73.4%，西村从28.5%上升为64.1%，东村从21.5%上升为62.6%。

从村落之间对比来看，德村的住房条件依然最好，住房为土坯房的家庭比例不足两成。西村和东村约有1/3的家庭居住在土坯房里，而白村仍有超过一半的家庭住房为土坯房。再结合村落中住房为砖瓦房和北京平房家庭的比例，可以认为西村、东村与德村居住水平大致相当，白村与其他三个村存在一定的差距。

在住房条件得到明显提高的同时，白村仍旧有超过一半的家庭居住的是土坯房，显示村民的经济条件并没有得到根本性的改善。很多家庭的经济积累还不足以应付盖房这种较大的支出。西村住房条件快速改善的原因在上文有所提及，土地征用补偿金是主要资金来源。而与白村经济条件大致相当的东村住房条件明显优于白村，这可以从民族文化差异、消费观念以及离城市远近来进行解释。如汉族住房观念不同，对房屋的要求要高于蒙古族；东村因邻近通辽市区受到城市居住观念的影响，将家庭积累优先用于修建房屋，等等。当然这些解释是否成立需要更多的实证资料予以支撑。

表 3－63 2005 年各调查点住房间数分布（%）

村别 / 住房间数	白村	德村	西村	东村
2	10.8	13.9	9.9	7.3
3	78.5	68.4	80.6	82.8
4	7.5	12.7	8.4	8.0
5 及以上	3.2	5.1	1.0	1.8
户数合计	(186)	(79)	(191)	(163)

从房间数目上来看，这一地区 10 年间几乎没有发生变化。三间的房屋结构依然是绝大多数家庭的选择。在比例最低的德村居住在三间房屋里的家庭也占家庭总数的 68.4%，其他三个村落这一比例都在 80% 上下。三间构造的房屋在功能上能满足一

般家庭的需要，在建造费用上大多数家庭都能接受。因此这样一种功能与花费的最佳结合也就成为村民的最优选择。这种住房模式是符合当地现阶段社会经济发展状况的。

表 3-64　2005 年各调查点村民对自家住房质量的评价（%）

住房质量＼村别	白村	德村	西村	东村
好	57.0	29.1	43.5	21.5
一般	26.9	48.1	37.2	65.6
差	16.1	22.8	19.4	12.9
户数合计	(186)	(79)	(192)	(163)

从村民对自家住房的评价来看，各个村落中存在较大的差异。白村有 57% 的受访者表示自家住房质量较好，西村有 43.5% 村民认为自家住房质量较好，德村和东村这一比例分别为 29.1% 和 21.5%。上文以住房种类和房屋间数为标准，按照住房条件好坏排序依次为德村、西村、东村和白村。即住房条件最差的白村村民对自家房屋质量的评价要远远高于住房质量最好的德村，也高于东村和西村这两个村落。可见村民在住房上的主观评价和客观评价存在巨大差异。这种差异既反映了村民在进行日常生活评价时参照群体选择上的不同，也反映了不同村落村民日常生活的心态差异。白村总体居住条件较差，超过一半的家庭居住在土坯房中。居住在砖瓦房中的村民在进行住房评价时以他们作为参照群体，从而认定自家房屋质量较好。德村总体居住条件最好，超过 80% 的家庭都住在砖瓦房中。尽管自家住房质量较好，村民在相互比较和参照中更倾向于将自家住房定位为一般。同样，对自家住房条件的评价还反映了一种生活态度或心态。住房

质量好的家庭往往也是当地的经济精英，他们中的很多人对自家住房只是给出了中等评价。这事实上反映出他们对现状的不满足以及对更高目标的追求。而一些住房质量一般收入普通的家庭却会对自家住房给予高度评价，对现状满足之情溢于言表。这样一种心态的差异不仅存在于个体之间，也存在于群体村落之间。表3－64中村落间自我评价的差异是一种明显的表现。村落生活具有一定程度的封闭性，村民在长期的互动过程中形成同质性的群体，村落文化在这样一个环境中逐渐积淀成形。村民共同持有的生活态度和生活方式就是这样一种村落文化的最直接的反映。文化的惰性在于人们身处其中而不知，知之而几不能改。不同村落文化对村落的影响后果在未来的经济社会发展历程中将不断得到展现。从这种角度来看，广遭诟病的贫困文化理论在解释村落发开展差异方面有比较强的解释力。①

表3－65　各调查点村民住房的修建年代（%）

修建年代＼村别	白村	德村	西村	东村
1970年之前	20.7	5.9	2.7	2.5
1971—1981年	18.4	7.4	14.7	24.7
1982—1996年	48.9	50.0	40.7	42.0
1997年以后	12.0	36.8	42.0	30.9
户数合计	（186）	（68）	（150）	（162）

表3－65是四个调查点村民住房修建年份的分布情况。总体

① Lewis Oscar, *Five Families*: Mexican Case Studies in the Culture of Poverty. New York: Basic Books, 1959.

上来看，各个村落的房屋大多都是在实行家庭联产承包责任制之后修建的。从这个修建年代分布的特征上可以看出，1982 年实现联产承包责任制以来，村民经济条件得到了改善，修建房屋的家庭比例比在此之前的时间段内多得多。从具体分布来看，德村、西村和东村房屋修建年份分布比较类似，白村则与其他三个村落有较大不同。

目前仍然居住在 20 世纪 70 年代之前修建房屋的家庭的比例在白村超过 20%，而其他三个村落这一比例远远低于白村。这部分房子全部都是土坯房，使用年限将近 40 年。居住在其中的大多是村落中经济收入最低等的家庭。可见目前白村较为贫困家庭的比例要高于其他三个村落。同时从 1997 年以后村落中修建房屋的比例来看，西村为 42%，德村为 36. 8%，东村为 30. 9%，而白村仅有 12. 0%。这一阶段白村有能力修建新房家庭的比重远低于其他村落，也显示了村落间在经济发展等方面的差距。

与作为居住和生活场所的住房不同，仓房是放置粮食及生产工具等物品的场所。一个家庭可以没有可供放置物品的仓房，但不能没有人居住的住房。从这一点可以说，仓房是解决最基本的居住问题之后的更高一层的消费品。因此，一个家庭有无仓房或仓房种类与这个家庭的经济状况有一定的联系。自实行家庭联产承包责任制之后，农民在家里存放的余粮和各种农具越来越多，建筑仓房的必要性就越来越高。因此，具备经济条件后建仓房的家庭越来越多。

从表 3 - 66 看，东村没有仓房的家庭最少，只占总户数的 15. 8%，明显少于其他三个村落。其原因在于汉族更早具有修建仓房，将生活与生产区别开来的传统。东村以汉族为主，在同等经济条件下修建仓房的积极性和意愿上要强于其他村落村民。其他三个村落均有超过 55% 的家庭没有修建仓房，其中德村最多高达 65. 3%。德村无仓房比例最高的原因部分在于其生产结构，仓房主要用途在于储存粮食和农业生产工具，而德村牧业比重较大，对仓房的需求不太明显。而随着近年来德村农业比重的提升，修建仓房的家庭也快速增加。由于德村的大部分仓房是近几年才建起来的，因此，砖瓦房和北京平房所占的比例最高，占全部户数的18.7%。尽管东村的仓房最多，但大部分是土坯房仓房，这类仓房占全部户数的44.8%。至于仓房的大小，在四个调查点中，2间的仓房均为最多。如果家庭人口太多，住房需要增加房间数，以便分散居住。但就目前情况来看，人口再多的家庭，2间仓房基本上都能满足需要。

表3-66　四个调查点仓房种类分布情况（%）

村别/仓房类型	白村	德村	西村	东村
土坯房	32.1	14.7	23.7	44.8
砖房无瓦顶	3.6	1.3	7.7	28.5
砖瓦房	7.7	14.7	6.7	10.3
北京平房	0.0	4.0	5.2	0.6
无仓房	56.6	65.3	56.7	15.8
户数合计	(196)	(75)	(194)	(165)

在房屋的空间和方位布局上，每个民族都有一套与自己文化观念相联系的做法。在白村实地调查时，村里的老人告诉笔者，在蒙古族的观念中，以西为贵，而汉族则以东为贵。① 因此，如果有东、西两间卧室，蒙古族家庭老人一定住西间卧室，汉族则

① 一个受访者的具体说法是：汉族以东为贵，因为太阳从东边升起；蒙古族以西为贵，唐僧向西天取经，佛爷在西边。

是老人通常住东间卧室。从实地调查的情况来看，在卧室分配问题上，蒙古族和汉族仍然保留着自己的传统风俗习惯。但是，在仓房的建筑位置上，表现出来的传统观念并不强。按蒙古族的传统观念，因为仓房是放置珍贵的粮食的地方，因而应该建在西侧。白村和德村的村民大都知道这种习俗，但有一部分村民并未严格遵从自己民族的这种传统习俗；而西村和东村的村民则大多不知道或不在乎这种习俗，因此在选择仓房位置时，考虑的是只是生活的便利和空间的适合，而没有太多传统习俗的考虑。

根据表 3－67 中可以看出，四个村落中家庭仓房位于住房西侧或西南侧的比例依次为白村 95.2%，东村 82.9%，德村 81.5%，西村 62.8%。无论从聚居杂居因素考虑，还是从村落蒙古族汉族人口比例来考虑，这种次序分布都无法得到合理性的解释。这样看来，蒙古族村民在修建仓房时并没有比汉族更加表现出遵循“尊崇西边”这样一个传统。尽管蒙古族村民在这一问题上并未严格遵循以西为贵的民族传统，但是他们也绝少将仓房修建在住房的正东侧。白村的这一比例为 1.2%，德村为 3.7%，西村为 6.4%，而汉族人口占多数的东村这一比例则达到了 15.0%。

表 3－67 2005 年四个调查点仓房位置分布情况（%）

仓房位置 \ 村别	白村	德村	西村	东村
住房西南侧朝东	83.3	59.3	48.7	65.0
住房西侧	11.9	22.2	14.1	17.9
住房东南侧朝西	3.6	11.1	24.4	2.1
住房东侧	1.2	3.7	6.4	15.0
其他	0.0	3.7	6.4	0.0
户数合计	（84）	（27）	（78）	（140）

即使将表 3－67 的数据按户主民族（蒙古族和汉族）分别进行了分析，仍然没有显示出蒙古族和汉族两个民族在仓房建筑位置方面的明显差异。可见，在传统与现实之间还是有很大的距离，很多传统的内容对现实生活已经不再具有严格的约束作用。民族间的差异因杂居交往和文化融合而逐步消失，在很多方面让位于地区的同一性。在空间区位上选择和使用的趋同可以作为这方面的一个例证。

二、耐用消费品及其他主要财产拥有情况

耐用消费品和其他主要财产的拥有量可以反映一个家庭或一个社区的经济水平和消费模式。表 3－68 是 1996 年四个调查点家庭耐用消费品的拥有情况。表中具体展现了各个村落的家庭拥有电视机、电冰箱、洗衣机和摩托车四种家用电器的情况，并依据村落为单位计算出了各种耐用消费品的户均拥有量。在这四种电器中，电视机较早进入农村，通常村民在解决基本生活问题之后就会考虑购买，拥有电视机可以看作是家庭经济跨越温饱线的一个标志；而电冰箱、洗衣机和摩托车则是 20 世纪 90 年代中期以后才慢慢进入农家生活，拥有这些耐用消费品可以看作家庭经济进入小康的标志。

从表中可以看出，各个调查点在这四种耐用消费品的普及率方面大致相当。电视的普及率最高，除西村有 11.9% 的家庭没购买电视之外，其他三村电视的普及率均在 95% 左右。从户均电视拥有量来看，四个村落都接近 1 台，说明电视机已经基本普及。洗衣机的普及率排名第二，白村和德村拥有洗衣机家庭的比例均超过四成，东村超过一半的家庭拥有洗衣机，拥有比例最高的是西村，超过了 60% 家庭拥有洗衣机。除洗衣机外，西村在电冰箱和摩托车的拥有率上也是四个村落中最高的，但比例均不超过 10%，其户均拥有量仅为 0.06 台和 0.09 辆。从以上家庭耐

用消费品拥有量来看，这些调查村落之间在经济水平上不存在质的差异，都大致处于向小康水平迈进的阶段。

表 3－68　1996 年四个调查点家庭耐用消费品拥有情况（%）

物品名称	拥有量	不同拥有量家庭所占百分比			
		白村	德村	西村	东村
电视机（台）	0	2.6	6.7	11.9	1.8
	1	95.9	92.0	82.0	98.2
	2	1.5	1.3	6.2	0.0
	户均拥有量	0.99	0.95	0.93	0.98
电冰箱（台）	0	96.9	94.7	94.0	97.0
	1	3.1	5.3	6.0	1.8
	2	0.0	0.0	0.0	1.2
	户均拥有量	0.03	0.05	0.06	0.04
洗衣机（台）	0	58.7	58.7	37.1	47.9
	1	41.3	41.3	61.3	52.1
	2	0.0	0.0	1.5	0.0
	户均拥有量	0.41	0.41	0.64	0.52
摩托车（辆）	0	97.4	94.7	91.5	97.0
	1	2.6	5.3	8.5	3.0
	户均拥有量	0.03	0.05	0.09	0.03

表 3－69 是 1996 年四个调查点家庭主要生产工具拥有情况。对这一表格的解读我们可以从两个方面来进行。第一个方面是从生产结构上来看。由于生产结构上的差异，德村在这些主要生产工具的拥有量上与其他三个村落存在明显不同。如德村没有一户

家庭拥有灭虫器和农用车。由于耕种的大多是砣子地，没有灌溉设施，因此德村的户均马达水泵的拥有量仅为0.05台，远低于其他三个耕种甸子地为主的村落。同时由于没有农用车等农业机械的替代性劳动，传统的农业生产工具如犁和大车等的拥有量德村都是四个村落中最高的。

第二个方面是从人口的民族构成上来解释表中差别。东村是以汉族人口为主的村落，而其他三个村落则以蒙古族人口为主，其中白村和德村更是蒙古族聚居的村落。东村在某些生产工具的户均拥有量上与其他三个村落也存在显著差异。如灭虫器的户均拥有量东村为0.42台，西村为0.06台，白村为0.03台，德村为0台；马达水泵的户均拥有量东村为0.91台，西村和白村均为0.49台，德村仅为0.05台。而我们显然能够看到，灭虫器与科学技术相联系，马达水泵代表的是先进的灌溉技术。这些生产工具的拥有程度背后代表的是对先进事物和理念的接受程度。表中不同村落的数据显示在这方面存在着差异。

表3－69 1996年四个调查点家庭主要生产工具拥有情况（%）

物品名称	拥有量	不同拥有量家庭所占百分比			
		白村	德村	西村	东村
灭虫器（台）	0	97.4	100.0	94.3	57.6
	1	2.6	0.0	5.7	42.4
	户均拥有量	0.03	0.00	0.06	0.42
犁（把）	0	25.5	9.3	33.5	21.2
	1	74.5	90.7	66.5	78.8
	户均拥有量	0.75	0.91	0.67	0.79

续表

物品名称	拥有量	不同拥有量家庭所占百分比			
		白村	德村	西村	东村
大车（辆）	0	28.1	6.7	30.9	19.4
	1	71.9	93.3	69.1	80.6
	户均拥有量	0.72	0.93	0.69	0.81
马达水泵（台）	0	51.5	97.3	50.5	9.1
	1	48.5	0.0	49.0	90.9
	2	0.0	2.7	0.5	0.0
	户均拥有量	0.49	0.05	0.49	0.91
农用车（辆）	0	85.2	100.0	91.1	94.5
	1	14.8	0.0	7.7	5.5
	2	0.0	0.0	0.5	0.0
	户均拥有量	0.15	0.00	0.08	0.06
脱粒机（台）	0	96.4	97.3	93.8	97.0
	1	3.6	2.7	5.2	3.0
	2	0.0	0.0	1.0	0.0
	户均拥有量	0.04	0.03	0.07	0.03

表3-70是白村1996—2005年10年间家庭耐用消费品及主要生产工具拥有情况的对比数据。电视机的户均拥有量从1996年的不足1台增加到2005年的1.15台，其中22.3%的家庭拥有两台电视机。但是可以看到，没有电视机的家庭从1996年的2.6%上升到2005年的7.4%，这种现象可能与第一部电视废弃之后未再购买有关。其他的耐用消费品的户均拥有量也明显提高，电冰箱的户均拥有量从1996年的0.03台增加到2005年的

0.14 台；洗衣机的户均拥有量从 1996 年的 0.41 台增加到 2005 年的 0.65 台；摩托车的户均拥有量从 1996 年的 0.03 辆增加到 2005 年的 0.15 辆。

表 3－70 白村十年家庭耐用消费品及主要生产工具拥有情况对比（%）

<table>
<tr><th rowspan="2">物品名称</th><th rowspan="2">拥有量</th><th colspan="2">1996 年</th><th colspan="2">2005 年</th></tr>
<tr><th>百分比</th><th>户数</th><th>百分比</th><th>户数</th></tr>
<tr><td rowspan="4">电视机（台）</td><td>0</td><td>2.6</td><td>5</td><td>7.4</td><td>15</td></tr>
<tr><td>1</td><td>95.9</td><td>188</td><td>70.3</td><td>142</td></tr>
<tr><td>2</td><td>1.5</td><td>3</td><td>22.3</td><td>45</td></tr>
<tr><td>户均拥有量</td><td colspan="2">0.99</td><td colspan="2">1.15</td></tr>
<tr><td rowspan="3">电冰箱（台）</td><td>0</td><td>96.9</td><td>190</td><td>85.6</td><td>173</td></tr>
<tr><td>1</td><td>3.1</td><td>6</td><td>14.4</td><td>29</td></tr>
<tr><td>户均拥有量</td><td colspan="2">0.03</td><td colspan="2">0.14</td></tr>
<tr><td rowspan="4">洗衣机（台）</td><td>0</td><td>58.7</td><td>115</td><td>35.1</td><td>71</td></tr>
<tr><td>1</td><td>41.3</td><td>81</td><td>64.4</td><td>130</td></tr>
<tr><td>2</td><td>0.0</td><td></td><td>0.5</td><td>1</td></tr>
<tr><td>户均拥有量</td><td colspan="2">0.41</td><td colspan="2">0.65</td></tr>
<tr><td rowspan="3">摩托车（辆）</td><td>0</td><td>97.4</td><td>191</td><td>84.7</td><td>171</td></tr>
<tr><td>1</td><td>2.6</td><td>5</td><td>15.3</td><td>31</td></tr>
<tr><td>户均拥有量</td><td colspan="2">0.03</td><td colspan="2">0.15</td></tr>
<tr><td rowspan="3">灭虫器（台）</td><td>0</td><td>97.4</td><td>191</td><td>31.2</td><td>63</td></tr>
<tr><td>1</td><td>2.6</td><td>5</td><td>68.8</td><td>139</td></tr>
<tr><td>户均拥有量</td><td colspan="2">0.03</td><td colspan="2">0.69</td></tr>
</table>

续表

物品名称	拥有量	1996 年		2005 年	
		百分比	户数	百分比	户数
犁（把）	0	25.5	50	33.2	67
	1	74.5	146	66.8	135
	户均拥有量	0.75		0.67	
大车（辆）	0	28.1	55	78.7	159
	1	71.9	141	21.3	43
	户均拥有量	0.72		0.21	
马达水泵（台）	0	51.5	101	19.8	40
	1	48.5	95	80.2	162
	户均拥有量	0.49		0.80	
农用车（辆）	0	85.2	167	48.5	98
	1	14.8	29	49.5	100
	2	0.0	0	2.0	4
	户均拥有量	0.15		0.53	
脱粒机（台）	0	96.4	189	98.5	199
	1	3.6	7	1.5	3
	户均拥有量	0.04		0.01	

在生产工具方面，现代化的生产工具户均拥有量快速提高。如灭虫器的户均拥有量从 1996 年的 0.03 台增加到 2005 年的 0.69 台；马达水泵的户均拥有量从 1996 年的 0.49 台增加到 2005 年的 0.80 台；农用车的户均拥有量从 1996 年的 0.15 辆增加到 2005 年的 0.53 辆。而与此相对应的是传统生产工具日渐式微，逐步退出生产领域。如大车的户均拥有量从 1996 年的 0.72 辆减少到 2005 年的 0.21 辆；犁的户均拥有量从 1996 年的 0.75

把减少到2005年的0.67把。实际上，拥有传统生产工具的家庭也很少在生产生活中使用这些工具。

各个项目上数据的增减事实上反映了村民在生产水平和生活质量上都得到了极大的提高与改善。与10年前相比，更大的变化在于一些新的耐用消费品进入了村民的生活之中。以白村为例，目前固定电话和手机已经较为普及。固定电话和手机的户均拥有量都已经达到了0.37部，村民已经实现了与现代化通信工具的亲密接触。同时白村已经有两户人家购置了电脑，供子女学习之用。现代化的生活离农民越来越近。

三、行为与态度

（一）社会交往与困难求助

社会交往体现的是个人拓展社会圈子的能力，通常又认为这种能力与家庭的经济成功以及危机处理能力紧密相连。作为社会资本和社会资源的一个重要组成部分，朋友圈子在城市和农村生活中都起着越来越重要的作用。白村附近的地区属于民族杂居区域，交往朋友的民族构成是体现人们社会交往能力和范围的重要指标之一。本研究从这个角度来展现调查区域人们社会交往行为的特征。

表3－71　1996年与2005年各调查点村民交友民族构成情况（%）

村别／民族构成	白村		德村		西村		东村	
	1996	2005	1996	2005	1996	2005	1996	2005
汉族为多数	0.0	5.9	2.8	4.2	16.6	23.0	41.0	63.1
蒙族为多数	100.0	92.1	91.7	90.8	80.8	30.5	14.9	9.1
各半	0.0	2.0	5.6	5.0	2.6	46.5	44.1	27.8
合计	（196）	（202）	（72）	（81）	（193）	（200）	（161）	（187）

从横向上来看，村落之间在交友的民族构成上存在差别。民族聚居村落村民交友内聚化，基本上其朋友圈子都在本民族内部；杂居村落的村民由于日常生产生活中民族互动较多，彼此间结成朋友的几率也大。很多蒙古族村民的朋友圈子已经跨越了民族界限，甚至以其他民族为主。那些在社区生产生活中较为活跃的村落精英大多属于此类。这种区分在不同类型村落之间变得越来越明显。

从纵向上来看，四个调查点在10年间村民交友民族构成上都有所变化。其中西村和东村这两个杂居村落变化更为明显。西村1996年80.8%的村民朋友圈以蒙古族为主，2005年这一比例下降为30.5%；东村1996年有41%的村民朋友圈以汉族为主，2005年这一比例上升为63.1%。交友圈逐步超越民族因素，显示杂居村落村民社会交往范围的扩大和程度的加深。蒙古族聚居的白村和德村相对而言其交友民族构成变化要小得多。截至目前两个村落中均有90%以上的受访者表示朋友圈主要集中于本民族。以白村为例，1996年时白村所有家庭平时来往的朋友中均是以蒙古族为主。由于白村是一个蒙古族聚居村落，这种情况可以看作传统村落生活和交往方式的正常结果。但是白村附近居住着大量的汉族和其他民族人口，这种交往圈子的民族构成说明村民交往范围有限，交往纽带局限于非常传统的地缘纽带和民族认同，而缺乏更具拓展性的业缘以及其他纽带。2005年调查显示白村已经有接近6%的家庭朋友民族构成中以汉族为主，尽管这种比例不是太高，却显示村民交往范围以及联系纽带已经得到增强和扩展。

在生活或生产中面临困难的时候，个人或家庭都会尽力动员自己的资源和力量来解决这些问题。反过来说从困境中依赖或寻求帮助的对象中可以看出家庭交往范围以及力量的大小。

表 3－72　生产生活困难主要求助对象（%）

求助对象＼村别	白村	德村	西村	东村
政府	9.0	3.0	2.0	2.2
嘎查干部	2.5	1.5	20.6	27.4
亲人	58.0	16.4	67.3	38.7
朋友	6.0	7.5	5.5	13.4
邻里	0.0	1.5	0.0	0.0
自己解决	22.5	70.1	4.5	17.7
其他人	2.0	0.0	0.0	0.5
户数合计	（200）	（67）	（199）	（186）

总体来看，亲人、集体、朋友以及自我解决是村民在面临困境时的主要选择。而邻里这种建构在初级群体基础上的传统性互助关系在村落生活中接近消亡。除德村之外，其他三个村落村民在遭遇困难的时候主要求助对象均为亲人，显示了血缘关系在村落生活中的重要作用。德村的这种与众不同源于其传统牧业的生产生活方式所形成的传统。从表 3－72 的数据来看，不同村落中家庭在遭遇困难时求助对象的分布差异体现了村落在组织方面的特性。

白村是高度基于血缘的村落。在家庭遭遇生产生活方面困难的时候，58%的村民选择向亲人求助，22.5%的村民选择自己解决。这两项超过了家庭总体比例的 80%，说明大部分家庭依然是从传统血缘关系上获得生产生活上的支持，而较少能够从社会交往中寻求“自致力量”来帮助自己和家庭摆脱困境。在家庭陷入困境的时候能够从朋友和其他人那里获得帮助的家庭比例仅为 8%。可见能够通过日常社会交际活动为自己累计资本和力量的比例非常低。嘎查干部作为集体力量的象征也日渐衰落，仅有 2.5%的家庭表示在困境中会从这一途径寻求帮助。依赖于政府公共权力的家庭占总家庭数的 9%。我们从调查中可以发现，依赖于公共权力的家庭大多都是在经济上比较困顿，且先赋性力量（如亲缘关系等）和自致性力量（如朋友关系等）均较弱。由于公共权力的有限性和科层性，通过这种途径获得帮助的力度与时效性都很差，村民往往是在没有其他办法可想的情况下才不得不依赖这一路径。近年来，由于国家推行一系列减轻农民负担的措施，在有效减轻农民负担和国家财政压力的同时，客观上造成了一些负面效果，如基层政府机构能力减弱、村落集体名存实亡等，进一步增加了村民从国家集体获取支持的难度。

德村是高度原子化的村落。传统牧业生产条件下村民彼此居住距离较远，生产生活独立性很强。这样的文化传统使得德村村民在集体、互助和合作等方面存在着不同的观念。上表数据显示，超过 70% 的德村村民在生产生活中出现困难时都是通过自己解决，这一比例远高于其他村落；而求助血缘亲属的比例仅为 16.4%，远远低于其他村落。这种求助对象的分布显示德村村民之间高度的原子化状态，彼此之间联系紧密度很低。

西村高度整合的传统村落。西村村民主要的求助方式为亲人和集体，这两项的比例高达 88%。一方面，西村村民重视血缘亲情观念，在危难之际彼此寻求扶持；另一方面，在村落集体势力普遍没落之际，西村依然存在着一个强大的集体力量，在村民需要的时候可以提供帮助。村民生活在一个血缘和集体组建的网络之中，属于一个高度整合的村落集体。

东村则是更为现代化、更加多元的村落。相对于其他三个村落村民求助途径的单一化，东村村民有着更多的选择。亲人、嘎查干部、自己解决和朋友的选择比例都在 10% 以上，显示东村村民社交网络更加多元，村落更加开放。众多的选择代表着更多的保障，这种形式的求助网其功效可能会高于其他村落，但也可能由于这些互助网络多属于“弱关系”而非“强关系”，导致失去稳定性与可靠性。

（二）娱乐休闲

娱乐休闲也是村民生活中重要的一部分。从日常的观察中，这一地区村民的娱乐生活比较单调。看电视是村民的主要消遣活动之一，一般的村落都没有开通有线电视，电视节目通常只有中央一台以及通辽电视台的汉语频道和蒙古语频道。在傍晚时分经常能看到村民三五成群地聚集在小卖部旁闲聊。村民普遍是日出而起，日落而眠。夏天的时候经常早晨五点就吃过早饭，晚上一般看完中央台新闻联播就睡觉。一些比较空闲的老人和妇女，也会在晚上聚在一起打扑克，通常赌注很小，玩的时间却会很长。房东的妻子偶尔会玩上一个通宵，早晨回来喂完猪之后才睡觉。

村民认为近年来生产机械化发展很快，农闲时间比以前更多，正是这种背景使得村民拥有了更多的休闲时间。在访谈中可以看到，村中大部分妇女在50岁之后就不再参与农业性生产活动了；男性的生产时间也由于生产效率的提高而大大缩短。

表3－73　四调查点村民娱乐休闲活动（%）

村别 娱乐项目	白村	德村	西村	东村
聊天	33.0	32.9	26.2	29.5
打扑克麻将	7.4	23.2	27.1	14.5
看电视电影	28.4	30.6	38.8	32.8
到城镇游玩购物	2.6	1.2	1.7	0.4
看书读报	3.8	4.9	2.9	8.3
闲逛	24.1	6.1	1.9	13.6
外出旅游	0.5	0.0	0.5	0.0
其他	0.2	1.1	1.0	0.9
合计	100.0	100.0	100.0	100.0

表3－73展示的是四个村落村民娱乐休闲活动的情况。尽管存在比例上的差别，不同调查点村民在娱乐休闲活动方面呈现出比较一致的特征。闲聊、打扑克麻将、看电视和闲逛是村民参与最多的消闲活动。下面以白村数据来进行具体分析说明。

表3－74　白村村民娱乐休闲活动

娱乐休闲活动	N of Response 个	Pct of Response%	Pct of Case%
聊天	200	33.0	99.0
打扑克麻将	45	7.4	22.3
看电视电影	172	28.4	85.1
到城镇游玩购物	16	2.6	7.9
看书读报	23	3.8	11.4
闲逛	146	24.1	72.3
外出旅游	3	0.5	1.5
其他	1	0.2	0.5
总计	606	100.0	300.0

注：本题为多选题，每个受访者最多可选择三项。N of Response 指回答者中选择该项的人数；Pct of Response 指选择该项的次数占总选择次数的百分比；Pct of Case 指所有受访者中选择该项者占总人数的比例；后文中出现多选题，其处理如无特殊情况将不再另行解释。

从表3－74中数据来看，聊天（99%受访者选择）、看电视电影（85.1%受访者选择）和闲逛（72.3%受访者选择）是目前村民主要参与的娱乐休闲活动；村民的其他娱乐休闲活动还有打麻将扑克（22.3%受访者选择）、看书读报（11.4%受访者选择）以及到附近城镇游玩购物（7.9%受访者选择）；外出旅游等活动虽然也出现在村民的休闲活动中，但所占比例极小（1.5%的受访者选择），不具有普遍性和代表性。

由此可见，村民的日常娱乐休闲活动较为单调，传统的村落休闲娱乐习惯依然占据着村民大部分的空闲时间。我们能够发现这样的特征：一是这些活动非常符合传统村落生活的特点，具有很强的感情交流特征。如聊天、闲逛和串门等活动通常是在村落范围内进行，这些休闲方式明显具有互通信息、交流想法和联络情感的作用；村落生活的白天通常是忙碌的，看电视为一家人晚上聚在一起提供了一个有效场景，在得到放松的同时享受了家庭的快乐。第二个特征是成本小、容易参与的休闲活动更受村民欢迎。聊天、看电影电视、闲逛等都是成本较小且易于参与的项目，因此村民大多参与；一些简单的麻将扑克游戏也吸引了较多的村民参与；而读书看报、游玩购物以及旅游等休闲活动要么对文化水平要求较高，要么需要较多的花费，村民参与的积极性和可能性都不高。

（三）生产生活态度

1. 生产经营中的主要困难

从表3－75中可以看出，村民在生产经营活动中的困难主要存在于三个方面：生产工具落后（91.6%的受访者选择）、田地不足（75.7%的受访者选择）和资金不足（65.3%的受访者选择）。在访谈中能够深刻体会到村民对于购买新型生产工具抱有浓厚的兴趣，对于拥有其他家庭所不具备的先进生产工具有强烈的优越感与自豪感，可以预见白村村民将会在未来将大笔资金投入到生产工具的更新与配置上。对生产工具的更新在于提高生产效率，而对土地不足和资金不足的抱怨则根源于村民对生产规模扩大的期盼。

表 3－75　白村村民生产经营中存在的主要困难

生产经营中主要困难	N of Response 个	Pct of Response%	Pct of Case%
资金不足	132	21.8	65.3
生产工具落后	185	30.5	91.6
劳力不足	51	8.4	25.2
缺乏技术指导	4	0.7	2.0
产品售价太低	65	10.7	32.2
出售困难	10	1.7	5.0
交通不便	4	0.7	2.0
田地不足	153	25.2	75.7
草场不足	2	0.3	1.0
总计	606	100.0	300.0

就现实而言，对于村民对购买新型生产工具的热情上并不值得给予溢美之词。以白村户均拥有的农用车为例，2005 年已经达到了 0.53 辆。事实上这个比例并不低。以白村的农牧业规模来看，这些机械已经能充分满足生产的需要。由于以户为单位分散经营的存在，一些家庭农业生产工具存在闲置的状况，另一些家庭却渴望购买这些机械来提高生产效率。这是一个无法解决的矛盾。同样，对于发展规模性农牧业生产所需要的土地而言，在现有政策体制之下，显然也是不可能予以满足的。很多农民对资金的渴求也只能通过家庭积累来缓慢完成。正是基于此，一些学者对联产承包责任制提出了批评，认为现有体制已经制约了中国农村的进一步发展。很显然，村民进一步的发展中所遇到的困难与现有的生产体制有着一定联系的。学者对联产承包责任制的批评在本研究中也得到了体现。

除了以上这些主要困难之外，村民较多提及的生产生活中的困难还包括劳力不足和产品售价太低的问题。当然我们可以认为，产品售价过低既是一个政策性的问题，也是一个市场问题。而劳动力的不足则与我们之前所提及的白村劳动力过剩的问题看似矛盾，这是因为白村存在的是整体劳动力过剩，部分家庭劳动力不足的问题。因为有的家庭劳动力过多，且劳动能力强，而有些家庭却存在劳动力少且弱的问题，劳动力资源并没有得到最有效的配置。这样一些问题的存在也需要对现有的承包经营体制进行反思。

问卷中有关生产经营中存在困难的一些备选答案没有村民进行选择，其原因在于要么这些困难已经得到了解决，要么是这些类型的生产经营活动在总体经济中地位已不再重要。如以前时常困扰村民的农业灌溉问题，由于机井电力灌溉技术的普遍使用，村民已经不再存在灌溉困难的问题；家庭畜牧业养殖规模的缩小以及牧业在总体经济中地位的下降使得村民不再把棚圈不足和草牧场不足当作是生产经营中的主要困难。

2. 村民关心或担心的问题

表3－76展示的是白村村民在生产生活中所关心或担心的问题。如果说表3－75中所展示的生产经营中的困难是现实性的家庭层面的问题，那么本表所展示的就是对村民生产生活具有重要影响的宏观层面的问题。

国家或地方政府在制定方针政策的时候，既要注重解决上文所提及的村民生产经营中所面临的现实困难，更要注重解决村民所关心和担心的宏观问题，为农村的发展解决后顾之忧。

表3－76　村民目前担心或关注的问题

关注问题	第一关注%	第二关注%	第三关注%	Pct of Case%
农村土地承包政策	95.5	2.5	0.0	98.0
农产品价格问题	0.5	2.5	2.0	5.0
农资价格问题	0.0	1.5	0.0	1.5
看病医疗问题	0.0	7.4	83.7	91.1
学生学费问题	0.5	52.5	3.5	56.4
富余劳动力转移	0.0	1.5	2.5	4.0
农牧民增收问题	3.5	32.2	8.4	44.1
合计	100.0	100.0	100.0	300.0

在村民最关注的问题中，超过95%的受访者选择的是农村土地承包政策。这种热切的关注是可以理解的，对于绝大部分村民而言，土地依然是命根子，是生活的来源与未来的保障。事实上，国家总体土地政策是明确的，其宗旨在于保障农民具有长期稳定的土地经营使用权利。但是我们能够发现，国家的政策在基层经常得不到完全的贯彻落实。如村落土地的分配、口粮地数量的决定、分配的标准、集体的存留等方面地方政府和村落都存在不同的做法。这使得村民觉得自己的基本利益的得不到保障，这也可以解释为何村民最关心的问题时农村土地承包政策的原因。如在调查的时候，白村村民反映附近村落不断有人为土地分配问题上访。白村村长表示村里部分村民仍然对担心土地政策的变动。

国家政策好，村里人大量改良土壤，但还是有些人担心政策变化，田地被收回。

——摘自个案二

村民第二关注的问题主要集中在两个方面，学生学费问题以及农牧民增收问题。其中选择学生学费问题的受访者超过了50%。由于民族地区的义务教育得到国家的扶持，这里对学费的担忧主要是针对对非义务教育阶段而言。对学费广泛的担忧源于各个家庭都会有子女上学的问题。在白村的调查中，几乎所有的访谈对象都会谈及子女教育的费用问题。

> 大儿子在1997年考上内蒙古财经学校，我卖了四头牛凑足了学费。
>
> ——摘自个案一

> 两个孩子都在通辽市上学，没让他们在当地上，市里的教学水平比这里好很多。在通辽读书以前要交借读费，初中是每学期400元，小学是每学期300元……为了孩子的前途，每年要花4000—5000元。
>
> ——摘自个案二

> 大孩子上大学一个人起码花了3万元。老二上学起码也花了2万元。现在两个孩子上中学，每月每人伙食费100元，零花钱100元，两人一年少说要花3000元。现在孩子成绩好父母担心，怕供不起；孩子成绩不好，可以帮自己干活……三女儿初中马上毕业，想考通辽蒙中，我不让，那里每年要400元借读费，加上生活费，我供不了，我只想让孩子上甘旗卡高中。再过两年儿子也上高中，供两人上大学，我们没有能力，打算不让三女儿上大学了。二女儿也想继续读，她唱歌跳舞很好，想考音乐学院，我不愿意。怎么样也得让三女儿上高中，让儿子上大学。只能这样了。
>
> ——摘自个案五

> 咱们当地有个习惯，要供学生。这几年没有办法，两个孩子上学，每年要花1万—2万元。大孩子中专毕业，小孩子在读小学。大孩子是批合同上的学，说是培养教师。
>
> ——摘自个案六

> 女儿是1989年生的，在甘旗卡高中念书，马上要上三

年级了。她一年的学费是2500元，加上生活费共6000元左右。她的学习成绩好，那么多学生能排进前十名。农村老百姓怕学生成绩好。小儿子是1995年生的，在嘎查小学读四年级。小学名义上不要学费，实际上还是经常要钱，十块八块的不停地要，一年也得有个七八百的，冬天还要收取取暖费之类的。

——摘自个案八

大儿子是27岁，曾经自费上大学……小儿子现在正在辽宁念大学，学的是工程技术，五年制的，已经念四年了，下半年要去上海实习。小儿子学费加上生活费每年需要1.2万元，去年花了1.5万元，其中5000元是用来买电脑。

——摘自个案十

在最关注问题的第三选择中，受访者中有83.7%的人选择了看病医疗的问题。由于近年来医疗价格猛涨，这一地区已经出现很多医疗致贫的案例。户均数百元的医疗费用在村民眼里也是一笔不小的开支。

综合三次选择，并依照选择次数进行排序可以看到，98%的受访者选择关注农村土地承包政策；91.1%受访者选择关注看病医疗问题；56.4%受访者选择关注学生学费问题；44.1%受访者选择关注农牧民增收的问题；其他选项的三次选择之和均在5个百分点之下。对于草牧场沙化问题、优质种子和新农牧技术推广问题没有村民进行选择，可见村民的选择大多关注于个体切身利益和眼前利益，而培养农民的长远意识以及科技意识显然尚需时日。由于近年来不断推行的农村税费改革和农业税减免政策，农民负担问题已经基本解决，没有受访者选择该项。但是访谈中很多村民也存在这样一种看法：由于农资涨价，减免的农业赋税所带来的好处大部分都被抵消了；同时学费和医疗费用的飞涨使得自己身上的负担并未减轻。

3. 经商与打工

在对“如果有机会让您或您的孩子出去打工，您愿意吗”这一问题的回答中，超过85%的受访者均选择了非常愿意或比较愿意。从上文有关收入的分析中可以看出，打工收入已经在白村总体经济中占据了非常重要的地位。很多家庭都有人在邻近的城市打工。近年来有些家庭举家前往外地打工，这样的家庭在白村已超过10户，在东村则有20余户。他们往往将自己的承包地转包给自己的亲属耕种，而自己依靠打工收入生活。产生这样一种现象的原因正是由于农业收益较低，放弃农业能为家庭带来更多的回报。但是这些村民并没有放弃对家里农田经营权的要求，在他们看来他们依旧会回来，并且自己未来的希望和保障依然是田地。当然这种心理与国家现行的户口政策以及城乡二元体制有着千丝万缕的联系。

尽管村民从意愿上来讲非常乐意参与打工，也认识到打工相对于农业生产的收益较高。可这并不能代表村民都会出去打工，并且都能获得出去打工的机会。表3－77展现的是对影响村民外出打工积极性的主要因素的分析。

表3－77 影响村民打工积极性的主要因素

产生影响的主要因素	N of Response（个）	Pct of Response（%）	Pct of Case（%）
缺乏就业信息	63	10.5	31.5
工作不稳定	187	31.2	93.5
工资太低	191	31.9	95.5
干活后拿不到钱	152	25.4	76.0
语言交流困难	1	0.2	0.5
没有技术	5	0.8	2.5
总计	599	100.0	299.5

从表3－77中可以看出，制约村民外出打工的主要因素依次是工资太低、工作不稳定、干活后难拿到钱以及缺乏就业信息等。这样的现实一方面反映了社会上农民工权益得不到保障的事实已经深入每个人的心里，制约了他们外出打工的意愿；另一方面也反映了信息不畅影响了村民外出打工的可能。这些不利的影响从访谈中也可以得到印证。

我没有其他的副业收入了，做不了。我们这里离城里远，交通不方便。到城里30里地，时间长，本来可以出去打打工的。偶尔在村里打打零工，收完秋后有时间的话我也会做点小买卖，主要是倒卖牲畜。我们也不愿意出去打工，打工老受骗，干一年不给钱。这个一扣那个一扣就没钱了。给人干一年，要钱的时候却找不到人，白干一年，得不到钱，还得吃自己喝自己的，挨骗的有的是。外地大城市不敢去，本地不太好找活。通辽市用工很少的，本地人的活一般都是自己干。

——摘自个案七

蒙古族向来有“轻商”的传统。在早期蒙古语中，商人和小偷使用的是同一个词语。个案七的最初的遭遇可以很好地阐明这样一个事实。

我们分家以后，我岳父花了300元，为我们买了1头毛驴和毛驴车。我就是用这个毛驴车做起了小买卖。我从乡下（尤其是沙坨子里村庄）收购破烂、活鸡等，拿到通辽市出售。再从通辽市买回一些日常用品和食品出售或换取破烂等。我做小买卖，虽然生意还不错，但也受到了很多人的谩骂和歧视。甚至我父亲都骂我，他骂我每天拿着秤杆，成了汉人的崽子。但是，我妻子和支部书记支持我。我做小买卖每年净赚1000元左右。

——摘自个案七

但是在市场经济条件下，村民已经逐渐抛弃这样一种思想。对于那些依靠经商取得成功的村民，村民都抱着一种艳羡的眼光。以村落中的小卖部为例，白村村落中有两个小卖部，由于这些小卖部的经营者能获得不错的收入，在访谈中很多村民都对他们从事的商业活动很有兴趣，有些人希望也能获得这样的机会。白村的一些村民从事倒卖弱畜和收购皮毛的生意，收入不菲。在回答“您是否愿意让您的孩子经商做生意”这一问题时，接近八成的受访者都选择了非常愿意或比较愿意。那些选择不确定或不愿意经商的村民也大多是由于担心“做不好生意，怕亏本”。这说明村民已经不再对这样一种职业形态有歧视的态度，相反大多希望能从事这些能够带来较为丰厚收入的职业。

（四）消费意向

表3-78是白村村民对“如果您有一笔钱，将主要用在什么方面”这一问题的回答。表中的数据大致能够说明村民的主要消费意向。村民的主要消费意向依然比较集中，86.1%的被访者选择购买农牧机具，70.3%的受访者表示要用来经商开厂，61.4%的受访者选择供子女上学，44.1%受访者要用来购建房屋，19.8%受访者要用于婚嫁，12.4%受访者表示进行银行储蓄，选择用于生活消费或购买耐用消费品的村民比例较低，分别为4%和2%。

我们可以将村民的这些消费意向大致归结为三类：扩大生产的意向、提高生活质量的意向以及促进发展的意向。其中购买农牧机具和经商开厂属于扩大生产的意向；日常生活消费、购买耐用消费品、购建房屋和用于婚嫁属于提高生活质量的意向；而用于子女上学和银行储蓄可以看作促进发展的意向。可以看到，村民的消费意愿中52.1%属于扩大生产；23.3%的消费意愿属于提高生活质量；24.6%的消费意愿属于发展型意愿。从本质上来看，扩大生产型意愿和发展型意愿都属于投资积累，提高生活质量的意愿则属于消费。村民消费意愿的3/4都集中于投资积累，属于消费型意愿的不到1/4。

表3-78　白村村民主要消费意向

消费意向	N of Response（个）	Pct of Response（%）	Pct of Case（%）
日常生活消费	8	1.3	4.0
购买农牧机具	174	28.7	86.1
购买耐用消费品	4	0.7	2.0
银行储蓄	25	4.1	12.4
供子女上学	124	20.5	61.4
经商开厂	142	23.4	70.3
购建房屋	89	14.7	44.1
用于婚嫁	40	6.6	19.8
总计	606	100.0	300.0

这样的一种消费意愿结构一方面彰显了村民急切扩大生产以提高收入的迫切愿望；另一方面也恰好反映了村民在这些方面所面临的困境。村民甚至需要压缩自己的消费意愿来满足投资积累的需求。农村市场萎缩、消费不振的原因既有农民面临的市场性风险增大（医疗、教育等）导致的消费意愿下降，又与个体家庭为扩大再生产而进行超负荷积累有关。

农村发展所面临的一个巨大风险是：个体家庭是否能够提供扩大生产所需的一切积累？独立家庭小规模的经营以及独立积累是一种最科学、最合适、最能带来经济效益的经营方式吗？家庭联产承包责任制的收益临界点是否已经到来？

农村发展的现状在很大程度上已经说明：家庭联产承包责任制带得来温饱，最多能达到小康，要达到普遍富裕阶段是不可能的。这一目标的实现需要从体制、政策等多方面突破才能有希望。

在农村政治体制、管理体制等方面的改革之后，必须有经营体制的进一步改革才能促使农村进一步的发展。在坚持现有制度稳定农村局势的前提下，开放思路，在城镇化发展、农村人口转移、产业转移的基础上进行农村改革才是发展的最终思路。

第四章　体制、政策与村落生活：村民的视角

与秦汉至明清两千多年的历史相似，新中国成立以来，我国农村体制政策的变迁仍然主要体现在土地制度的变革上。新中国成立后我国农村土地制度的变迁大致可分为四个阶段，即土地改革阶段、农业合作化阶段、人民公社阶段、家庭联产承包责任制阶段。我国农村普遍于20世纪40年代末到50年代初进行了土地改革，[①] 依据“耕者有其田”的原则，农民无偿获得了土地所有权和使用权等完整产权，实现了农民和土地的直接结合，此举极大地调动了农民的生产积极性，农村生产得到了迅速发展。1953—1957年这一阶段我国农村土地制度经历了“互助组—初级合作社—高级合作社”的演变过程。土地等生产资料逐步由农民私有改变为集体所有，集中劳动，共同经营，统一分配，影响了农民的生产积极性。1958—1978年在“左”的思想支配下，人民公社实行“政社合一”，土地等生产资料完全集中于人民公社和国家手中，这实际上是平均主义、大锅饭。公有制发展到了极端，农民不仅失去了包括土地在内的所有生产资料，而且也失去了自主劳动的权利，“干多干少一个样，干与不干一个样”。这项制度严重打击了农民的积极性和创造性，损害了农民的利益，造成了劳动生产率低下，农民普遍贫困。中共十一届三中全会后，农村普遍实行了家庭联产承包责任制，土地仍归集体所

① 只有部分解放区在20世纪40年代末就进行了土地改革。本书中的内蒙古地区即属于这种情况。

有，但经营使用权承包给了农民，实现了土地所有权与使用权的分离。“交足国家的，留足集体的，剩下全是自己的”，这种分配制度大大调动了农民的劳动积极性，农业生产迅速得到了恢复发展。之后，土地承包政策又在“维持集体所有，均地承包、家庭经营”的前提下经过了不断地完善，并一直沿用至今。①

然而，改革开放以来，伴随着农村生产力取得较大发展的同时，一系列严重的问题在中国农村开始逐步显现出来。如农民负担沉重、收入增长缓慢；农业发展后劲不足，农民农业生产意愿缺乏；农村基层管理混乱、机构臃肿，等等。学术界将其统称为“三农问题”。这些问题的存在从短期来看会威胁到中国农村的稳定与国民经济的持续发展；从长期来看会加强城乡二元对立，激起社会矛盾，不利于社会的稳定。可以说，农村出现的诸多问题既是计划经济体制向社会主义市场经济体制转轨过程中必然产生的现象，又在于农村改革过程中长期存在的自发性、无序性、单一性和缺乏系统性、整体性、规范性所造成的。我们应该看到，农村社会政治、经济、文化是有机统一的整体。要进一步深化农村改革、化解三农问题、促进农村协调稳定的发展，一定要克服过去那种单项突破寻求发展出路的片面性和短期性行为，必须坚持土地制度、分配制度和管理体制改革三位一体，综合配套，整体推进，协调运作。②

正是基于这种认识，在20世纪末到21世纪初中国三农问题最为严重的时期（对应于本次调查的1996—2005年之间），应时势之需，国家在农村的体制与政策方面作出了一系列相互配套的

---

① 李俊鹏：《家庭联产承包责任制反思》，载《民主与科学》2004年第5期，第43—44页。

② 张新光：《“三位一体”的农村改革观》，载《华南金融研究》2002年第6期。

调整与改革。这些调整既有土地制度方面的（如第二轮土地承包以及完善第二轮土地承包），又有分配制度方面（农村税费改革、农业税减免）以及管理体制改革（政府机构改革、乡镇合并、机构撤销）等等。

本研究将针对1996—2005年间国家在农村所推行的一系列体制、政策进行研究。通过深入访谈的方法，从村民的角度出发，来探寻当事者是如何看待这些国家体制与政策的变化，以及这些体制政策的变化对村民生活产生了怎样的影响。通过这些体制政策在具体实施过程中国家与社会的互动，来探视国家体制政策在这样一个乡村社会变迁中所扮演的角色。

第一节　土地制度：第二轮土地承包及其完善

我国农村家庭联产承包责任制中第一轮土地承包大多始于20世纪80年代初期，15年的承包期限在1997年、1998年左右到期。全国农村基本上在这两年内都开始实行第二轮土地承包。针对第一轮土地承包中出现的承包方与发包方权利不清、随意变更承包期限、土地使用权的流转权限制以及对承包土地乱收费等问题，为保持国家农村基本政策的连续性和稳定性，有效地保护和调动农民的积极性，中共中央办公厅、国务院办公厅于1997年联合下发了《关于进一步稳定和完善农村土地承包关系的通知》文件，用以指导第二轮土地承包工作。该文件确定了第二轮土地承包期限为30年，承包期不满30年的要延长至30年；以“大稳定、小调整”作为第二轮土地承包的指导方针；对村集体拥有的机动地的数量要求严格控制在5%以内；对一些乡和村剥夺农民承包土地权利和乱收费行为等做了一些原则上的规定。

2003 年 3 月，国家正式实施了《中华人民共和国农村土地承包法》，以立法的形式来规范农村土地承包经营制度。该法案从法律上更为详细地规定了承包双方的各项权利及其违约条款，是我国第一次从法律上界定了农民在承包期内拥有土地使用权、收益权和土地使用权的转让权或流转权，赋予农民长期而稳定的土地使用权限，依法规范了承包当事人的行为。随后，全国各地农村依据该法并结合本地实际对第二轮土地承包进行了完善。

一、白村土地承包政策的沿革

人民公社解体之后，在经历了 1979—1981 年三年生产责任制调整阶段之后，白村所在的地区于 1982 年春天开始了家庭联产承包责任制的第一轮土地承包。按照上级政府的相关政策以及嘎查的实际情况，第一轮土地承包时白村每个人口最初分到甸子地 4.5 亩，以家庭为基本单位进行生产经营。1986 年白村所在地区开始实行退耕还牧的政策，嘎查按人口收回 0.5 亩差等地作为放牧场，每个人口的承包地变为 4 亩。自此每个人口 4 亩地的标准在白村确立，并一直延续到 2004 年。

第一轮土地承包期间，在保持家庭承包土地总体稳定的情况下，嘎查依据各家庭人口的变化，实行一年一算，每年都根据家庭实际人口对其承包的土地进行调整。家庭有参军上学、招工出嫁等户口调出情况收回相应人口的土地；家庭有孩子出生、媳妇嫁入等户口调入的情况则补充相应人口的土地。白村在这一阶段还实行了一种被称作“两田制”的政策，即将每个人口所承包的 4 亩土地区分为“口粮田”和“责任田”两种性质。口粮田又被称为“保命田”，每人口 1 亩；责任田被称作承包田，每个人口 3 亩。口粮田是村民维持根本生存需要的，是集体不能干预的；而责任田的控制权利实质上掌控在嘎查手中。“两田制”政策推行的最初目的主要是为了解决负担不均和完成农产品定购任务难等问题。但在具体执行过程中，“两田制”实际上往往成为推行集体意志、增强集体权威，甚至是随意收回农民承包地和变相增加农民负担的一种手段。在白村及其周边村落凡是拖欠国家、集体钱款的家庭最通常的惩罚就是取消其承包田的经营权，违反计划生育的妇女的承包田也要被扣除，只给 1 亩土地作为“保命田”。这种土地调节政策从第一轮土地承包中期开始实施，在第二轮土地承包初期也未废止，一直执行到 2004 年第二轮土地承包完善为止。

白村所在的地区第一轮土地承包开始于 1982 年，截止 1997 年为期 15 年的第一轮土地承包基本到期，从 1997 年 10 月 1 日开始实行第二轮土地联产承包。在确定土地承包分配方案的时候，嘎查村民出现了两派意见。一部分人要求把所有的土地集中起来，打乱之后重新进行分配；另一部分则要求在保持现有土地的基础上进行小范围的调整。出现这种局面的原因一方面在于组成白村的两个生产小队土地肥沃程度不一；另一方面在于有的家庭对第一轮联产承包的土地进行过改良，有的家庭则没有进行改良。为了公平起见，按照国家“大稳定，小调整”的基本思路，在苏木和嘎查的调解之下，白村最终确定了“保持各家现有耕地不变，在此基础上进行个别调整”的土地承包方案。第二轮土地承包不再实行第一轮土地承包中每年调整家庭耕地的方针，而是实行“减人不减地，增人不增地”的方针。按照第一轮承包的标准，白村每个人口分到 4 亩耕地。规定承包期限为 30 年，并按照这一方案和村民签订了第二轮土地承包合同。

白村的第二轮土地承包基本上是依照第一轮土地承包的方案而推行，主要的改变只是在于将承包期限从 15 年延长到了 30 年。而中央在《关于进一步稳定和完善农村土地承包关系的通知》中所指出的第一轮土地承包中所存在的问题，如“两田制”、机动地存留比例、村民土地承包权的保障等几乎完全没有得到解决。

为稳定和完善以家庭联产承包经营为基础、统分结合的双层经营体制，赋予农民长期而有保障的土地使用权，维护农村土地承包当事人的合法权益，促进农业、农村经济发展和农村社会稳定，2003 年国家颁布了《中华人民共和国农村土地承包法》，对第二轮土地承包中出现的各种问题进行了规范。内蒙古自治区依据这一法律，在结合本区实际情况的基础上，制定了《内蒙古自治区土地承包管理条例》。条例具体规定了第二轮土地联产承包的期限为 30 年，保护村民土地承包经营权，村集体预留机动耕地面积控制在 5% 以内等内容。按照这样一些法律文件的规定，2003 年底到 2004 年，白村在 1997 年初步承包的基础上对第二轮土地承包进行了完善。

白村共有耕地 4000 余亩，1997 年第二轮土地承包的时候实际上分给村民的只有 3000 多亩，集体留下了 1000 多亩，实际上远远超过了国家规定村集体预留土地不超过 5% 的规定。由于 20 世纪 90 年代中期嘎查财务管理存在一定的问题，加之当时各种税费较多，嘎查在这一时期遗留下不少的外债，因此集体不得不出租很大一部分耕地来抵偿债务。到 2004 年完善第二轮土地承包的时候，依照《农村土地承包法》的有关条款，嘎查收回了这部分承包出去的土地。在村民的强烈要求之下，除草牧场和一些不能耕种的盐碱地之外，嘎查没有保留任何的预留地，而是将收回的耕地全部平均分配给村民。这样白村村民人均增加了 2 亩土地。

第二轮土地分配是按照 1997 年的人口计算的，由于实行“减人不减地，增人不增地”的承包方针。因此 1997 年之后嫁入白村的妇女以及 1997 年之后出生的小孩都没有分配到土地。在 2004 年进行完善的时候，这部分村民也分得了土地，使这些家庭摆脱了人多地少的困境。最终，完善之后得白村第二轮土地承包方案是“1997年白村的人口人均6亩耕地，1997年之后新增人口人均4亩耕地”。这也是实行联产承包责任制以来人均拥有耕地数量的最高水平。

尽管“两田制”及其相关做法一直被认为与党和国家的农村土地政策不符，但在1997年开始的第二轮土地承包，却实际上保留了这一做法。白村的“两田制”一直实行到第二轮土地承包完善为止。从2004年起，白村开始执行一项新的地方政策：对于以前拖欠国家、集体各种款项的家庭，只要在一定期限内缴纳以往欠嘎查或国家钱款的10%，就可以补给5亩承包地，和其他村民一样拿到6亩地；由于计划生育而被剥夺承包田的妇女可以获得本人口的6亩土地，违反计划生育政策出生的子女人口可以获得4亩土地。

经过这样一系列的调整之后，白村的第二轮土地承包终于告一段落。可以说第二轮土地承包尤其是后来实行的一系列完善政策确保了农民利益的最大化，在保护了村民合法土地经营权的同时，也激发了村民生产经营的积极性。

二、村民眼中的第二轮土地承包

（一）家庭承包土地数量增加，农业收入增长

二轮土地承包有两个好处，一是土地量增大了，二是期限长了，投入积极性涨了。以前种1亩（保命田）4亩的，现在都种6亩了，都觉得有奔头了。一个少收，二个加地，最近三年每个人口至少增加了四五百块钱的纯收入。

——摘自个案一

第一轮土地承包时是一人口4亩地。1997年10月1日开始二轮土地承包，现在是一人口6亩地，实打实比以前人均多2亩。以前以各种形式承包给外面人的土地（单位、个人的都有），现在全部收回来交给老百姓了，实实在在都增

加了收入。

——摘自个案二

我们嘎查二轮承包政策落实得很好，比第一轮承包时要完善多了。我们家现在种40多亩地了。二轮承包之后，收入增加，产量增加，农民对科学种田的事情也有认识了。土地有了，而且比以前只多不少，每个人口从4亩增加到6亩……我家去年卖粮6万斤，农业纯收入2万块吧。

——摘自个案十二

现在地多了，地好了。我们家5口人，每个人6亩地，30亩……去年我们家的地亩产都是1500—1600斤，好收成，秋后直接卖了3万斤玉米，毛收入一万五六。

——摘自个案十三

土地作为农业生产中最重要的生产资料，其数量的多少直接决定了农业收益的大小。第二轮土地承包尤其是随后所进行的完善工作，纠正了此前土地承包问题上的诸多偏误，保障了农民利益的最大化。就白村而言，第二轮土地承包完善之后白村村民人均承包土地面积从4亩增加到6亩，在村民的眼中这就是实实在在的好处。

（二）承包期限增长，生产积极性提高，投入增加

二轮土地承包以来，老百姓有信心了，30年不变的政策。村里人都挖黑塘土改良土质，加紧平地，加肥……最近很多村民都跑到比较远的山上草场到处拾牛羊粪用来改良土地，以前土地老动，害怕改良结果好处别人得了。很多年没有人这么做了，以前集体的时候这样干过。这两年春天家家户户都忙改良，黑塘土地加沙，沙地加黑塘土，今年产量差不了。今年春天，嘎查东边搞育林基地，一个人口分1亩，开沟国家给钱，树苗也是国家的，中间自己种东西。以前林地大家不爱种，现在种的人多。我种豆类，今年肯定可以收

入1500—2000元。

——摘自个案一

30年的承包年限，一两代人啊。今年费劲了，明年就能得利。大家投入改良啥的得劲多了。比如说是三年一动，我费劲，人家得利，不愿干。年限长，政策好，我投入，我得利……以前因为不愿意改良，差地投入不小，产量不高。所以很多家庭只挑好地种。分给一些差地要么不愿意要，要了也不种。现在只要有地盘就行，什么样的地都愿意要。你给地盘我就改良，所有的地都能成为好地。现在嘎查里的地普遍都比以前大有改变，平均亩产也有了很大提高……以前浇地靠的都是集体的水井。今年春天，有七八个人私人打井了。自己打，自己用，反正30年，值得。自己得利，投入有劲头。以后估计打井的人更多了。一眼井要花1500元以上，花费很大，但大家都会算计，肯定收益更大。

——摘自个案二

30年我们定了心啊。是自己的地自己还不保护好，自己的地都舍不得糟蹋。种点豆类费地力起风沙的都不在自己的地上种，在租种别人的地上种。

——摘自个案六

1997年开始的二轮联产承包落实得很好，30年不变的政策让我们心里很稳……以往集体承包出去的土地都收回来，完全分给村民。现在外出打工的人也乐意种地，以往不愿意种的人也开始种了。今年春天干得真好，大干特干，大部分人家都在改良土壤，碱地、沙地上盖半尺好土，现在庄稼长得好。国家政策好，个人积极性高，真是好。以前打1000斤的地，现在能打1300—1500斤。

——摘自个案九

我们这里土地分了之后30年不变的，实行“增人不增地，减人不减地”政策，落实到2026年。这个政策不变对农民有好处，农民种地有责任心了……二轮承包时新增加给大家的地，在刚分的时候都是盐碱地多，地力也不行。期限长不是？是自己的地了，政策也不变。我们这里的人都开始积极改良。我们家最多的时候一年改良了20亩地，经常是一年往地里拉土200车，用三轮车运送，到现在所有的地都已经改良好了。以前很多新地都不平整，大家也不怎么管，连浇水都浇不了。现在30年都是自己的了，很多人把所有的地都平整一遍，方便浇地。我们家一年送粪也得有个百八十车的，牛马粪，肥力很足，很快地力都起来了。积极性发挥了，拼命改良是增产的一个主要因素。其实大家干劲都足了，村里各家各户都是这么改良的。不像以前，地很少，收益差，收得还多，又怕变化，很多人都不管，只是种一年算一年，咋的也整不出个高收入来。我家现在亩产1500斤左右，刚开始的时候亩产也只有七八百斤，慢慢发展到1000斤左右，二轮联产承包以来，改良土地好，种子好，浇地好，投入大，现在一般亩产都在1500斤，有的人比我产量还高。我家去年卖粮6万斤，农业纯收入2万块吧。我记得集体的时候我们五队总产量也就是25万斤，现在的产量总得有好几百万斤。当时我们一年到头很辛苦的干活，工分最便宜的时候才七毛多，最贵的时候也就一块多。那个时候和现在的差别真是太大了。

——摘自个案十二

我们家当初大多都是不好的地，产量比别人的差……最近几年，二轮承包期限30年后，我们改良劲头大了，尤其是最近三年，我家的地都成好地了，产量也好。

——摘自个案十三

农民农业生产的积极性是国家农村政策优劣的一个重要指示

器。农业生产的周期性和农地改良的长期性需要一个稳定的土地承包政策。第二轮土地承包一方面增加了农民的人均土地数量，另一方面就是大大延长了土地承包的期限。从白村附近地域来看，这项政策显然取得了良好的社会效果。在村民看来，第二轮土地承包30年的承包期限让他们吃下了定心丸，理性的算计让他们觉得加大农业投入是值得的。农业投入的增加使得农业收益显著增长，农业收益增长提高了农民从事农业生产的积极性，农业生产积极性的提升又进一步促使农民加大农业投入，从而使得农村农业生产进入一个良性循环状态。

从第一轮土地承包后期农业生产上的得过且过到第二轮土地承包时期的积极投入，我们不难从农民积极性的变化上看到国家体制政策对农业生产和农村发展巨大的导向性作用。

（三）土地分配较第一轮土地承包公平合理

二联之前，有的一家三口人只能种一个人的地，户口转来迟没有给分到地，只能勉强过日子。这次完善过程中解决了很多人没地的问题，现在都很公平，都很满意。我家东院的小伙子，媳妇外边嫁来的，以前全家就指望4亩地，撑死5000斤粮。现在媳妇孩子都分到地，去年卖了3万斤粮。干劲上来了，地改良得好，都建新房了，家庭变化大。

——摘自个案二

第二轮土地承包与第一轮承包的区别在于更完善了，群众满意了。一轮承包中有很多不好的情况，分得不均匀，有人多有人少。我们这里二轮承包的地主要还是自己一轮承包时经营的地，各人还是种自己的，以前改良的好处还是留给各人，主要变化在于增加地上边，有很多一轮承包时没有地的人现在都有地了，一样是6亩。土地分得也挺均匀的。

——摘自个案十二

尽管第一轮土地承包开始阶段土地分配是公平合理的，但此后十几年时间内由于人口变动、两田制、集体存留土地以及地方“土政策”等方面的原因，土地在家庭之间分配出现了较大差异。这在某种程度上导致了村落内部的贫富分化，激起了大量的乡村矛盾。随着第二轮联产承包责任制及其完善工作的逐步开展，由于在新的分配过程中有明确的法律政策可依，土地承包中的不公平、不合理的状况得到了很大的改善。从访谈中可以看出，“公平合理”是村民从道德价值角度对第二轮土地承包所作的评判。

（四）改变了部分村民合法土地承包经营权被剥夺的局面

> 我们对街那家，一家四口，因欠集体各种钱款头几年家庭每人只种1亩保命地，总共才4亩，怎么活？直到完善二轮土地承包后才分到人均6亩地，共24亩。这种家庭在我们嘎查原来还是有好几家的。
>
> ——摘自个案一
>
> 我由于超生的原因，以前4亩地被扣了3亩，只给1亩保命地；超生的小儿子一直没有给地。一直到完善二轮土地承包的时候，我的地给补齐了（6亩），儿子给了4亩地。我们全家现在一直种34亩地。
>
> ——摘自个案五

第二轮土地承包完善之后，两田制被彻底取消，国家的农村土地政策才真正地得到了贯彻执行。村民因违反计划生育政策或拖欠集体款项而被剥夺的承包地再次回到了村民手中。在访谈中，无论是当事人还是其他村民，对恢复土地承包权都持赞同态度。毕竟，土地是最根本的生产生活资料。没有土地，也就谈不上生存和发展。

（五）其他声音

> 国家政策好，村里人大量改良土壤，但还是有些人担心政策变化，田地被收回或变动。——摘自个案二

村民认为“国家政策很好”，他们担心的政策变化并非指国家政策，而是地方各级政府在执行中央政策时的具体操作方法。这种担心是很可以理解的，因为过去的生活经验中类似情况是经常发生的。处于弱势的村民，对此往往无能为力。由此可见，地方在执行国家政策时的多变与偏误容易引起人心不稳，影响村民生产投入的积极性，从而影响当地的经济社会发展。

> 本来嘎查可以留2%—5%的地，考虑到老百姓很困难，为老百姓多得点，就全部分掉了。现在有些后悔，嘎查都无法运转了。要是留100亩好地，每亩以80元承包给别人，一年也有8000元，维持运转就够了。
>
> ——摘自个案二

个案二站在村委会的立场上，对将嘎查土地完全承包给村民的行为提出质疑。很显然，这与普通村民对土地增加欢欣鼓舞的态度存在不一致的地方。但是从后文能够看出这种质疑有着其合理的一面。

> 事实上，1997年的二轮土地承包分配政策本来已经很好了。30年不变大伙也很满意……但后来的完善就把事情闹大了，完善出矛盾了。打乱调整、不公平、达不到指标农民不满意等等。
>
> ——摘自个案六

这种说法属于相当少数人的看法，与嘎查大多数人的意见并不相同。个案六之所以产生这种认识的原因一方面是他看到邻村在完善第二轮土地承包中由于土地的重新调整滋生了很多问题和矛盾；另一方面完善第二轮土地承包使得其计划承包大片土地搞综合开发的目标难以实现。

> 我们家4口人分给3个人的地，一共18亩。全部种玉米，家里的地不好，新成立的家是分不到好地的，亩产最多也就在1000斤左右。——摘自个案八

> 只有我丈夫本来是嘎查的，原来分的是好地；我和两个女儿都是后来给分的地，新地，地不好。因此我们家当初大多都是不好的地，产量比别人的差。我小女儿是1994年生的，1998年才给分的地，是盐碱地。
>
> ——摘自个案十三

土地质量和土地数量在决定农业收入方面几乎同样重要，因此在访谈过程中经常有村民抱怨自家土地质量不佳。白村所在的地区土壤多属于盐碱性质，新开发的土地大都是盐碱地和沙质地，产量较低，必须经过较长时间的改良才可能获得好的收成。新增人口较多的家庭往往得到的都是这种类型的土地，第二轮土地承包中“大稳定，小调整”的政策方针又使得这种局面继续维持。尽管有所抱怨，但这部分村民也没有太多不满情绪。因为他们自己也承认第二轮土地承包是按照国家政策实实在在分配下来的，其中并没有什么人为因素所导致的不公平的地方。最重要的是他们相信经过改良，几年之后这些新地也会变成肥沃的土地。

第二节　分配制度：农村税费改革

“交足国家的，留足集体的，剩下全是自己的。”这句脍炙人口的俗语叙述的是农村家庭联产承包责任制的分配原则。人们通常拿它来与人民公社时期责、权、利不明的生产与分配原则对比，用以说明联产承包责任制的优越性。然而就在第一轮土地联产承包责任制实行仅仅几年时间之后，即从20世纪80年代末期开始，农民们开始发现在“交足国家的，留足集体的”之后，“剩下自己的”已经开始逐年渐少。自此，农民负担问题开始浮出水面。在20世纪90年代中晚期，农民负担达到了最高点。

中国的农民负担问题，从根本上说是一个土地收益再分配的问题。三农问题最突出的表现之一就是农民负担沉重，其严重程度已经危及农民的生产意愿及再生产能力，危及农村和农业的可持续发展。造成这种局面的重要原因在于长期以来国家分配政策的偏向性（倾斜于城市与工业），此外地方基层政府在执行国家政策时的越权行为（以各种名目收取税费，或超标准征收）也难辞其咎。

为了妥善解决农村分配问题，保护农民利益，中央从1990年起就开始着手相关工作。①

第一步是从减轻农民负担抓起。作为农村税费改革的序幕，减负工作自1990年起持续了整整10年。这期间，党中央、国务院连续出台了一系列重要文件，但是，这一期间减负的实际情况并不理想。表面上看，农民负担暂时稳定了，但其背后加重农民负担的机制和动力并未消除。农民负担重的症结主要在两方面：一是税制问题，表现为税费不分，费出多门，费重于税，还有乱罚款、乱摊派。二是行政体制和财政体制方面的问题，表现为机构臃肿、人员膨胀，一些应由财政负担的公共服务转由农民负担。因此，中央决策层认识到，对农民负担问题光抓治乱减负是不够的，还须进一步推进税制和机构的改革，寻求治本之策。1998年10月，国务院成立了由财政部、农业部和中农办三部门主要负责同志组成的农村税费改革工作小组，开始着手研究和制订新的改革方案，为减轻农民负担工作由治乱减负适时地转向税费改革做准备。

第二步是按“减轻、规范、稳定”的目标推进税费改革试点。2000年3月，中共中央、国务院下发了《关于进行农村税费改革试点工作的通知》，按照自愿的原则，在安徽全省进行改

① 李力：《关注农村税费改革综述》，载2005年5月17日《经济日报》。

革试点，正式启动了农村税费改革。安徽的改革引起了全社会的极大关注：乡镇“五统筹”纳入农业税，村“三提留”成为农业税附加，农民除了缴纳7%的农业税和1.4%的农业税附加之外，不再承担其他任何收费。改革试点当年就见到了成效，基本实现了“减轻负担”和“规范税制”两个目标。2003年，随着各方面条件都已成熟，这一改革开始在全国所有省区市进行试点。

第三步是明确提出取消农业税的目标。为切实加强农业、进一步调动农民的积极性，中央加大了促进粮食增产、农民增收的政策力度。温家宝总理在2004年召开的全国人大十届二次会议上宣布了中央关于在5年内取消农业税的决定。由此，农村税费改革由“减轻、规范、稳定”的目标转向逐步降低直至最终取消农业税的新阶段。随着改革的推进，截至目前全国所有的省区市都已基本免征农业税。

从上面的三阶段我们能够看出，我国农村分配制度的调整经历了“从治乱减负到形成比较规范的农业税及其附加，再到逐步减免直至最终取消农业税，逐步终结了传统农业社会遗留的这项税赋制度”这样一个发展历程。可以说，农村税费改革是继土地改革和土地联产承包责任制之后中央在农村进行的又一次重大体制改革。这一改革对规范农村税费制度、理顺农村分配关系、切实减轻农民负担、促进农村社会经济发展进入一个新的阶段必将产生深远的影响。

一、税费改革之前的村民负担

税费改革之前白村及邻近地区农民的经济负担情况如何？我们可以通过村民自己的叙述来探一究竟。

> 1996—1997年的时候，税费真是多啊。国家让下边各级政府收取的好像就是三提五统了。这三提留就是公积金、

公益金和管理费，所得归村级集体所有；五统筹是乡村两级办学费、优抚费、修建乡村道路费、计划生育费和民兵训练费，这些归苏木统一使用。苏木在的时候，有些年派出所收看护费，属于治安费吧，每户12元；苏木团委也收钱，忘了叫什么名目。反正都放在苏木统筹里一起收。

1亩地收30元，内含三提五统，人均4亩地，差不多一个人口就是120元；另外要交农业税每亩12.5—17.3元之间，各年有些变化，按地算每个人口就是60元。另外有些什么事情还得单独收，如小学建设费，我们小学两个村的，每人口10元/年，收了两三年。1997年苏木政府建房及维修，人均收了77.7元。这些钱都是通过嘎查收取的，全在内你说多不多……

当时各种费多的时候，一个人口差不多要到250元，像统筹费、提留费、农用车养路费、土地承包费、建校费、教育附加费等很多，一家四五口人，也就超过1000元了，税费加起来也就一千五六了。

——摘自个案一

以往负担重的时候啊，最多的时候达到3个人口上缴1800元，这里面包括什么集资办学、电工工资和民兵训练等很多费用……一粒粮食一粒汗，我们这些种粮的人自己得到点收益要经过好多道关啊。我们这里人以前形容税多时有“八大关”的说法，一颗粮要经过“牙齿啃，舌头舔，喉咙吞，肠子消化”等无数关卡之后才能落到农民手里。有些人还有十八关的说法……以前卖完粮后剩下来年的投资，加上个家庭温饱，再多想就不行了。

——摘自个案二

从1994年开始农民负担开始加重，1996年、1997年、1998年收的税费很多，农民很苦。农业税最多的时候每亩

17 块多；牧业税最多的时候大牲口达到 15 元/头，交易税、屠宰税和其他税费都有。

——摘自个案十

一轮土地承包中期到快到期的这段时间，税费重。那时的税费有农业税、牧业税、屠宰税、农用车费、公路费、义务工、建校费等很多种。以前嘎查负责收三提五统，包括投资在内，差不多 70%—80% 的钱都交上去了，我们只能剩下个 20%—30%，农民真正是增产不增收。我们家那时种 30 亩地，那年都要交个五千六千的，有些年还交了 6000 元以上。现在种 40 亩地不用交一分钱，你说差多少。以前我们家每年卖粮的钱也就 1 万块，交了 6000 元之后你说还剩多少？我们的人力费和其他一些小的费用还不算。比如说我们家现在养着 9 头牛，3 匹马，现在也没有牧业税了，要是以前每年还得有 100 多块的牧业税。

——摘自个案十二

从村民的访谈中可以看出，在 2000 年之前村民税费负担十分沉重，而最为沉重的时期在 20 世纪 90 年代中晚期。村民普遍反映，每个家庭缴纳的各种税费要占其纯收入的一半以上，农业生产仅仅只能谋生，而不能为家庭创造更多的收入。在他们看来，造成负担沉重的原因只有一小部分在于缴纳给国家的农业税和缴纳给集体的三提五统，更多地在于当地各级政府各种名目的收费。

改革之前各种税费的存在，给村民家庭带来了沉重的经济负担，也极大地打击了村民农业生产的积极性，并使得农村的干群关系日益紧张。

以前是泄气了。再干也干不出啥来，别说小康，不努力点连温饱都有问题……以前粮食打来打去不知道交上多少，很乱，大家没底啊，上不上产量无所谓，个人剩多少不知道。

——摘自个案二

农民负担太重了。1997 年之前村里没有欠款的人，800 多人的嘎查也只有 4 万多元的集体欠款。1998、1999 和 2000 年三年间村民每年要欠嘎查 15 万元左右，三年总共超过了 40 万元。村民没钱交，但嘎查还是要凑足钱向上交的，没钱交只能向外高息抬款，最高达到三分利。然后再将利息转到村民头上，谁欠款谁负责掏利息……以往实行的政策是要收三提五统以及各种税费和摊派，不交或者交不上的话就要收回承包地，只给每个人口留下 1 亩保命田，让人不饿死就行。

——摘自个案九

20 世纪 90 年代中期负担重，我们家 4 口人赋税大概是 1600 元左右，这些还只是三提五统和农业税。负担最重的是 1997 年、1998 年、1999 年。有很多人交不起税费，只能借高利贷，差不多有 50% 的人都借。

——摘自个案十一

以前种地真的不划算，南方人不划算就撂荒出去打工；我们这里出去打工的人少，没门路，没技术，没眼界。但很多人也不怎么好好种地，集体要交钱就先欠着。

——摘自个案十二

20 世纪 90 年代初时我们家就开始欠集体债务多起来了。就我丈夫一个人的地，新嫁过来的我还没有地，新生的孩子的地也没有。后来一年一动调整时分给我们的地也不好，不改良没法种。我家人口多，土地差，土地少，产量上不来，正好碰上高收费的时候，要收税的时候，可不管你有没有。我们家在嘎查里都是欠债多的。好几年每年最多欠两千多，少的也欠一千多。年年欠，年年往上涨，往上加。最多的时候欠了集体五六千，嘎查给涨利息，一般三分利，最高的利息是四分五……到1995年、1996年的时候税费涨得多，1997年最多，真是厉害啊，给不上的都给涨利息。那个时候不欠集体账的年头基本没有。因为我们欠嘎查的钱没交，嘎查就从私人或信用社手里高息借贷，然后再把我们的债务都转移到私人或信用社的头上。我们家转到个人头上的债务有6000多元，转移到信用社的债务有3000多元。欠个人的6000元钱最近几年都还清了；欠信用社的3000元还没有还，利息都涨了不少。

——摘自个案十三

由于灌溉的需要和农业机械的使用，白村附近地区的农业属于高投入高产出的农业类型，农业投入的资金往往十分重要。在税费负担最重的20世纪90年代中晚期，白村有接近一半的村民都是依靠借贷来维持农业生产。即每年种地的时候向信用社和个人贷款进行投入，秋收卖完玉米后再缴纳各项税费和偿还贷款；每年按照这一模式循环进行生产经营。还有一部分人由于无法通过正常途径贷款，不得不私下向个人抬款（高息贷款），并因此背上沉重的债务。只有部分资金较为雄厚的家庭才能维持简单再生产，但他们往往也无力或没有意愿增加投资进行扩大再生产。在这一时期，白村附近地区的经济生产几乎陷入一片沉闷与萧条之中。

税费负担的沉重也使得白村村民的生产意愿不足，按照他们的说法就是“知道自己能种出来多少，却不知道到底要被收走多少”，于是就出现了“很多人也不怎么好好种地，集体要交钱就先欠着”的局面。

干群关系紧张、社会矛盾激化也是这一时期白村附近地区的一个普遍现象。上级部门催着要税费提留，而部分村民却无力缴纳。乡镇干部作为国家在基层的代理人，必然千方百计要求村民如期缴纳各种款项，维护国家财政利益；另一方面他们作为一个有着自身利益的群体，在执行国家政策时经常会出现目标置换的现象，维护自身小集团利益，如乱立名目胡乱收费等。这必然导致基层政府与村民关系紧张，基层政府收回拖欠税费者土地承包权的做法更是使得这种紧张关系进一步加剧。而嘎查干部更是处境尴尬，他们一方面要承受上级催缴税费的压力，一方面要承受村里民众的不满与抗拒，同时还不得不想方设法把各种款项在最后期限之前缴纳上去。在上级极力催促而村民无力缴纳税费的情况下，有些嘎查的干部不得不以嘎查甚至是自身的名义借高利贷来完成任务。在这一时期所形成的各种债务时至今日仍然难以得到解决，给村落生活与发展带来了潜在的危机。

二、税费改革后的村民生活

据村民的们介绍，白村及邻近地区的税费改革始于 2002 年左右。自 2002 年开始，以前必须缴纳的三提五统得到了免除，各种收费也逐年减少。2005 年，白村邻近地区农业税彻底取消。税费改革给白村村民生活带来了巨大的变化。

> 我第一次听说税费改革是四五年前吧。我们这 90 年代中期负担最高，大概 2000 年左右开始收得少了。2000—2004 年只收一点税，其他的就全免了。1 亩地也就 3 块多吧，同时国家还有一些补贴。在我的印象中，税就是一定要交的，法律定的，种国家的地就要给国家的；费是旗县、乡镇和嘎查等各级政府定的，很多都是不合理的，不应该收的。我 50 多岁了，没听说过像现在这样种田不交钱的，前朝前代也没听说过。过去 90 年代的时候，收农业税 1 亩地最高是 17 块多，而头两年每亩地才两三块钱，1 亩地就差 15 块。按照当时人均 4 亩地，一家四五口人，这样就等于好几百块钱的现金，这些钱干什么不好啊。当时各种费多的

时候，一个人口差不多要到250元，像统筹费、提留费、土地承包费、建校费、教育附加费等很多，一家四五口人，也就超过一千元了，税费加起来也就一千五六了。现在没有这些，等于开支变收入了。少了这些开支，农民日子好过多了，这属于国家政策好。这些收入用来买机器、改善生活、建房都很好啊，一年省一千多，五六年就能省下好几千了，可以干大事。只有税费改革这个政策，带来的全部只有好处，没有不好的。

——摘自个案一

现在是新中国成立以来最好的政策……税费改革以后老百姓心里太踏实了，真是甜到头了。现在种地都是白种，啥都不交，打多少就剩多少，没有任何顾忌，以往的费用变成了今天的收入。现在种田还给粮食补贴，种田反过来给你钱。补贴的标准不同，前年每亩9块多，去年6块多，今年一亩地给12块多。

现在积极性上来了……以前闲散的人多，现在几乎没有什么闲散的人了。大家都在努力挣钱投资。现在嘎查里80%—90%的闲散劳动力都去打工，一般是在附近打散工。30—40岁左右的男人常去通辽打工，妇女和老点的就在附近打散工，收入很不错的。以前这些人都是一堆一堆坐在小卖部门口，打个一四，搓个小麻将，唠嗑，玩玩闹闹就过去了。现在一开春，拖土、运沙、拉粪，家家抢着干，去改良土地，是一个很大的变化。老百姓收入增加，负担减轻，思想稳定。

——摘自个案二

现在乱七八糟的三提五统没有了，农业税也撤了，收入自然提高了。现在和那个时候比，人均收入可以多300—400元左右。

——摘自个案十一

最近几年减免农业税之后，什么收费都没有了。还给发农业补贴呢。国家政策规定要给三年。一比起来就是差距特大，积极性发挥就在这里。

——摘自个案十二

最近一些年国家税费少了，现在集体不兴收取税费了，我家的日子就好过多了。就因为不收这些钱，我去年就买了一辆农用车。本来可以还掉信用社的贷款，但是没有车没法发展，就先买车了。今年年头好的话，我家总共还有1万块的外债应该可以还一半没有问题。税费比较少的年头好像有4年了，你看我家的日子马上好起来了。现在啥都不收，肯定越来越好。现在还给粮食补贴，以前这些可都没有。

——摘自个案十三

从访谈记录来看，村民普遍给予农村税费改革政策高度的评价。对比税费改革前后的白村村民的叙述，我们能够发现这一政策带给农村的绝不仅仅是家庭经济负担大大减轻和人均收入持续增长这样的经济利益，更重要的是带来了民心的安定，从而保障了广大农村地区的稳定。同时我们还能看到，这种“多予少取”的分配政策提升了农民农业生产的积极性，也使得农民扩大生产投入成为可能。可以预计，在国家长期稳定的土地政策和公平合理的分配政策的激励下，这一地区的经济社会发展有望迎来一个新的春天。

三、税费改革后的村政与公共事务

农村税费改革的主要动因在于农业收益分配制度不合理导致的农民负担沉重。因此在农村税费改革中，合理确定农村分配政策、从根本上治理对农民的各种乱收费、切实减轻农民负担是这次改革的首要目标。从白村的情况来看，税费改革在这一首要目标上是成功的。这一改革从根本上减少了农民的负担，提高了农民的收入，促进了农业的发展和农村的稳定。

然而，农村作为一个牵一发而动全身的整体，一个方面的变革必然导致其他方面的连锁变动。因此在评价农村税费改革的时候，并不能仅仅从农民负担这一方面来看待。长期以来，农村的税费收入一直是支撑基层社会运转最重要的资金来源。税费改革尤其是免征农业税对农村基层社会的运行会造成什么样的影响呢？基于这样的考虑，国家提出了检验农村税费改革是否成功有三个标准，即“能否确保农民负担减轻、不反弹；能否确保乡镇机构和村级组织的正常运转；能否确保农村义务教育经费的正常需要”。那么，税费改革之后基层机构的运转情况如何呢？本研究从白村嘎查干部和普通村民两个角度来考察这一问题。

（一）嘎查干部

现在嘎查里没有土地权，没有财务权。干部出门开会什么的吃饭路费都得自己掏钱。和以前相比，工作量是少多了。以前百姓吃喝拉撒都要管，上边要求要管的。现在的工作主要是出去开开会，用喇叭传达一下上边的精神，提醒一下牲畜疾病预防，计划生育管理，就这些。以前开春谁家买多少化肥、种子，庄稼长势，牲畜以及粮食产量如何都要一一上报，现在都不怎么管这些了。有些什么事情和包队干部一说，由他们自己向镇里汇报就是了。税改之前书记、村长每年补贴有4000多元，值现在8000多元；现在就2000元，只顶过去500元。以前费用都是报销，集体有收入，现在车费饭费自己出，实在没啥；开会办事来回路费自己掏，还得误自己的工，一年到头白干，还得算计好，否则还要白搭。

现在国家给嘎查四个干部发工资。书记村长2004年工资是1800元，2005年是2400元，会计工资是书记村长的80%，妇联主任工资是书记村长的90%。然后国家给嘎查每年的办公经费就是2000多块钱，报刊费之类的一扣，发到你手里也就1000多块钱。队部连电话都养不起，已经停掉了。电费都是勉强交，供电所不给欠。大队队部要人看管啊，也得留个办公室主任的，得给开工资，办公经费往往不够。

本来嘎查可以留2%—5%的地，考虑到老百姓很困难，为老百姓多得点，就全部分掉了。现在有些后悔，无法运转了。要是留100亩好地，每亩以80承包给别人，一年也有8000元，维持运转就够了。

嘎查现在没有财务权了，也没有土地权了。我觉得土地上才有财务权，没地有权也没法使了。现在搞点事情像种树、修路什么的，办不了。先搞大喇叭说明白了，还要逐个疏通，才可能办点事情。他们不明白或者不愿干的话说啥都没用，你也没什么东西可以卡住他们。涉及出钱出力的事情嘎查里人不愿动，自己出去打个小工，每天也能挣个30-40的，办集体的事自己就少这些收入了。

前几天我看嘎查里的路坏了，就准备修修。我在喇叭里喊了四天，也没有人有动静。可能这几天忙点，等过几天大家闲点，我再要求大家修修，自己的事情嘛，不就是一人一车土吗。去年也随便修过，但车多雨多的，路坏得快。义务工逐步废除了嘛，截至2005年彻底没有了。乡间公路也得修啊，否则出去都困难。更难组织，特费力。只能靠干部带头，分段分村修了。以前不干不行，拿经济约束你，不干就拿你的钱雇佣别人干。现在人家不干了，不能罚，卡不了，只能反复做工作。人必须有约束才能干好事。

以前嘎查里有专门管林业、牧业的干部，现在费用掏不起，都撤了，管理力度是小些。出现些问题还是有的。但在禁牧、保护林业上人们的认识逐步上来了。还能大致维持良好的状况。——摘自白村村长访谈记录从村干部的这段话中我们能够看到，村民委员会基本处于一种“无钱，无权，无事”的三无状态。国家转移支付的少量资金只能勉强维持基本开销。收入的减少、权力的削弱，使得村级组织的干部们既不愿也不能过多组织集体事务。村级组织除了上传下达之外，已经丧失了其他功能，基本属于名存实亡。白村村民委员会大院院门紧闭，庭院里杂草丛生，高音喇叭上密布的蜘蛛网也许正是这些基层组织生存状况的真实写照。如果说嘎查干部的话中存在过多对往日权力和利益的留恋的话，那么村民是如何看待税费改革之后的村政和公共事务的管理的呢？

（二）白村村民

嘎查公共事业干不了，嘎查手里现在一是没钱，二是没权。任何事情老百姓要是不同意了，没法做，干什么都得老百姓集体通过。集体通过就是开村民大会，我们这里没重大的事情不可能开村民大会，修补个路你还开村民大会？再说你开村民大会还是很多人不来。

以前嘎查干部要做的事情有收税费、三提五统、分地、分草场、每月报账什么的。现在没多少事情了，没有财权，也没有地权，现在嘎查只能传达传达上级的政策、搞搞计划生育，春天负责一下禁牧、造林，然后到镇里开开会，一年填写两个报表。嘎查的书记、村长以前每年咋的一年也能有个4000多块的补贴，现在每年也就2000元，谁还愿意多做事？就拿修村里的路来说吧。我们这里的机动车多，以前每年起码要修路两次，现在就很难有人修了。现在也不是村民不愿意修路，但是干部也不太愿意组织。大部分人愿修的，但有些人就是不修，干部很难组织，谁愿意操这个心。以前有义务工，可以组织修路。不来修的人，罚款，现在也罚不了。

嘎查那边黄沙吐的水井嘎查里人承包的。本来应该使用电来浇地的。但承包的村民为了多收工钱，改用柴油机抽水，现在柴油又贵，成本高；水比电抽的小一半，耗时多，工钱可以多收。这样就引起种地户与水井承包户之间的矛盾，于是有人偷偷用石头将水井堵死了，谁都不能用。个人的地没法浇了，集体的水井也废了。以前不管是涨工钱，还是堵水井嘎查都能处理，现在没人问。

林业也一样，乡间公路两边的树，最近几年起码偷偷被人砍了五百棵，没人管。以前嘎查有人专门负责林牧业的。村干部应该比谁都早知道，谁砍的其实大伙也明白，但不吱声，不得罪人。

——摘自个案一

老百姓（农民）权利太大了。邓小平、江泽民搞改革开放，工商业发展起来了，这些人好控制，加税、收钱、不让你搞。但现在老百姓放开就没法管，自己有能耐自己整一套，自己在田间地脚开地，你嘎查干部也不能管。嘎查里地头田角10亩、20亩的，有些人家就直接种了，不交钱给集体。这样一方面没有种的人不服气，同时嘎查里一点财力也没有。

现在谁当村官不难？乡间公路一年修一次是正常的。现在苏木合并以来好几年都没修，合并以来五年只修过一次，你看路上到处坑坑洼洼的，以前可好了。村间路、农田路都比现在好得多。百姓不愿修路，村长、书记修去？还不是白搭，啥都做不了。现在村干部都挂脖子上了。前几年一个劳力一年还有10个义务工，现在没有了。你说农田基本建设、道路维修这些事情咱老百姓有义务出去啊，政策也太笼统了，一刀切，义务工全取消。让拿钱雇人做这些事情，现在嘎查没有收入，以前还欠债累累，拿什么雇。最近修路几乎没有了，平地、修路什么的，集体油钱都出不起。让大家去修路，有人不愿意，搞不起来。以前修路什么的你能不去，不去就罚你一百。村官没法当，村里要是一人收个三块五块做点什么事情，肯定要被告成乱收费，收五毛也要被告成乱收费。事实上这些是合理的钱。

村里有点财力和权力还是好啊，国家也不来为我们做事。笼统下个文件就不管，后面没动静。比如说我们嘎查申请到滴灌项目，上边来人的话要求几天内安装管道完毕，可没有义务工。本来大伙一起出力就好，可有人不来参加，有的人说我只管我家地旁边的。这样误工、误力、误事，对集体和个人都没好处。

——摘自个案六

嘎查目前资金运作有困难。就当嘎查是一个家庭来看，就好像一个家庭似的，村委会也是个主管部门啊，没钱就是不行。修个路啊什么的也搞不了……税费改革之前，社员穷，集体富，老百姓不满意；税费改革之后，社员富，集体穷，集体一点事情都办不了。有时候这些钱没有着落了，就只能向社员要点。上头规定也是可以的吧。2004 年和 2005 年都是要搞社员代表大会，好像说是“一事一议”的政策。要求嘎查干部具体说明情况，如果代表们都同意收取的话，可以收取一点。一般是 15 元每人。有时收不起来，有些人不同意。

——摘自个案十二

税费改革政策实实在在地给村民带来了好处，赢得了村民的一致赞誉。但与此同时，白村村民也发现，他们往日十分仰仗的嘎查委员会已经丧失了为村民服务的动力与能力。由于税费改革触动了村民委员会的经济基础，使得其出现自身维持运转能力下降、动员组织能力削弱以及服务意愿丧失的局面。税费改革之前的嘎查，虽然在客观上增加了村民的经济负担，但同时也为村民的生产生活做出了很多的贡献，因此村民在话语中对嘎查干部目前的处境大多有一些同情的表示，同时也对嘎查目前功能丧失表示了不满和担忧。

从当前的局面来看，村政和公共事务管理中存在的问题主要有如下几点。

第一，乡村公共事业无人组织。村落作为生活共同体，有一些公共事业需要村委会进行组织。通过对这些资料的分析可以看出，由于在政治、经济和资源控制能力上的削弱，村委会缺乏公共事业组织所必需的经济基础和制约手段；同时组织难度的加大和干部收入的减少使得很多村委会干部丧失了组织公共事业方面的动力和意愿。在村民原子化日益严重的情况之下，村委会组织能力的下降会进一步加深村落生活的困境与不便。如修路、挖井、种树等有利于全村经济生活的事情都无人进行组织。在实地调查中，很多村民抱怨乡村公路与几年前相比大有不如，路况普遍破损严重。

第二，乡村公共产品无人管理。集体财产和设施如灌溉水井、乡间公路、林木等都因无人管理而遭到破坏。税费改革之后每个村委会只留下了3—4名主要村干部，以前设立用来专门管理林业、牧业、治安等等很多专职人员都被撤销，其职责由主要干部兼任，但是这些职责并没有被很好地承担。同时，村干部也在维护村集体公共产品方面积极性不高。这也与自身随着权力与利益下降从而对村集体认同感下降有关。

第三，乡村公共秩序无人维持。乡村社会的秩序是生产生活顺利进行的保障，对村落内部公共秩序的维持是作为自治性组织的村委会最主要的任务之一。这项重要职责现在被村委会干部有意无意地忽略，或者以一种不作为的方式进行应付。村民之间纠纷少人过问，如个案一所叙述的灌溉纠纷由于调解不力而以破坏性的结局收尾。

从白村这个村落的案例可以看出，村级组织的许多正功能或者说是当初设计时的主要功能在农村税费改革之后逐渐削弱乃至逐步丧失。这不能不说是税费改革带来的一个负面效应。当然其根本原因不在于税费改革本身，而在于国家和地方对村级组织财政支持存在着严重的不足。同样，在对努古斯台镇政府官员和当地村民的访谈中也能发现，乡镇作为基层政府组织在民众心目中的地位也越来越低，政府官员也开始不被村民所尊重。相对于税费改革之前的强势而言，基层政府的功能已经极其弱化。在后文中，我们还会看到白村村民在子女接受教育方面所面临的困境。也就是说，依照国家检验税费改革成败的“三个确保”标准来说，在“确保乡镇机构和村级组织的正常运转”以及“确保农村义务教育经费的正常需要”这两方面是亟待加强的。

农村基层出现的这种部分失序局面引人注目，但更值得我们关注的是：家庭联产承包责任制之后本已日益“原子化”的中国农村，随着税费改革后集体力量的进一步衰退，会呈现出怎样的发展态势？上文个案一有关灌溉纠纷和个案二对滴灌项目的描述中已经出现某种苗头，这是值得重视的。

村落生活困境的形成既有长期以来村落运转机制方面的问题，也有村委会力量衰落的原因。农村系列改革后村委会在土地控制、经济基础、政治支持等方面被全方位削弱。从客观方面来看，造成了村委会的动员能力和控制能力下降，在组织村落事务方面难度加大。从主观方面来看，村委会干部收益下降、权威丧失，在工作难度加大的情况下，村委会经营村落事务的动力和意愿极大衰退。[①] 农村改革后这样一些主客观因素的变化对村落生活的影响是值得注意的，需要制度上的创新和财政上的支持来化

① 郝亚明：《困境与回归：村委会的现状与前景分析》，载《内蒙古农业大学学报》（社会科学版）2008 年第 4 期，第 35—38 页。

解由此而导致的村落生活困境。

第三节　管理体制：机构改革

改革开放以来，农村经济体制改革率先起步并不断深化，有力地推动了农村生产力的发展，促进了农村经济繁荣。与此同时，同样肇始于改革开放之初的农村政治体制改革则行动迟缓，[①] 基本上未能取得实质性进展，严重制约着我国农村土地制度的完善和新分配制度的形成。这就必然要求改革与之不相适应的旧的农村行政管理体制。不在这方面取得重大突破，新一轮农村改革将难以深化，农村市场经济体制也难以建立和完善，势必严重影响农村经济发展和社会进步。建立与社会主义市场经济体制相适应的农村行政管理新体制势在必行，因此乡镇机构改革成为我国当前农村改革的重点与难点。

乡镇机构改革也是从根本上减轻农民负担的重要举措之一，农村机构改革事关农村税费改革的成败。随着农村税费改革的启动，尤其是取消农业税之后，切实而有效的农村政治体制改革进一步被提上议事日程，我国的乡镇机构改革也随之进入了一个新的发展阶段。[②] 国家在《国务院关于做好 2004 年深化农村税费改革试点工作的通知》中也对深化乡镇机构改革提出了进一步的要求。在这样一个基本背景之下，全国农村地区乡镇机构改革轰轰烈烈地开展起来。

---

① 党国英：《我国乡镇机构改革的回顾与展望》，载《中国党政干部论坛》2009 年第 3 期。

② 韩俊、张要杰：《我国乡镇机构改革存在的主要问题及政策建议》，载《理论视野》2008 年第 5 期。

一、白村所在区域的政府机构改革

为了达到转变政府职能、精简机构和人员、建立精干高效的行政管理体制和运行机制的目标，我国农村一直在进行着以此为方向的乡镇机构改革。白村附近地区在20世纪90年代就进行过一系列的基层机构改革，主要目标集中在人员和机构的精简上，但总体来看成效不大。2000年以来，随着国家对农村政治、经济体制改革步伐的进一步调整，尤其是为了配合农村税费改革，白村附近地区基层机构改革进入了一个新的阶段。白村所在区域的政府机构改革内容主要包括以下两个方面。

第一，乡镇合并。2001年，花灯苏木和附近的努古斯台苏木合并，组成新的努古斯台镇。花灯苏木的行政机构全部撤销，转移到原努古斯台苏木所在地办公。2005年年底，巴胡塔苏木并入努古斯台镇。目前全镇共有44个行政嘎查（村），总户数为3669户，户籍人口为18600口人，其中农村人口16398，总土地面积达到160万亩。

第二，原花灯苏木所在地的行政事业单位全部撤销，仅保留一所小学。卫生院、中学、信用社、供销社、派出所等全部予以撤销，并入努古斯台镇相应单位。富余人员进行分流安置。

二、机构改革与村落生活

近年来，全国各地纷纷进行了以乡镇撤并、机构和人员精简、调整条块分割等措施为主要内容的乡镇机构改革，对农村地区社会生活产生了全方位的影响。从总的情况来看，我国已有的农村乡镇机构改革主要是作为税费改革的配套措施推行的，各地改革的直接目的是为了减轻财政负担，因此，改革的主线是减人、减事、减支出。① 机构改革对村民生活的影响是全方位的。从经济层面来讲，作为农村税费改革配套工程的乡镇机构改革极大地减轻了农民负担。根据白村村民的估算，免除农业税之后人均收入增长在400元左右，相当于人均纯收入增长近20%，这是值得肯定的。但是与此同时，改革后乡镇机构如何切实地履行其社会管理和公共服务职能则在改革目标和制度设计中较少涉及，随之乡镇机构改革对农村地区社会生活带来的冲击便不断显现出来。

（一）政府机构基本职能的实现问题

以前啊，苏木在的时候，10天开一次小会，1个月开一次大会。现在是必要时才开会，一年多在三五次，少则两三次。

经济上负担挺大，苏木搬走了，涉及与那个机关办点事，来回交通费用大增。办个户口什么的本来派出所不要钱，但路费、吃饭、误工加起来也得有个五十八十的。现在这么多苏木合并，只有一个嘎查能有好处，其余的嘎查负担都增加了。我们这里没有首脑机关，经济活跃不起来，因为苏木政府以前在我们附近，但这个对别的嘎查影响还小点。

对我个人而言，以前我属于苏木派出所的招聘员工，当时派出所有5个人，其中4个是招聘的。苏木哪里有事情，我们起码能马上赶到保护现场。现在这么大一个镇只有1个派出所，要管44个嘎查。哪里出事都来不及去，十天八天之后才来处理有啥用？其实还是老百姓受苦，有时连个调解事情的人都没有。我们嘎查的一个村民，去年丢了4匹好马，值两三万元。报警后还得自己去找，没找到。等派出所的人从很远的地方赶来，马都不知卖到哪里去了。

——摘自个案二

① 马晓河：《乡镇机构改革“两步走”》，载《瞭望》2006年第17期。

我觉得机构改革实际对农民一点利益也没有。中央政策下来连个传达的工夫也没有。最近一些年来并来并去的，机构改革都是自己忙自己的。个人干部忙考核，拉关系，怕自己下台；机关机构东并西并，忙着整面子事。实事没人办了。

——摘自个案六

苏木在的时候，信用社、派出所、卫生院和供销社都是有的，现在全部都没有了。其他的倒也没啥，就是办事不方便，要去现在的镇上，衙门营，几十里地，坐班车贵，来回差不多三个小时的路程。我们这里两个屯子就有2600人，这么大的人口集中的屯子我们旗里都很少的，这里人口多，应该有些机构才好。

——摘自个案十二

从以上访谈中可以看到，村民普遍认为机构改革及乡镇合并在一定层面上影响了其基本功能的发挥。在村民的眼中，国家与政府已经远离了村落，远离了他们的生活。政府机构的基本职能如日常行政事务办理、治安维护、上级政策传达执行等等已经不如过去及时有效，他们过去所享受的服务已不再能轻易获得。这些变化已经给村民的生活带来了很大的不便与困扰。

目前我国乡镇合并往往以人口数量和产业规模作为基本标准，而这种指导方针严重脱离了西部民族地区地广人稀的现实，造成了基层乡镇政权在地理空间上远离人民群众。以白村所在地区为例，机构改革中白村所在的苏木和其他两个苏木合并成一个镇。尽管这样形成新建制内人口并不多，但其管辖面积却相当广袤，其直接后果就是很多嘎查到镇政府所在地的往返路程达到上百里。这样的空间距离已经超越了一个基层政权的辐射范围，从而导致其基本职能不能得到完全履行。同样，改革之后乡镇机构进行管理的能力也是值得怀疑的。在很多时候，基层政府对于村民而言是名存实亡的，在村民需要的时候难以接近。

(二) 基本医疗条件

医疗是各家各户都关心的事情，不像教育还只是一部分人关心的事情……乡镇机构改革之前苏木有卫生院，有八九个医生，当时条件好多了，不算太贵，不太远，方便，技术也不错。2000 年年底 2001 年年初这个时候撤掉的，现在大家看病主要是嘎查附近的 3 个个体医生，他们也有证，技术倒也不次于卫生院的医生，但一些设备没有。以前卫生院可以透视、化验，现在不行了。

——摘自个案一

看病上没太大的影响，嘎查里的几个私家医生都还在，就是贵点。现在合作医疗百姓都入股了，但都没有落实。最近开会时说要在各嘎查建医疗保健所，私人经营，集中管理。如果这些分所治不了的病，就会出转院证明，一级一级批准，让出去治病，就是比较麻烦些。

——摘自个案二

以前小病小灾就在卫生院看，现在在私人诊所看，方便还可以，就是价格贵点。我们这里的规矩是大病出去看的，离通辽也就几十里地。种个三四亩口粮田，生个大灾大病就没救了。

——摘自个案六

现在有病就找个体医生看，卫生院太远，不可能去看病的。合作医疗的钱已经交了，但不知道具体咋整。上卫生院太远，听说在村里找个体医生看病不能报销。这里离衙门营四十多里地啊，路也不好，来去太费事。

——摘自个案十二

如同村民所言，医疗是每家每户都关心的事情。对于机构改革撤并卫生院之后村内基本医疗条件的变化村民意见不一，部分人认为医疗条件下降，部分人认为没有太大变化。毕竟村级卫生医疗机构只是村民在常见病时的选择，生大病则往往会到邻近的通辽市就医。此外，村民一致认为医疗费用有所上升。

对于国家为了解决农村看病难问题而进行的农村合作医疗，由于政策宣传尚不到位，村民在现阶段对其认识模糊，并无太高的认可度。同时由于合作医疗在目前阶段实际操作程序复杂、限制条件较多、报销比例低等方面的原因，这一政策也被很多村民认为是可有可无的“鸡肋”。

（三）基础教育

村级小学合并的风气是2000年左右开始的，与机构改革是配套的。原来花灯苏木现在还有村级小学的只剩下我们白村这一个。整个努古斯台镇也就我们这一个村级小学了，其余全部合并到努古斯台中心小学，所有村小学中正式教师都在那里上班，全镇的小孩子也都到那里去上小学。

以前小学在各个村里的时候收费大概是每个学生两三百元花费，现在国家免了这个东西。但别的花销加大了。国家住宿免费，但吃饭、零花、路费什么的都得要钱，就路费一年也得要个200元，学生来回家里人去看望的。一些低年级的小孩子家里人不放心，就还要家里人去照顾，很多家庭不得不在学校附近租房屋照看孩子，还有人专门以此为业，照顾自己孩子的同时照顾别人的孩子，挣点收入。大一点的孩子还好，十二三岁就没事了，七八岁的孩子我觉得就必须有家人照看。我们亲属的孩子没在村里上学，去了通辽蒙中，据说一年差不多要5000元。比如说我的小孙子如果不在嘎查里上小学而是去了镇里的话，怎么说他奶奶也得去，花费一个人力不说，租房吃饭零花怎么的也不少于2000元，顶上好几个两三百了。本来村里一些比较穷的家庭，以前还能让孩子念书，吃饭在家里，路费没有，住宿不花钱，现在念不了了。现在有些小学、初中没念就不念了，怎么的也比以前多了，书记小弟弟的女儿 14 岁就没上了，我侄小子的儿子也不念了，嘎查里起码有十几个退学的吧。上初中的孩子花费大，干脆不去了，邻近毕业的时候去参加一个考试，拿到初中毕业证就行，这样的人也很多。上高中、大学更花多钱。我们这经济条件不行，一般家供不起。我们这里最怕的就是生大病和孩子上大学。

这个政策肯定让农村不上学的人越来越多，上不了，上不起。这个政策肯定对国家好，学校少了肯定投资少，少花国家钱。而且不读书农业劳动力不就多了吗？这样对国家也好啊。

——摘自个案一

镇上的小学是刚建的，老师学生都是从各地并去的，我们送孩子去不放心，就直接送到通辽算了，就是多花一些钱。我自己去新建的小学看过。刚建立的学校，管理不好，很乱的样子，大人不能放心。从外边看挺好，啥都是新的，新盖的屋子里面很潮湿，学生住宿的被窝都有水的样子……我姑娘去通辽念书 5 年了，小子在那边也 3 年了，两个小孩子一年的花费差不多 1 万元，其中借读费就要一年 1600 元。我家还要陪上一个劳动力照顾两个孩子。

村里有小学的时候，嘎查领导多关照一下，学校老师负责任一点，质量还是不错的。现在的教育改革说是与机构改革挂在一起的。上边说集中起来提高教育质量，搞素质教育，村里面太分散不行。虽然减免学费杂费什么的，但事实上加重了家长负担，没有减，反而加了。嘎查里没有小学，到镇上上学，家长少说一个礼拜要去看一趟，车费来回十几块，还误一天工；孩子生病、吃喝、成绩什么的老是操心，每天三次两次电话地和孩子联系。

——摘自个案二

咱们这个地区的人很重视小学上学，家里条件好的，即使嘎查有小学也把孩子往外送。不过我想要是嘎查里没有小学，就是国家减免一切费用，也会失学率大增的。家长不放心啊，小孩子出去怎么上学。外地上学学生经济花费高，家长还得老是去看孩子，路费误工，多花费啊。我们夫妻都是以汉文为主的，我就只会说蒙话，不会蒙古文的，当然要让自己的女儿去上汉文学校。10 年前我们嘎查小学撤的汉文班，想上汉文的没地上了。我女儿今年 13 岁，8 岁时我直接送她到甘旗卡一小上学，每月一切费用 230—240 元吧。第一年还收了 300 元借读费。现在享受学费减免。

——摘自个案六

我小女儿现在在上小学，一个学期总共交了 52 块钱，这是所有的花费。在小学上学的时候，回家吃饭，不花什么钱。远的嘎查的小孩子在我们这小学里吃饭每个月也要 100 元。我女儿今年小学已经毕业了，马上要上初中了，初中住宿费不收钱，可是一个月饭钱就是 120 块。两个礼拜回来一次，要掏来回路费，我还要去看看她。如果我们苏木当初的初中没有撤掉就好了，少花不少钱，还能回家吃饭。

——摘自个案十三

上学期我们学校有 71 名寄宿生，这学期是 43 人。学校有两名专职教师，负责这些学生的生活饮食。6 岁以上的小孩子就来我们这里上小学了，人太小。屯子里的小学都没有了，要念书啊，没办法呀。其实一般小学生都是需要照顾的，是不是？

孩子刚来学校寄宿时家长不放心，经常一周两次的来探望孩子。在学校寄宿半年一年之后，家长比较放心也就不来了。我们这里学生老师都是两周一休，接连上 11 天课，然后休息 3 天，这样学生家长接送孩子方便省心。

撤乡并镇，学校合并、建立寄宿学校有好的方面，也有不好的方面吧。

好的方面有几个：

一个屯子一般只有一二十个学生，两三个老师。屯子里的小学通常都没有英语老师，在小学阶段没有学习英语，以后上初中跟不上；下面的小学也没有音乐、体育、美术老师，体、美、劳等课程也没法开设。合并之后这些问题都解决了，我们学校的师资实力当然比屯子的小学高很多。我们学校以前还有一二十台电脑，还可以搞搞素质教育，在下边这是不可能的。

以前一般屯子小学里一个班级只有三五个人，同学之间竞争不强。集中之后班级人比以前多多了，通常是几十人，相互之间有竞争，有比较，学生成绩上升很快。

很多学生离开家来寄宿之后，自立能力变强了。以前在家里饭来张口，衣来伸手；到这里来之后都学会了自己照顾自己，什么洗脸、洗袜子之类的，都自己干。

不好的方面也有一些：

寄宿生花费大，比以前花老多了。每个月伙食费原定110元，两免（学杂费、书费）一补（伙食费）补贴了20元，也就是每月90元。这对于很多家庭来说是一个沉重的负担。同时离家远，零花钱也多。

学生来回接送问题大，存在安全问题。我们这里交通不方便，也没有班车。即使是我们原来花灯苏木的一些嘎查，送孩子到这里来上学来回也有四五十里地，一天也就耗在上面了。通常一个地方的孩子都是各家家长轮流接送，使用的大多是农用三轮车或四轮车，不安全。像衙门营小学接送学生出车祸的不少。

学校在运营经费上非常紧张。我们这里是分校，如果有统一考试，要到中心学校去考试，吃饭、住宿、车费都要花钱。现在国家规定不准找学生要钱，学校要负担这些费用，压力很大。学校本来就没钱，经费很少。碰上个什么要到旗里参加竞赛啥的，我们都不愿意带学生去了。

——摘自小学教师访谈

撤并学校、集中办学也是机构改革、减轻农民负担的重要举措之一。白村是原花灯苏木政府所在地，机构改革之前在这里曾设立了一个中学和一个小学。机构改革开始之后，花灯中学于2004年9月并入努古斯台中学。努古斯台镇村级小学按照政策应该全部停办。考虑到白村附近地区人口较为集中的现实，暂时保留了花灯小学。截至目前，全镇共设立中学一所，小学两所。

尽管在上文教师访谈中提到并校在“提高教学质量、增强学生素质”等方面的好处，但是对于并校这一举措，村民更多的是持负面评价。归纳起来有如下几点。

第一，年龄较小学生的照料问题。由于并校之后学校普遍离学生家庭较远，因此绝大多数只能采用寄宿的方式上学。尽管学校安排有专职教师负责学生生活起居，低年级的学生在生活上依然存在很大困难，家长对此普遍忧心忡忡。

第二，费用问题。在设计并校政策的时候，政府为了减轻农民负担，加大了专项财政投入，对学生实行“两免一补”的政策，即免除学生学杂费和书本费，同时补贴寄宿学生的住宿和饮食费用。但与并校之前相比，学生在交通、零花、食宿等方面的费用却大幅上涨。其人均花费约为以前的2—3倍。这样一个为减轻农民负担的政策设计却在实践中最重加重了农民的负担。

第三，学生接送问题。学校离家较远，孩子普遍较小，往返学校时必须接送。家长通常每月必须花几天时间在接送子女上。白村附近的地区交通条件一般，村落与集镇之间大部分都没有公共汽车。接送子女的交通工具通常都是农用车、摩托车之类，交通事故时有发生。

从总体上来看，我国长期以来设立村级小学的教育政策是具有很大合理性的，是适合于我国人口分散、地域辽阔的国情的。机构改革中集中办校这一政策在节约国家成本的同时，也带来了很多的负面效应。尤其在西部地广人稀的民族地区，这种一刀切的政策显然不能说是成功的。并校之后入学成本的升高、学校与家庭距离的增加以及家长对子女在学校处境的担忧势必对入学率产生很大的影响。村民们已经预言当地将有越来越多的学龄儿童将会辍学。白村青少年入学率下降部分地将这种预言变成了现实。

（四）生产生活资料购买

现在我们来客人了要招待都难，以前苏木机构在的时候，商店进的货都多，现在商店都不敢进什么货了，老百姓平时购买的不多，要买时又没得买。

——摘自个案二

我们这里现在买些基本生产资料都很不方便。买农药、化肥、种子什么的，都得到外边去，很不方便。我们实际收入还不错，都给别人赚了。有人说："我们干了一年半年，跑来跑去最后都送给木里图人了。"

——摘自个案六

以前我们这里供销社挺大的，供应农资、百货、食品之类的东西，我们要买的一般这里都还能买到，在这里买点东西很方便，不误时间，还便宜个运费。以前我们苏木的供销社在远近很有名气的。现在不行了，买点化肥种子的得跑老远，只能去木里图或通辽市，每跑一趟可能要花好几十元，还要误一天的工。

——摘自个案十二

随着苏木政府的撤销，一批服务行业及其网点也随之撤离了这个原本较为繁荣的集镇。不久之后作为当地主要商品销售中心的供销社也停止了营业，取而代之的是几个村民经营的小商店。由于这种小规模家庭经营的商店可供购买的商品种类非常有限，在功能上远远不能取代供销社。这样附近村民不仅在购买农资方面存在困难，即使是一些日常生活用品也必须通过赶集的方式才能买到。对当地村民而言，在增加了生活成本的同时，还给生产生活带来了诸多不便。

（五）金融服务

信用社、银行说没就没了。一方面老百姓贷不了款；另一方面存款也没地了。如果谁做生意每天赚个百十几千的，或者家中三万五万的，谁敢就这么放在家里啊。再说旁边的派出所也撤了，机关什么的都撤了，觉得什么都没有保障了。要发展没有资金扶持。上面中央出台不少好政策，下面却不实干事情。以往信用社在的时候每年可以贷些生产资料的费用，别的就够呛。现在贷款强制入股，最近四五年都这样，10%的入股，贷1万元入股1000元，不肯退股，也不知道是赔是赚。

——摘自个案六

信用社对我们农民还是很重要的。现在没有信用社很不方便。以前信用社还近，每年种地的时候搞点小额贷款，能应急，解决问题。现在得跑很远。贷款这事往往不是一趟能成的，总要跑。去年我向信用社贷款，就是到处跑。我条件都符合，可是还是没有给我贷款，可能是跑得少了点，太远了。

——摘自个案十二

信用社是我国广大农村地区主要的金融机构，在为农民提供金融服务，提供小额信贷，支持农村生产生活顺利进行方面发挥着重要的作用，在农村地区有着广泛的影响力。机构改革之后，花灯信用社卖掉在当地的办公场所，并入了努古斯台镇信用社。此后白村邻近地区没有任何金融服务网点，相关业务的办理须到几十里外的努古斯台镇。从村民的访谈中可以看到，信用社撤并后村民的存贷款业务成为难题，给生产生活带来了相当不利的影响。

乡镇机构改革事关农村的健康持续发展。一个稳定、有力、清廉、高效而又不至于给农村带来沉重负担的基层政府是保证农村发展的重要前提，也是乡镇机构改革的根本目标。然而这项旨在“精简机构和人员、转变政府职能、提高政府效能、减轻基层负担”的政策为何在白村村民那里得到的更多是负面评价呢？我们可以从两个方面来理解这个问题。

一方面是国家政策注重长远利益，着眼于大局；而村民则从自身利益和近期利益来对政策进行解读与评价。从户访问卷中可以对此进行印证：在对二轮土地承包完善、农村税费改革和基层机构改革三项政策的评价中，白村村民不约而同对前两项政策表示非常满意，而对机构改革的好评度明显低于前两者。导致这种共同选择在于村民普遍持有这样一种观点，即机构改革与自身利益并不密切相关，而且机构改革并没有如其他两项政策一样带给自己明显的利益，反而给生活带来很多的不便与冲击。

从另一方面来看，村民对机构改革的批评反映出了这样一个事实：机构改革之后国家与政府离他们越来越远。随着政府事业单位的撤并，机构改革前能够享受的服务与便利，如今已经无法享受。这体现了政策设计者对政策执行可能带来的负面影响缺乏考虑，或者考虑不足。在国家主导力量进退之际，政府未能调动社会力量进行调节和弥补，从而对基层生活带来了全方位的冲击。

白村这样一个个案不足以说明全国的问题，但它却代表了一系列与其各方面情况较为类似的西部农村尤其是民族地区农村在乡镇机构改革中所面临的境遇。地广人稀、交通条件较差、经济发展较为落后以及长期以来所形成的基层政府主导运行的社会模式，使得民族地区乡村社会在改革和变动之际总是面临着较为强烈的压力和冲击。诸如此类的不利因素会在乡镇机构改革过程中集中放大民族地区乡村社会所面临的压力和困境，使其在此过程中遭受较为强烈的冲击。这些因素都是在民族地区农村推行改革方针时值得着重注意的。

不久之前，中共中央办公厅、国务院办公厅正式印发《中央机构编制委员会办公室关于深化乡镇机构改革的指导意见》，并初步确定2012年基本完成乡镇机构改革任务，这标志着新一轮乡镇机构改革全面启动。乡镇机构改革过程中带给村落社会生活暂时的不便和冲击是可以理解的，当然这样一些不足之处也正是机构改革过程中政策设计者应该注意和加强的地方。在当前这个关键时刻，无论是政策的设计者，还是政策的执行者，都必须高度重视前期乡镇机构改革工作的相关经验教训，客观认识民族地区乡村社会的不同特点，在积极顺利推进乡镇机构改革的同时，尽可能避免或减少由此而带给乡村社会的阵痛和冲击。在全面推进乡镇机构改革的历史时期，以下三点值得我们高度重视。

第一，乡镇机构改革的首要目标是转变职能，机构改革之后乡镇履行的职能主要体现在“促进经济发展、增加农民收入，强化公共服务、着力改善民生，加强社会管理、维护农村稳定，推进基层民主、促进农村和谐”这四个方面。无论在推进机构改革过程中，还是在改革后对乡镇职能的评价上，必须坚持把这四个职能作为一个整体来看待，全面而辩证地处理四个职能之间的关系。在具体工作中不能厚此薄彼，或罔顾某些职能而单独强调其他职能，只有这样才能够使得制度设计的目标与制度运行的结果之间保持一致，而不至于对乡村社会造成严重冲击。

第二，乡镇机构改革必须坚持分类指导的原则，在制度设计的时候必须考虑因地制宜、因时制宜，根据当地区域特点和经济社会发展实际，确定乡镇机构设置和职能配置的重点。例如民族地区与非民族地区、经济发达地区与经济不发达地区、内陆地区与边疆地区等所面临不同的历史文化条件、经济社会条件、地理气候条件都应该得到充分的考虑。“全国有几万个乡镇，情况千差万别，这就决定了必须适应新形势要求，所有乡镇既要‘切一刀’搞改革，又不搞‘一刀切’，不能只搞一个模式。”① 充分考虑地方特殊性，在坚持基本原则的前提下因地制宜制定方针政策，也能减少政策的负面效应。其中尤其要注意民族地区农村的乡镇机构改革工作的推进，要因地制宜地采取变通方式来尽可能减少对民族地区乡村社会的冲击。

第三，乡镇机构改革必须注意从政策影响对象——乡村民众的角度出发来考虑相关问题，避免造成更大的冲击。从制度设计者或制度执行者的角度出发，视角往往存在很多的盲点，这就是造成制度设计目标与制度执行后果存在差异的原因所在。具有良好意愿的社会政策并不能一定带来公平正义的社会后果。深入村落社会的生活情景，了解民众真实意愿与反应，对于乡镇机构改革的成败而言具有重要的意义。在少数民族农村地区，民族文化传统以及历史现实情况都应该纳入考量的范围。

第四节　一个知情者眼中的白村生活

村民 BH 于 1952 年出生在白村，1967 年初中毕业后回家务农。从 1975 年到 1995 年，他先后担任生产队现金出纳员、生产

---

① 盛若蔚：《新一轮乡镇机构改革全面启动》，载《人民日报》，2009 年 3 月 25 日（13）。

队会计和嘎查会计等职务；1995—2000 年之间，他被临时招聘为花灯苏木的会计。2001 年国家进行机构改革，花灯苏木和其他苏木合并，BH 被辞退后再度回村务农。

这位睿智的村民熟悉白村及周边地区的各种情况，对苏木、嘎查之间和嘎查内部的运行机制和相关事务颇为了解，对村落中的各种问题有着自己独特的理解和思考，是本研究村落资料的主要提供者之一。本部分以 BH 对一些村落事务的阐述和见解为素材，以关键词解释的形式进行展示，作为上文“体制、政策与村落生活”论述的补充。

一、基层债务与农民负担

20 世纪 90 年代中期的时候村务管理非常混乱、复杂，嘎查的吃喝、用车、招待等开支等都很大，有时候甚至要靠贷款来维持。那个时候一个嘎查每年吃喝都差不多要 2 万多元，用车也得 3 万多元，总共差不多 5 万元。这些钱都得向村民要啊。1997 年时候吃喝风大，记得有一年嘎查吃的羊就有四五十只，猪也有十四五头。有时苏木领导来嘎查开会时，嘎查领导还会陪同苏木领导去通辽吃喝，一般都是包车来回。

咱们苏木 5000 多人口，苏木政府正式员工好像有二十七八人（含退休人员 5 人），其中还不包括财政所、派出所等单位的人。然后还从各个嘎查中招聘了临时员工 14 人，以每人每年 3000 元工资算（250 元/月），要花 42000 元。1997 年的时候苏木食堂一年开支大概是 8 万元，在外边吃喝的招待费 2 万元。养车花得也多啊，加油费每年要 25000—26000 元，修车费每年也得要个 2 万元，电费每年 8000 元，3 部电话每年要 6000—7000 元，每年买煤差不多 7000 元。这些大型开支就需要 20 万以上，再加上一些小的开支我想差不多 25 万吧。苏木的收入主要来自两大块，一块是国家财政拨款，主要用来支付正式员工工资、办公经费以及差旅费等，国家每年拨给苏木的也就二十一二万，其中给每个正式员工的办公经费是300元；另一块主要来自统筹，由农民按人口交的，按每人20元算，也就是10万左右。在账目上，按上边所说的收入来源分成两个账户，一个叫财政账户，一个叫财务账户。财政账户是死的，国家给的钱就那么多；财务账户是活的，无法运转的时候就会找些名目向农民要一些来花，这样农民的负担当然就会重啊。再不行就只能借债。当时苏木和嘎查花钱都太随便，很浪费的。咱们苏木合并的时候还有欠款300多万元，努古斯台苏木也欠了300多万元，合起来之后努古斯台镇要欠700万元，都是国家的钱。

二、基层抬款[①]行为

抬款在20世纪90年代中后期十分盛行，这是与高收费时期相对应的。一般分为几种：一是集体向集体或国家借，就是嘎查或苏木向信用社或银行借款。嘎查和苏木开支大，或者是向上缴纳的税费收不起来，只能抬款。以花灯苏木为例，统筹收上来的费用每年只有7万—8万元，开支大约为20万每年，包括小车修理费、吃喝招待费、电费、取暖费等。二是集体向个人借，一般是嘎查向个人借，通常是村民缴不起各种税费，先由嘎查抬款缴纳，利息由欠款人支付。我现在还借给隔壁村1万多元，是别人的钱，到现在还没有收回来。三是个人向个人借，一些人没有钱缴纳农业税、三提五统和其他税费，或者是没有钱进行农业投入，就只能高息向别人借。

20世纪90年代中期农民负担重，交不起提留和农业税，有些村民靠私人抬款缴纳，有些就开始拖欠。拖欠的人就形成了今天对嘎查的欠款。村民能拖欠，但是嘎查不能拖欠，嘎查就开始

---

① 方言，即借高利贷，高息贷款行为。

向私人抬款或者向信用社借贷款。我们这个苏木里有些嘎查向信用社借款信用社都不给借，借的话也只能以嘎查书记个人名义借，以嘎查书记的家产为抵押，以嘎查集体名义借都不给借。

由于嘎查欠私人抬款，私人前来逼债。村里没办法，只能将欠债家庭中有牛、马、车的人家的东西转卖抵债，将没钱还债的家庭告上法庭。2000 年年末，村委会以拖欠嘎查集体钱款为由将欠款户告上县人民法院。被告村民不服气，反而将村委会告到了中级人民法院，理由是收费不合理。他们认为因为欠款而被集体收回了承包地，所以债务应该由嘎查代他们偿还。

债主们来要债总是找嘎查书记。前几年的时候，嘎查书记都不敢在家待着过春节，这时候总有人上门讨债，偶尔还有地痞流氓上门来恐吓。还有些债主在冬天没有活的时候来书记家吃住十天半月的，赖着不走要账。

我们嘎查抬款最多的时候有 80 万元。后来通过向外承包土地得到的合同收益偿还了一些，或者分发到各个欠债户的头上也抵消了一部分。2004 年完善二轮土地承包的时候，向村里 50 个新生无地婴儿每人收 200 元，同时欠款户为分地也偿还债务 10%，总共得到 10 万元，还了部分抬款。

三、“统一经营管理”政策

1994 年我们这里下大雨，地涝了，积水严重。大多数地的玉米绝收了，好一点的户也就弄口吃的。那一年国家给返销粮，按人口给玉米 200 斤。我们这里种地投入大，前一年的收入要作为下一年的投入，绝收后很多人家就没钱投入了。于是就搞了统一经营管理。就是生产经营什么的先由苏木和嘎查组织投入，等秋后收庄稼有收入了再把投资还给苏木和嘎查。首先是由苏木从信用社贷款，从甘旗卡种子公司买种子，从通辽市买回化肥。然后由各个嘎查按照需要领回去分给各户。这些做法都是为老百姓考虑的。当时这个政策很普遍，只是各个嘎查实行程度不同，有的管得特别多，有的管得比较少。我们嘎查管得特别多。

当然这个政策并不是所有的人都支持的，有钱投入的人就反对，因为统一管理的时候还是负担重啊，什么东西都贵的；没钱的人就不反对，反正他们也没有现钱买东西，没钱投入就没法种地。后来这些人还是欠下了集体大笔钱，由于当时收费还是高，同时家庭有供学生的费用、日常开支的费用，这些都要现钱，卖粮后现钱都用在其他方面，集体的也就欠下了。

集体管理的时候我们嘎查每户每年都要交集体好几千块钱，其中包括开耙费、种子、化肥、代放费等生产费用，甚至连照明的电费之类也由嘎查统一收取。1996 年时我家种 5 口人的地，交嘎查 6900 元，什么钱都收的，连我家安装电话的 1700 元也包括在内。集体管理不好，也很多问题。管得太多，管得太死，没有积极性。嘎查要求统一管理，统一经营，自家有四轮也不能翻地，要嘎查统一组织。收费还是过高，耙地费最高收到 32 元/亩，自己弄最多 20 元啥都整好了。秋收后很多社员没钱还集体账，所以很多人欠集体钱，集体也就欠上边的多。据说咱嘎查是苏木抬款最多的，社员欠的也最多。信用社人说嘎查 2005 年还有 80 万元未还，我们嘎查 800 人口人均 1000 元。1994 年的时候嘎查欠外边的抬款也就是 1 万元，1995—1998 年集体管理几年欠下大笔钱。

四、税费改革后的嘎查干部

现在补贴比以往少多了，差一半以上。工作又不好开展，没什么人再愿意来做村里的工作了。我们去别的村，别的地方也没有人愿意做村干部。现在在做村干部的只是为了名誉好点，土地多的地方兴许还有点经济上的利益。

今年明后天就选举了，这些准备活动都没人做。后天就投票，大多数人都不知道，很不正规。选票印了，也没听村民说推荐过谁。可能是上头任命或推荐吧，这样村里人可能又会有意见。只是推荐也没什么人愿意干吧。

嘎查干部也不费心做事了，一些扶持项目都被其他嘎查领导申请走了。现在大部分村里人都认为有没有领导都行，反正都是自己干自己的算了，指望不上领导争取到什么项目。

现在是书记不想干，村长不管事。我觉得现在嘎查账目少了，要管的事也没有了。我们这种嘎查啊，有一个书记，一个会计，一个计划生育村长就行了。村长之类的可有可无，反正无权又管不了钱，村长书记之间还总是矛盾一大堆的。

五、税费改革后的村民权力

改革后有些地方老百姓权利太大了，村委会啥事都做不了。比如说嘎查里一些荒废的盐碱地自己人开发不了，想卖给外地有技术有资金的人开发，然后用合同承包金来偿还集体以前的债务。村民硬是不同意，要求卖多少钱分多少钱，一分也不能用来还债，否则就不同意卖地。我想这些地也不全是老百姓的吧，应该是集体的啊。税费改革后就没有集体了，村民现在是想把集体全部分掉。这种情况下村民领导办得了事吗？

现在我们这里的老百姓是皇帝啊，可是没有集体大家做不了事啊。咱们蒙古族地方的老百姓不灵活，只看到手头的。汉族地方的村干部虽然补贴高，利用职务之便也能得些好处，可是村里的老百姓不敢说，也不愿多说，因为这些领导也为大家办很多好事，努力为村里争取项目和优惠政策。

六、农村合作医疗

农村合作医疗 2005 年我们村开始了。集体的时候也有合作医疗，也就是 20 世纪 70 年代中期到 70 年代末吧，大概六七年，每个人口交2块钱，不交现金，从账上扣。那时大队里有合作医疗站，有三四个大夫，吃多少药都不要钱。国家肯定是为农民好，否则也不用拾起这老政策，还往里头贴钱。去年一个人口10元，以后年年要交吧。通辽市给10元，自治区给10元，后旗给10元，看中央台广播好像是中央每人给10元，总共是50元。吃药看病就从这个钱里给报销一些，不吃药这钱就给你留着，像存款一样。大多数人愿意加入合作医疗，但也有人不愿意的。有些人认为自家人口少，体格好，不生病，不加入。怎么看病，怎么报销，具体的也没定，我们不清楚，心中没底。附近又没有卫生医疗站，去看病路费都超过报销的钱了。去通辽一趟十几块，去衙门营一次也是十来块，还不方便，不如找村里医生看。据说乡级卫生院给报40%，旗县级卫生院给报35%，市级医院只给报30%，200元以下还不给报。

总体看来，生点小病还不如在村里找大夫，生大病合作医疗这点小钱不管用。

第五节　白村"先行者"的遭遇

HRC是白村颇有影响力的一位村民。他从20世纪90年代初开设修理部开始，先后筹办或经营过加工厂、养猪场、糖化饲料厂等项目，近年来开始承包大片荒地、进行农牧养殖业综合开发。村民们对其评价是"能干，敢干，有魄力，敢投资"。从思想观念、行事方式上来看，HRC都算是白村的"先行者"。

本部分以1996年和2006年对HRC的两次访谈资料为据，以对比的形式展示其在白村村落生活中的境况与感受。

一、创业经历与憧憬（1996）

据老人说，我爷爷生前在尹家街村（现在叫“保安村”）的尹姓地主家做耪青（长工）。我爷爷被马车压死之后，我奶奶带着5个儿子、3个姑娘投奔额日吐的亲戚。我父亲就是在额日吐成家立业的。我们兄弟姐妹几个都是在额日吐出生和长大的。

1974年父亲来东花灯的“花灯公社综合厂”当会计（属于农村户口）。1976年我们全家（父母、本人、两个妹妹、一个弟弟）都搬到东花灯生活。但我们全家的户口都在额日吐。按当时的政策，户口所在的生产队提供口粮。因此，当时用我父亲的工资从额日吐购买全家的口粮。

1982年农村实行承包后，我们在额日吐的口粮也就没有了。我们住在花灯也不可能到离花灯有近10里的额日吐去种田。因此，我们向苏木（当为公社）提出申请，要求在当地解决户口和承包田。1984年苏木和白音套浩嘎查批准，在白音套浩嘎查落下了户口。也分得了每人4亩的承包地，一共24亩。

1985年我父亲承包综合厂，以4万元承包（固定资产2万元，债务2万元）。工厂雇佣5个工人。父亲承包后，头两个月还营利一些，但从第三个月开始由于原材料价格上涨，营利的部分只够发工资。第四、第五个月开始亏损，导致第六个月倒闭，解散工人，厂房及设备闲置。1994年夏天，银行在清理乡镇企业的陈旧贷款问题时，把机器设备、厂房、我和妻子栽的4000棵树、家里准备盖房子的木材等全部作价为2万多元还了贷款。其余的1万多元，银行给予免除。经过这次清理之后父亲一下子变得一贫如洗，但终于解决了压在父亲身上近10年的巨额债务。

1986年11月我结婚。妻子是外地汉族，当时她住在姐姐家，她姐夫是本苏木的副苏木达，姐姐是苏木卫生院的出纳。她姐夫是我们俩的介绍人。结婚时送女方彩礼280元，买家具和婚礼费用不到1000元。结婚后，我和妻子虽然与父母分开住（附近），但吃饭、劳动和钱财在一起。1989年10月正式分家。分家时父亲从家里3头母牛、11头公牛中，给我们1头母牛。另外还给我们1头年猪。分家后的第二年（1990）春天，我们借了5000元（妻子从她的亲戚那里借了4000元，我从亲戚借了500元，父亲给我们的年猪卖了400多元，父亲提供檩子）开工盖三间砖房。1990年8月2日（农历）搬进新房子时我们一共欠了7000元。其中，1000元是信用社的贷款（月息1.1%）。1990年、1991年我们只种了我的承包地4亩。妻子和孩子的承包地没有给补。1991年没能还欠款。1992年调整土地时给我妻子和儿子补了每人4亩的承包地。我们家的承包地增加到12亩。此外，当年我们又承包中心小学的5亩地。当年获得大丰收，收获1.1万斤玉米。当年玉米价格相当高（0.58元/斤），因此，卖了6000多元的玉米。当年7000元的欠款还了5000元。另外水稻（每口人1亩，共3亩）收获了2000斤稻子，够我们家吃一年。

1992年11月3日开始从事焊接副业。电焊机借自原苏木综合厂的旧机器。1200元的流动资金是妻子从她的哥哥那里借的。1993年6月筹备经营加工厂，10月正式开业。经营项目为碾米、磨粉和饲料加工。厂房是借原综合厂的房子，设备是新买的。为了买设备，从亲戚处借了1万元。此外，还借了4000元的高利贷（月息3%）。到年底用一年的两项副业（焊接和加工）收入，再加上卖玉米和猪的收入，把高利贷及其利息全部还掉，另外又还了其他欠款2000元。

1994年2月我们考虑到住房和厂房相隔太远，我们就把住房卖掉了。房子卖了12000元，7000元现金，5000元赊账。用其中的5000元现金把借用的电焊机和厂房买了下来。用剩下的2000元现金，买了砖，用赊账的方式，请泥瓦匠和木匠盖了房子。4月初动工，4月底入住（卖了房子之后在别人家里住了两个月）。1994 年我们这一带遭受特大水灾，旱田绝收。只有水田收了 2000 斤稻谷。这一年还的欠款最少，只还了泥瓦匠和木匠等的盖房子时赊的账。小女儿 1994 年 1 月出生后，我们以每月 50 元钱请了一个保姆，雇佣了两年。

1995 年电焊和加工的收入 1 万元，卖了 2 头猪 1400 元，玉米卖了 3500 元。这一年买新的粮食加工设备花费 4300 元，买旧四轮花费 5000 元。1995 年的欠款余额现在只剩 2000 元未还。1996 年的电焊、加工和粮食的总收入达 3.5 万元。但这一年的开支也相当大，花 1.2 万元购买了原通辽铁路学校的 60 间旧砖房的木材、砖和石头。然而，拆卸和运输费就花了 1.7 万元。不过，这些材料如果全部出售的话可以卖 4 万元以上。

目前，我们家除了配备电焊、粮食加工的设备和厂房、小四轮拖拉机等生产性固定资产之外，还有 6 头牛、5 只山羊和 5 头猪的家畜。家里没有什么现代化电器，只有 1 台黑白电视机，新近安装的电话。现在承包的旱田为 16 亩（每口人 4 亩），水田 3 亩（每口人 1 亩，分水田时女儿没有出生）。

今年我们打算再搞两个项目：建立糖化饲料厂和大批量养猪（20 头）。养猪由我妻子出面申请新下来的联合国妇女基金贷款，并与我弟弟合作。我们家出厂房资金，弟弟出力，利润对半分。现在我们自己的 2 头母猪已经下了 20 头猪崽。又有现成的猪圈，符合申请贷款的条件。估计获得贷款的问题不大。

建糖化饲料厂需要巨额资金，建厂房和购买设备就要花费 10 万元。流动资金也需要 5 万—10 万元。我搞这个项目的主要目的是带动贫困户和残疾人致富。嘎查领导已经表态支持。我希望嘎查能为我优惠提供 100 亩的饲料基地。如果能如愿以偿，这个基地不但能解决部分原料，而且也能获得可观的收入（2.5 万左右）。加上我已有的建筑材料，今年秋收后如果要建这个饲料厂的话仍需投入 7.5 万元左右，想让饲料厂启动，还必须从外边再借 2.5 万元。饲料厂能否建成和按计划运营，还得看嘎查领导的支持和年景如何。

二、现实困境与不满（2006）

农村想进一步发展没有政策。现在国家政策是让人比较满意，上面好，可是到下面就不行了。再说国家政策也是这样，有时候也会出尔反尔。十几年这个地方没什么改变，这个地区发展不了，发展不了。什么开发、扶持都到不了这个地方，再加上当地老百姓眼光浅点。什么产业也发展不了，现在搞什么扶持，什么贷款也到不了这里。现在搞什么扶持贷款都要求抵押，或者让他们入股。这样分红或什么的事实上比什么贷款都要贵，不好使。嘎查帮着说或担保之类的都不算数，不管用。

当地领导也帮本地跑了不少，可没有什么效果。国家政策来不了，当地政策也来不了，经济不行的时候就只能卖地了。现在全国一阵风，到处都把农民的地卖了，农民只能上访。什么市场经济，我们本地生产的东西要四角，人家外地的只要三角，人家能要你四角的?

我 10 年前就想建的糖化饲料厂到现在都建不了。资金根本没有办法到位，花高利贷整不了。这地区缺资金，借也借不着，贷也不成。向信用社贷一千，要求先交一百元，然后还有风险金并要求让他们入股。看报纸说国家对农村有小额贷款，原来挺高兴，后来才知道是白高兴，根本没有人管。没办法，只能供好自己的两个孩子，让他们多读点书。

我家现在总共有 300 多亩地，只种了 100 多亩，其余的现在也只能种草养牛羊。我是一次性买断的，一亩地每年交村里十来块钱，一共向嘎查交了 26 年。以前我比较富裕，村里没钱上缴三提五统的时候，是我给嘎查担保的，后来这些钱都是我用自己的资金还给别人的。现在两个苏木合并为一个镇，村里没有钱退给我，我和村里以前签的合同也不让退，这样嘎查只能多给点地给我种了。

1996年、1997年的时候，整个花灯苏木就我加工收入最多。现在和那时相比，我的收入也没有减少，但是想再进一步发展就不行了。我曾经到旗里银行争取贷款，可是正好碰上银行整顿，不让搞，我就没有办法了。如果有可能的话，我多的钱也不贷，贷个十万以下。多的不说，在集上售点什么，每年多赚个万儿八千的没有问题。

前些年我一直养猪，收入不错。现在是市场经济了，想养的人多，价格肯定要跌。幸亏那个时候我看出了形势，赶快转行。照现在的价格，猪价下跌了很多，养多了肯定亏死。现在干事情风险太大、太多。

现在我主要搞综合，不想当年就有收入，也不想在近期就赚。在我承包的地上，养鸡、养鸭、养鹅、养猪和种地一起来，综合经营肯定要比单种经营收入好。

我本来养了20头牛和90多只羊。最近几年天旱，草场越来越不好了，我去年把90多只分羊两次全部处理掉了，有两三万元的收入。家里还有一二十头牛，有条件的话进一步多养牛。牧业不会放掉的。如果当初我的糖化饲料厂建好的话，起码能养200—300头牛。现在国家政策只能这样，我只能得到这些。

农业是季节性的活。一般也就4个月的时间，真正活多也就两个半月，其余的时间就可以搞各种经营加工之类的。我这承包地上的活基本完成了，我这就下山来整整自己的房子，准备把自己的电焊修理部再开起来，同时做些小买卖，搞些土特产生产资料啥的，多少能挣一些收入。我自家的承包地30来亩都包给别人了，我自己主要经营我从嘎查里承包的300亩地。这300亩地中我种了130亩，都是低洼地，地力一般，亩产通常也就800—1000斤；还有160亩是自然草场，属于盐碱地，除了它本身自己生长的草之外，种啥死啥。我曾经在这些盐碱地上种过草，草根一长入盐碱范围马上死。这些地目前不能进行种植，必须先改良然后才能种庄稼。我准备实行轮耕轮作，我让其他嘎查的三群羊在我的草地上放牧，条件是让他们帮我看山上的房子，并且羊粪都必须归我所有。羊粪这玩意儿改良土地最好，我自己再拉一些土，用不了三年两年的，这里都成好地了，那时收益就大。

目前最大的问题啊，主要在于农资涨价，而且卖粮还是得看人家脸色。你看小麦、大米都有保护价，只有玉米最近两年没有保护价。

我觉得机构改革实际对农民一点利益也没有。中央政策下来连个传达的工夫也没有。最近一些年来并来并去的，机构改革都是自己忙自己的。个人干部忙考核，拉关系，怕自己下台；机关机构东并西并，忙着整面子事。实事没人办了。

政府房子是国家的，一锁门就算了。这么大一个院子只卖了 14 万块钱，当初百姓出了很多钱的，整不了。信用社的房子也卖了。

金融改革：信用社、银行说没就没了。一方面老百姓贷不了款；另一方面存款也没地了。如果谁做生意每天赚个百十几千的，或者家中三万五万的，谁敢就这么放在家里啊。再说旁边的派出所也撤了，机关什么的都撤了，觉得什么都没有保障了。要发展没有资金扶持。上面中央出台不少好政策，下面却不实干事情。以往信用社在的时候每年可以贷些生产资料的费用，别的就够呛。现在贷款强制入股，最近四五年都这样，10% 的入股，贷 10000 元入股 1000 元，不肯退股，也不知道是赔是赚。

生意：苏木政府在的时候可以搞搞买卖，政府自己有消费，流动人口还多。我修理焊接的技术好，百八十里地的人都来我这里修理。我的修理部，政府召开会议，很多人来开会，有车坏了就可以修，还出租些工具什么的，收入还是不错的。苏木合并，这里的政府撤销后，我的生意差不多差了 1/3。由于我有地要种，就暂时放弃了这里的修理部。

医疗：以前小病小灾就在卫生院看，现在在私人诊所看，方便还可以，就是价格贵点。我们这里的规矩是大病出去看的，离通辽也就几十里地。种个三四亩口粮田，生个大灾大病就没救了。

教育：咱们当地有个习惯，要供学生。这几年没有办法，两个孩子上学，每年要花一万到两万。大孩子中专毕业，小孩子在读小学。大孩子是批合同上的学，说是培养教师。咱们这个地区的人很重视小学上学，家里条件好的，即使嘎查有小学也把孩子往外送。不过我想要是嘎查里没有小学，就是国家减免一切费用，也会失学率大增的。家长不放心啊，小孩子出去怎么上学。外地上学学生经济花费高，家长还得老是去看孩子，路费误工，多花费啊。我们夫妻都是以汉文为主的，我就只会说蒙话，不会蒙古文的，当然要让自己的女儿去上汉文学校。10 年前我们嘎查小学撤的汉文班，想上汉文的没地上了。我女儿今年 13 岁，8 岁时我直接送她到甘旗卡一小上学，每月一切费用 230—240 元吧。第一年还收了 300 元借读费。现在享受学费减免。

旗教育局组织优秀学生去北京五日游。我女儿是优秀干部和优秀三好生。这月 25 号就去，报名费要 700 块，加起来总得花个一千几百的。不能让孩子看见东西都不能买吧。我本来不想让孩子去的，听说要去清华大学校园逛逛，为让孩子上进心强点，就让她去了。

现在到处都时兴集中起来搞素质教育，学费、杂费免了，书本费要交一部分，我们这里小学每期 20—30 元，初中每期 60—70 元，住宿费全免，伙食费补贴 40—60 元每月。但学生家里开销还是大。

事实上，1997 年的二轮土地承包分配政策本来已经很好了。

30 年不变大伙也很满意。30 年我们定了心啊。是自己的地自己还不保护好，自己的地都舍不得糟蹋。种点豆类费地力起风沙的都不在自己的地上种，在租种别人的地上种。但后来的完善就把事情闹大了，完善出矛盾了。打乱调整、不公平、达不到指标农民不满意。

税费改革我们家现在能享受的就是一个农业税减免的政策，减免农业税我享受了几十亩的口粮地，其余我承包的地是合同，没有享受这些政策。其实老百姓给一点点好处都行。我在花灯街上的修理部还在开，每年都有个三万五万的欠账，一年还有个三千五千的税。别的嘎查能争取到好的项目和补贴政策，我们这里也没有。政策再好，我也得不了多少；政策再差，我也损失不了多少。

改革后老百姓（农民）权利太大了。邓小平、江泽民搞改革开放，工商业发展起来了，这些人好控制，加税、收钱、不让你搞。但现在老百姓没法管，自己有能耐自己整一套，自己在田间地脚开地，你嘎查干部也不能管。

现在谁当村官不难。百姓不愿修路，村长、书记修去？还不是白搭，啥都做不了。现在村干部都挂脖子上了。前几年一个劳力一年还有十个义务工，现在没有了。你说农田基本建设、道路维修这些事情咱老百姓有义务出去啊，政策也太笼统了，一刀切，义务工全取消。让拿钱雇人做这些事情，现在嘎查没有收入，以前还欠债累累，拿什么雇。最近修路几乎没有了，平地、修路什么的，集体油钱都出不起。让大家去修路，有人不愿意，搞不起来。以前修路什么的你能不去，不去就罚你一百。村官没法当，村里要是一人收个三块五块做点什么事情，肯定要被告称乱收费，收五毛也要被告成乱收费。事实上这些是合理的钱。

乡间公路一年修一次是正常的。现在苏木合并以来好几年都没修，合并以来五年只修过一次，你看路上到处坑坑洼洼的，以前可好了。村间路、农田路都比现在好得多。

村里有点财力和权力还是好啊，国家也不来为我们做事。笼统下个文件就不管，后面没动静。比如说我们嘎查申请到滴灌项目，上边来人的话要求几天内安装管道完毕，可没有义务工。本来大伙一起出力就好，可有人不来参加，有的人说我只管我家地旁边的。这样误工、误力、误事，对集体和个人都没好处。嘎查里地头田角10亩、20亩的，有些人家就直接种了，不交钱给集体。这样一方面没有种的人不服气，同时嘎查里一点财力也没有。

你说国家的政策是好是坏？有的方面给农民太大权力，很不好；有些方面却偏偏不给农民权利，太死。总是一刀切。为什么不在有些问题上给农民更多权力呢？上头规定是啥就是啥。养兔不行我养鸡啊，种树不行我种豆啊。说是不许改变耕地草场的使用目的，保护农田和维护生态环境。稍稍违背一点就是林业局、嘎查都来干涉，一罚一亩几千块，谁敢干？事实上，不破坏生态和土地的条件下可以多点自主经营的权力。比如说我们嘎查的草牧场，基本沙化，没草闲置。把这些地改良在上边种草，完全不准牲畜放牧，用种的草发展牧业，收入大、不会沙化、没闲置土地，还能增加收入。现在守着块没有利用价值的死地，继续沙化，没有用。

这个地区发展不了。第一人口多，学校也撤了，各种工商企业也几乎瘫痪了（指乡镇合并，花灯苏木政府并入努古斯台镇，这里的中学和政府等机构撤销），交通也不方便，农民地种不了，想打工出发不了。打工第一被骗了，交通也不好，我们这里还通不了班车。今天能去，明天不能去的，人家就不要你了。第二搞牧业也不行，草场不好，也不多。

现在孩子都要到外地去上学，这样孩子上学钱就不少花，光路费就很多，要坐班车到处跑。我们这里的卫生队也被撤销了，只剩下当地几个赤脚医生，死贵。

孩子寄宿问题大，相互比较，出去吃喝，养成习惯之后自由散漫。家长每次给个十块八块的，两天就花没了。小孩这样长大后没法管。大人没法管，学校管不了，孩子养成的弊病多了。学校的环境不行，孩子还经常爬墙出去玩乐。孩子一搞出什么事情来就说学校有责任，谁敢多管？说是集中起来搞素质教育，作业少了，给孩子玩的时间太多，不是好事。

我听中央台广播说，2007 年、2008 年农村乡村公路都要修起来，但什么也不可能实现。中央财政拿多少，地方财政拿多少。地方财政拿不出啊，这事做不了。道路影响大。去个通辽，三小时；去个镇政府，三小时。人都死半道上了，还能去打工干什么活？

将来农村养老要出大问题，重视教育，大家把钱都投入小孩教育，老人咋办？老人也成问题，供孩子还供老人，我们这供不了。我们这重视孩子教育，老人就差点。以后一个孩子养那么多老人怎么养得起啊。

我没有走出我们这个地区，我整天都在悟这个事，现在这个政策就只能达到这个地步了。我与别人不同，我敢干，想干什么我都要尝试一下。我们这里要发展有很多问题，没法解决。

交通不便，没乡间公路，一般的路状况不好。

缺很多基础设施建设，加油站都没有一个，加个油跑几十里地，去通辽，木里图。

金融支持没有，没有无偿或低息贷款，干什么都缺资金，如果 2—3 分利抬款，都给人白干了。

基本生产资料，像农药、化肥、种子什么的，都得到外边去买，很不方便。我们实际收入还不错，都给别人赚了。有人说："我们干了一年半年，跑来跑去最后都送给木里图人了。"

缺少真正实用的技术和项目，缺少真正有技术的人来指导，上边来的人，都是搞形式，不干实事。现在花灯上面来了一个扶贫项目，种树。当地把钱花完就算了结了，一点效果都没有，没用。

对于我个人而言，我无所谓，我自己听，自己看，自己琢磨，自己学习。

我也是集体欠我钱，没法还，才种这些地的。什么上访啊，上告啊，我一概不答理，不干也不信。我自己干自己的，自己想主意，自己给自己做主。

三、对国家政策的不同感受

这里所说的对国家体制政策存在不同感受是从两个方面来说的，一是 HRC 本人当前与 10 年前的感受不同，另一个是 HRC 与其他普通村民对国家体制政策的感受不同。

从上边的访谈内容中我们可以看到，在 HRC 的个人感觉中，10 年前国家对农村的政策要更为开放、更有活力，对于农民家庭致富的项目给予了较多政策、资金方面的扶持和优惠。尽管他当初计划的一些项目未能成功，但起码国家政策和地方的支持给了他很多的希望，而从当前的政策中他连这些希望都看不到。比如 HRC 正在进行的综合开发项目，他表示完全得不到其他方面的帮助。国家没有相应的扶持政策，相反完善第二轮土地承包政策限制了村集体的土地控制权，使得他希望承包大片土地进行综合开发变得不可能；基层政府忙于机构改革，根本无暇顾及他的项目；村委会税费改革之后名存实亡，没有人管事，不可能为他的项目到上边去跑优惠；银行贷款条件苛刻，如今连信用社都搬到几十公里之外的镇上。在这种情况之下，HRC 只能被动承包集体的二百多亩盐碱地，依靠家庭的力量缓慢地进行开发。可以说，HRC 对于国家政策经历了一个从满怀希望到满腔失望的过程。

相对于白村其他村民而言，HRC 多少算作一个“异类”。从上边的访谈中可以看到，村民对国家近期在土地分配、税费改革以及基层政府机构改革上都给予了较多的正面评价。相对于10年前来讲，村民普遍感觉是“负担轻了，收入高了，生活好了”。可是这种改变在 HRC 眼中几乎不存在，他的主要意思是：“政策再好，我也得不了多少；政策再差，我也损失不了多少。”他认为现有国家政策只能让农民们增加点蝇头小利，根本不可能改变农村的现状。显然，对这些希望能在乡村社会做出一番事业的人来说，目前的国家政策还无法满足这一点。

上述两类对国家体制政策的不同感受，我们可以尝试从以下方面进行理解。

第一，国家政策的主要目标有所改变。长期以来国家农村政策的主要目标是经济发展，而在土地、分配、基层管理机制方面关注较少，或者说相关政策没有得到落实。由于社会经济的发展与乡村社会内部运行机制两者是密切相关的，对后者的忽视造成了严重的“三农问题”，不仅影响了农村的发展，更导致了农村的不稳定。为切实解决三农问题，近年来国家政策着力点在于对农村社会运行机制内部的调整。从某种角度来看，当前农村政策的主要目标是稳定，其次才是发展。HRC 当前和 10 年前对国家体制政策感受的不同有这方面的原因。

第二，农村发展中的深层次矛盾已经显现。尽管联产承包责任制的伟大功绩被世人所认同，但对联产承包责任制的批判在学术界也一直盛行。最主要的批判就是联产承包责任制带来了农村发展的深层次矛盾，事实上也就是农业集约化经营与分散经营的冲突、现代农业与传统农业的冲突。以 HRC 为例，他希望承包大片土地，进行农业、牧业、家庭养殖业综合发展的农业开发。从集约化经营和效率的角度来讲，这显然是比家庭分散经营更好的选择，而且也符合现代农业的发展趋势。但是从我国农村人多地少的现实来看，在目前阶段国家政策不可能支持这种行为，因此 HRC 的愿望很难得到实现。就目前来看，国家的第二轮土地承包 30 年的期限，显示了国家在农村政策上将延续“稳定优先，公平第一，效率其次”的基本方针。这样一种冲突与矛盾在村落生活中已经到了体现。

第三，农民利益分化日益明显。HRC 与其他村民对待国家政策评价上的不同，事实上体现的是一种利益分化。同样面对国家政策调整，普通村民因得到一些实实在在的好处而相当满意，而那些村落的先行者（能人）则因为自己的进一步发展的需求得不到满足而颇有抱怨。尽管这些人只是很少的一部分，却反映了村落生活中村民利益日益分化的现实。国家政策如何对这部分人的要求做出回应，也是一个值得考量的问题。毕竟在某种意义上来说，他们是农村先进生产力的代表，也是农村农业发展的一种努力方向。

第五章　体制、政策与社会变迁：理论探讨

变迁是社会存在的基本状态，也是社会学研究社会的一个重要方面。在社会学中，社会所发生的变化称为社会变迁。这一概念比社会发展、社会进化具有更广泛的含义，它包括一切社会现象发生变化的动态过程及其结果。① 社会变迁的内容十分广泛，宏观的如人类社会形态的变化、国家的治乱兴衰，中观的如社会结构的重大调整、社会制度的变化，微观的如人们行为方式、生活方式以及行为规范的变化等。通常而言，社会变迁具体可以划分为自然环境引起的社会变迁、人口的变迁、经济变迁、社会结构的变迁、社会价值观念和生活方式的变迁、科学技术的变迁、文化的变迁等几大部分。社会学在研究整个人类社会变迁的同时，着重于某一特定的社会整体结构的变化、特定社会结构要素或社会局部变化的研究。

社会是一个运行机制相当复杂的体系，因此社会变迁背后的影响因素也是纷繁复杂的。社会学家普遍认为，自然环境的变化、人口流动、科学技术的发展、社会价值观念、外来文化的冲击、社会生产力的变化以及促进变迁的有目的的努力都是导致社会变迁的重要因素。② 在影响社会变迁的诸因素中，社会的物质需要和经济的发展变化是最根本的因素。社会的物质生产力是生

---

① 王思斌：《社会学概论》，北京大学出版社 2003 年版，第 297 页。

② 戴维·波普诺：《社会学》，李强等译，中国人民大学出版社 2000 年版，第 621—624 页。

产方式内部最活跃、最革命的因素。物质生产力的变化造成生产方式的不断更新，社会生活、政治生活和精神生活也随之发生变化，从而整个社会结构体系也发生变化。社会变迁除了最终取决于社会生产力的发展之外，还取决于自然环境、人口、社会制度、观念、社会心理、文化传播等多方面因素的影响，它是多种因素相互作用的结果。在社会变迁的过程之中，对于不同的社会、不同的地区而言，上述各种因素在组合发生作用的时候呈现出来的力量各不相同。

人类社会是理性的结晶，近代以来人类社会的变迁大多具有理性的色彩，属于有计划的社会变迁。促进变迁有目的的努力在社会变迁中发挥着越来越重要的作用，国家的体制政策正是属于这样一种力量。国家体制政策对于整个国家的发展变迁都有着非常重要的作用，但是对于不同地区社会变迁过程中所起的作用却存在很大的差异。如我国的东南沿海地区，由于社会运行发展的内部力量较强，动力机制更加完善，国家体制政策更多的是营造一种环境，创造一种氛围，提供一份支持，属于导向型的社会变迁因素。而在西部地区，尤其是少数民族农村地区，国家体制政策的影响则是实实在在的，属于推动型的社会变迁因素。相对于发达地区而言，国家体制政策对西部民族地区的社会发展来说发挥着更为重要的作用。这样一种差异也说明在西部民族地区探讨国家体制政策与社会变迁关系的意义所在。在充分认识国家体制政策对民族地区发展重要性的基础上，我们可以制定更加符合特定需要的体制与政策来有目的有意识地推进这些地区的社会发展变迁，从而缩小发展差距，改变国家内部不同地区发展不平衡的现状。

国家体制政策在乡村社会发展中的关键性作用是有目共睹的。国家政权建设理论认为国家政权深入基层是乡村社会变迁的主要原因。然而乡村社会的变迁并非单纯从国家政权角度就能得到完全的解释，作为变迁主体的基层社会自身也是不可忽略的因素。社会变迁总是以民族国家为单位或者说是在民族国家内部进行，以国家力量与社会力量相互作用而得以发生，因此在国家与社会关系视角下探讨国家体制政策与社会变迁有着学理和实践上的合理性。在具体分析民族地区社会变迁的时候，国家与社会的关系转化为了中央与地方、外部力量与内在动因之间关系的分析。

第一节　体制政策与蒙古社会变迁

一、体制政策与游牧时代蒙古社会变迁

从历史上来看，蒙古族属于典型的游牧民族，生产生活方式变革与社会变迁具有其民族特性。关于蒙古族这个游牧社会的变迁规律问题在学界存在着很多的探讨，其中最有代表性的是以松田寿男、拉铁摩尔为首的日美学者的螺旋式发展模式理论和以苏联学者普利雅科夫为代表的直线式发展理论。色音通过对蒙古族社会变迁的文献分析和个案调查认为：“蒙地放垦后蒙古游牧社会的巨大变迁正是直接由农耕面积的扩大和汉族移民的增加等外在因素所致。受到来自农业社会的外部力量的影响，延续了几千年的蒙古族游牧生产及生活方式发生了剧烈的变迁。”① 他赞同日美学者提出的用游牧社会螺旋式发展模式理论来解释蒙古族游牧社会的变迁，尤其接受这一理论把游牧社会变迁的主要动因归功于来自游牧社会以外的外在因素。在此基础上他总结出蒙古游牧社会变迁的主要特征，即“纵观蒙古族游牧社会发展史，其社

① 色音：《蒙古游牧社会的变迁》，内蒙古人民出版社 1998 年版，第 237 页。

会系统内部缺乏一种急剧变迁的内在动因，每一次大的社会变迁几乎都是来自游牧社会系统之外的外在力量”。[①]

同时色音又认为，游牧社会本身也不是一个绝对静止的社会系统，在它内部仍存在着发生变迁的社会机制。一旦新的特质被引进或接受某一种外来文化的辐射，它就要在某些方面发生变迁，乃至波及游牧社会的各个部分。从这个意义上来说，蒙古游牧社会是一个需要外力推动而变迁的社会，通过有目的有方向的努力从而引导蒙古游牧社会向更高的层次发展。

我们可以从这样两个角度来尝试理解上述研究结论。

首先，在蒙古族社会变迁过程中，国家体制政策——色音所言的“有计划的指导”——在其中起着非常重要的作用。由于游牧社会变迁内在动因的缺乏，国家体制政策作为一种外力对蒙古族社会变迁而言尤为重要。蒙古族历史变迁已经对这一论断作出了最好的说明。

其次，蒙古游牧社会变迁是外在力量与内在动因共同作用的结果。当蒙古地区作为中央政权统治下的一部分的时候，这种外在力量很大一部分来自当时王朝在蒙古地区所推行的基本体制和政策。这一点在本书第二章历史回顾部分已有清晰的展示。作为国家力量象征的体制政策与蒙古族社会内部力量相互结合，相互作用，共同推动了蒙古族社会的发展变迁。也就是说我们可以通过体制政策这一条线索，以国家与社会的视角来解读蒙古游牧社会的变迁。

二、体制政策与农耕时代蒙古社会变迁

自清朝中期开始，由于清朝统治者政策的改变，蒙地放垦，汉族人口大量进入，农业在蒙古族地区得到了迅速的发展。到清

① 色音：《蒙古游牧社会的变迁》，内蒙古人民出版社 1998 年版，第 239 页。

末民初时期，蒙古地区的农业化趋势已经非常明显，农业已经成为蒙古地区的主要产业之一。新中国成立以后，蒙古族地区的农业化趋势更加迅猛。统计资料显示，到20世纪90年代，蒙古族地区的蒙古族人口75%以上以农业或半农半牧作为谋生方式。近年来随着生态问题的日益严重，牧业的维持和发展难度越来越大，农业将会成为这部分人口的下一个从业选择。从这种意义上来讲，除部分地区之外，蒙古族乡村地区已经基本从游牧社会转变为农耕社会。

农耕社会有着与游牧社会显著不同的特点。较牧业生产而言，农业生产的稳定性较高、容纳量较大，因而农耕社会通常不会出现游牧民族中常见的“集中与分散、扩展与后退”这样一种循环的螺旋式模式，而是缓慢而平稳地向前推动着历史的车轮。然而，与游牧社会类似的是，农耕社会也是一种缺乏变迁内在动因的社会形态。如果说游牧社会是一种“缺乏变迁内在动因的循环型社会”，那么农耕社会就是一种“缺乏变迁内在动因的稳定型社会”。[①] 事实上，从人类发展的轨迹中我们可以看出，存在着强大变迁内在动因的社会只存在于现代工业社会或者所谓的“市民社会”之中。

在蒙古族地区全面进入农耕时代之后，其社会变迁的动力依然主要来自外部。这种现实一方面与农耕社会的性质有关，另一方面也与蒙古族地区在全国范围内的发展状况有关。作为西部的少数民族地区，在全国范围内来看，蒙古族地区还是属于后发型的发展中地区。在社会、经济、文化发展各方面与其他区域尤其是东南地区存在着明显差距。中央政府往往会在发展滞后的地区推行一些以追赶先进地区为目标的政策。国家体制政策——作为

---

① 色音：《蒙古游牧社会的变迁》，内蒙古人民出版社1998年版，第237—239页。

一种促进变迁的有目的的努力——必将在这些地区的发展中担当重要的角色。

纵观蒙古社会发展的历史，尤其是近代以来社会急剧变迁时代的历史，我们能够深刻体会到国家体制政策对社会变迁的影响。这种影响不仅体现在对社会变迁程度上，还体现在变迁的方向上。元朝时期中央政府的政策客观上使游牧社会继续得以保存。清朝中期统治者对蒙古基本政策的改变使得蒙古地区迅速农业化，人口构成也从单纯蒙古族变为蒙古族和汉族混杂，初步形成了今天的生计方式和人口居住格局。民国时期执行“蒙地汉化”政策使得蒙古地区农业化倾向和民族融合进一步得到加强。新中国成立以后国家体制政策的每一次变动，蒙古族乡村社会都以变迁的形式对此作出了相应的反应。在蒙古社会的发展历程中，国家体制政策扮演着重要角色，加快或延缓社会变迁速度，或影响着蒙古族社会发展轨道的选择。因此不从国家体制政策方面着手，很难解释清楚蒙古族乡村社会发展的历史进程，也很难把握蒙古族乡村社会变迁的动力和特征。

第二节　蒙古族乡村社会变迁的特征

社会变迁是一个历史的过程，在不同时期存在着不同的特点。通过对四个蒙古族村落社区调查资料的分析，现阶段蒙古族乡村社会变迁具有如下特征。

一、变迁范围日益扩大

（一）生产方式的变化

农业化是近代以来蒙古地区社会变迁的主旋律。从整个蒙古地区来看，清朝中期开始农业化趋势已经非常明显。这种生产方式上的急剧变迁使得蒙古族从一个游牧民族逐步转变为一个农耕民族。从目前统计数字来看，农业已经成为蒙古地区的主要产业，大部分的蒙古族人口都以农为业。

由于人口数量的增加与生态环境的恶化，目前蒙古族乡村地区以牧业为主要生计方式的已经越来越少。牧区主要分布在内蒙古的呼伦贝尔市、锡林郭勒盟和新疆的蒙古族地区。即使在这些牧业传统区域，纯牧区的比重也迅速下降。部分牧区已经开始向半农半牧转型。

同样由于生态恶化的原因，半农半牧区的牧业也呈现萎缩局面。草牧场面积和质量的迅速下降使得从事牧业成本加大，收益明显不如从前。从调查地区来看，养殖牛 20 头或羊 100 只以上的家庭已经非常少见。可以预见随着发展牧业难度的加大更多的蒙古族人口将要转向农业。

（二）生活方式的变化

随着生产方式以及民族居住方式的变化，蒙古族乡村的生活方式也逐步发生着变化。从饮食结构上来看，传统的饮食结构已经被汉族饮食习惯所取代。红食白食为主的吃法只在牧区才存在。主食主要以面粉和大米为主，只是偶尔才吃一些糜子、荞麦之类的蒙古族传统主食。主食构成的变化也与种植结构相吻合，村民很少种植产量较低的蒙古族传统农作物。奶制品基本从村民餐桌上消失，肉食以猪肉为主，牛羊肉在农区乃至半农半牧区都吃得较少。与以前相比，村民的蔬菜消费量也有很大的增加。这种饮食结构的变化一方面是受其他民族影响，另一方面也是生产方式和种植结构的变迁使然。

在住房结构上，蒙古族乡村社会开始向周边汉族社区看齐。房屋呈现出从土坯房→北京平房→砖瓦房发展的趋势。房屋结构也与附近汉族村落相似，装饰构造和建筑材料之类区别越来越小。住房上的变化既反映出民族交往的影响，也体现出了经济发展给村民所带来的好处。

蒙古族乡村社会的休闲娱乐活动依然比较单调。村民闲暇时光通常是在聊天和闲逛中度过。相对而言，一些成本较低的娱乐方式，如麻将、扑克、电影、电视之类已经非常流行。相反，一些传统的娱乐项目则非常少见，只有在地方政府组织的运动会上才能见到蒙古族传统娱乐项目的踪迹，并且大多带有表演的性质。

蒙古族乡村社会中礼仪活动的性质已经有了很大的改变。以前以情感交流和社会整合为主要意义的礼仪性活动中夹杂了越来越多的功利性成分。村里人不请自到参加礼仪活动的时代已经逐渐远去。礼仪活动中礼金、人情、排场、仪式已经变得非常重要。礼仪活动中的很多风俗习惯体现出不同民族文化交融整合的一面。以婚庆礼仪为例，当地举行的婚礼仪式明显包含了蒙古族和汉族两个民族的婚俗元素，颇有一种蒙古族与汉族礼仪合璧的意味。

（三）社会观念的变迁

生产方式的变迁导致生活方式的变迁，这两者的变迁又导致了社会成员社会心理观念的变迁。社会心理的变化属于一种革命性的力量，它反过来又会推动社会在生产方式和生活方式方面的变迁。从调查情况来看，蒙古族村民在经商、从事副业、外出打工、子女教育、民族通婚等方面的观念都变得越来越开放，并与周边民族的观念逐步趋同。这种社会观念上的转变是社会变迁的结果，同时这种变化也使得村民在面对现代生活时更加游刃有余。

二、民族文化和传统日益淡化

马戎在论述民族关系的时候曾提出，经济一体化必然会导致政治一体化，而紧随着这两个一体化进程的将会是文化的一体化。[①] 蒙古族乡村社会变迁过程中这样一种趋势是非常明显的，民族文化和传统在乡村生活中已经相当淡薄。

如前文所述，如今在蒙古族乡村社会的衣食住行中很少能够找到民族传统的特色。在穿着方面，半农半牧区蒙古袍几乎绝迹，调查区域中没有一户村民有蒙古族传统服装。在饮食结构方面，蒙古族村民也与周围汉族村民完全一样，传统的农作物几乎没有人种植，传统作物消费比重几乎可以忽略不计。在住的方面，蒙古特色的房屋设计在新建房屋中已不多见，建筑布局与周边汉族村落趋同，传统的建筑材料也开始被现代化的材料所取代。作为交通运输工具的马、驴和骡子户均养殖量越来越少并逐渐丧失了原来的功用，自行车、摩托车、农用车取而代之成为人们新的交通运输工具。

语言是文化的载体，民族文化淡化的另一个表现是民族语言的使用上。在调查地区，蒙古族聚居的村落蒙古语使用率较高，村民蒙古语水平也保持得较好；而蒙古族和汉族杂居村落中年轻一代蒙古族人口的蒙古语水平较父辈已经大为退化。在靠近城区的村落中，很多蒙古族村民已经完全不会蒙古语。一个值得关注的现象是，尽管国家提倡民族语教育，但部分蒙古族村民自认为蒙古语是没有用的语言，会给子女将来的发展带来不利的影响，子女应该放弃蒙古语从小学习汉语。因而一些经济条件较好的村民选择不让子女在附近的蒙古语授课中小学上学，而是花大笔的钱将子女送到城里的汉语授课学校学习。在乡村社会变迁过程中，村民将不断被卷入全国性的原材料市场、商品贸易市场和劳动力市场之中，这样一种语言应用上的客观需要也会对民族语言的使用造成严重的冲击。

---

① 马戎：《民族社会学》，北京大学出版社2004年版，第548页。

伴随着民族传统和民族文化的日益淡化，蒙古族居民的社会心理和思维方式也开始发生变化。年青一代心目中的民族区分已经不再明显，对待社会事物的观念也不再像父辈一样因为民族差异而大相径庭。

三、民族交往日益深化

蒙古族是一个很早就与其他民族接触和交往的民族。从文化特征上来看，蒙古族也是一个较为开放的民族。内蒙古地区目前居住着2300多万人口，由蒙古族、汉族、满族等近50个民族组成，其中蒙古族人口约占总人口的17%左右。蒙古族地区社会变迁是各民族人民共同奋斗的过程，在这样一个过程中，蒙古族与其他民族的交往日益深化，民族团结进一步得到巩固。

在族际通婚上，蒙古族和其他民族通婚数量呈上升趋势。与之相对应的是蒙古族村民的通婚观念也开始发生变化。问卷调查显示调查区域超过98%的村民都不再把民族身份作为择偶标准。由于对外交往的增加，蒙古族村民在汉语能力上较10年前有了很大的提升，村民们可以更加积极方便地参与民族交往和其他经济社会活动。

在日常生活中族际交往也非常频繁。绝大部分蒙古族受访者表示在自己的婚庆礼仪活动中经常邀请不同民族的朋友前来参加，同时自己也经常被邀请参加其他民族家庭的婚庆礼仪活动。一部分蒙古族家庭表示自己的朋友圈子当中以其他民族为主，在家庭遇到生产生活困难的时候也主要是向他们求助。这显示村民的社会交际和求助网络已经超越了民族的界限，民族交往日益深化。

四、政策影响日益凸显

蒙古族乡村社会变迁的内在步伐是相当缓慢的，推动着社会发展的主要动力来自外部。因此说蒙古族乡村社会变迁属于一种外力推动下的变迁。国家体制政策正是这种外部力量的重要体现。

农村实行联产承包责任制以来的几十年里，在国家体制政策的不断调整和引导下，蒙古族乡村社会发生了翻天覆地的变化。为解决这段时期内积累的问题，促进农村的进一步发展，中央政府在近期出台了一系列新的政策，对乡村社会的土地承包制度、收益分配制度和基层管理制度进行调整与改革。这些政策一经出台就在乡村社会中产生了广泛的影响，新的一轮社会变革即将启幕。尽管这些国家政策的长期影响还未得到充分展现，但我们仍然可以预见它对蒙古族乡村社会变迁的影响将是深远的。

第三节　蒙古族乡村社会变迁的动力

蒙古族乡村社会变迁是各种内外力量共同作用的结果。从国家体制政策的角度来看，主导或参与这样一种变迁过程的主体力量大致可以分为三种：中央政府、地方政府以及乡村社会自身。他们各自在乡村社会变迁过程中起着不同的作用，有着不同的态度，甚至代表着不同的利益。乡村社会变迁并不是一个单纯的村庄层面的变迁，也不是完全在国家的主导下发生的一种社会运动，而是在国家和村庄互动中发生的相互调整与适应、分野与整合的过程。[①] 社会变迁是各种力量博弈的一个舞台。乡村社会的变迁就是在这样三种力量的相互博弈中得以发生。

在以国家与社会视角来解释社会变迁的时候，尽管中央政府

① 卢福营、张兆曙：《国家与村庄互动中的村治变迁》，载《国家行政学院学报》2005 年第 5 期。

与地方政府都属于国家范畴，但是我们并不能直接采用这样一种直观的两分法将其归为一类。在乡村社会运行过程中，地方政府的地位和作用相当特殊，有的时候它倾向于国家，有的时候它倾向于基层社会，在更多的场景之下他们代表自己的利益。这样的一种场景分化使得我们必须把蒙古族乡村社会变迁的力量主体划分为三个部分来看待和分析。

一、政策制定者——中央政府和自治区政府

从历史上来看，中国是一个有着中央集权传统的国度。中央政府一方面通过集中权力的方式，将国家的政治、经济、文化乃至社会生活的控制权掌握在自己手中；一方面通过建立便于控制且行之有效的地方机构和官僚体系，将统治及于民间。真可谓达到了“普天之下，莫非王土；率土之滨，莫非王臣”的境界。

新中国成立之后到改革开放之前，国家对农村社会生活的控制是相当严密而有力的。这种严密控制的基础，是总体性的国家制度和以集体经济为基础的人民公社体制。改革开放以后，随着人民公社制度的解体和联产承包责任制的实行，从根本上改变了中国农村社会生活的基本面貌和运行模式。[①] 国家权力在农村弱化和不断地退出，使得农村基层组织的功能有所弱化。但是我们能够看到，开始于20世纪70年代末的中国改革，实质上仍然是一场中央政府主导的自上而下的渐进式改革。所以在当前乡村变迁过程中，中央政府仍是不可替代的主导性动力，这是一个客观事实。

张建桥在分析乡村改革时也认为中央政府起着关键性的作

① 邱新有、戴微星：《征地拆迁中的“权”“利”制衡——某市高校新区征地拆迁个案研究》，载《国家行政学院学报》2004年第4期。

用，由中央政府主导乡村改革具有高度的合理性和可行性。[①] 首先，中央政府有推动乡村改革、解决“三农”问题、重建合法性或防止合法性资源流失的强烈意愿，并在实际推动着各项涉农改革，如户籍改革、税费改革、粮食流通体制改革，等等。其次，中央政府掌握着解决乡村问题的必要资源，比如政策资源、行政资源和经济资源。最后，忽视中央政府的动力作用，仅仅寄希望于农民的政治参与、“让农民自己说话”，不是现实的选择，无益于问题的解决。他还指出，相对于基层政府而言，中央层面的政策建议者和制定者，其个人利益与乡村改革基本上没有冲突，所顾虑的只是改革的政治后果和长远变数，因而相对能够撇开个人纠葛，果断改革。

中央政府作为国家力量的代表，其力量并不可能直接作用于乡村。他们的意志主要通过宏观的体制政策体现出来，并在具体的执行过程中对乡村社会的变迁与发展产生影响。

尽管省级人民政府也是作为地方的一级政府，但在社会变迁中所承担的角色明显不同于基层地方政府。省级政府与中央政府在管理控制上层级较近，沟通频繁且监控严密。此外省级政府同样远离乡村社会，由于利益无涉而对乡村社会态度近似于中央政府。对于乡村社会发展变迁的目标而言，省级政府与中央政府存在着相当高的一致性。因此本研究在这里将自治区政府与中央政府一起归结为乡村社会变迁政策的制定者和规划者。以内蒙古自治区政府为例，在贯彻中央政府基本政策精神的前提下，区级政府还必须根据本地的实际情况，考虑区情、民族构成、发展水平等各方面的情况，制定出一些在辖区内部实施的具体方针政策，

① 张建桥：《当代中国乡村改革的动力与进程——中央、地方与农民三方博弈关系》，见学术中华网站，2005 年 6 月 17 日，http：//www. xschina. org/show. php？id =4008。

并最终实施下去。如根据国家的《中华人民共和国农村土地承包法》制定《内蒙古自治区土地承包管理条例》，根据中共中央、国务院下发《关于进行农村税费改革试点工作的通知》制定《内蒙古自治区农村牧区税费改革试点方案》，根据《国务院关于做好2004年深化农村税费改革试点工作的通知》中对深化乡镇机构改革提出的进一步要求制定了《内蒙古党委办公厅、政府办公厅关于全区苏木乡镇机构改革试点工作的意见》及《内蒙古党委办公厅、政府办公厅关于配套推进全区苏木乡镇机构改革试点工作的若干具体意见》等。

以中央政府近十年来所制定的政策为例，每一次政策的出台都能带来蒙古族乡村社会的一定变化。然而，中央政府所制定的政策能否取得期望的效果也存在着很大的不确定性。尽管具有高度权威，作为政策制定者的中央政府并不能完全决定乡村社会变迁的走向。从调查情况来看，一项国家政策能够取得多大的效果，何种方向的效果，还有赖于乡村社会变迁中的其他两方：基层政府与乡村社会。基层政府如何执行，乡村社会作何反应，都对最终政策的结果产生巨大的影响。

中央政府动力作用的发挥取决于宏观政策的可行性和系统性。如果宏观政策缺乏系统性和可行性，则中央推动乡村改革的努力会在很大程度上被各种阻碍因素化解于无形。一个不符合地方实际而无法执行的政策，即使它本身很好，也没有现实意义。然而在很多时候，这却是“摸着石头过河”式的改革所必然付出的代价。总之，中央宏观政策的正确性、系统性、可行性对乡村改革的进程具有很大的影响。

以国家近期政策为例。如税费改革，尤其是免征农业税，对乡村社会生活产生了巨大的影响。村民收入提高，农业生产积极性显著提升，但是与此同时，作为配套措施的乡镇机构改革使得基层政府远离乡村、村集体失去应有功能，同时医疗、教育、金融及商业机构也离村民生活越来越远。这些给乡村生活带来很大的不便，影响了乡村社会的正常运转和进一步发展。这种国家政策的负面影响在一定程度上是不可避免的，但它事实上降低了村民对国家改革政策的评价和接受度。地方政府的执行也对国家政策的效果产生很大的影响。1997 年左右全国很多地方已经完成了第二轮土地承包。但是在执行国家政策过程中，出现了各种损害农民利益的行为。国家不得不在第二轮土地承包完成之后再制定出一系列新的政策和法律对此进行规范。新政策的出台不仅是对原有政策本身的一种补充，更重要的是对基层执行不力或执行方向偏误的纠正。

二、政策执行者——地方政府

具体执行国家政策的是县（旗）乡（苏木）两级政府。由于其自身具有多重性质，地方政府在乡村社会变迁过程中地位非常特殊，作用非常复杂，在不同场景下扮演不同的角色。从国家与社会两分的角度来看，它既属于国家又属于社会。

首先，中央政府是地方政府政治合法性的来源。就行政隶属关系而言，地方政府作为中央政府的地方机构，属于国家权力在民间的延伸。在中央集权制条件下，中央政府掌控国家最高行政权力，地方受中央的制约，中央政府负责协调全国的经济社会发展事务。中央政府所制定的政策，在全国范围内具有约束力，地方所制定的政策不能与中央政府的政策相违背。从这个角度来看，地方政府代表着中央政府的权威和利益，应该忠实地贯彻中央政府的各项决策。

其次，地方政府根植于地方，与基层社会存在共生共存的关系。地方政府需要从地方民众那里获取经济资源（税费）乃至政治支持。作为一种交换，地方政府应该在一定程度上代表地方利益和民众利益，负责组织基层社会事务，促进基层社会发展。

最后，在长期的行政体系运行过程中，地方政府形成了自身的利益。尤其是1980年以后，中央政府的分权改革使地方政府的自主权和利益诉求得到进一步加强。这种利益既表现在政治层面，也表现在经济层面。因此在可能的场景下他们将会优先追求自己的群体利益。

地方政府自身的这三种性质决定了其行为具有三种可能的取向。在乡村社会变迁过程中地方政府具体扮演何种角色取决于这三种力量的对比。国家政策在基层社会的执行也存在着这些力量相互博弈竞争的因素。

在这三种力量当中，国家力量是自上而下的力量，在某种程度上来讲是地方政府无法抗拒的力量，起码从表面看来是如此。尽管近年来在发展策略上地方与中央的博弈日益加强，但在大政方针的执行上地方还是尽力与中央保持一致。因此，地方政府在执行国家政策的过程中还是必须忠实于国家体制政策的基本规定，满足国家对各项目标考核的基本要求。地方政府在执行政策时优先考虑的不是政策施行的结果，而是政策施行本身。最突出的表现是对于那些不适合本地现实或可能带来不良后果的政策，基层政府并不会站出来为农民说话，而是倾向于完成上级的目标与任务。

地方政府自身的利益尽管属于一种衍生的利益，但其力量却非常强大。这种利益诉求最终造成了县乡政府的自我膨胀和职能异化。由于地方税收和政绩的需要，地方政府的发展目标和思路往往与中央政府形成冲突。基层政府行政办公经费的补充、日常消费的需要、招待费用的增加甚至政府员工的福利和额外收入很大一部分都需要从农民手中收取。地方政府的执行权长期缺乏监控，乡村民众无力反抗，使得地方政府利益在相当长的时间内成为乡村社会中的主导力量。

乡村民众在三者中力量最为弱小。尽管名义上地方政府要向地方民众负责，向地方人民代表大会负责，但事实上地方政府的权威来自中央和上级政府，而不是直接来自人民群众。再加之农民之间的组织性非常差，没有力量团结起来维护自己利益的可能。作为村委会，在地方政府的强势面前，他们往往成为地方政府的附庸，不仅不能为村落利益说话，有时也直接或间接地参与对村民利益的侵害。

在这样的背景之下，地方政府在执行国家政策的时候，往往在名义上遵循国家政策大体的条条框框，努力完成上级要求的各种目标；在实际操作过程中寻求自身目标的达成和自身利益的满足；乡村社会的协调发展与农民的实际利益是最后才被考虑的因素。以农村土地承包为例，尽管国家法律明文规定对农民合法土地承包经营权的保护，但我们从本书的村落个案中可以看到村民合法承包土地的权利并没有得到应有的尊重。土地经常作为地方政府控制民众的手段和获得经济利益的工具出现。我们可以看出，作为国家和农民中间力量的地方政府，经常会为了自己的目标和利益，做出既有悖于国家政策又有悖于农民利益的种种“目标置换”行为。

尽管共同作为国家政策的执行者，县乡两级政府在其中的作用还是不尽相同的。在我国的政治体系中，县级政府是实质性的实权派。县级政府作为国家与社会的分野，具有重要的承上启下的作用。当中央政府和自治区政府相关政策下达之后，县级政府事实上掌控着对国家政策的解释权以及执行程序的组织权。乡级政府是我国政治制度中最基层的单位，他们掌握着国家政策的具体执行权力。不过此时他们执行的更多的是县级政府的政策。

对于国家近年来在乡村所推行的一系列改革政策，很多学者都分析认为县乡基层政府对此持有消极态度。县乡政府官员及其依附人员难以在县乡改革中直接受益，其中部分人反而会因此丢掉饭碗或者损失若干灰色利益，对于他们来说，改革属于非帕雷托改进，因而他们具有阻碍改革的利益诱因。[①] 因此地方政府在执行中央政策时，最可能的选择是遵守政策所要求的手段，放弃政策所追求的目标。任何改革的手段都被基层政府当成了目标。一位村民在表达对此不满时说："个人干部忙考核，拉关系，怕自己下台；机关机构东并西并，忙着整面子事。实事没人办了。"

三、政策针对者——乡村社会

在以村落为单位来研究乡村社会的时候，将其划分成村民和村委会两个部分进行分析是必要的。他们属于同一个群体，但在很多时候又属于两个不同的阵营。由于利益的区隔，在乡村事务上两者之间既相互依存又彼此分离。

（一）村民委员会

村委会成员一般都算是村落的精英分子。成为村委会成员者通常具有较高的学历，善于与不同人群打交道，胆识魄力较强，乐于处理乡间的琐碎事务，且能与基层政府主要是乡政府保持良好的互动。一般情况下在村委会担任职务能够名利双收，因此村里有能力的人经常会为此展开竞争。

有关村民委员会和村民之间的关系，以及村民委员会与基层政府之间的关系，学者有过诸多的探讨。从蒙古族乡村社会的调查情况来看，作为村民自治组织的村民委员会也存在着成为基层政府代理人的倾向。在村民利益与基层政府之间，村委会往往是倾向于后者。这里有几方面的原因：首先尽管村委会名义上是由村民选举产生，但往往是基层政府提名，在选举过程中，基层政府也会为自己中意的人选做大量的工作。因此村委会的产生事实

① 张建桥：《当代中国乡村改革的动力与进程——中央、地方与农民三方博弈关系》，见学术中华网站，2005 年 6 月 17 日，http：//www. xschina. org/show. php? id =4008。

上操纵在基层政府手中。其次就是通过与基层政府建立一种代理人或经纪人的关系，村委会成员可以从中获得很多的经济利益。在农村税费沉重、管理制度较为混乱的年代，村委会也搭上基层政府的便车，通过一些名义向村民收取费用。这些收入很多都花在大吃大喝、招待上级上边，也有部分落入了个人的腰包。再次，村委会对村落事务的管理仅靠自身权威和力量是不够的。村委会通过与基层政府建立一种良好的关系，以基层政府作为后台支撑，村委会便于对村落事务的管理，也便于按照自己的意志推行村政。

但是村委会并非只需要处理好与基层政府的关系，与村民保持良好互动同样是极其重要的。一方面他们需要村民的支持和选票才能上台，更重要的是村委会成员也是村落居民，与村民朝夕相处，再说终有下台的一天。与某些学者研究的村落中村委会严重外倾的情形不同，蒙古族村落里有着自己的村落文化与地方传统，村落中的舆论压力和人们私下对人物的评价都给村干部以无形的压力。相对于乡镇干部而言，村干部处理问题的时候总是留有余地的。在收取各种税费或执行一些有损村民利益的政策时，他们总会表现出自己与村民是属于同一阵线，自己是被逼无奈来执行任务的。村委会成员也会在完成上级任务、实现个人利益的同时，努力为村民做一些实事，留下一个好的口碑，在获得良好村落形象的同时也为再次任职积累力量。除完成村内公共事务管理之外，村干部主要通过一些外部活动来赢取村民的好感和尊敬。

村民委员会经常在村民与基层政府之间充当调停人。比如有些村民因违反计划生育规定需要罚款，村委会就会就此事和双方协商。上级部门要求罚款 1 万元，经过村委会居中调停，最后村民缴纳 8000 元。对上头来说，工作做下来了；对下边来说，多少减轻了一些负担。双方满意。村委会既得到上头信任，又得到下面的拥戴。

中央和省级政府经常会给内蒙古农村地区一些扶持项目，分配到县级或乡镇之后，各个村落就会为此展开竞争。能否争取到项目，为村集体带来好处往往也成为人们评价村委会成员的一个重要标准。笔者调查村落中西村的支书在村内比较专制，很多村民并不认可其领导方式，对村委会的土地分配政策也存在不满。但是由于其与上级关系搞得好，很受上级重视，同时他还能为村里带来很多的项目和好处，每次选举的时候村民依然会选他。而且西村村干部在村落中的地位与威望远高于其他调查村落的干部。

村里有些村民兴办实业，搞大规模的加工或综合经营。村委会一般都会应要求到上头去帮忙跑政策，寻求支持，争取一些优惠条件。通过这种方式，村委会也得到了村落经济精英的认同。同样经济精英会在村委会陷入困境时给予支持，如村委会出现经济困难时提供贷款，或为村委会贷款提供担保。

通过这些方式，村干部的确提高了声望，获取了村民的支持，部分挽回了作为基层政府代理人所丧失的人心。因此村民反映，尽管村领导可能花钱大手大脚，比较腐败，存在一些经济问题，但大多数还算是尽心尽力为村民做事。村民一般还是比较信赖村干部，有困难的时候也会向他们寻求帮助。

长期以来，村委会在基层政府与村民两者之间左右逢源（很多研究者认为村委会是在两者的夹缝中艰难存在，对哪方都不讨好。事实上，这正说明了基层政府和农民谁也离不开村委会，双方对村委会都存在很强的依赖性），实际上操作着国家体制政策的最终落实，在乡村社会的变迁过程中起着重要的作用。随着近年来国家在农村政策上的一系列改革，村委会的地位已经大不如前，其形象与功能均大为衰落。

第一轮联产承包责任制实行期间，村委会以国家政策允许或不允许的方式实质上控制了集体很大一部分土地。第二轮土地承包及其完善工作使村委会对集体土地的控制权基本丧失。国家政策对农民土地承包权的规定更加明确，集体掌握土地控制在5%之下，很多村落集体完全不控制土地。白村的一位村干部曾这样感叹："村委会没有土地控制权就没有财权，也就没有对村民的控制权。"

税费改革尤其是免征农业税之后，村委会在经济上马上陷入困境。以前村民每年上缴的"三提留"以及集体手中控制的土地都可以成为集体经济开支的来源。如今每个村落只有国家转移支付的1万元左右的经费，每个干部的收入减少一半以上，而且灰色收入几乎被完全切断。

基层政府抛弃了村委会。村委会作为基层政府代理人很大程度上要做的工作是收取农户的税费。税费改革之后，基层政府没有权利从农户收取任何费用，村委会也就失去了利用的主要价值。基层政府与村民委员会的关系也变得若即若离。乡镇政府机构改革之后，一系列的事业单位撤离乡村，基层政府也大量合并。乡镇与村落之间的联系明显减少，作为村委会权威来源已经远去。村委会感受到村民不再如同往日容易控制，干部在村中的威严也日渐丧失。

土地改革之后村委会手中没有可支配的土地，失去了财权和对村民的控制权；税费改革之后，村民无须再缴纳任何费用，因此无须对以前承担征税人角色的村委会成员示好；政府机构改革之后，基层政府更加远离乡村，他们也失去了权威的根源。村委会不仅丧失了从民众中汲取资源的能力，甚至连组织村内公共事务的能力也日渐衰弱。一系列改革之后，伴随着利益逝去的还有他们的声望和权威。

村干部不再是村民羡慕的角色。改革之前，村委会具有经济和政治上的优越地位；改革之后，村委会逐渐陷入尴尬的境地。

一方面，他们要在极少的经费条件下维持村委会的日常运转；另一方面，他们还要承担税费改革以前的村落债务所形成的历史包袱。如白村书记因为在前些年向私人贷款上缴集体拖欠的税费任务，现在每年还到处被人追着讨债，甚至不能在家过年。

（二）村民

在国家体制政策主导下的社会变迁这个博弈舞台上，乡村社会总体上是最缺乏力量的一方。村民缺乏组织性，使得他们极其软弱，面对国家和基层政府的时候缺乏进行讨价还价的能力和机制。在这个相互竞争博弈的场景中，他们注定就是弱者。

村民日渐原子化以及乡村生活的无组织化是多方面原因造成的。新中国成立以来，随着一系列社会运动的推行，我国乡村社会内部组织化的重要机制——宗族观念在很大程度上被清除，从此开始了家庭直面国家政权的时代。人民公社时期实行的集体化政策，看似集体控制着乡村社会的政治、经济、文化乃至人们的生活，实质上只是依靠国家力量机械地把民众集中在一起，并未真正起到组织化的作用。家庭联产承包责任制中的家庭经营、家庭核算政策使得村落生活逐步呈现家庭化。原本应当承担村落组织职能的村民委员会在基层政府与民众的博弈之间倒向了基层政府，由一个自治机构转化为基层政府代理人的角色。绝大多数村民委员会都变成了对口乡镇政府的一个办事组织，作为自治组织的绝大部分功能都基本丧失。很少有人真正去关心民众的组织，更多的只是依靠行政力量与村落力量的结合来满足双方的各种需要。而基层政府根本就不会关心和支持村民的组织问题，在某种意义上来说村民组织化对他们来说是一场噩梦。因此他们对村民的组织问题持反对或消极的态度。就乡村民众自身而言，小农意识的局限性，再加上市场经济带来的利益分化，使得他们内部很难寻找到一个共同的平台作为联合的基础。

缺乏组织性导致力量匮乏。村民无法建构和国家协商的机制和平台，也无力抵制地方政府对自己利益的侵害。对于国家政策的变化，乡村社会基本上没有任何发言权。作为农民自身对国家推行的政策只能被动接受。“国家政策好，我们很高兴；国家政策不好，我们也只能这样。”对于基层政府的作为，村民同样无力抵抗。以1997年花灯苏木政府修建办公楼为例，摊派到苏木每个人口身上的费用是77.7元。村民心里有很大的意见，但是大多数村民已经习惯了这种摊派，只能按期缴纳。也有很少一部分比较强硬的村民对此提出质疑，此时村委会就出面做工作。由于嘎查掌握了土地控制权，可以因拖欠税费而收回村民土地承包权，同时村委会背后又有基层政府和强大的国家机器作为支撑，抗拒缴款可能惹出更大的麻烦，村民最终只能屈服。在这样的威逼利诱之下，所有的村民都在规定日期之前缴纳了这笔收费。无论是国家政策还是地方规定，村民最终的结局只能是接受。

村民的软弱与无组织性在其无可奈何地完成各级政府规定任务的时候得到了最大限度地体现。在20世纪90年代中期农村负担沉重时期，大部分的村民家庭需要通过压缩开支，甚至抬款来缴纳地方政府征收的税款。白村一半左右的家庭需要通过抬款来维持农业生产。有一些村民在依靠农业收入无法维持家庭开支的时候，依靠出去打工的方式，以副业和手工业养农业。

村民无疑是所有力量中最弱的一方。在对待国家政策和地方政府行为时，大部分的时候他们发出的声音都相当微弱。在多数村民逆来顺受之际，也有部分村民选择直面国家。他们以自己的方式来表达自己的不满与反抗。

第一种方式是消极抵抗。在税费沉重的时候，一些村民放弃农田，带领全家远赴异乡打工，长年在外。很多家庭都不再耕种那些产量稍差的田地，林地旱地也大片荒芜。农民积极性的受挫客观上使得这一阶段该地区粮食产量有所下降。

第二种方式是拖欠税款。一些家庭因经济负担较重而拖欠税款。这种方式是一种较为激烈的方式，往往导致与基层政府和村委会的直接冲突。白村有几个家庭因拖欠税费被收回土地的承包权。

第三种方式是集体上访。白村附近一些村落的村民不满村委会在土地分配和集体收入分配方面的政策，多次集体到乡政府或市政府上访，甚至与相关部门发生了激烈的冲突。

第四种方式是诉讼。因部分村民拖欠集体税款，白村村委会将他们告上法庭；这些村民又反诉乡政府和村委会非法剥夺他们的土地经营权，要求赔偿损失。

从参与人数、对抗程度乃至最终的结果来看，村民们并不倾向于选择这种方式来表达自己的不满。由于这些对抗方式付出代价太大且结果也不明朗，对于村民而言，与基层政府和村委会保持良好关系依然是最理性的选择。

在农民的心目中，中央政府与地方政府扮演的是两个不同的角色。对于中央政府，地方百姓普遍都持相当信任的态度，他们认为“中央政府总是为了老百姓好的，坏就坏在地方政府的执行上”。即使在税费改革之前负担最沉重的时期，村民不满的矛头也不是针对中央政府，而是主要针对地方政府。他们很清楚地区分着自己身上的负担的来源，哪些是中央政府收取的，哪些是地方政府收取的。他们认为，中央收取的农业税之类是正常的、合理的，且没有给他们造成太大的负担。但是地方基层政府在三提五统的基础上乱加名目，收取多种费用，造成了农民负担沉重。也有这样的情况出现，一些村民拿着国家的政策文本，而村委会则拿着地方政府的政策文本，双方相互对质，僵持不下。村民显然不能获得与自己距离遥远的中央政府的支持，而村委会却可以拿地理位置很近的地方政府作为靠山，最终导致中央政策败给了地方政策，“中央斗不过地方”。

农民力量的弱小并不能成为不受重视、继续遭受损失的理由，而应该成为国家给予扶持的动力。中央政府无论在政策的制定还是政策的执行上对这些问题必须给予足够的重视。

第四节 反思与展望

在蒙古族乡村社会的发展变迁过程中，国家体制政策无疑在其中起到了极大的推动作用。这种作用不仅体现在对变迁程度的推动上，还体现在对变迁方向的把握上。从国家体制政策的角度出发有助于理解蒙古族乡村社会变迁，也有助于我们加强对民族地区发展过程中政策规划工作重要性的认识。

然而，国家政策的评价者不应该是作为政策制定者的中央政府，更不应当是作为政策执行者的地方政府，而应该是作为国家政策针对者的村民。从国家政策在蒙古族地区实施的具体结果和客观影响以及作为国家政策针对者村民的认识来看，目前这一地区的体制政策还存在着若干值得反思的地方。

一、反思

对于国家政策的反思主要集中于两个问题。第一是在目前乡村社会中国家和基层力量日渐薄弱的背景下，乡村社会生活由谁来组织以及发展由谁来推动的问题。第二是国家政策在民族地区的适用性问题。

（一）村民委员会的困境

按照制度设计者的构想，村民委员会是农村基层群众性自治组织。在具体运作过程中，村民委员会实际承担以下这些职责：自治机构，农村公共事务的管理和公共秩序的维持；经济机构，集体财产的管理和经营；准行政机构，宣传国家法规政策，协助基层政府开展工作。由于实践中的缘故，村委会在更多的场景下是以乡镇政府下属机构的面目出现。因此村委会的角色一直为广大学者所诟病，批评主要集中于“村民委员会成为基层政府的代理人、经纪人、征税人”，指责村民委员会背离设立初衷，与基层政府形成共谋，成为乡村社会负担沉重的一个重要原因。

不可否认，从全国范围来看，村民委员会普遍存在着批评者所指出的问题。这种问题在所调查的蒙古族乡村地区也不例外。然而我们应该看到，村民委员会在成为三农问题的一个根源的同时，还是基本上完成了其自身的职责，如对农村公共事务的管理和公共秩序的维护，以及对集体财产的管理和经营等。从蒙古族乡村社会来看，村民普遍还是承认村民委员会的贡献。因此对村民委员会进行全面否定甚至提出撤销村委会的主张，从目前来看是不具有可行性的。

我们可以进一步追问，为什么村民委员会要倒向基层政府而不是维护村民的利益？除了国家政治制度方面的原因外，很大程度上原因就在于村民委员会力量的弱小。村民委员会力量的弱小导致其无法代表村民的利益与基层政府交涉，造成了乡村社会的弱势地位。可以设想如果村委会拥有强大力量，就可以在一定程度上与基层政府展开博弈，并在此基础上维护乡村社会的利益。从这种角度来看，乡村社会中村委会力量不是太强大而是太弱小，因此问题解决的根本在于加强乡村社会自身的力量建设。

三农问题引起党和国家的高度重视，中央政府相继在土地分配制度、收益分配制度以及乡村管理体制上进行了一系列全面系统的政策调整。其中土地分配制度上的改革主要指对第二轮土地承包的完善，收益分配制度改革主要是从“费改税”到免征农业税的一系列过程，管理机制上的改革主要是乡镇机构改革。这样一种“三位一体”的改革方针在实施过程中取得了丰硕的成果，同时也对乡村社会中各种组织的政治生态环境产生很大影响。很多学者关注到了村民委员会在农村改革过程中逐渐衰落的趋势。首先，国家通过第二轮土地承包的完善工作限制了村集体手中控制土地数量，进一步明确了对农民土地承包权的保护；其次，税费改革之后村民对村集体再无任何经济义务，村民委员会的维持运转主要依赖于国家的转移支付；最后，政府机构改革让乡镇政府大量集中合并，远离村落，村民委员会在很大程度上失去了往日的政治支持。土地政策的完善削弱了村委会的资源控制权，税费改革削弱了村委会运行的经济基础，乡镇机构改革削弱了村委会的政治支持力。这些政策在很大程度上消除了村民委员会长期运行过程中所形成的负面效应。

我们要承认这样一系列政策的进步意义：村民的合法权益得到了保障，村民负担大大降低，农民生产积极性大幅提高，农村社会发展步伐加快。但是这些政策也带来了一些负面影响，其中之一就是进一步削弱了村委会的力量。力量的衰落导致村委会形同虚设，村委会没有动力也没有能力去组织乡村社会，甚至连最基本的职能都得不到贯彻。于是我们在白村看到了公有财产被侵占、公共秩序被践踏、公共产品被破坏、公共事务无人组织的现象。这不能不说是新的国家政策下的一个缺憾。

历史经验证明，乡村社会的组织是极其重要的。依靠原子化的农民家庭开创一个全新的乡村社会是不可能的。这种形式只能维持我国几千年来农村缓慢发展的步伐，不可能带来质的提升。农村社会缺乏强有力的组织者最终也可能再次导致基层政府和其他力量对乡村社会的侵害。党和国家提出了建设社会主义新农村的目标，但很显然，如果没有一个有力的村委会来组织农村生活，协助国家体制政策在乡村社会的推行，这一目标的实现将会是遥遥无期。

村委会衰落而导致的困境和冲击必须引起各级政府部门的高度重视，在村民委员会转型过程尚未完成之前，给予村委会更多的政策性和物质性的支持。同时我们也必须对村委会衰落这样一个事实有一个全面而辩证的认识，在看到其负面影响的同时认识到村委会的衰落带来了机遇。改革后村委会衰落的根本原因在于村委会对自身组织性质、组织目标和组织原则的背离。农村系列改革，国家政策的调整并没有动摇和削弱村民委员会的自治基础，动摇的是村民委员会的行政化运作的基础。从这种角度来讲，村民委员会的自然衰落避免了重新打破村委会行政化运作模式所必须付出的代价，提供了一个在此基础上探索新的村治模式的机遇。[①] 如何利用国家政策调整中村委会力量衰落的这个时机，让村委会全面回归自治组织是一个值得探讨的话题。

（二）国家远离社会

这里的“国家远离社会”指的是基层政府和各种事业组织离乡村社会越来越远。社会史学者普遍认为中华人民共和国是唯一真正将统治及于乡村的政府。在人民公社的时代国家对乡村社会实行的是全方位的控制。联产承包责任制实施之后，国家对乡村社会的控制主要是通过基层政府和村民委员会联合实现的。各种税费的收取、义务工的摊派是这样一种控制的重要手段和形式。然而，这种控制方式也带来了很多不良后果，如农民负担沉重、乡村社会缺乏活力、地方吏治腐败，等等。

针对这样一些问题，中央政府推行了旨在解决三农问题的农村税费改革和基层机构改革。农村税费改革的目标在于使农民摆脱长期以来的税费负担；基层机构改革的目标在于精简政府，实现政府职能的转变。

乡镇合并，机构撤并，人员精简是政府机构改革的主要内容。以调查区域为例，花灯苏木撤销，并入努古斯台镇，所属基层政府部门全部撤销合并。随着苏木政府的撤销，各种事业单位

① 郝亚明：《困境与回归：村委会的现状与前景分析》，载《内蒙古农业大学学报》（社会科学版）2008 年第 4 期，第 35—38 页。

也随之撤离花灯苏木。如卫生院、派出所、供销社、学校、信用社等，逐步撤离合并。国家的目的在于减少财政负担，但是这些原本服务于村民的机构一旦撤离，却给村民的生活带来了极大不便。村民生产、生活、子女教育各方面都受到了很大的影响。国家远离社会给乡村社会带来了巨大的冲击，这从调查点村民的生活体验中可以得到验证。

国家力量如此大规模而迅速地撤离乡村社会，在增加村落社会生活成本的同时，会不会导致乡村社会的失序？一种旧的社会运行控制机制被削弱或摧毁，而另一种新的机制却尚未建立。这场改革会给乡村社会带来何种影响是值得关注的。就目前民族地区农村社会发展现状来说，国家远离社会也许不是正确的时机。

（三）民族地区的特殊性

中央政府制定宏观政策时通常是从全国的角度出发考虑问题，因此往往在与民族地方存在不契合的地方。

在基层机构改革中有一项内容是撤并村级学校，即将所有的村办学校都撤销，以乡镇为单位将所有的学生集中起来进行教学。通常一个乡镇只设立一个小学，最多也不超过两个。国家提倡撤销乡村小学集中办学，这样一方面可以提高师资力量和教学水平，一方面也可以节约教育开支，减轻农民和财政负担。但是由于这些政策从目前来看并不符合一些民族地方的实际，政策执行的后果对农民非常不利。民族地区地广人稀，很多孩子上学的地方离家都有几十公里。低年级的学生生活无法自理，尽管学校有专人照顾，情况还是不容乐观。小学生普遍年龄较小，孩子受苦，家长也不放心。家长必须经常误工花钱来探望孩子，子女每次来回学校都需要家长接送。为了解决集中办学给农民增加教育负担的问题，国家除了免掉学生的学杂费、住宿费之外，还给每个学生提供伙食补贴。但是村民反映，现在每个子女上学的花费是原来有村办学校时候的3—3倍。从村民的态度来看，国家本来为促进乡村教育的举措很可能会导致新的一轮辍学高潮。很显然，村级学校是符合很多农村地区现实需要的。一刀切式的教育“大跃进”可能会对民族地区农村教育造成严重的伤害。

机构改革中的乡镇合并也存在同样的问题。地方在制定乡镇合并方案的时候，机械地遵循国家乡镇合并政策中对人口数量和产值规模的要求，而没有充分考虑民族地区地广人稀、经济社会发展水平落后的现实。以调查区域为例，调查地的三个苏木合并为一个镇。从人口上来看尚不足两万人，但是从辖区的面积来看，已经远远超出了一个基层政府所能够控制和辐射的范围。这种乡镇合并方式满足了国家的基本目标，却使得乡镇政府脱离了乡村社会，远离了基层群众，无法充分履行自身的职能，丧失了其存在和设置的价值。

一个不符合地方实际的政策通常会有两种后果：第一种是因为基层政府消极执行和地方民众的抗拒导致无功而终；第二种也更有可能是地方政府为了完成上级政府交代的任务，不管是否对农民有利却硬性执行政策。这样两个简单的例子说明在制定和执行政策时必须十分慎重，不符合地方实际的政策不仅不会给农民带来好处，相反却会给基层社会带来不利的影响。

二、政策建议

结合上文对蒙古族乡村社会变迁过程中国家政策的反思，从学科角度提出如下政策建议。

（一）体制政策的制定和执行必须符合民族地区实际情况

国家体制政策针对的是整个国家，而民族地区相对于其他地区而言有着自己的特殊性：文化上的特殊性，传统上的特殊性，生产生活方式上的特殊性，地理空间上的特殊性，乃至经济社会发展阶段上的特殊性。从实事求是的态度出发，这些情况在政策制定和执行过程中都是必须考虑进去的。一方面，在国家制定政策的时候必须对民族地区的情况给予充分的考虑；而作为民族地区国家体制政策制定者的自治区政府必须从本区实际出发，而不是从中央政府的政策出发来制定具体方针。另一方面，地方基层政府在执行过程中也必须考虑本地的实际情况，因地制宜，以本地良性发展和民众利益作为政策执行的出发点。

（二）确保基层政府坚强有力与加强对基层政府的严密监控相结合

国家政策的推行、地方政治经济的发展、社会生活的组织，这一切都有赖于一个坚强有力的基层政府。基层政府在乡村社会变迁过程中发挥着重要的功能。建立一个坚强有力的基层政府是确保政令畅通，确保基层社会发展的必要保障。积极转变政府职能，将基层政府的管理职能转变为服务职能，尽力为乡村社会发展变迁服务。当前基层政府存在的问题是随着国家部分政策的调整逐步远离乡村社会，其影响和力量严重小于从前。这是值得关注的一个趋势。同时，以前具有高度权威的地方政府对基层社会形成巨大威胁的事实也告诉我们，对基层政府的严格监控也是必需的。这种监控的力量一方面来自中央和上级政府，另一方面来自基层社会。国家应该积极出台政策加强对基层政府的监控，同时增强基层社会的力量，提供基层社会监督基层政府的权力和渠道。

（三）培养乡村社会自治机制，提高乡村社会内部整合度

村民委员会制度是我国乡村社会组织管理的重要制度。有鉴于当前村民委员会力量日渐薄弱的现实，中央和地方政府应该从财政上、政策上加大扶持力度，维持村民委员会在乡村社会的功能和运转，同时应从多种角度来培养乡村社会的自治机制。强大的乡村社会一方面可以制衡基层政府的滥权行为，同时又可以稳定乡村社会，为乡村社会的进一步发展提供动力。

就目前来看，随着市场经济的发展，以及村委会的衰落，加

之政府对农村干预日渐减少，村民原子化倾向日渐明显。村民原子化会给乡村社会带来很多不利影响，影响乡村公共秩序，影响乡村社会组织，乡村社会利益冲突增多，并使得乡村社会力量进一步削弱。事实上，培养乡村社会自治机制与提高乡村社会内部整合度是一个相辅相成的过程。

（四）加强社会变迁内部动因机制的培养

就现实情况而言，乡村社会自身通常是缺少变迁动力和能力的。由于历史和现实的原因，少数民族农村地区这一特点更加明显。在全能型国家的局面之下，由国家来推动社会的变迁是必然的选择。然而依赖外部力量推动的社会变迁是具有很大局限性的。一方面对于民族地区而言，这种变迁意味着自我的迷失，传统文化和生活的消亡。这一切并不一定符合当地和本民族发展利益。另一方面，外部推动毕竟不是很长远的，当社会发展到一定阶段的时候，一个地区推动社会变迁的内在动因就显得很有必要了。“（对于蒙古族社会）我们所期待的往往不是外启变迁，而是发自该社会系统内部的内发变迁。”①

加强社会变迁内部动因机制的培养可以从以下几个方面着手：第一是在国家和当地政府的共同努力之下，使民族地方的经济得到良好发展，为培养内部动力机制提供经济基础。第二是着力培养乡村社会的组织力量，使得其在政治、经济和文化方面能表达自己的意见，充分发挥当地人民的主观能动性。

三、展望

新中国成立以来，蒙古族乡村社会发生了全方位的变迁，在经济、政治、社会、文化等方面都取得了很大的发展。在蒙古族乡村社会发展的轨迹中，国家体制政策的作用显而易见。从上文

---

① 色音：《蒙古游牧社会的变迁》，内蒙古人民出版社 1998 年版，第 239 页。

的论述中我们能够看到，体制政策在蒙古族乡村社会变迁中起着推动者和导向器的作用。当国家体制政策符合了当地发展的需要和人民群众根本利益的时候，就能促进蒙古族乡村社会迅速发展；当国家体制政策自身不适合或者在执行过程中出现偏差的时候，蒙古族乡村社会的发展就会大受影响。

近十年来，随着国家对三农问题的进一步重视，中央政府在农村的土地承包制度、收益分配制度以及基层管理机制上进行了大幅度调整，出台了一系列的相关政策。从目前的情况来看，这些新的政策对蒙古族乡村社会的发展产生了良性的推动作用。由于各方面的原因，一些政策对当地居民的生产生活带来了部分负面影响。这是值得政策制定者和政策执行者注意的一个问题。随着国家政策的进一步完善，这种局面有望得到解决。在国家加大对民族地区发展支持力度以及建设社会主义新农村这样一个大的政策环境下，蒙古族乡村社会变迁的前景令人期待。

参考文献

（一）著作部分

［1］［俄］阿·马·波兹德涅耶夫：《蒙古及蒙古人》，刘汉民等译，内蒙古人民出版社 1987 年版。

［2］［美］艾尔·巴比：《社会研究方法》（上），邱泽奇译，华夏出版社 2000 年版。

［3］［美］戴维·波普诺：《社会学》，李强等译，中国人民大学出版社 2000 年版。

［4］［美］杜赞奇：《文化、权力与国家——1900—1942 年的华北农村》，王福明译，江苏人民出版社 1996 年版。

［5］［美］科尔曼：《社会理论的基础》，邓方译，社会科学文献出版社 1999 年版。

［6］《蒙古族简史》编写组：《蒙古族简史》，内蒙古人民出版社 1985 年版。

［7］包智明：《比较社会学》，知识出版社 1995 年版。

［8］包智明：《科尔沁蒙古族农民的生活》，辽宁民族出版社 1999 年版。

［9］北京大学社会学人类学研究所、中国藏学研究中心合编：《西藏社会发展研究》，中国藏学出版社 1997 年版。

［10］蔡纯志等：《蒙古族文化》，中国社会科学出版社 1993 年版。

［11］曹冬梅：《内蒙古自治区地图册》，中国地图出版社 2001 年版。

[12] 曹锦清：《黄河边的中国——一个学者对乡村社会的观察与思考》，上海文艺出版社2000年版。

[13] 德力格尔：《哲里木史话》，远方出版社1995年版。

[14] 费孝通：《江村农民生活及其变迁》，敦煌文艺出版社1997年版。

[15] 费孝通：《乡土中国 生育制度》，北京大学出版社1998年版。

[16] 风笑天：《社会学研究方法》，中国人民大学出版社2001年版。

[17] 郝维民：《内蒙古自治区史》，内蒙古大学出版社1993年版。

[18] 贺雪峰：《新乡土中国》，广西师范大学出版社2003年版。

[19] 黄树民：《林村的故事：一九四九年后的中国农村变革》，素兰、纳日碧力戈译，生活·读书·新知三联书店2002年版。

[20] [美] 黄宗智：《华北的小农经济与社会变迁》，中华书局2000年版。

[21] 李沛良：《社会研究的统计应用》，社会科学文献出版社2001年版。

[22] 李银河：《生育与村落文化》，中国社会科学出版社1994年版。

[23] 麻国庆：《家与中国社会结构》，文物出版社1999年版。

[24] 马戎：《民族社会学》，北京大学出版社2004年版。

[25] 马戎：《西藏的人口与社会》，同心出版社1996年版。

[26] 潘乃谷、马戎：《边区开发论著》，北京大学出版社1993年版。

[27] 潘乃谷、马戎:《社区研究与社会发展》，天津人民出版社1996年版。

[28] 潘允康:《家庭社会学》，重庆出版社1986年版。

[29] 色音:《蒙古游牧社会的变迁》，内蒙古人民出版社1998年版。

[30] [美] 施坚雅:《中国农村的市场和社会结构》，史建云、徐秀丽译，中国社会科学出版社1998年版。

[31] 斯平:《内蒙古社会发展与变迁》，内蒙古大学出版社1992年版。

[32] 王铭铭:《村落视野中的文化与权力》，生活·读书·新知三联书店1997年版。

[33] 王铭铭:《社区的历程》，天津人民出版社1996年版。

[34] 王思斌:《社会学概论》，北京大学出版社2003年版。

[35] 王玉海:《发展与变革——清代内蒙古东部由牧向农的转型》，内蒙古大学出版社2000年版。

[36] 吴毅:《村治变迁中的权威和秩序》，中国社会科学出版社2002年版。

[37] 徐平:《活在喜马拉雅》，云南出版社1999年版。

[38] 徐平:《羌村社会:一个古老民族的文化和变迁》，中国社会科学出版社1993年版。

[39] 闫天灵:《汉族移民与近代内蒙古社会变迁研究》，民族出版社2004年版。

[40] 于建嵘:《岳村政治:转型期中国乡村政治结构的变迁》，商务出版社2001年版。

[41] 张静:《国家与社会》，浙江人民出版社1998年版。

[42] 张静:《基层政权——乡村制度诸问题》，浙江人民出版社2000年版。

[43]《中国大百科全书·社会学卷》，中国大百科全书出版

社 1991 年版。

[44] 周清澍:《内蒙古历史地理》, 内蒙古大学出版社 1994 年版。

[45] 周星、王铭铭:《社会文化人类学讲演集》, 天津人民出版社 1996 年版。

(二) 论文部分

[1] 白凤岐:《清代对蒙古族的政策述略》, 载《黑龙江民族丛刊》1991 年第 3 期。

[2] 包智明:《变动中的蒙古族人生活——三爷府村实地调查》, 载《社会学研究》1991 年第 1 期。

[3] 曹树基:《中国村落研究的东西方对话》, 载《中国社会科学》1999 年第 1 期。

[4] 邓正来:《"国家与社会"研究框架的构建和限度——对中国乡土社会研究的评论》, 载于王铭铭、王斯福《乡土社会的秩序、公正与权威》, 中国政法大学出版社 1997 年版。

[5] 邓正来:《国家与社会——回顾中国市民社会研究》, 载《中国社会科学季刊》1996 年第 2 期。

[6] 丁元竹:《牧区的经济组织及其发展问题——一个跨生产类型的比较研究》, 载于潘乃谷、马戎《边区开发论著》, 北京大学出版社 1993 年版。

[7] 董国礼:《政权内卷化及其影响下的农业经济绩效》, 载《学海》2001 年第 1 期。

[8] 何俊志、杨季星:《社会中心论、国家中心论与制度中心论——当代西方政治科学的视角转换》, 载《天津社会科学》2003 年第 2 期。

[9] 何增科:《市民社会: 民主化的希望还是偶像——八十年代以来国外市民社会研究述评》, 载《中国社会科学季刊》

1998 年第 2 期。

［10］黄耀先：《初级市场的形成与农村社会变迁》（博士学位论文），中国社会科学院 2003 年 7 月。

［11］黄忠怀：《20 世纪中国村落研究综述》，载《华东师范大学学报》2005 年第 2 期。

［12］兰林友：《人类学再研究及其方法论意义》，载《民族研究》2005 年第 1 期。

［13］李俊鹏：《家庭联产承包责任制反思》，载《民主与科学》2004 年第 5 期。

［14］李善峰：《20 世纪的中国村落研究》，载《民俗研究》2004 年第 3 期。

［15］刘豪兴：《费孝通江村追踪研究的贡献》，载《社会》1998 年第 7 期。

［16］刘俊芳：《体制变迁与社会发展》，载《学术交流》1998 年第 4 期。

［17］卢福营、张兆曙：《国家与村庄互动中的村治变迁》，载《国家行政学院学报》2005 年第 5 期。

［18］麻国庆：《论影响土默特蒙古族文化变迁的因素》，载《内蒙古社会科学》1990 年第 1 期。

［19］马戎、潘乃谷：《赤峰农村牧区蒙古族与汉族通婚的研究》，载《北京大学学报》1988 年第 3 期。

［20］马戎、潘乃谷：《居住形式、社会交往与蒙古族与汉族民族关系》，载《中国社会科学》1989 年第 3 期。

［21］马戎、潘乃谷：《内蒙古半农半牧区的社会、经济发展：府村调查》，载于潘乃谷、马戎《边区开发论著》，北京大学出版社 1993 年版。

［22］马戎：《体制变革、人口流动与文化融合：一个草原牧业社区的历史变迁》，载于潘乃谷、马戎《社区研究与社会发

展》，天津人民出版社 1996 年版。

［23］潘守永：《“一个中国的村庄”的跨时空对话》，载《广西民族学院学报》2004 年第 1 期。

［24］邱新有、戴微星：《征地拆迁中的“权”“利”制衡——某市高校新区征地拆迁个案研究》，载《国家行政学院学报》2004 年第 4 期。

［25］色音：《巴尔虎蒙古部生产及生活方式的变迁》，载于潘乃谷、马戎《社区研究与社会发展》，天津人民出版社 1996 年版。

［26］色音：《从牧民到农民：蒙地开垦后蒙古族与汉族经济文化的冲突与交融》，载《传统与现代化》1996 年第 2 期。

［27］孙九霞：《华南社区研究的人类学方法论》，载《广西民族学院学报》1997 年第 3 期。

［28］孙立平：《“过程—事件分析”与当代中国国家—农民关系的实践形态》，载《清华社会学评论》2000 年第 1 期。

［29］覃德清：《波特夫妇华南茶山调查的追踪研究》，载《广西民族学院学报》2004 年第 1 期。

［30］唐利平：《国家与社会：当代中国研究的主流分析框架》，载《广西社会科学》2005 年第 2 期。

［31］唐利平：《人类学和社会学视野下的通婚圈研究》，载《开放时代》2005 年第 2 期。

［32］唐士其：《西方关于国家与社会关系的理论》，载《国际政治研究》1994 年第 4 期。

［33］田志和：《清代科尔沁蒙地开发述略》，载《社会科学战线》1982 年第 2 期。

［34］童世骏：《“后马克思主义”视野中的市民社会》，载《中国社会科学季刊》1993 年第 5 期。

［35］王建革：《定居与近代蒙古族农业的变迁》，载《中国

历史地理论丛》2000 年第 2 期。

［36］王建革：《耪青与社会流动——近代东蒙地区社会转型的过程透视》，载《近代史研究》2002 年第 5 期。

［37］王建平：《从当代中国研究反观国家与社会的关系》，载《学术交流》2003 年第 5 期。

［38］王铭铭：《继承与反思》，载《社会学研究》2005 年第 2 期。

［39］熊万胜：《"国家与社会"框架在乡村政治研究中的适用性》，载《华东理工大学学报》2003 年第 3 期。

［40］徐富海：《政治社会学研究——访北大社会学系张静》，载《北京大学研究生学刊》2002 年第 1 期。

［41］许斌、胡鸿保：《追寻村落——对两种不同的人类学田野研究的省思》，载《思想战线》2005 年第 3 期。

［42］闫天灵：《论汉族移民影响下的近代蒙旗经济生活变迁》，载《内蒙古社会科学》2004 年第 3 期。

［43］杨强：《论清代对蒙古地区汉族移民的政策》，载《辽宁师范大学学报》2005 年第 2 期。

［44］张静：《政治社会学及其主要研究方向》，载《社会学研究》1998 年第 3 期。

［45］张新光：《"三位一体"的农村改革观》，载《华南金融研究》2002 年第 6 期。

［46］郑卫东：《"国家与社会"框架下的中国乡村研究综述》，载《中国农村观察》2005 年第 2 期。

［47］周大鸣：《凤凰村的追踪研究》，载《广西民族学院学报》2004 年第 1 期。

［48］周竞红：《清末民国时期内蒙古地区政区管理体制变迁及对蒙古族的影响》，载《中央民族大学学报》2004 年第 6 期。

[49] 珠飒：《清代汉族移民进入内蒙古地区的原因》，载《内蒙古大学学报》2005 年第3 期。

(三) 外文资料

[1] Bian Yanjie and John Logan *Market Transition and the Persistence of Power: The Changing Stratification System in Urban China*. American Sociological Review 61, 1996.

[2] Edward Shils *The Constitution of Society*. Chicago: the University of Chicago Press, 1982.

[3] Lewis Oscar *Five Families: Mexican Case Studies in the Culture of Poverty*. New York: Basic Books, 1959.

[4] S. H. Potter and J. M. Potter *China's Peasants. The Anthropology of a Revolution*. Cambridge: Cambridge University Press, 1990.

[5] William T. Rowe *The Public Sphere in Modern China*. Modern China, Vol. 16, No. 3, 1990.

[6] Zhou Xueguang. *Economic Transformation and Income Inequality in Urban China: Evidence from Panel Data*. American Journal of Sociology 105, 2000.

附录一　典型个案访谈记录①

个案一

1. BSX，*蒙古族，老移民*，2005 *年去世*（1996）②

1925 年我生于汇班艾里（地处现在的东花灯和和西花灯中间地带，离现在的白音套浩约 3.5 华里，现为农田）。祖籍库仑旗兴僧阿艾里（现在的库仑镇附近），1915 年举家（当时家庭成员：父母、大哥、大姐，当时我还没有出生）迁移到原科左前旗（即宾图王旗）的乌敦塔拉艾里（现在的科左后旗哈拉乌苏苏木一带），在那里生活了 10 年。后因生活困难，全家来投奔科左中旗（原达尔罕旗）九区（敖古斯台努图克）额日吐艾里（现在的科左后旗花灯苏木额日吐嘎查往西 5 华里，现在没有村落，现在的额日吐艾里当时叫“派森达艾里”）的叔叔。叔叔比我父亲小 8 岁，20 岁时来额日吐，在大名鼎鼎的旺其克白音的岳母（寡妇，旺其克白音的大老婆之母）家做榜青（长工）。叔叔在

---

① 附录一是对受访者 1996 年和 2006 年两次访谈记录的整理。其中 1996 年的访谈由包智明完成，2006 访谈由郝亚明完成。原则上，两次访谈的对象是相同的，由此形成一个完整的家族生活史和个人生活史。1996 年接受访谈的老人中有部分已经去世，2006 年对其子女进行了访谈（访谈资料中对两次访谈对象的社会关系有具体交代）。

② 括弧内为访谈年份。

这里干了多年活，积攒了2头牛和2头驴。叔叔是一个光棍汉，没有妻室儿女。因此，我们家就用叔叔的牛和驴种田。在额日吐生活不到一年，就又搬迁到花灯艾里（现在的东花灯）。额日吐附近红胡子（土匪）来的多，很不安全。而当时在花灯艾里有3户大户人家，其中最大的一户就是叫旺其克白音（还有旺格日扎布白音和额日黑木白音）。旺其克家有16个耪青（长工），旺格日扎布家有8个耪青，额日黑木家有4个耪青。因旺其克家里拥有一个小型武装卫队，红胡子不敢轻易抢劫这个艾里的人家。

在花灯艾里生活不到一年，给寡妇白音家干活的叔叔也死了。叔叔死后，叔叔的2头牛和2头驴就归父亲了。这在当时来说，算是一笔不小的财产。这时我父亲在汇巴霍欣一带租到了农田1方地（约600亩），带着一家8口人，包括父亲、母亲、大哥、大嫂（娶自原通辽县的木里图艾里，离我们这里15华里）、二哥、三哥、大姐、二姐，迁移到了汇班艾里。这一年是1924年。来这里的第二年我就出生了。汇班艾里当时只有11户居民，70人。其中，只有李占海一家是汉民，他们在这一带住了很多年，会说流利的蒙话，与蒙古族人没有什么两样。这里还有一个姓韩的人家，大家叫他“韩汇班”（“汇班”是一个官名），算是11户人家的头领。

我们在汇班艾里生活了近10年，经济上富裕了，牲畜也多了（牛10头、马2匹）。家庭人口发展到10人，分别是：父亲、母亲、大哥、大嫂、大哥的女儿、二哥、二嫂、三哥、本人、二姐。在汇班艾里期间，二哥结婚，娶的是朝鲁吐的表妹。大姐出嫁，嫁给了通辽县的汉民。

我10岁那年伪满政府为了管理上的方便强制性地让全村搬迁，我们一家迁移到沙德图艾里。原来这里住着一个叫沙德图的人而得此地名。这里离花灯艾里仅有1.5里。伪满政府在花灯设有警察所，管辖包括沙德图在内的附近地区。当时沙德图村的住户有12户，人口约75人，其中汉民有李姓和王姓两家。在伪满政府统治时期，蒙古族地区的行政体制为省、旗、村（行政村）、甲、牌。沙德图与特木根温都尔（5—6户）加起来不到20户，因此合起来算一个牌（按当时的规定10户为一个牌）。

原汇班艾里的地盘属当时的4区（莫里图努图克）管辖，而沙德图属9区（敖古斯台努图克）管辖。我们家搬到沙德图之后仍然耕种原来在汇班时种的甸子地，因此，甸子地的地税由莫里图的区公所派专人来（按土地面积）收取。当时甸子地的面积单位为“垧”和“方”（1垧=15亩，1方=40垧）。我们家种的坨子地属敖古斯台努图克，因此坨子地的地税由敖古斯台区公所收取。当地人不缴纳坨子地的地税。只有像我们这样的“吉力本”（对移民的蔑称）才交纳坨子地的地税。坨子地的面积单位为“犁”（1犁地=40亩）。我们当时实际上耕种2犁地，但经过交涉只缴纳半犁地的钱。

满洲国政府为了加强对蒙古地区的统治，实行“并户”政策，强行把零散的住户和居民点合并到一起。我们在沙德图只住了两年，又被并户到现在的这个村子。这一年我才12岁（1936年）。1932年满洲国政府设置兴安南省，管辖包括科左中旗、科左后旗等东蒙古的南部地区。但实际上在1936年以前对这一带的统治是相当薄弱的。在我12岁那年，满洲国为了管理上的方便，把附近零散居住的各户和居民点合并到一起，建立类似汉族地区的村落，当时把这种政策叫做“并户”。因村址选在叫做“套浩宝日”（意思是胳膊肘子形状的土丘）的土丘附近，故对新建的这个村落起名为“套浩宝日艾里”。一个新的村落由此诞生。我们全家就是这个村子的首批居民。并户时我们家共14口人，父亲、母亲、大哥、大嫂、大哥的一个女儿和一个儿子、二哥、二嫂及其2个女儿、三哥、三嫂、本人和一个妹妹。

套浩宝日的首批居民有30多户，150人左右，来自沙德图、额日吐、特木根温都尔和黄沙吐。沙德图艾里的一半来这里，一半去花灯。土地使用维持原状，种的甸子地还是原来的甸子地。坨子地多采用轮耕，没有长久固定的土地。

一个艾里（屯子）为一个甲，甲长（蒙古语也叫“艾里达”）由村民直接选举产生。选举过程由行政村长监督进行。只有独立种地的人家才有选举权，做耪青（长工）和胡其（短工）的人是没有选举权的。我二哥在满洲国时期曾当过3年的甲长，因殴打旗公署下乡办事人员而被停职。套浩宝日刚建村时有3个牌，后来发展为5个牌。牌长由甲长任命，作耪青的也可以当牌长。甲长有报酬，但牌长无报酬。甲长负责全甲（艾里）的洋油、火柴、砂糖、布匹等日常用品的配给和上级公所派来办事的工作人员的接待等。

建村以后，在村的周围建筑围墙，并设有两个村门。出入本村必须通过村门。门口有专人把守。当时每个居民持有贴有照片的“守章”，类似现在的身份证。建村之初，一个村为一个“甲”，村长就是“甲长”，后来把甲改为“艾里”，村长叫“艾里达”。

建立满洲国以后，原来的旗扎萨克改为称旗长。旗里设有参事官，由日本人担任，权力在旗长之上。努图克（区）设有区长之外，还有由日本人担任的指导员，权力也在区长之上。

当初本村没有一户地主。富裕的人家就是佃户，他们租种外地地主在附近开垦的甸子地。一半以上的居民都比较穷，没有能力租种甸子地，只能给那些富裕的佃户做耪青或租种比较便宜的坨子地。村里的佃户还不到10户，而做耪青的有15户左右。

我们家在这一带拼搏了十几年后经济上也较富裕了。我们也算是一个较大的佃户，租种1方地（600亩），雇用5个耪青。我们租种的是科左前旗（宾图旗）伊胡塔（现为科左后旗伊胡塔镇）的一个大地主的甸子地。佃租为40石（2万斤）粮食。

600 亩土地每年只能打约 100 石（5 万斤）粮食。当时亩产很低，只有 80—90 斤左右。秋收后的粮食分配方案是，佃户留一半（50 石），另一半按劳动力分配。5 个榜青和我们自己家里的参加种田的劳动力（大哥、二哥、三哥 3 人）各得一份。另外，在当时佃户把钱借给自己家的榜青是优惠的，一般为 3 分利，借给其他人为 5 分利。我们家把这 600 亩甸子地一直种到土地改革。我们家租种的甸子地属于莫里图努图克，因此，还要交给区公所一定的地税。

我们家在农忙时，也雇用一些胡其，所谓胡其就是短工。雇用短工时，与短工先定口头协议，说明干什么活，付多少钱。短工的工钱，不受年景和收成的影响。而榜青则不同，年景和收成好时，多得一些，不好时则少得一些。

当时这一带的耕地分为两种类型：甸子地和坨子地。甸子地土质肥沃、产量高，其土地所有权多掌握在外地地主手中，本地人只能租种这种甸子地。除耕地之外就是草甸子和沙坨子。草甸子的面积很大，主要作为放牧场，其所有权一部分属于大牧主旺其克家，其他为共有。大牧主有自己的牧场和牧工，但其他村民都是几家共同雇一个牧工放牧。春天根据代放的牲畜的头数，预付给牧工部分粮食，剩余的秋收后付清。还有一种情况，牧工根据牲畜头数，挨家挨户轮吃。但大部分村民嫌这种方式麻烦，因而大多采用前一种方式。当时我们家有十几头牛，因此我们自己单独放牧。甸子地是由土质较好的草甸子开垦而成。草甸子土质坚硬，开垦为农田，难度较大，需要大型工具。因此，一般老百姓没有开垦的能力而只能租种已经开垦的熟地。沙坨子面积最大，土质松软，较容易开垦。祖籍为本地人（科左中旗人）耕种沙坨子地，不收任何费用，但对移民要收取一定的土地使用费。这一带沙坨子当时属于敖古斯台努图克管辖，因此沙坨子地的使用费由敖古斯台努图克公所派人来收取。

当时在甸子地上一般种高粱、谷子和黄豆，在沙坨子地上主要种糜子、荞麦、黄米、绿豆、芸豆和玉米。当时的人主要吃高粱米、小米、荞麦面、糜子（主要作炒米）、黄米和黄米面等。玉米种得较少，很少食用，只有夏天吃青玉米棒子，玉米一般只作牲畜饲料用。

我13岁上学，上了4年学，16岁因病辍学。当时在花灯设有公立小学，配备两名老师。学校费用由满洲国政府出一半，旺其克白音出一半。学生也缴纳一定的学费。学校设有1—4个年级，5年级到区公所所在地的敖古斯台艾里上学。

在我19岁那年，我大哥分家出去，实际上是被我父亲赶出家门的。父亲嗜好打牌，经济上富裕之后父亲就不愿意主持家庭事务，父亲40多岁就把当家权交给了大哥，当然重大事情还是父亲说了算。那年，大哥为他的一个当兵的叫嘎利森的朋友作担保，为他娶了媳妇，以我们家的财产作抵押借钱为其举行了婚礼。父亲知道这件事情之后，非常生气，认为他是一个败家子，把他赶出家门。大哥在我们原来家的东侧盖房，另立门户。大哥分家出去之后，用他分到的家产还清了为其朋友所借的欠款。大哥出去后，本应二哥当家，但二哥也是一个打牌的赌徒，不愿意管理家庭杂务，让他当家父亲也不放心，就让三哥当了家。父亲于1945年农历8月去世。

我在20岁那年（1944年）的9月份结婚。当年3月去设在科左中旗旗所在地白音塔拉的青年训练所，接受6个月的军事训练。训练还有3天就要结束的时候，家里来电话叫我回去结婚，我都没有来得及参加毕业典礼就回家结婚。本来接受训练回本区后，可以安排在区里工作。但回来后，我又接受了加入国兵（满洲国军）的身体检查，结果身体检查合格并得到国兵入伍合格证。第二年（1945年）农历3月去通辽加入了国兵飞行队。当时我当国兵是被迫的。此前我生过一场病，后来好了，但我一直还在装病，这样可以逃避挨打。因为在当时，一个班中只要有一个人冒犯规定，全班挨打，但病人除外。7月6日这一天早晨有身份不明的飞机在通辽空中盘旋。局势有些不对劲，这天我就请了假。教官跟我关系不错，就给我开了假条。没有假条，出不去军营。我刚离开通辽还不到2里，通辽就遭到俄国飞机轰炸。后来听说，第一个被炸的就是飞机场。

从通辽回家之后，我有了我的第一个孩子，也就是我的大女儿。日本投降以后，各路军队在这一带展开了拉锯战，今天八路军来，明天中央军来。在两年的拉锯战期间，我们这里没有一个固定的政府机构，八路军来了建共产党的政府，中央军来了，建国民党的政府。在这期间，各地纷纷组建乡队（后来也叫“保安队”），少则四五人，多则四五十人。23岁那年我去投奔国民党的包善玉部队。过了5个月回来时，二哥、三哥已经分家出去。家里只留下了母亲、我妻子、我女儿和妹妹四个人。一半的财产、土地由母亲留下，另一半平分给我们三个兄弟。因为妹妹是女孩，因此财产没有她的份。分家的原因是父亲去世以后，母亲不能控制三个儿媳妇。妯娌之间发生矛盾，导致分家。父亲在世时，如果哪一个儿媳妇不听话，就会遭到父亲用拐杖狠狠地抽打。因此，父亲在世时谁也不敢冒犯我母亲，母亲也就容易指挥这三个儿媳妇，大家也能和平共处。

我结婚后到分家之前，我们家一共有15口人，成员分别是：父亲、母亲、二哥、二嫂、二哥的3个女儿、三哥、三嫂、三哥的2女1子、本人、本人妻子、妹妹。我们这个大家庭拥有7间房子。3间正房分东西两间，西间南炕由父母及妹妹住，北炕由我和妻子（后来还有孩子）住。正房东间，南炕为二哥、二嫂及孩子，北炕为三哥、三嫂及孩子。大哥一家6口人分家出去之后就住在紧挨着正房东侧的两间房子，紧挨大哥的房子东侧的两间房子就是我们家榜青住的房子。

1947 年在我们这里进行土地改革，套浩宝日改为白音套海。在土改期间，我在艾里担任农会文书。蒙古语的艾里就是自然村，艾里有艾里达和文书。当时的干部没有报酬。1949 年我们这一带建立两个行政村，一村由四个自然村（艾里）组成：东花灯、白音套海、西花灯和黄沙吐；二村由三个自然村（艾里）组成：额日吐、套海、西苏博。村公所的主要干部为党支部书记、村长和文书。我当时曾担任一村文书。1955 年成立初级社时，黄沙吐和白音套海合并为一个初级社。土地归初级社所有，牲畜由初级社作价低价收购。1956 年合并一村和二村成立花灯乡政府。一村和二村合并为一个乡，脱产干部有 3 人：乡党委书记、乡长和文书，我当时担任文书。1956 年成立高级合作社，东花灯和白音套海合并为一个高级社。当时叫东花社。东花社分为两个组，东花灯为一组，白音套海为二组。高级社设党支部书记、主任、会计、出纳和管理员等职务。高级社为经济核算单位。1958 年实行公社化，原敖古斯台区更名为敖古斯台公社，公社下面成立大队，大队下面成立生产队。白音套海为东花灯大队第五、第六生产队，此后一直到 1984 年，白音套海这个村名再没有使用。同年，取消乡建制，改为管理区，设立花灯管理区，设 1 名主任和 1 名文书等两名专职干部。当时的敖古斯台公社分为三个管理区：衙门营管理区、花灯管理区和套克图管理区。花灯管理区管辖东花灯大队、西花灯大队、额日吐大队、套海大队和西苏博大队。1958 年取消乡建制之后，我被调到敖古斯台公社先后担任统计员、政府文书等职务。

1962 年我由敖古斯台公社退职回村里务农。这是因为我的文化水平不高，只上了小学 4 年级，不能承担在公社承担的工作，因此只好回乡务农。在村里干了两年农活后，1964—1982 年之间，我先后在大队的粮米加工厂、被服加工厂担任负责人。原来说好的大队按工厂的实际收入给职工发工资，但因为当时工厂的收入比较好，如果按工厂收入发工资的话，我们的收入会比其他社员高很多，因此，最后还是决定让我们在各自的生产队记工分。1982 年 12 月调到苏木林场当厂长。林场有 80 亩耕地和 50 亩苗圃。每年我们必须无偿育苗 50 亩。而耕种的 80 亩耕地就是我们职工的报酬。我雇用了 4 个人，都是我的亲戚。在 80 亩耕地上，主要种植玉米和蓖麻。1984 年还种了 20 亩的高粱种子。种地的收入大家平分，每年收入都在 1000 元左右。1986 年、1987 年我个人承包，一年上缴 2000 元之后，剩下的收入归自己。那两年的年收入在 4000 元左右。1988 年苏木安排我在新建立的苏木敬老院当院长，我不愿意，因此回到村里种田。我辞退林场职务之后，因无人严格看管，林场围栏的铁丝网大量被盗。在这种情况下，苏木让我给看管苏木的部分林场，作为回报让我免费耕种林场的 10 亩耕地。

我老伴为我生了 5 个儿子、3 个女儿。现在除了四子和五子跟我在一起生活之外，其他孩子均已分家或出嫁。1975 年我的长子分家前，是我的家庭人口最多的时候，为 10 人：本人、妻子、长子、长子之妻、长子之子、次子、三女、四子、五子等。我母亲 1961 年去世。

三子第一次与王家窝棚的汉族姑娘结婚，与我们共住 7 个月后，分家出去，借住别人的空余房子。结婚两年有了一个孩子后又离婚，孩子由女方抚养，三子付了抚养费。离婚后与我们一起住了 5 年，1985 年再婚。再婚时，我们帮他盖了 3 间土房。第二个妻子是蒙古族。前几年三子全家去锡林郭勒盟打工。今年我过本命年时回来，据说在那里生活还不错。

1982 年实行家庭联产承包责任制时，我们家只有 6 口人（本人、妻子、三子和三子妻子、四子、五子），因此，承包地为 24 亩。我们与大儿子家一起分得 1 匹马和 1 挂大车。第二年我们以 900 元把马出售给外地人，用这个钱买了 2 匹马，还剩下

300 元。1992 年我们买了四轮拖拉机后，把大车送给大儿子。买四轮拖拉机花了 8100 元，借款 2000 元，当年秋天还清借款。

我老伴儿 6 年前去世。送葬请客花了 3000 元，买棺材花了 1000 元。分家出去的三个孩子共出 1000 元，另外的 3000 元均由我们出资。今年我过 73 岁的本命年，花了近 4000 元。我们这个村（不同于邻近的东花灯），有一种习俗，不论是婚礼还是葬礼、过本命年，全村的人都不请自来。因此这时的花费都比较大。

现在我们家的家庭成员为：本人（仍然当家）、四子、四子之妻、四子的两个孩子（1 男 1 女）、五子，共 6 口人。我们家的主要收入来自农田，去年我们打了 3 万余斤玉米，出售了 2.5 万斤，收入 1.2 万元，抛去生产性开支，也有近 1 万元的纯收入。此外，小儿子在苏木林场当合同工的年收入为 1000 元，四轮拖拉机的帮工收入为 2500 元，养猪收入为 1000 元。我家现在的生活水平在村子里属于中上等。

被访者子女情况

子女排列	出生日期	结婚年龄	现所在地	婚后共住时间	妻子出生地
长女	1946 年	19 岁	东花灯	无	
次女	1949 年	21 岁	5 队	无	
长子	1952 年	21 岁	5 队	3 年	5 队
次子	1955 年	23 岁	5 队	3 年	东花灯
三子	1958 年	24/28 岁	本区	7 个月/无	本盟/本乡
三女	1962 年	24 岁	本旗	无	
四子	1966 年	23 岁	5 队	一直	东花灯
五子	1968 年	未婚			

2. BHDLG，BSX 长子，曾任嘎查会计和苏木会计等职务（2006）

我 1952 年出生在白音套海，1960 年开始读书，1965 年小学毕业，1965—1966 年在伊胡塔中学上学，1966 年 6 月份“文化大革命”就开始了，那年冬天就开始串联，没怎么读书。到 1967 年就回家干活。1975 年开始我在生产队当现金出纳员，1976 年当生产队的会计，一直到 1984 年为止。五生产队和六生产队合并成嘎查之后我当嘎查会计，一直到 1995 年。1995 年春天，我被借调到花灯苏木当会计，属于招聘性质的临时工，一直干到 2000 年。我在苏木当会计的时候前两年工资每年 3000 元，后四年每年 3600 元。农忙的时候在家里自己干活，秋收后就每天在苏木整理账目。随后国家进行机构改革，2001 年努古斯台苏木和花灯苏木合并成努古斯台镇，我被辞退回家。因为被辞退时年龄不到 55 岁，故现在政府没有给我补贴。

我父亲今年正月去世，杀了 1 头牛，1 只猪，2 只羊，棺材是以前备好的，这些都不算钱的话，还另外花掉了 5000—6000 元左右，总共大概是 1 万多元。

大儿子，1974 年生，2003 年结婚，现在努古斯台镇政府工作。

二儿子，1976 年生，2002 年结婚，现在兴安盟开汽车修理部。

三儿子，1979 年生，2001 年结婚，在家务农。

大儿子在 1997 年考上内蒙古财经学校，我卖了 4 头牛凑足了学费。我的三个儿子是在三年中连续结婚的，而且是按照从小到大的顺序结婚的。三个儿子结婚共花掉 6 万多元，基本上将家中的牛马卖光了。去年卖掉了 4 头牛 1 匹马，加上卖粮的 8000 多元钱，还掉了 1.5 万多元欠款。我这还不算多的，我大小子的大舅子结婚女方要 5 万元彩礼。1996 年的时候，我家里养了 10

头牛。全部花在孩子身上了，现在我们家已经没有养牛马了，只养了10只羊。

三个儿子都结婚之后我们才分家，有点外债我自己还，大部分债都还清了，现在只剩下大儿子结婚时向信用社贷款的4000元，今年就可以还清了。小儿子还有些牲畜放在岳父家，一共有4头牛、1匹马。小儿媳家是牧区的，这是小儿媳出嫁时陪嫁的。二儿子当兵后就在当地牧区开汽车修理部，每年也能挣2万元左右。

我们一起干活，住是分开的。我们两口子身体不错，自己照顾自己很好，儿子的事情我们也可以帮着做一些。我们住得清静，又减少了和儿媳妇之间的矛盾，这样关系更好。等老得不能动了再和他们一起住吧。

我们全家现在共有32亩地，另外小儿子还承包了亲戚的8亩地。2004年共收获玉米6万斤，按照最低价每斤0.4元左右计算，毛收入大约有2.5万元。今年家里养了6头猪，10只羊，22只鹅，5只鸭子，还有50只鸡。这些东西加起来大概有两三千元的收入。另外小儿子寄养在岳父家的牛马也有一定的收入。我家里还有一个电水泵，去年承包了生产队的一口井，给村里人灌溉，半个月的时间里也能挣1000多元的收入。家庭毛收入大概3万元左右，5口人人均毛收入6000元左右。我们家里现在有一个农用三轮车，明年打算买一个农用四轮车。

以前村里有人种稻子，大概是1989年开始种的，到20世纪90年代中期种的人最多，90年代中期我们这里大米卖到1.8元一斤。那个时候灌溉的费用低，每亩60元左右，产量好像还可以。到2000年的时候每亩水稻田灌溉费要230元，而亩产也不过是400—500斤。大家觉得种玉米更划算，到2003年、2004年的时候基本上就没有人种水稻了。

品种改良的作用很大，年年产量上涨点，2004年上涨的幅度最大。最近两年玉米产量上涨很快，因为我种了优良品种958，嘎查里有的人土地好的话亩产可以达到2000斤。玉米优良品种958是2003年开始试种的，当时产量并没有上来。这个品种具有抗旱、抗病、抗倒的特性。2004年村里开始普遍种958，一般亩产都超过了1500斤。我们这里夏粮能卖0.5—0.6元，秋粮就只能卖0.4元左右。

邓小平的政策好啊，集体的时候累死累活，都吃不饱。人均每年360斤粮，粗粮都吃不饱，更别说细粮。现在人人都吃大米白面。这里大米1.2元1斤，白面1元左右1斤。粗粮基本不吃，新鲜的时候吃一两顿。村里现在种糜子的只有几家，种荞麦的也只有几家，都种得很少。

我们嘎查的人现在基本上都吃不着牛奶和奶制品了，我们很喜欢吃。因为这里牧场不好，牛没奶。1997年的时候，每只山羊都要收蹬山费，每只20元。这是因为山羊破坏性很大，对生态不好。农业税那个时候是2岁以上的牲畜都要收税，牛马都是5块，绵羊每只1.5元，山羊每只3元，另外还要交特产税。每户免1头马和2只奶牛的税。

山羊和绵羊相比，不容易生病，而且山羊绒值钱。山羊绒1斤能卖100元左右，我们这里山羊最多1只差不多可以剪1斤山羊绒；而绵羊绒1斤只值5元，每只绵羊产6斤绒也就是30左右。但是绵羊肉多，山羊没什么肉。相比较而言，山羊肉更好吃一些。

我们这里第一轮土地承包是1982年开始的，15年期限，1996年结束的。1981年分牲畜和农具，1982年分地。第一轮承包来得很突然，大家起先都不知道。没有人不愿意分的，早就想分了。没人管自己好啊，最满意的是自己想干什么都行没人干涉，想干到几点就几点，家里有事我今天就不出工了。20世纪80年代和90年代农村生活变化是有，但不大。80年代时物价低，投资少；90年代产量涨点，但物价上涨快。其实90年代是农民收入最高的时候，你看那么高的税费还是交得上。那个时候投入少，没有除草剂之类，自己铲地除草，自己打苞米，自己辛苦点，而且那时粮价高。

1982年第一轮土地承包的时候人均是4亩地，那个时候是一年一算，每年都根据家里实际人口进行调整。1997年第一轮土地承包的15年期限到期，在年底实行第二轮土地联包。在1997—2004年之间，仍然是每个人口是4亩地。2004年，根据上头的文件，完善第二轮联产承包责任制，每个人口又增加了2亩地。现在是嘎查里每个人口6亩地。

在以前所分的4亩地中，1亩叫做保命田或口粮田，其他3亩叫做承包田。凡是欠国家、集体钱款不还的家庭就扣承包田，违反计划生育的妇女的承包田也要扣除，只给1亩田的“保命田”。这个政策一直执行到2004年。从2004年开始执行一个新的政策，只要缴纳以往欠嘎查或国家钱款的10%，就可以补给5亩地，和我们一样拿到6亩地。其余的欠款不知道国家是要免除还是要他们以后交，目前还没有具体的政策，所以尚未决定。我们对街那家，一家四口，因欠集体各种钱款头几年家庭每人只种一亩保命地，总共才4亩，怎么活？直到完善第二轮土地承包后才分到人均6亩地，共24亩。90年代中期农民负担重，交不起提留和农业税，有些村民靠私人抬款缴纳，有些就开始拖欠。拖欠的人就形成了今天对嘎查的欠款。村民能拖欠，但是嘎查不能拖欠，嘎查就开始向私人抬款或者向信用社借贷款。我们这个苏木里有些嘎查向信用社借款信用社都不给借，借的话也只能以嘎查书记个人名义借，以嘎查书记的家产为抵押，以嘎查集体名义借都不给借。这种家庭在我们嘎查原来还是有好几家的。现在嘎查里的欠账户全部都把欠款的10%还了，这样他们都得到了人均6亩的地。

第二轮承包在我们这里没有大动作，主要实行的是国家“大稳定，小调整”的政策。最开始嘎查里有关分地有两派意见：一派想集中所有耕地重分，一派要在现有基础上进行调整。因为有的人改良过地，有的人没有改良地，为了公平起见，上头和嘎查都觉得保持现有基础进行调整好。我们嘎查共有地大概是 4000 多亩，1997 年第二轮土地承包的时候实际上分给村民的只有 3000 多亩，集体留下了 1000 多亩。按照国家的规定集体留地不能超过 5%，实际上是超过了。集体留下这些地是因为集体借有外债。90 年代中期的时候村务管理非常混乱、复杂，嘎查的吃喝、用车、招待等开支等都很大，有时候甚至要靠抬款来维持。那个时候一个嘎查每年吃喝都差不多要两万多元，用车也得三万多元，总共差不多五万元。这些钱都得向村民要啊。1997 年时候吃喝风大，我记得有一年嘎查吃的羊就有四五十只，猪也有十四五头。有时苏木领导来嘎查开会时，嘎查领导还会陪同苏木领导去通辽吃喝，一般都是包车来往。2004 年完善二轮承包的时候变动较大，给每个人口增加了 2 亩耕地。

第二轮土地分配是按照 1997 年人口计算的，1997 年以后结婚的小媳妇们是没有土地的，在 2004 年完善第二轮土地联产承包的时候也没有给地，因为她们在娘家是有土地的；而 1997 年以后出生的小孩子 2004 年都分给了土地，每人 4 亩。因为土地承包是 30 年不变，30 年后孩子都要结婚了，现在不能不给土地。

第二轮承包之后积极性起来了，国家不收费，你种多少得多少。第二轮土地承包以来，老百姓有信心了，30 年不变的政策。村里人都挖黑塘土改良土质，加紧平地，加肥。以前种 1 亩（保命田）、4 亩的，现在都种 6 亩了，都觉得有奔头了。最近很多村民都到山上草场到处拾牛羊粪用来改良土地，以前土地老动害怕改良结果好处别人得了。很多年没有人这么做了，以前集体的时候这样干过。这两年春天家家户户都忙改良，黑塘土地加沙，沙地加黑塘土，今年产量差不了。今年春天，嘎查东边搞育林基地，1个人口分1亩，开沟国家给钱，树苗也是国家的，中间自己种东西。以前林地大家不爱种，现在种的人多。我种豆类，今年肯定可以收入1500—2000元。

前几年用马犁杖的人比较多，现在用马犁杖种地的嘎查里也就几家吧。基本上三轮都已经较为普遍，四轮少点，加起来也有70%—80%了吧。现在国家不要税费，大家有钱都来买农机，我家今年春天买了四轮，9000多块。村里有些特穷的户今春也买了三轮。现在没有四轮的人家也会雇用四轮来种地。农民苦吧，其实也不苦，干活都用四轮了。

第二轮土地承包有两个好处，一是土地量增大了，二是期限长了，投入积极性涨了。一个少收，二个加地，最近三年每个人口至少增加了四五百块钱的纯收入。

我第一次听说税费改革是四五年前吧。我们这儿20世纪90年代中期负担最高。大概2000年左右开始收得少了。2000—2004年只收一点税，其他的就全免了。1亩地也就3块多吧，同时国家还有一些补贴。在我的印象中，税就是一定要交的，法律定的，种国家的地就要给国家的；费是旗县、乡镇和嘎查等各级政府定的，很多都是不合理的，不应该收的。我50多岁了，没听说过像现在这样种田不交钱的，前朝前代也没听说过。过去90年代的时候，收农业税1亩地最高是17块多，而头两年每亩地才2—3块钱，一亩地就差15块。按照当时人均4亩地，一家4—5口人，这样就等于好几百块钱的现金，这些钱干什么不好啊。当时各种费多的时候，1个人口差不多要到250元，像统筹费、提留费、土地承包费、建校费、教育附加费等很多，一家四五口人，也就超过1000元了，税费加起来也就1500—1600元了。现在没有这些，等于开支变收入了。少了这些开支，农民日子好过多了，这属于国家政策好。这些收入用来买机器、改善生活、建房都很好啊，1 年省 1000 多元，五六年就能省下好几千了，可以干大事。只有税费改革这个政策，带来的全部只有好处，没有不好的。其他的政策（机构改革），我们少交钱了，但学校、卫生院都搬走了，不方便，最后还要多花钱。

咱们苏木 5000 多口人，苏木政府正式员工好像有 28 人（含退休人员 5 人），其中还不包括财政所、派出所等单位的人。然后还从各个嘎查中招聘了临时员工 14 人，以每人每年 3000 元工资算（250 元/月），要花 4.2 万元。1997 年的时候食堂一年开支大概是 8 万元，在外边吃喝的招待费 2 万元。养车花得也多啊，加油费每年要 25000—26000 元，修车费每年也得要个 2 万元，电费每年 8000 元，3 部电话每年要 6000—7000 元，每年买煤差不多 7000 元。这些大型开支就需要 20 万元以上，再加上一些小的开支我想差不多 25 万吧。苏木的收入主要来自两大块，一块是国家财政拨款，主要用来支付正式员工工资、办公经费以及差旅费等，国家每年拨给苏木的也就二十一二万元，其中给每个正式员工的办公经费是 300 元；另一块主要来自统筹，由农民按人口交的，按每人 20 元算，也就是 10 万元左右。在账目上，按上边所说的收入来源分成两个账户，一个叫财政账户，一个叫财务账户。财政账户是死的，国家给的钱就那么多；财务账户是活的，无法运转的时候就会找些名目向农民要一些来花，这样农民的负担当然就会重啊。再不行就只能借债。当时苏木和嘎查花钱都太随便，很浪费的。咱们苏木合并的时候还有欠款 300 多万元，努古斯台苏木也欠了 300 多万元，合起来之后努古斯台镇要欠 700 万元，都是国家的钱。

去年种地国家每亩地还给了 5 块多的种粮补贴。按照这种政策下去，日子会越来越好，心里踏实，过得比城里人还舒坦。但是在 90 年代中后期的时候，村里有很多人是实在过不下去了。

1996—1997年的时候，税费真是多啊。国家让下边各级政府收取的好像就是三提五统了。这三提留就是公积金、公益金和管理费，所得归村级集体所有；五统筹是乡村两级办学费、优抚费、修建乡村道路费、计划生育费和民兵训练费，这些归苏木统一使用。苏木在的时候，有些年派出所收看护费，属于治安费吧，每户12元；苏木团委也收钱，忘了叫什么名目。反正都放在苏木统筹里一起收。

1亩地收30元，内含三提五统，人均4亩地，差不多一个人口就是120元；另外要交农业税每亩在12.5—17.3元之间，各年有些变化，按地算每个人口就是60元。另外有些什么事情还得单独收，如小学建设费，我们小学两个村的，每人口10元/年，收了两三年。1997年苏木政府建房及维修，人均收了77.7元。这些钱都是通过嘎查收取的，全在内你说多不多?

抬款（借高利贷）在20世纪90年代中后期十分盛行，这是与高收费时期相对应的。一般分为几种：一是集体向集体或国家借，就是嘎查或苏木向信用社或银行借款（嘎查和苏木开支大，或者是向上缴纳的税费收不起来，只能抬款。以花灯苏木为例，统筹收上来的费用每年只有7万—8万元，开支大约为20万元每年，包括小车修理费、吃喝招待费、电费、取暖费等）；二是集体向个人借，一般是嘎查向个人借。我现在还借给隔壁村1万多元，是别人的钱，到现在还没有收回来。三是个人向个人借，一些人没有钱缴纳农业税、三提五统和其他税费，或者是没有钱进行农业投入，就只能高息向别人借。

1994年我们这里下大雨，地涝了，积水严重。大多数地的玉米绝收了，好一点的户也就弄口吃的。那一年国家给返销粮，按人口给玉米200斤。我们这里种地投入大，前一年的收入要作为下一年的投入，绝收后很多人家就没钱投入了。于是就搞了统一经营管理。就是生产经营什么的先由苏木和嘎查组织投入，等秋后收庄稼有收入了再把投资还给苏木和嘎查。首先是由苏木从信用社贷款，从甘旗卡种子公司买种子，从通辽市买回化肥。然后由各个嘎查按照需要领回去分给各户。这些做法都是为老百姓考虑的。当时这个政策很普遍，只是各个嘎查实行程度不同，有的管得特别多，有的管得比较少。我们嘎查管得特别多。

从20世纪90年代初期直到2000年左右，嘎查对很多生产和生活性的活动以及相关费用都是统一管理。嘎查管理或征收的费用包括农业税、三提五统、农药、化肥、种子、灌溉、耙地费以及生活照明用电的费用，基本上包办了所有的事情。我们这里人均最高的时候起码缴纳给嘎查1500多元钱（1996年）。我们家五口人交给集体6900元钱，这还不包括另外缴纳的800元牲畜代放费。比如说耙地，有些村民家里有四轮农用车，自己耙地只需要油钱，四五块钱就可以耙1亩，但是集体耙地每亩最高要收30元左右。很多人有意见。

那个时候卖粮也是嘎查集体卖，需要缴纳的欠款直接从中间扣除。我们家那些年需要缴纳的费用具体为：三提（交给嘎查，公积金、公益金）人均30元，五统（交苏木政府）人均20元，农业税每亩17元，我们家当时是20亩地，共计340元。另外我们和东花灯共建一个学校，人均缴纳了100元建校费。苏木政府扩建房屋，我们每个人又缴纳了77元的建房费。其他的费用还包括农用车的养路费，等等。1996年亩产1000斤玉米，20亩地共产玉米2万斤，单价是每斤0.45元，农业收入是9000元，支出超过了7000元。

当然这个政策并不是所有的人都支持的，有钱投入的人就反对，因为统一管理的时候还是负担重啊，什么东西都贵的；没钱的人就不反对，反正他们也没有现钱买东西，没钱投入就没法种地。后来这些人还是欠下了集体大笔钱，由于当时收费还是高，同时家庭有供学生的费用、日常开支的费用，这些都要现钱，卖粮后现钱都用在其他方面，集体的也就欠下了。

集体管理的时候我们嘎查每户每年都要交集体好几千块钱，其中包括开耙费、种子、化肥、代放费等生产费用，甚至连照明的电费之类也由嘎查统一收取。1996 年时我家种五口人的地，交嘎查 6900 元，什么钱都收的，连我家安装电话的 1700 元也包括在内。集体管理不好，也很多问题。管得太多，管得太死，没有积极性。嘎查要求统一管理，统一经营，自家有四轮也不能翻地，要嘎查统一组织。收费还是过高，耙地费最高收到 32 元/亩，自己弄最多 20 元啥都整好了。秋收后很多社员没钱还集体账，所以很多人欠集体钱，集体也就欠上边的多。据说咱嘎查是苏木抬款最多的，社员欠的也最多。信用社人说嘎查 2005 年还有 80 万元未还，我们嘎查 800 口人人均 1000 元。1994 年的时候嘎查欠外边的抬款也就是 1 万元，1995—1998 年集体管理几年欠下大笔钱。

我老伴腿痛，有严重的风湿病，每年拿药吃怎么地也得花个四五百元吧。我小孙子前年冬天得肺炎，在通辽市妇婴医院住院一个星期，住院费花了 1800 元。去年冬天又犯了，在村里找大夫挂吊瓶半个月，又花 700 元，又买了特效药，有效果，1 盒 140 元。乡镇机构改革之前苏木有卫生院，有八九个医生，当时条件好多了，不算太贵，不太远，方便，技术也不错。2000 年年底、2001 年年初这个时候撤掉的，现在大家看病主要是嘎查附近的 3 个个体医生，他们也有证，技术倒也不次于卫生院的医生，但一些设备没有。以前卫生院可以透视、化验，现在不行了。

3 个个体医生有一个是医学院毕业的；一个是家传的，但也在附属医院进修过；另一个以前在卫生院干过几年，有些基础，也出去进修过。收费高过卫生院，肯定要高的。我们这儿现在生大病得去通辽市，感冒头痛之类在这里看看。3 个医生和村民的关系都不错，生大病要去通辽的时候都是由懂这些的 3 个医生领着去，他们有门道，在通辽市医院里都有熟人。如果要做个阑尾炎之类的手术，他们从通辽市请医生来家里给做手术，手术费不超过 300 元，医院里不超过 1000 元不给你做手术的。

农村合作医疗 2005 年我们村开始了。集体的时候也有合作医疗，也就是 20 世纪 70 年代中期到 70 年代末吧，大概六七年，每个人口交 2 块钱，不交现金，从账上扣。那时大队里有合作医疗站，有三四个大夫，吃多少药都不要钱。国家肯定是为农民好，否则也不用拾起这老政策，还往里头贴钱。去年 1 个人口 10 元，以后年年要交吧。通辽市给 10 元，自治区给 10 元，后旗给 10 元，看中央台广播好像是中央每人给 10 元，不太准确，总共是 50 元。吃药看病就从这个钱里给报销一些，不吃药这钱就给你留着，像存款一样。大多数人愿意加入合作医疗，但也有人不愿意的。有些人认为自家人口少，体格好，不生病，不加入。怎么看病，怎么报销，具体的也没定，我们不清楚，心中没底。附近又没有卫生医疗站，去看病路费都超过报销的钱了。去通辽一趟十几块，去衙门营一次也是十来块，还不方便，不如找村里医生看。据说乡级卫生院给报 40%，旗县级卫生院给报 35%，市级医院只给报 30%，200 元以下还不给报。

总体看来，生点小病还不如在村里找大夫，生大病合作医疗这点小钱不管用。医疗是各家各户都关心的事情，不像教育还只是一部分人关心的事情。

以前学校里民办教师多，现在有的被辞退了，有的转正了。民办教师的工资是国家给一部分，嘎查给一部分，学生也得交一部分。现在嘎查没有任何收入了，学生也不交学费了，民办教师没有了，很多学校也停办了。民办教师以前占多数的，以前一个村小学 4 个教师，两三个是民办的，只有管事的那个才是公办教师。

村级小学合并的风气是2000年左右开始的，与机构改革是配套的。原来花灯苏木现在还有村级小学的只剩下我们白村这一个。整个努古斯台镇也就我们这一个村级小学了，其余全部合并到努古斯台中心小学，所有村小学中正式教师都在那里上班，全镇的小孩子也都到那里去上小学。

以前小学在各个村里的时候收费大概是每个学生两三百元花费，现在国家免了这个东西。但别的花销加大了。国家住宿免费，但吃饭、零花、路费什么的都得要钱，就路费一年也得要个200元，学生来回家里人去看望的。一些低年级的小孩子家里人不放心，就还要家里人去照顾，很多家庭不得不在学校附近租房屋照看孩子，还有人专门以此为业，照顾自己孩子的同时照顾别人的孩子，挣点收入。大一点的孩子还好，十二三岁就没事了，七八岁的孩子我觉得就必须有家人照看。我们亲属的孩子没在村里上学，去了通辽蒙中，据说一年差不多要5000元。比如说我的小孙子如果不在嘎查里上小学而是去了镇里的话，怎么说他奶奶也得去，花费一个人力不说，租房吃饭零花怎么地也不少于2000元，顶上好几个两三百了。本来村里一些比较穷的家庭，以前还能让孩子念书，吃饭在家里，路费没有，住宿不花钱，现在念不了了。现在有些小学、初中没念就不念了，怎么地也比以前多了，书记小弟弟的女儿14岁就没上了，我侄小子的儿子也不念了，嘎查里起码有十几个退学的吧。上初中的孩子花费大，干脆不去了，邻近毕业的时候去参加一个考试，拿到初中毕业证就行，这样的人也很多。上高中、大学更花多钱。我们这经济条件不行，一般家供不起。我们这里最怕的就是生大病和孩子上大学。

这个政策肯定让农村不上学的人越来越多，上不了，上不起。这个政策肯定对国家好，学校少了肯定投资少，少花国家钱。而且不读书农业劳动力不就多了吗？这样对国家也好啊。

嘎查公共事业干不了，嘎查手里现在一是没钱，二是没权。老百姓要是不同意了，没法做，干什么都得老百姓集体通过。集体通过就是开村民大会，我们这里没重大的事情不可能开村民大会，修补个路你还开村民大会？再说你开村民大会还有很多人不来。

以前嘎查干部要做的事情有收税费、三提五统、分地、分草场、每月报账什么的。现在没多少事情了，没有财权，也没有地权，现在嘎查只能传达传达上级的政策、搞搞计划生育，春天负责一下禁牧、造林，然后到镇里开开会，一年填写两个报表。

嘎查的书记、村长以前每年咋的一年也能有个 4000 多块的补贴，现在每年也就 2000 元，谁还愿意多做事？就拿修村里的路来说吧。我们这里的机动车多，以前每年起码要修路两次，现在就很难有人修了。现在也不是村民不愿意修路，但是干部也不太愿意组织。大部分人愿修的，但有些人就是不修，干部很难组织，谁愿意操这个心。以前有义务工，可以组织修路。不来修的人，罚款，现在也罚不了。

嘎查那边黄沙吐的水井嘎查里人承包的。本来应该使用电来浇地的。但承包的村民为了多收工钱，改用柴油机抽水，现在柴油又贵，成本高；水小一半，耗时多，工钱可以多收。这样就引起种地户与水井承包户之间的矛盾，于是有人偷偷用石头将水井堵死了，谁都不能用。个人的地没法浇了，集体的水井也废了。以前不管是涨工钱，还是堵水井嘎查都能处理，现在没人问。

林业也一样，乡间公路两边的树，最近几年起码偷偷被人砍了 500 棵，没人管。以前嘎查有人专门负责林牧业的。村干部应该比谁都早知道，谁砍的其实大伙也明白，但不吱声，不得罪人。

在我们农村，最花大钱的是供大学生和生大病，没法来。供大学生不值当，女孩子大学念完后刚要挣钱就成人家的人了，要结婚走了，不像男孩。但男孩也这样，我家大小子供来供去，毕业几年成家要养家，我们没啥。其余的像盖房、娶媳妇也花大钱，但是长久的，再说也算小事，有钱的多花点，没钱的少花钱就是。

以前街上有三四家饭馆，生意很好，现在只有1家了。当时苏木政府在，招待很多；而且那时各个嘎查也很有钱，每年吃喝花费哪个嘎查没有两万三万的，每年包车费也在两三万元，这在当时是普遍现象。

我们嘎查有什么事都是大伙自己来，结婚、老人去世、建房、做生意、学生上学都一样，不请自到，后街的村子都是主人家要主动去请，否则没人来。头四五年，别人家有事情只需要送些吃的、拿几瓶白酒啤酒、几瓶罐头、烧的纸钱（丧礼），再帮帮忙就可以了。现在都要随礼了，什么事情再咋的也要二三十元的，关系好点的四五十元，亲属就得要上百元。

除了一些家庭全家常年在外打工外，我们这里出门打工、过年过节才回来的人不多，全村也就十个八个的。以往闲散的人多，啥都不干，就干待着。最近两年他们都去打散工了，活也多了，工钱上涨也很快。前年扒玉米一天才13块，去年一般工价是30元/田，农忙时每天涨到了35—40块，还供饭。村里还有人在木里图工业园味精厂打工，连人带自己的三轮车每天100元左右。出现这种情况也就使近些年，形势逼人，不干不行。农资涨了，地多了，投入大了。再说现在多投多产，有奔头了，也愿意做。

村里干部都不打工，宁愿在家待着。干部去打工，多坷寒碜啊。我以前想打工，三儿子不让，觉得我以前当过干部，打工很没面子。我愿意出去干活，觉得在家憋屈。去年我硬是到我外甥家去扒玉米了，干了好几天。现在儿子也不怎么阻拦了。今年我在努古斯台嘎查干了4天活，又在村林场里铲了好几天的地。

个案二

1. HDZB，原大队干部，2004 年去世（1996）

1942 年我出生于科左中旗敖古斯台努图克（区）花布艾里。1953 年我 12 岁那年我们全家 6 口人迁移到了黄沙吐艾里。当时的家庭成员是父亲 32 岁，母亲 36 岁，姐姐 16 岁（没有上过学），本人 12 岁（上过初中），妹妹 5 岁（上过 4 年级），弟弟 2 岁（上过 4 年级）。父母结婚时，父亲 14 岁，母亲 18 岁。

花布艾里与黄沙吐艾里是接壤的两个村，相隔 10 里。花布主要是沙坨子地，黄沙吐既有甸子地，也有沙坨子地，耕地质量较好，生活也较富裕。在花布时我们家非常贫穷，维持生活极其艰难。在花布艾里，我有一个大爷（伯父）叫朋斯克，他与黄沙吐艾里的张扎那关系很好，在闲谈之中，此人说，打算要给儿子找媳妇。我大爷听了就说，如果不嫌弃，我有一个侄女，可以给你儿子介绍，我可以做媒人。

我们家与张扎那家原来素不相识，是大爷中间做媒，定了这门亲事。订婚宴之前，两家人都没有见过面。姐姐的婚事就这样敲定了。那年我姐姐 16 岁。当年举行订婚宴。在花布艾里举行订婚宴后，张家考虑到我们家在花布艾里比较贫寒，耕地质量较差。叫我们搬迁到黄沙吐生活。我们家当然非常高兴，当年就搬迁到黄沙吐。互助组给我们盖了一间简易小土房，我们一家在这狭小的土房里一直住到 1958 年迁移到白音套海艾里为止。我们能够迁到黄沙吐，是因为张扎那是黄沙吐的互助组的组长。我们迁入之前，黄沙吐有 16 户人家，加上我们为 17 户，85 人左右。17 户人家中，13 户被吸收进互助组，另 4 户被认为懒惰而没有被吸收。

1950 年，我 9 岁那年上小学（初小）。当时我们还住在花布艾里。花布艾里没有学校。我们村里的孩子要上 1—3 年级的初小，去离花布艾里有 8 里的敖古斯台艾里，要上 4—6 年级的完小，去敖古斯台努图克所在地的衙门营子艾里。我在敖古斯台上到 3 年级后我们一家就搬迁到黄沙吐艾里。我转到东花灯完小上学。东花灯离我们家居住的黄沙吐 8 里。在敖古斯台和东花灯上学时我们村里的孩子带着中午吃的干粮一起上学，晚上下课一起回来。当时我们黄沙吐一起上学的孩子有七八人。我从东花灯完小毕业后，到吉尔嘎朗初级中学上中学（我们是吉尔嘎朗设初中之后的第二届，吉尔嘎朗是原科左后旗的旗政府所在地）。这是 1956 年的秋天（公历 9 月）的事情。我们村里的 3 个孩子和家长一起出发去吉尔嘎朗，吉尔嘎朗离黄沙吐 120 里，我们在路上（阿古拉艾里）住了一宿，第二天下午才到达目的地。我们在毛驴上驮着一个学期的干粮和使用的被褥，步行到了吉尔嘎朗。我在吉尔嘎朗上了 3 个学期。每年夏天和冬天有两次假期，我上了 3 个学期寒假回来后再没有去上学。当时我们家里非常困难，不能继续供我上学，因此我实际上初中还没有毕业就中途辍学了。1956 年上初中那年我们家因拿不出任何钱，卖了 1 头母猪和 5 个猪崽子供我上学的。当时的学费每学期 10 元，课本费每学期 5 元。当时的小学开设的课程，蒙古语文、算术是主课，每天都有课。地理、历史、自然每周 3 节课左右，汉语文、图画、唱歌每周 1 节课左右。初中开设的主要课程有：数学、蒙古语文、汉语、地理、历史、物理等。

来到黄沙吐的第 3 年（1955 年），我姐姐嫁给了张扎那的儿子。由于我们家搬到黄沙吐之后，一直受到他们家的照顾，甚至种田都用他们家的牲畜，因此，姐姐结婚时我们家没有要任何彩礼。当然也没有陪送什么嫁妆。妹妹 1968 年结婚，弟弟 1974 年结婚。

1955年春天开始在我们这里建立初级社，1957年建立高级社。1958年秋天开始食堂化（1961年秋停止）。成立高级社的第二年，即1958年秋天我们家由黄沙吐搬迁到白音套海。

1958年年初到8月份我一直在村里干农活。1958年8月我父亲被大队指派当民工去图尔吉山红领巾水库工地劳动。但是，我父亲是我们家的顶梁柱，如果父亲不在，家里就没有了主心骨。因此，家里商量决定让我替父亲到红领巾水库工地当民工。当时我还不到18岁，没有做民工的义务。但为了让父亲在家里，我要求去了。在水库劳动期间的工分在本大队记分，年终结算。在工地上干了2个月的重体力活之后，被工地连长看中，让我当工程员。农历1958年的腊月放假，1959年正月十三又回工地。1959年10月工程结束回家。1959年回来时，正值食堂化开始，一个生产队一个食堂。我被大队任命当六队的食堂会计，主要负责从大队领取粮食，并负责发放食堂用券。我在六队当了半年的食堂会计，因五队的会计自愿去红山水库工地当工程员，我又被调到五队当生产队会计。

1958年到1961年年底，是以大队为核算单位。因此，生产队的会计只负责记录生产队社员的工分，统计生产队的农田数目和牲畜头数，记录从大队领来的粮食数量。我当时还兼任大队食堂的管理员，负责全大队的粮食加工和向6个生产队的食堂发放粮食。1961年年底取消食堂化。1962年开始以生产队为基本经济核算单位，一直到1982年单干。

1962年春天，由我们生产队队长常明做媒人，与本队姑娘订婚。当年秋天结婚。当时我21岁，新娘19岁。举行婚礼花了600元，新娘家没有要彩礼。我结婚时，家庭成员为父亲、母亲、妹妹、弟弟、本人和新婚妻子，共6人。大儿子1963年出生（花灯中学初中毕业），二儿子1965年出生（伊胡塔中学高中毕业），三儿子1968年出生（哲盟蒙古族中学高中毕业），四儿子1971年出生（甘旗卡第一中学高中毕业）。

人民公社时期的大队、生产队的干部组成：大队干部主要职务有党支部书记、副书记、大队长、副大队长、会计、出纳、民兵连长、治保主任、妇联主任、团支部书记等。党支部每两年选举一次，一般选出7个支部委员，上报公社党委，由公社党委指定职务。大队干部一般由大队党支部讨论决定之后，上报公社管理委员会（文化大革命期间叫做革命委员会）批准。生产队干部由队长、副队长、会计、保管、出纳、生产委员、牧业委员等7人组成。由社员直接选出7位生产队干部组成人员，上报大队党支部任命职务。

人民公社时期，个人只有少量的自留地和自留畜，其他土地和牲畜均归集体所有。自留地按人口分，每口人5分（0.5亩）地。自留畜按户分，每户1头奶牛，小牛3岁时生产队便低价收购。3岁公牛100—120元，3岁母牛70—80元。总之，一户奶牛不能超过1头。

当时分家有好处，因为生产队的一些政策是按户实行的，如分配蔬菜、柴禾等。养自留畜也是一个例子，如果一个家庭分为两户，可以多养1头奶牛（自留畜从生产队购买，70—80元）。尽管有一些好处，但分家以后盖房子在当时来说是一件非常不容易事情，因此分家在经济上受到一定的制约。

1972年实行突击入党时我加入了中国共产党。入党的同时，我被任命为东花灯大队副书记兼大队会计。1980年辞掉大队会计，担任大队副书记兼五队队长。我担任五队队长是我主动要求的，因为当时五队的生产不如其他几个队，我想改变五队的落后状况。

1984年8月1日，撤销大队改为嘎查（行政村），原东花灯大队分为两个嘎查，1958年由原来的东花灯艾里成立的一队、二队、三队、四队为东花灯嘎查，由原来的白音套海艾里成立的五队、六队为白音套浩嘎查。公社化以后，原来的白音套海艾里成了东花灯大队的五队和六队，白音套海这个村名没有再使用。1984 年在五队和六队的基础上成立一个行政村时，我根据原来的村名套海宝日（胳膊肘形状的土丘）改为白音套浩（富裕的土丘）。1958 年与东花灯合并之前，曾用过“白音套海”这个名字。成立嘎查时，我没有用“套海”，而用“套浩”是因为“套浩”更接近蒙古语的发音。

1984 年五队和六队从东花灯大队分出成立白音套浩嘎查后，我担任第一任嘎查支部书记。1988 年我被苏木党委免去支部书记职务，并被派到新建立的苏木敬老院（在白音套浩嘎查的边界内）担任院长。敬老院建立之初，有 10 位老人。到 1993 年时去世 4 人，走 4 人。最后只剩下 2 人，苏木取消专职院长，由苏木民政助理兼任。我当院长时，在敬老院工作的人员有院长和工人各 1 名。院长的工资每月 90 元，工人工资每月 90 元之外，还另外分给 5 亩地。

母亲 1974 年去世。弟弟 1977 年结婚，结婚后我们住在一起。我们家当时的家庭成员有：父亲、弟弟和妻子、我本人和妻子及四个孩子，总共 9 口人。1980 年我弟弟有了一个孩子之后，与我分家。我和妻子及 4 个孩子留住旧房子，给弟弟盖了新土房。父亲跟弟弟一起生活。弟弟是一个老实人，父亲跟我弟弟生活是想关照和帮助他。当时是集体时代，分家非常简单，把自己的口粮拿走就行了。分家前我们家没有多少财产，如果说有大件，那就是两个缸、一个火盆和一个碗柜。我们两家一家一个缸，我留碗柜，弟弟带走火盆。

1982 年实行家庭联产承包责任制。把土地、牲畜和车辆承包给社员。大队制定承包标准，以生产队为单位实行。五队的承包标准为：把耕地分为三个等级，每口人一等地 3 亩、二等地 1 亩、三等地 0.5 亩，即每人为 4.5 亩地。六队的耕地质量差异较大，因此分为四个等级。每人一等地2亩、二等地1亩、三等地1亩、四等地0.5亩，也是每人4.5亩。承包后按减人减地，增人增地的原则，每年调整一次。1983—1984年减人收回4.5亩土地，增人补给4亩地。1985—1989年减人收回土地，增人补给3亩地。1986年根据上级的退耕还牧的政策，从每口人的4.5亩的承包地中收回低等田0.5亩作为放牧场。原来的每口人的4.5亩承包地一律变为4亩地。

1990年调整土地时，给原来承包3亩地的人补了1亩地变为4亩地。1990年以后每口人的承包地一律变为4亩地，并且实行减人减4亩，增人增4亩的承包原则。

五队和六队的牲畜和车辆的承包原则如下：耕牛、马和大车按人口分，7人分到1匹马或耕牛，30人分1挂大车。母牛和羊按户承包，1户1头牛和2只绵羊（缺5户母牛，用3只绵羊顶1头牛。）牲畜和车辆的折价情况如下：大车400元，马200—280元，耕牛330—380元，奶牛120—240元，绵羊50元。

我们家1985年盖了新房，5月份竣工，按理说6月份可以搬家，但等到7月份我们才搬进去。在我们这里的风俗习惯中，农历6月份有一系列的禁忌，如不能搬家，不能上房梁，不能掏井，不能挪动碾子，不能焚烧尸体等。如果犯忌，按我们这里的说法，会下暴雨。

1985年11月我的大儿子结婚。我们这里的人都习惯于在11月份结婚。因为这个时候，农民已经秋收，有一定的积蓄，可以举办婚礼。俗话说："10月是猪的街，11月是姑娘的街。"意思是说，10月份是杀猪的季节，11月份是结婚的季节。

1985—1991年之间大儿子开55马力链轨拖拉机，我和老伴、儿媳妇做农活，其他孩子当兵或上学。1989年大儿子结婚4年后，我们盼望已久的孙子终于出生，我们全家都非常高兴。1991年花2万元为大儿子盖了三间砖房后让他们分家另过。此前一直与我们住在一起。1985—1991 年之间大儿子及其妻子、孩子住东屋，我和老伴和两个儿子住西屋。房子西头还空着 1 间客房。

次子 1987 年入伍（1987 年以前在伊胡塔中学读书），1991 年 11 月退伍，1992 年正月结婚。次子在当兵时与本村的一位姑娘通信联系建立了恋爱关系。退伍后旅行结婚，包括买衣物只花了 5000 元，既没有订婚宴，也没有举行婚礼。

三子 1994 年 7 月结婚。次子把东屋腾出来，让三子在东屋结婚。次子搬到房子西头的客房，一直住到 1995 年的 3 月分家。一般来说新结婚的应该住在东屋。让次子住西头的房间，因为是临时性的。如果是永久性的，我们老两口会住在最西头的房间。1996 年 7 月盖新房，三子分家搬出。当年 11 月四子结婚。三子虽已搬出，但仍与我们住在一起。去年一年也与我们一起种地，看样子今年还与我们一起种地，因为他们还没有自己的农具。我想让他们明年开始自己种地。

目前家里有两个柴油机，承包稻田水井（全村 7 眼稻田井之一），即所谓的井长。灌溉 1 亩稻田的一年的毛收入为 100 元，我承包 55 亩水稻田。扣除油费 1300 元和 200 元的柴油机修理费，纯收入为 4000 元。现在家里有马 2 匹，母牛 6 头，山羊 15 只。

1996 年嘎查向群众招包林地。去年开始我承包林地 40 亩，10 年合同，承包费 20 元/亩。林地的树木长高之前，可以种植农作物。我在承包的林地种了下列农作物，荞麦 5 亩、糜子 10 亩、芸豆 5 亩、黄米 5 亩、绿豆 5 亩、玉米 5 亩。打算今年开始植树。按上级要求，1 亩地种植不低于 110 棵的树，在 5 年之内，1/6 的林地仍可以种田。

2. MD，现任白村村长，HDZB 老人次子（2006）

我 1966 年出生在白音套海，共有兄弟四人，现在都生活在村里。1986 年 9 月份到 1987 年年初就读于伊胡塔中学，只读了半年高中我就当兵去了。因为学习不咋的，是我自愿要去的。我在兴安盟当的兵，一共当兵5年。其中3年是服役，后两年是超期服役。我留在部队是希望能转成志愿兵。志愿兵是有工资的，与干部的待遇一样，14年后可以复员，还可以分配工作。转志愿兵不容易，需要有技术的人才有资格。我当时在部队时是烧锅炉的，有操作证，所以我有资格。为转志愿兵的事情，我父亲还亲自上部队去了一趟。

由于一些原因，我后来还是没有被转为志愿兵。1991年我退伍复员，被花灯派出所聘用。我一直干了9年。1999年的时候撤编，要求所有的地方都用正式警察，用从警察学校毕业的学生。而从1988年以后聘任的警察全部辞退，于是我就回到了嘎查。从1999年到2003年，我在村里担任治保主任的职务，每年的工资是2000多元。从2003年7月份开始我担任村长职务，工资也还是每年2000元左右。

我是1992年结婚的，妻子也是这嘎查的。家里一共四口人：大孩子是个女孩，正在读初中，放暑假这段时间还在甘旗卡补课；小孩子是儿子，今年8岁，正在读小学一年级。两个孩子都在通辽市上学，没让他们在当地上，市里的教学水平比这里好很多。在通辽读书以前要交借读费，初中是每学期400元，小学是每学期300元。现在仍然要收钱，不过不叫借读费，叫做管理费。为了照顾孩子，妻子就在通辽市租了一套房子，顺便也照顾别人的孩子，这样还可以有些收入。现在她除了照顾自己的两个孩子外，还照顾别人的10个孩子，每个学生每学期收1100元。这些钱包括吃、喝、洗、用、住等，非常辛苦。

我家现在四口人，一共22亩地。去年一共产了3万斤玉米，有1.2万元左右的收入。以往的产量不行，一般稳定在每亩1000斤左右。去年挺好，种子品种好，加上风调雨顺的。我们家的地上每亩的投入大概是178元左右。我们一般不种太多经济作物。

如果有政府出面，给我们搞订单农业的话，老百姓心中有底，就会种收入高的作物了。你看就像种蓖麻，我们这里有人种，每袋能卖100多元，收入很高的，可是很不稳定。

我家没有养任何牲畜，妻子不在家，没有劳力照顾，没有任何牧业方面的收入。我们家去年毛收入有：农业收入1.2万元，妻子照顾孩子收入1000元，村里工资2000元。纯收入大概有1万元左右。我们家现在有一辆四轮农用车，值1万多块；另外还有一辆摩托车。

我每天抽两包烟要花5元，摩托车油钱两三元，我的手机和妻子的手机每月话费各100元左右。花费很大，担心存不够钱给孩子读书。农业收入比较稳定，但年景不行的时候就不行。以后自己再发展一些牧业。

我比较担心粮食价格是否稳定，有产量还要有价格，才能有收益。现在农产品价格不涨，农资价格涨价很厉害，农药、化肥、种子、灌溉用电都涨价。种子价格最厉害的由原来的2块多涨到现在的6块多。现在市场上有很多陈籽，发芽率不高，而且长不好，这会严重影响产量。我们嘎查里有几家就因此受到了损失。

我现在最担心就是学生学费负担重。我希望两个孩子都能上大学，再穷也不能穷孩子。小孩子如果放在村里念小学，一分都不用花；为了孩子的前途，每年要花4000—5000元。当初我就是吃了没文化的亏，在部队不能得到提升。当兵的时候我体力好，能吃苦，新兵第二年就被提升为班长，并且获得团里嘉奖六次。每次给机会让我考军官我都考不上，别人一次就考上了，甚至连班会记录我都不会写。考试的时候都是用汉文，我只懂蒙古文不行。我的孩子都是上的蒙古文学校，但女儿在学校蒙古文、汉文和英文都学。我女儿学习成绩很好，写作文总能得到老师的表扬。

当初为决定孩子上汉文学校还是上蒙古文学校我们考虑了很久。孩子上汉文学校知识较广，用处大；学蒙古文要是考不上学回来就一点用也没有了。但是蒙古文学校升学率高，有60%—80%的把握；汉语学校升学率50%不到。我想让孩子上汉语学校，但怕孩子考不上大学抱怨我们。再说现在蒙古文学校汉文和英语也是同步抓的。

我姑娘去通辽市念书5年了，小子在那边也3年了，两个小孩子一年的花费差不多1万元，其中借读费就要一年1600元。我家还要陪上一个劳动力照顾两个孩子。因为一两个孩子陪一个劳动力，陪不起，因此很多家长在照顾自己孩子的同时还照顾别人的孩子，这样也可以挣得一些收入。通辽蒙古族学校（含小学和初中）旁边租房招孩子的家有100多家，每家都有十来个孩子。尤其是小孩子，没有自理能力，他们睡觉尿炕的都有，没人照顾不行。我们家里的照顾的小孩子中有一个6岁的小女孩，只有这么一点点高。家长也不放心，经常来看，每来一次孩子大人都哭。孩子小有时连老师布置的作业在哪里也搞不清楚，或者干脆就忘记了，只能老师在书上画勾勾，回去让照顾的人督促他们完成。

镇上的小学是刚建的，老师学生都是从各地并去的，我们送孩子去不放心，就直接送到通辽市算了，就是多花一些钱。我自己去小学看过。刚建立的学校，管理不好，很乱的样子，大人不能放心。从外边看挺好，啥都是新的，新盖的屋子里面很潮湿，学生住宿的被窝都有水的样子。

村里有小学的时候，嘎查领导多关照一下，学校老师负责任一点，质量还是不错的。现在的教育改革说是与机构改革挂在一起的。上边说集中起来提高教育质量，搞素质教育，村里面太分散不行。虽然减免学费杂费什么的，但事实上加重了家长负担，没有减，反而加了。嘎查里没有小学，到镇上上学，家长少说一个礼拜要去看一趟，车费来回十几块，还误一天工；孩子生病、吃喝、成绩什么的老是操心，每天三次两次电话地和孩子联系。

以前啊，苏木在的时候，10天开一次小会，1个月开一次大会。现在是必要时才开会，1年多在三五次，少则两三次。

经济上负担挺大，苏木搬走了，涉及与哪个机关办点事，来回交通费用大增。办个户口什么的本来派出所不要钱，但路费、吃饭、误工加起来也得有个五十、八十的。现在这么多苏木合并，只有一个嘎查能有好处，其余的嘎查负担都增加了。我们这里没有首脑机关，经济活跃不起来，因为苏木政府以前在我们附近，但这个对别的嘎查影响还小点。

对我个人而言，以前我属于苏木派出所的招聘员工，当时派出所有5个人，其中4个是招聘的。当时苏木政府招聘员工有14人，别的事业单位像财政所、信用社也招聘了5个、6个的，都是从我们附近嘎查招聘的。我当时每月工资250元，一年3000块收入，还有些其他收入吧。当时我们派出所有5个人，苏木哪里有事情，我们起码能马上赶到保护现场。现在这么大一个镇只有一个派出所，要管44个嘎查。哪里出事都来不及去，十天八天之后才来处理有啥用？其实还是老百姓受苦，有时连个调解事情的人都没有。我们嘎查的一个村民，去年丢了四匹好马，值两三万元。报警后还得自己去找，没找到。等派出所的人从很远的地方赶来，马都不知卖到哪里去了。

生活上的影响：看病上没太大的影响，嘎查里的几个私家医生都还在，就是贵点。现在合作医疗百姓都入股了，但都没有落实。最近开会时说要在各嘎查建医疗保健所，私人经营，集中管理。如果这些分所治不了的病，就会出转院证明，一级一级批准，让出去治病，就是比较麻烦些。现在我们来客人了要招待都难，以前苏木机构在的时候，商店进的货都多，现在商店都不敢进什么货了，老百姓购买得不多，要买时又没得买。

现在是新中国成立以来最好的政策。有句俗话说“国民党税多，共产党会多”，其实中间很多年共产党的税也很多。一粒粮食一粒汗，我们这些种粮的人自己得到点收益要经过好多道关啊。我们这里人以前形容税多时有“八大关”的说法，一颗粮要经过“牙齿啃，舌头舔，喉咙吞，肠子消化”等无数关卡之后才能落到农民手里。有些人还有十八关的说法。

现在种地都是白种，啥都不交，以往的费用变成了今天的收入。以前闲散的人多，现在几乎没有什么闲散的人了。以前投入不行，种子不行，产量不行，种出来卖给国家价格也不行。卖给国家还得东扣西扣的，啥也不剩。卖完后剩下来年的投资，加上个家庭温饱，再多想就不行了。

现在价格比较稳定，市场活，收购的人多，产量也高，种的都是自己的，为什么不好好干？现在积极性上来了，以前是泄气了，再干也干不出啥来。别说小康，不努力点连温饱都有问题。现在嘎查里80%—90%的闲散劳动力都去打工，一般是在附近打散工。以前这些人都是一堆一堆坐在小卖部门口，打个一四，搓个小麻将，唠嗑，玩玩闹闹就过去了。现在一开春，拖土、运沙、拉粪，家家抢着干，去改良土地，是一个很大的变化。30—40岁左右的男人常去通辽市打工，妇女和老点的就在附近打散工，收入很不错的。

现在税费改革以后老百姓心里太踏实了，真是甜到头了。现在打多少就剩多少，国家对农村的政策特好。没有任何顾忌，土地等于白种。以往负担重的时候啊，最多的时候达到3个人口上缴1800元，这里面包括什么集资办学、电工工资和民兵训练等很多费用。去年我们只收了每亩农业税5.61元，今年听说全免了。现在种田还给粮食补贴，种田反过来给你钱。补贴的标准不同，前年每亩9块多，去年6块多，今年一亩地给12块多。

老百姓收入增加，负担减轻，思想稳定；不像以前粮食打来打去不知道交上多少，很乱，大家没底啊，上不上产量无所谓，个人剩多少不知道。

现在嘎查里没有土地权，没有财务权。干部出门开会什么的吃饭路费都得自己掏钱。和以前相比，工作量是少多了。以前百姓吃喝拉撒都要管，上边要求要管的。现在的工作主要是出去开开会，用喇叭传达一下上边的精神，提醒一下牲畜疾病预防，计划生育管理，就这些。以前开春谁家买多少化肥、种子，庄稼长势，牲畜以及粮食产量如何都要一一上报，现在都不怎么管这些了。有些什么事情和包队干部一说，由他们自己向镇里汇报就是了。税改之前书记、村长每年补贴有4000多元，值现在8000多元；现在就2000元，只顶过去500元。以前费用都是报销，集体有收入，现在车费饭费自己出，实在没啥；开会办事来回路费自己掏，还得误自己的工，一年到头白干，还得算计好，否则还要白搭。

现在国家给嘎查4个干部发工资。书记村长2004年工资是1800元，2005年是2400元，会计工资是书记村长的80%，妇联主任工资是书记村长的90%。然后国家给嘎查每年的办公经费就是2000多块钱，报刊费之类的一扣，发到你手里也就1000多块钱。队部连电话都养不起，已经停掉了。电费都是勉强交，供电所不给欠。大队队部要人看管啊，也得留个办公室主任的，得给开工资，办公经费往往不够。

本来嘎查可以留2%—5%的地，考虑到老百姓很困难，为老百姓多得点，就全部分掉了。现在有些后悔，无法运转了。要是留100亩好地，每亩以80元承包给别人，一年也有8000元，维持运转就够了。

嘎查现在没有财务权了，也没有土地权了。我觉得土地上才有财务权，没地有权也没法使了。现在搞点事情像种树、修路什么的，办不了。先搞大喇叭说明白了，还要逐个疏通，才可能办点事情。他们不明白或者不愿干的话说啥都没用，你也没什么东西可以卡住他们。涉及出钱出力的事情嘎查里人不愿动，自己出去打个小工，每天也能挣个三十、四十元的，办集体的事自己就少这些收入了。

前几天我看嘎查里的路坏了，就准备修修。我在喇叭里喊了4天，也没有人有动静。可能这几天忙点，等过几天大家闲点，我再要求大家修修，自己的事情嘛，不就是一人一车土吗。去年也随便修过，但车多雨多的，路坏得快。义务工逐步废除了嘛，截至2005年彻底没有了。乡间公路也得修啊，否则出去都困难。更难组织，特费力。只能靠干部带头，分段分村修了。以前不干不行，拿经济约束你，不干就拿你的钱雇用别人干。现在人家不干了，不能罚，卡不了，只能反复做工作。人必须有约束才能干好事。

以前嘎查里有专门管林业、牧业的干部，现在费用掏不起，都撤了，管理力度是小些。出现些问题还是有的。但在禁牧、保护林业上人们的认识逐步上来了。还能大致维持良好的状况。

改革开放，土地承包之后才有当家做主的感觉，当初种啥都要管，不值钱也得种。分田分地到户之后，五谷杂粮、十谷杂粮要种都行，不种大烟就可以。

第一轮土地承包时是一人口4亩地。1997年10月1日开始第二轮土地承包，现在是一人口6亩地，实打实比以前人均多2亩。以前以各种形式承包给外面人的土地（单位、个人的都有），现在全部收回来交给老百姓了，实实在在都增加了收入。

第二次联产承包之前，有的一家三口人只能种一个人的地，户口转来迟没有给分到地，只能勉强过日子。这次完善过程中解决了很多人没地的问题，现在都很公平，都很满意。我家东院的小伙子，媳妇是外边嫁来的，以前就4亩地，撑死5000斤粮。现在媳妇孩子都分到地，去年卖了3万斤粮。干劲上来了，地改良得好，都建新房了，家庭变化大。

30年的承包年限，一两代人啊。今年费劲了，明年就能得利。大家投入改良啥的得劲多了。比如说是3年一动，我费劲，人家得利，不愿干。年限长，政策好，我投入，我得利。

以前因为不愿意改良，差地投入不小，产量不高。所以很多家庭只挑好地种。分给一些差地要么不愿意要，要了也不种。现在只要有地盘就行，什么样的地都愿意要。你给地盘我就改良，所有的地都能成为好地。现在嘎查里的地普遍都比以前大有改变，平均亩产也有了很大提高。

以前浇地靠的都是集体的水井。今年春天，有七八个人私人打井了。自己打，自己用，反正30年，值得。自己得利，投入有劲头。以后估计打井的人更多了。一眼井要花1500元以上，花费很大，但大家都会算计，肯定收益更大。

国家政策好，村里人大量改良土壤，但还是有些人担心政策变化，田地被收回。

我们这里道不行，离铁路、公路都挺远的，影响我们这里经济进一步发展。

我们嘎查有一大半的地还没有开发，这些盐碱地有1万多亩。目前我们自己的技术和经济条件弄不了，需要外面来人开发。如果有比较好的乡间公路就有开发的可能。

我们这里树没少栽，但退耕还林的项目还是没有得到。新农村建设，有项目给我们就好了。现在闲散劳动力都在附近打短工。木里图工业园区对我们空气影响很大。我们这晚上睡觉12点后都要关窗户。他们排的污水直接向我们这边污染。听说到那些厂子里打工的人一百个有八十个要得癌症，长远对我们影响大。开发区距离我们也就7公里，听说以后扩张过来就只剩下4公里了。

前年来帮助我们进行农村电网改造的是辽宁锦州的人。他们来我们这里后说我们这里太落后了。我问大概有 15 年的差距吧？他们很肯定地说差不多吧。我想我们这里和他们那里应该是有 30 年的发展差距吧。

个案三

1. HNMJL，白村村民，奴隶后代，2000 年去世（1996）

我出生在伊和额日吐（其旧址位于白音套浩向东 5 华里，额日吐向西 3 华里）。但是，我的祖籍是温都尔王爷庙（现在的科左中旗白音塔拉镇）。父亲16 岁那年（1890 年），从温都尔王爷府里逃出来的。父亲逃跑之前，是温都尔王爷府的奴隶（蒙古语叫“包敖勒”）。

当时王公贵族的奴隶分两种：阿拉伯特包敖勒（albet bool）和哈利亚特包敖勒（harijat bool）。相比之下，哈利亚特包敖勒的地位比阿拉伯特包敖勒稍高一些。但作为王公贵族的奴隶，都没有人身自由，除了干苦力没有任何权利。王公贵族为了达到永久奴役的目的，女奴隶成年之后，令她们与公鸡、斧头和碾子等“拜天地”，这算是给女奴隶找了丈夫。而女奴隶所生子女仍然是没有人身自由的奴隶。王公贵族用这样的方式为自己生产一代又一代的“只知其母不知其父”的新奴隶。

我父亲从王爷府逃出来后改名换姓（真名“特木尔”，改名为“乌力吉巴雅尔”，真姓为“韩”，改姓为“白”）到了黄沙吐艾里（该村遗址在白音套浩村向东南 6 华里），在一位叫宫布的白音（牧主）家里干了 5 年的榜青（长工），赚了 1 头 2 岁母牛。我父亲带着这头牛，来到伊和额日吐艾里，与这个村的一位年轻女子结婚，建立了自己的家庭。这位年轻女子就是我的亲生母亲。

母亲的娘家比较穷，母亲有1个哥哥和3个姐妹。由于母亲的哥哥家里比较穷，父母结婚后，姥姥、姥爷就搬过来跟我父母一起生活。因此，这个家庭一开始就是4口人。母亲接连生了6个儿子（没有一个姑娘）。我在6个孩子中排行老四，我有三个哥哥、两个弟弟，大哥比我大6岁。我懂事时，我的姥爷已经去世了，所以我不记得我的姥爷。我们家在很长一段时间里四世同堂居住：姥姥、父亲、母亲、大哥、大哥的妻子和孩子以及我们其他5个兄弟，全家十几口人。

我懂事时，我们家已经相当富裕，除了有成群的牛羊（羊300只，牛120头，马3匹）之外，还租种100亩的甸子地。父亲和我们兄弟几个都很能干，因此，可以农牧并举。

有一天温都尔王爷庙出来的名叫陶克套的流浪汉路经我们这里，认出了我父亲。此人回去以后，把我父亲的事情告诉了王爷府的叫苏和宝力道的人，此人冒充王爷来我们这里赶走我们家大批的牛羊。第一次赶走牛30头，羊60只。第二次我父亲亲自送去了牛15头，羊30只。我父亲把牛羊送到王爷庙的苏和宝力道家之后，返回之前遇见了在王爷庙当官的亲戚，才知道苏和宝力道是冒充的王爷。我父亲在这位亲戚的劝说下，上告到王爷。但是，苏和宝力道是王爷的姻亲，也是一个很有势力的人。王爷拿他也没有什么办法。因此，我父亲不但没有要回我们家的牛羊，反而还暴露了逃跑的事情。作为对父亲的一种惩罚，王爷让我父亲送去2个孩子，作为他的奴隶。我父亲从王爷庙一回来，就发生了“九一八”事件，送孩子的事情也就不了了之。伪满洲国政府废除了蒙古地区的奴隶制度。我父亲也恢复了自己的真实姓名。我们家的牲畜被王爷庙来的人搜刮两次以后所剩无几，剩下的几十头牛也在“九一八”事件的第二年的牛瘟疫中大部分死去。牲畜急剧减少，生活水平一下子下降。但我们家的劳动力较多，维持生活还没有什么问题。当时我们家租种100亩甸子地，那时候经常闹水灾。牛羊多的时候，遭了灾，就用牛羊顶地租。牛羊的减少，抗灾能力自然大为减少。后来我们家就主要靠耕种这100亩甸子地维持生计。

13岁时（1931年）因土匪（红胡子）猖獗，我们家又在花灯附近盖了两间房，用于秋收后居住。我们家的耕地仍然在伊和额日吐附近，因此农忙季节还是住在伊和额日吐的房子。秋收后马上搬回花灯的房子住，因为这个季节土匪来得最多。我们家这样搬来搬去过了4年。当时在花灯住着叫旺其克白音的大牧主，他们家四周有四座高高的炮台，每个炮台都有神枪手把守。因此，百八十个土匪来了，不敢轻易接近这个艾里。这也是附近居民愿意搬到花灯艾里附近居住的原因。

14岁那年，母亲传染上瘟疫而死。16岁那年，父亲又与同村（伊和额日吐）的寡妇结婚。继母的前夫也是传染上那次瘟疫而死的。父亲与继母结婚后，继母的父亲也过来与我们一起生活。继母一辈子没有生过孩子。继母是一个独生子，没有兄弟姐妹。继母的父亲与我们家一起生活了11年之后去世，那年我25岁。我姥姥在我23岁的时候就去世了。

18岁那年伪满政府实行“并户”政策，把附近的零散住户和几个较小的艾里（居民点）合并到现在的村址，起名为“套浩宝日艾里”，即组成了当时行政区划上的一个“甲”。并户时我们家的成员有：姥姥、继母父亲、父亲、继母、大哥、大嫂、大哥的两个孩子、二哥、二嫂、三哥、我本人、五弟、六弟，共14口人。我们在新建的套浩宝日艾里盖了三间土房。当时的房间构造非常简单，由用于做饭的外间和用于居住的东西两个里间构成。当时我们家的西里间有2个大土炕，父亲、继母、继母的父亲住南炕，大哥大嫂和孩子住北炕，东里间南炕由我姥姥（住炕头）和我们兄弟几个住，北炕二哥两口子住。

并户之后我大哥当村里的文书。在我们兄弟几个中只有我大哥是读过书的人，共读了 12 年的书。大哥是这一带少有的读书人，因此，当了很多年的文书，公社化以后又当了七八年的大队会计。1985 年 73 岁的大哥去世。

我 21 岁（1939 年）时加入满洲国的募兵（1940 年颁布《国兵法》后，称“国兵”），23 岁被提升为士官。按当时规定，当了士官可以带家属。当时满洲国的征兵是带有强迫性质的，很多人家都不愿意让自己的孩子入伍当兵。有钱人家向甲长（或村长、艾里达）行贿，让穷人家的孩子替自己的孩子当兵。

25 岁那年（1943）的春天我回家探亲时，通过我二哥的熟人，给我介绍了媳妇订了婚。这年秋天回来结婚。彩礼就是一头母牛和一头牛犊。结婚后，岳母也过来跟我们一起居住（岳父当时已经去世）。我结婚时我的五弟早已结婚，而且有了两个孩子。我结婚后马上回部队。当时部队驻扎在四平以西的八面城。一个半月后我联系好住处回来接我的妻子和岳母。我们三口人在八面城住了近一年，部队又转移到钱家店，在那里住了不到半年日本就投降了。我记得 1945 年 7 月 14 日，9 架黑颜色的苏联飞机轰炸了通辽、钱家店和大林火车站。不久我带着妻子和岳母往北逃跑，过了西辽河到了跟我一起当兵时的战友老家（现在的科左中旗海力锦苏木），躲藏了几个月。到了这年秋天我妻子娘家的堂兄到处打听找到了我们，把我们接到他们家里（现在的科左中旗乌力吉吐苏木）又待了两个月。农历 1945 年的腊月我们三人回到了家乡。在家里待了两个月，到了 1946 年的春天我又加入了内蒙古人民自卫军（属中国共产党领导）。我被编在第二师司令部警卫队侦察通讯排。后来十三团成立后我被派到这个团的一连担任副连长。自 1946 年至 1948 年间我参加了哈拉乌苏庙追击战等几个著名战斗。1948 年春天我又被派到设在王爷庙（现在的乌兰浩特）内蒙古军政大学学习。1949 年毕业后我被派到王爷庙西北 150 里的索伦镇生产大队劳动。半年后（1949 年年末）

部队上通知我退伍回家乡搞生产。直到今天我还不清楚为什么让我退伍回家乡。

农历 1949 年年底腊月我退伍回家时，我们家的成员有：父亲、继母、我妻子、岳母、三哥、三嫂、三哥的女儿、继母的父亲，加上我本人共 9 口人。虽然人口比以往减少了，但仍然是一个四世同堂的大家庭。

我回来之前大哥、二哥已经分家另过。家里的一些财产，被农会收去，作为果实给大家分配。我们兄弟几个因为已经分家出去，因此，也分得了各自的果实。我退伍回来时，我的两个弟弟和五弟的孩子都因传染上重感冒死亡。五弟死后，五弟的妻子带着孩子回娘家了。一年后（1950 年）我的大女儿出生，三哥在我们家东头接了两间房子住。老房子就剩下父亲、继母、我本人、我妻子、岳母、我的孩子，只有 6 口人。我的二女儿出生那年（1952 年）父亲为了清静，在二哥家旁边盖了两间房，老两口子单独生活。原来我们家有 1 头奶牛和 1 头 2 岁小牛，1950 年父亲与我分家时，父亲要了奶牛，我要了小牛。父亲 1958 年去世，终年 84 年。父亲一直到去世，都自己种田，自食其力，没有给我们增加负担。父亲主要在沙坨子地上种糜子。父亲去世后继母仍然一个人生活。继母到了生活不能自理时，我二哥接到家里，1962 年在我二哥家里去世的，终年也是 84 岁。继母一个人生活期间，我们兄弟几个，根据各自的经济条件的不同，不同程度地分担继母的吃、喝、用等费用。继母去世举行葬礼的费用主要由我负担，因为当时我的经济情况，在兄弟几个中最好。

1952 年（这时父亲已经分家）我们家的粮食获得大丰收，打了 35 石（1.75 万斤）粮食。此外，我和三哥合伙截流洪河抓鱼卖，每人各得 350 元，割芦苇卖 420 元，割牧草卖 350 元。我用部分余粮换了 1 头耕牛，2 头母牛。另外，用副业获得的钱，花 70 元，买了 1 头驴；花 85 元买了 1 头母牛。第二年（1953

年）又花60元买了1匹马。此外，我把自己赚的钱给二哥和三哥每人分了一些（给大哥1头驴，给二哥一些钱），把原来土改时我们三人共同分得的铁大车归为我一人所有。这样我加上原来土改时分得的1头母牛，总共有4头母牛、1头耕牛、1匹马和1头驴，还有1挂大车。当时来说我无疑是一个富裕户。

我们家的牲畜到1956年的高级社成立时已经发展到相当可观的数字。我上交给高级社的牛12头、马1匹、驴2头。高级社虽说折价收买，但价格很低，几乎等于白要。一头好牛才25元，1岁和2岁小牛还不到10元。我的大车才折价130元。交给高级社的全部财产总共折价才400多元。高级社低价收买各家的牲畜之后，让每家留1头奶牛作为自留畜，给每人口分5分地作为自留地。当时我们家共6口人（本人、妻子、岳母、三个女儿），分得3亩地。1957年给贡献大的（入社时投资大的家庭）家庭增加到2头奶牛，每口人7分地。但到了1958年把自留畜和自留地又全部收回。按每口人一年400斤发放口粮，一天只有2.5两粮食（加工后的）。

1952年加入互助组，当时只要3户以上就可以成立一个互助组。互助组是一个劳动协作的单位，属于一个互助组的村民一起劳动（播种、除草、收割等），但每个家庭的耕地和牲畜都各自独立的。

我有5个女儿，一个儿子。四女1976年病故，其他女儿均已出嫁。长女与读高中时的同班同学自由恋爱结婚。女婿是科左后旗欧里苏木人，女儿结婚前我们与女儿婆家不认识。我去（孩子她妈没有去）参加婚礼时才与亲家认识的。结婚时我们女方的近亲10人坐着火车去送亲的。我们没有要任何彩礼，我们这边给女儿做了一套新衣服就嫁出去了。结婚后我女儿并不幸福，女婿是一个酒鬼。喝酒后就动手打我女儿。我女儿在忍无可忍的情况下，曾经带着孩子来娘家住了1年。但女婿来到我们家认错求饶，我们也考虑到孩子不能没有父亲，就同意他们回去重新生活在一起。现在孩子们大了，都护着自己的母亲，女婿不敢动手打人了，但嘴巴什么时候都不干净，整天发牢骚、骂大街，名声极坏。

被访者的子女情况：

长女，1950 年出生，通辽二中高中毕业，1969 年结婚。

次女，1952 年出生，花灯农业中学毕业，1972 年结婚。

三女，1955 年出生，花灯小学毕业，1984 年结婚。

四女，1958 年出生，1976 年病故。

五女，1960 年出生，花灯中学初中毕业，1989 年结婚。

儿子，1966 年出生，花灯小学毕业，1987 年结婚，1988 年离婚，1989 年再婚。

二女与本村人结婚。结婚时要了 50 元的彩礼，男方家送来 40 元。我很生气，又要了 10 元。结婚后二女连生 3 个女儿，生第四胎时国家已经实行计划生育。但为了生个儿子又要了第四胎，不负众望生了个儿子。但同时也被罚了 2000 多元。

三女也与本村人结婚。彩礼要了 150 元。三女也与二女一样连生了三个女儿。为了再生一个儿子，预交 1500 元保了胎，出生之后又交了 1 万元。但这样要的孩子没有户口，也就没有人口田。

五女与驻阿拉善盟部队的现役军人（初中同学）结婚。结婚时我儿子和男方的哥哥去部队参加了婚礼。

我儿子经历了两次婚姻。1989 年儿子再婚后我就把家长的“权力”移交给了他，让他当家。现在有了 1 个孙子、1 个孙女。两胎之间没有间隔 4 年，又被罚了 500 元。现在的房子是 1966 年盖的，盖的时候大家帮忙，用的是旧房子的材料，因此没有花费多少钱。目前，家里除了正常的农田上的收入之外，儿子开的三轮车每年也能挣一些钱。另外，民政部门每年给我退伍军人补贴 220 元，嘎查给我老干部补贴每年 130 元。

2. HSF：HNMJL 之子，再婚（2006）

我 1966 年出生在白音套海，中学是在花灯中学上的，初中毕业之后就一直在家务农。我们家现在一共五口人：我和我妻子，1 个儿子，1 个女儿，还有 82 岁的老母亲。老父亲去世了。现在住的是 1966 年盖的土坯房。

儿子是 1990 年出生的，现在在努古斯台镇蒙中读书，上初二。蒙中每周也要上 5 节汉语课，6 节蒙古文课，还要上 1 节英语课。我们附近没有汉中，最近的汉中在通辽市区木里图镇。女儿是 1993 年出生的，今年村小学毕业，马上要上中学了。

我家现在共有 34 亩土地，第二轮联产承包之前是 24 亩地。我家的地全部种的是玉米。我们的土地和别人的比要差点，种的品种也不是全部优良，劳动力也只有我和妻子两人，子女在上学，家里还有老太太需要照顾。我们家玉米的亩产在 1000 斤左右。农业方面有一万两三千元的收入。

在牧业方面我们家现在养了 5 头牛，3 匹马和 14 只羊。牛马主要用来套车，牧业收入几乎没有什么。以前我们家还有一个三轮农用车，靠这个还有些收入，但现在这个三轮车被淘汰了，别人都买了更好的，我没有买农用车。

以往孩子上学要收不少钱，初中孩子一年要 500 元，小学一年也要 120 元。现在不收学费，只收书本费，负担真是减轻不少。

我父亲以往担任过一些公职，他去世之后国家的一些补贴都没有了。他去世是实行土葬的，葬礼也花了不少钱，差不多 1 万元吧。

我们这里税费最高的时候全家要上交五六千元，人均 1000 多元。有些年头交不上只能向别人抬款，现在借的钱已经还清了。

个案四

1. GDZN，白村村民，老地户，2002年去世（1996）

据说，我的祖先是从扎鲁特旗游牧过来的，我出生时在这一带最起码已经生活了五代以上。我出生的黄沙吐艾里（距白村4公里的地带）当时有三十多户居民，十几户蒙古族人，二十来户汉族人。蒙古族人和汉族人隔离居住，东半住蒙古族人，西半住汉族人。蒙古族人和汉族人基本上不来往。

黄沙吐附近大片的甸子地，属于邵兴阿科长的领地。邵兴阿的家在敖古斯台艾里，是当地有名的富豪人家，还拥有100多人的武装。他把这片甸子地租给了尹家街（今通辽市南13公里）的姓尹的一家大地主。他雇了二十几户汉民长工在黄沙吐种地，这些长工就住在黄沙吐。在我爷爷那一代黄沙吐没有一户汉民，我父亲那一代汉民才来到黄沙吐种地。这些汉民土改前全部迁走。

当时这一带蒙古族人只耕种坨子地，很少耕种甸子地。甸子地没有特制的洋犁杖是不能开垦的。蒙古族人不但没有这种洋犁杖，而且也没有耐心伺候种起来很麻烦的甸子地。蒙古族人在坨子地主要种植糜子、荞麦、大瓜、绿豆、芸豆等。糜子和荞麦是蒙古族人传统的食用粮食，自己食用不出售。大瓜、绿豆、芸豆是当时主要的经济作物。秋收后留下一小部分瓜子、绿豆、芸豆自己食用之外，大部分都拿到郑家屯出售换现大洋。郑家屯离这里有200里，路上住两天。交通工具是骆驼、牛车。当时通辽也已有集市。但去通辽路经20多里的平原地带，常常有土匪出没，路途很不安全。而去郑家屯路经沙漠地带，很少有土匪，况且我们这里的人，自从郑家屯（辽源州）有集市以来已经习惯于去那里进行物品交易。满洲国成立之后通辽一带的棒子组（出没于高粱地的土匪）有所减少，治安有所改善。这时通辽又通了火车，通辽的集市大起来了。从那时起我们这里的人才开始去通辽。

当时的蒙古族人以放牧、种沙坨子地和打猎为生。家畜有牛、山羊、马、骆驼。家家还养猪，基本上都有母猪。当时养猪不是为了出售，而是为了自己吃肉。打猎既是维持生计的一个手段，也是蒙古族人的一种爱好。当时这一带的野生动物非常多，主要有野兔、野鸡等，出家门不到1里就会遇到野兔或野鸡等。

据说，我父亲4岁时，爷爷奶奶都去世了。一位叫金花的没有子女的寡妇，领养了我父亲和姑姑（2岁）。后来父亲的养母一直跟我们生活在一起。父亲叫她"额么"（妈妈），我们叫她"小奶奶"。据说父亲结婚之前，这个家庭是一个三口之家。父母结婚时，父亲没有给母亲娘家任何彩礼。父亲是一个孤儿，没有多少家产。母亲娘家反而陪送了30只山羊。那时候没有像现在这样非得男方家给女方家彩礼方可结婚的规矩。这可能是从汉民学来的习俗。当时的蒙古族人视家庭情况，男女方家作为结婚纪念相互送博勒格（礼物）。如果富裕一些的家庭，男方家作为结婚礼物送给女方家1匹带有马鞍的马。当然如果家庭不富裕，不给也无所谓。当时儿女的婚姻大事都是由父母做主决定，儿女没有自己选择的余地，甚至是结婚前两个人都没有见过面。

我懂事时我们家的牲畜还不少，公牛4头、母牛20头、马5匹、山羊150只。其中150只山羊是在母亲结婚时陪嫁过来的30只羊的基础上发展起来的。当时我们家还耕种少量的坨子地，面积大约50亩左右。农作物的种类有糜子、荞麦、大瓜、黄米、芸豆、绿豆等。

我大哥成人之前，我们家只有我父亲一个劳动力。我懂事时，姑姑已经出嫁，因此，我们的家庭成员是：父亲、母亲、小奶奶、4兄弟和3姐妹，共10口人。在兄弟姐妹7个当中，我排行老五。

在满洲国康德三年实行并户时，我们一家从黄沙吐搬迁到新建的套浩宝日艾里。与我们家一同搬迁来的还有3户，另有3户搬迁到花灯，2户搬迁到花布，3户搬迁到白彦淖尔。剩下的住户中，只有3户蒙古族人，其他为汉民，均为尹家大地主的榜青，大约有20户左右。

并户后，套浩宝日与其他艾里一样，围着艾里建筑了1.8丈高的围墙，只有南北两个门，每年进行维修，抹两次泥。满洲国时期的各级行政管理体制是省、旗、努图克（区）、村、甲、牌。套浩宝日艾里属于满洲国兴安南省科尔沁左翼中旗敖古斯台努图克二村。二村包括5个自然村（甲或艾里）：套浩宝日、花灯、额日吐、套海、东苏博。每个自然村就是一个甲。每个甲管2—4个牌，一个牌管10户居民。村有村长，甲有甲长，牌有牌长。除牌长之外，均有补贴，一般秋收后各户以粮食分担。

满洲国政府在这一带实行并户时，我们家的牲畜只剩下牛1头，马1匹。我们家本来有很多牲畜，但在1931年的“乌兰炮之乱”之中，在一年之内被包善一的持红枪的内蒙古自治军（乌兰炮队）几乎吃光、抢光。我们家只能靠耕种50亩坨子地维持生计。

并户时（1936年）我们家的家庭成员：父亲、母亲、大哥、大嫂、大哥女儿、姐姐、2个妹妹、二哥、本人，共10口人。小奶奶并户前两年在黄沙吐去世，大哥16岁时（1931年）结婚，嫂子当时22岁，并户前连生了3个孩子，前两个孩子都夭折，第3个孩子存活下来，是一个姑娘。三哥8岁时出家到茂道吐的宝格吐喇嘛庙当喇嘛（1947年土改时还俗归来，但一直一个人生活，1990年到苏木敬老院养老）。

我16岁时（1941年），我父亲因病去世，终年42岁。我17

岁时大嫂病故。二哥康德六年（1939 年）加入满洲国兵，日本投降前两年（1943 年）回乡结婚，二哥在满洲国部队服役，二嫂与我们一起生活。我于日本投降那年（1945 年）结婚。父亲去世后大哥成了这个家的主人。

日本投降前夕，我们家的家庭成员有：母亲、大哥、妹妹、二嫂、本人、本人妻子、大哥女儿，共 7 口人。我们家住两间土房，里屋有前后两个火炕。前炕炕头（东头，蒙古语称“锅台”）母亲住，挨着是大哥的女儿、妹妹住，炕梢（西头）大哥住。后炕（北炕）炕头二嫂住，炕梢我住，中间是我妻子住。

日本投降后，附近的红胡子（土匪）又开始猖獗起来。黄沙吐的汉族屡遭抢劫，因此逐渐搬迁到通辽县附近。到土改时黄沙吐的汉族全部搬走，只剩下蒙古族人。

大哥在土改前夕回黄沙吐与三奶奶一起生活。三爷爷早年（我出生之前）去世，三奶奶守寡多年，这时已经 70 岁，独自一人生活很困难，也无法再继续经营她的 70 只绵羊。因此，大哥去赡养三奶奶，帮她经营羊群。土改时我们家的家庭成员有：本人、本人妻子、母亲、二嫂及女儿、大哥女儿、妹妹，共 7 口人。我们仍然住两间土房，前炕母亲、大哥的女儿、二哥的女儿、二嫂，后炕本人和妻子。

在土改时套浩宝日和黄沙吐作为一个农会分配果实的。当时我们家 7 口人，分得耕地（甸子地）14 亩、1 头耕牛和 1 头母牛。分得果实后我们也搬到黄沙吐生活。

妹妹在土改第二年（1948 年）出嫁。土改后第三年我和母亲把二嫂及女儿送到林东（现在的赤峰市的林东镇）的二哥所在的部队，成为随军家属。这样，我们的家庭人口减少到 4 口人。这 4 口人是：本人、本人妻子、母亲、大哥的女儿（大哥前妻生，1956 年出嫁到甘旗卡）。

我们在黄沙吐时（1953 年）加入（常年性的）互助组。加入黄沙吐的互助组的各户，农田一起种，秋收后按劳动力分成。然而，牲畜并没有归互助组共同管理。1956 年成立初级社后，牲畜、土地都归初级社。初级社时黄沙吐是单独的。但成立高级社后，黄沙吐与白音套海、东花灯合并。高级社设有党支部书记、主任、副主任、文书等职务。两位副主任又分别兼任旱田主任和水田主任等职务。

1955 年成立初级社后，初级社无偿收回土地，折价收购牲畜。我们家交给初级社牛 27 头（其中 5 头大耕牛）、马 1 匹，还有一架大铁车。总共折价 770 元。初级社只给了存折而无现金。1957 年成立高级社后把存折的账户转到了高级社。有急用时一点一点地要，大约 5 年才全部要完。

1957 年成立高级社后，我在白音套海花了 200 元买了 2 间土房，从黄沙吐搬回白音套海。黄沙吐的住户除了专门放牧的住户之外，1958 年以前都陆续搬到白音套海。1958 年成立人民公社，白音套海为敖古斯台人民公社东花灯大队五队和六队。从此到 1984 年成立白音套浩嘎查为止，白音套海这个村名再也没有使用。1958 年成立东花灯大队之后，把西苏博艾里和留在黄沙吐的几个牧业户合并成一个牧业生产队。1963 年花灯人民公社从敖古斯台公社独立出来之后，西苏博也独立于东花灯成立为一个大队，原黄沙吐的部分牧户编入东花灯大队的五对和六队。

1955 年开始我担任干部。1955—1956 年在黄沙吐的初级社担任会计；1956—1960 年担任五队副队长；1961—1972 年担任五队生产委员；1972—1977 年担任五队保管员。由于我有这样的经历，按上级（苏木）的有关规定，1983—1989 年由苏木每年给我 180 元的老干部补贴。1990 年上级规定必须连续担任生产队队长 10 年以上才给老干部补贴。我不符合这个条件，因此 1990 年起停发我的补贴。

被访者兄弟姐妹的情况：

大哥：健在，82 岁，在本村。

二哥：去年在锡林郭勒盟去世，终年 78 岁。

姐姐：健在，77 岁，在本旗。

三哥：健在，75 岁，在苏木敬老院（未婚）。

本人：健在，73 岁，在本村。

大妹：1945 年 16 岁时病故。

小妹：健在，66 岁，在本旗。

被访者子女情况：

长子：1950 年生，高中毕业，旗邮电局工作（全国劳模）。

次子：1954 年生，小学毕业，本村农民。

女儿：1956 年生，初中毕业，22 岁病故。

末子：1963 年生，高中毕业，苏木中心小学总务主任。

大儿子 1970 年结婚。大儿媳妇是本村六队的，是小学老师。结婚时没有给女方家任何彩礼。既没有举行订婚宴，也没有举行婚礼。送亲的人来了之后喝了茶就走了。结婚后与我们一起住了 5 年。

二儿子 1975 年结婚，彩礼给了 200 元，又花了 200 元举行了婚礼。结婚前花 3000 元先给大儿子盖了三间土房，大儿子搬出。二儿子结婚后与我们住在一起住了近 8 年，有了两个孩子后搬出。家里就剩下我本人、我母亲和小儿子。我妻子 1968 年病故，终年 42 岁。小儿子在伊胡塔读高中时家里只剩下我和老母亲。老母亲 1988 年 92 岁高龄去世后，家里就剩下我和小儿子。

小儿子于 1989 年结婚，妻子是本村六队的。现在我们家里一共 5 口人。我已经把当家权交给了儿子，我省心多了，但重要的事情必须先征求我的意见。儿子是小学的总务主任（民办教师），工作很忙，尽管我已经 73 岁了，但我仍然是农田上的主要劳动，儿子只有星期六、星期天帮一些忙。我们家每年大约能打 2.4 万斤粮食，出售约 1 万元的粮食；出售 3 头猪，收入约 2500

元；出售1头牛，收入约1000元；儿子民办教师的工资每月47元（旗里发），另有苏木的民办教师补贴每年900元。抛去生产性开支，每年纯收入约1万元左右。生活消费之后，每年存不了多少钱。因此要攒够盖房子的钱，还需要好几年的时间。

2. BTE，GDZN之子，小学教师（2006）

我是1990年开始教书的，现在我当老师已经17年了。当时这个学校还有汉文班。1992年小学毕业之后这里就再也没有招汉文班了。我们之所以不办汉文班，不是不需要，也不是我们不愿意办。上面要求蒙授的，再加上我们这里汉授的师资不够，所以汉授班只能停招了。但是我们这两个屯子中有些汉族家庭，他们的家长来找学校，要求办汉授班。于是学校在2003年和2004年办了一个学前汉授班，到上小学的时候就去别的有汉授的小学了。也就办两年就停招了。

现在学校有正式教师37人，在校生167人，学前班有两个（大班和小班），一共四五十个人。我们这里的小学5年制，一年级、三年级、四年级招一个班，二年级和五年级招两个班。这些学生在旗内电脑统一入网的。学生毕业之后通常都是到镇上的衙门营中学念书。

我们这里学校合并是从2004年9月份开始的，合并之后全镇只有一个中学，两个小学。一个小学是衙门营中心小学，另一个小学就是我们这里的花灯小学。合并之后，小学变成了寄宿学校。以前我们只负责花灯苏木范围内的学生，现在全镇的学生一起管，全镇范围内的学生都可以接收。但学生主要还是来自原花灯苏木，毕竟这里近。我们苏木本来也有中学的，叫花灯中学，2004年统一并入衙门营中学。老师学生全部都去了。合并后中学里老师太多，就实行竞争上岗，有一部分原来的中学老师被分流下来了，我们小学有些老师就是从中学分流出来的。

上学期我们学校有71名寄宿生，这学期是43人。学校有两名专职教师，负责这些学生的生活饮食。6岁以上的小孩子就来我们这里上小学了，人太小。屯子里的小学都没有了，要念书啊，没办法呀。其实一般小学生都是需要照顾的，是不是？

孩子刚来学校寄宿时家长不放心，经常一周两次的来探望孩子。在学校寄宿半年一年之后，家长比较放心也就不来了。我们这里学生老师都是两周一休，接连上11天课，然后休息3天，这样学生家长接送孩子方便省心。

撤乡并镇，学校合并、建立寄宿学校有好的方面，也有不好的方面吧。

好的方面有几个：

一个屯子一般只有一二十个学生，两三个老师。屯子里的小学通常都没有英语老师，在小学阶段没有学习英语，以后上初中跟不上；下面的小学也没有音乐、体育、美术老师，体、美、劳等课程也没法开设。合并之后这些问题都解决了，我们学校的师资实力当然比屯子的小学高很多。我们学校以前还有一二十台电脑，还可以搞搞素质教育，在下边这是不可能的。

以前一般屯子小学里一个班级只有三五个人，同学之间竞争不强。集中之后班级人比以前多多了，通常是几十人，相互之间有竞争，有比较，学生成绩上升很快。

很多学生离开家来寄宿之后，自理能力变强了。以前在家里饭来张口，衣来伸手；到这里来之后都学会了自己照顾自己，什么洗脸、洗袜子之类的，都自己干。

不好的方面也有一些：

寄宿生花费大，比以前花老多了。每个月伙食费原定110元，两免（学杂费、书费）一补（伙食费）补贴了20元，也就是每月90元。这对于很多家庭来说是一个沉重的负担。同时离家远，零花钱也多。

学生来回接送问题大，存在安全问题。我们这里交通不方便，也没有班车。即使是我们原来花灯苏木的一些嘎查，送孩子到这里来上学来回也有四五十里地，一天也就耗在上面了。通常一个地方的孩子都是各家家长轮流接送，使用的大多是农用三轮车或四轮车，不安全。像衙门营小学接送学生出车祸的不少。

学校在运营经费上非常紧张。我们这里是分校，如果有统一考试，要到中心学校去考试，吃饭、住宿、车费都要花钱。现在国家规定不准找学生要钱，学校要负担这些费用，压力很大。学校本来就没钱，经费很少。碰上个什么要到旗里参加竞赛啥的，我们都不愿意带学生去了。

个案五

1. WRDLGE，副业大户，超生户，新移民（1996）

被访者兄弟姐妹的情况：

大姐：50 岁，1966 年结婚，在东花灯。

大哥：48 岁，1975 年结婚，在本村。

二姐：46 岁，1976 年结婚，在科左中旗乌力吉吐苏木。

二哥：43 岁，1979 年第一次结婚，患有心脏病的前妻生产时母子二人死亡。1988 年再婚，现有孩子一男一女，在本村。

本人：41 岁，1983 年结婚，在本村。

妹妹：40 岁，在科左中旗乌力吉吐苏木。

弟弟：35 岁，未婚，在本村。

我祖籍科左中旗西伯花苏木。1950 年（虎年）我父母带着大姐、大哥来白音套海艾里投靠韩那木吉拉。我父亲与韩那木吉拉是在满洲国时期当国兵时喝过血的拜把子兄弟。除大姐、大哥之外，其他兄弟姐妹都是在本村出生的。我们是 4 兄弟 3 姐妹，我排行老五。

1966 年以后，我们 7 个兄弟姐妹相继结婚。结婚一个就分出去一个，目前父母与我们的最小的弟弟一起生活。1983 年我 27 岁时结婚，我妻子比我大两岁。我们结婚时已经实行家庭联产承包责任制，所以结婚后我们从原来的家分出来各自的 4 亩地。父亲给我 2 只绵羊、1 头猪作为新家庭的财产。我妻子带来了 1 头两岁母牛。结婚前父亲预先为我结婚盖了 3 间土房。我们兄弟几个，劳动力充足，还有部分木材，因此只花了 1200 元。结婚后我把猪卖掉，买了一辆自行车，然后拿到沙坨子里的花布村，换了 1 头母牛。加上妻子带来的 1 头母牛，共 2 头母牛。这 2 头母牛到 1992 年 11 月发展到 11 头，而且全部都是母牛。

到 1989 年起，我们连生了 3 个女儿。为了有一个儿子，1992 年我们要了第四胎。结果怀孕期间被村里的计划生育村长发现，劝说我们做流产手术。我们坚持要这个孩子，并且按规定预交了 500 元的押金。出生后苏木和嘎查有关干部通知我们，按有关规定，罚款 10500 元。扣除已经预交的 500 元，还需交 1 万元。除了把我们家的黑白电视、缝纫机、收音机和部分家具作价 1000 元之外，其他均交了现金。我把 11 头母牛卖了 10 头，又卖了 1 匹马，在当年年底前凑够了罚金。这一年是我们家的大灾年。交了 10500 元罚款要的这个宝贝儿子，出生 100 天内住了 61 天医院，花了 2500 元。孩子刚出院，妻子又因病住院，也花了 4500 元。我尽管原来还有一点积蓄，但如此大的花销，我不得不借一些钱。我只从我的几个兄弟那里借了钱。大哥借给我 1000 元，给我 200 元；二哥借给我 500 元；弟弟借给我 300 元，给我 600 元。姐妹是别人家的人，因此从姐妹那里我一分钱也没有借。这一年因母子俩接连住院，农田上的活几乎都是我的几个兄弟帮我干的。这一年的收成还不错，农田上收入也很可观。不到半年我就把借的 1800 元钱全部还清了。

遭受这样的一连串的经济打击之后，从 1992 年年底开始我做起了回收破烂的买卖。我收购的物品包括皮革、瓶子、塑料、废金属（铁铜铝）类、胶皮、废纸、猪毛、鸡毛、鹅毛、马鬃等。我把这些收购上来的废旧物品拿到通辽出售给相应的各个收购点。如把废铁、废铝等出售给废金属回收公司，废塑料出售给在塑料厂，废纸类出售给造纸厂，把羊皮、牛皮等出售给皮贩子等。到了冬天我还收购麻雀、斑鸠，出售给通辽的饭馆酒店。总之，从乡下收购拿到城里就能出手，并且能赚钱的所有的东西。

我的收购区域遍及花灯苏木和敖古斯台苏木全境、乌兰敖道苏木和阿古拉苏木的大半部地区。1992 年我开始干这个行当时，这些地区还没有我的同行，因此每次我都是满载而归，经济效益相当不错。后来有几个通辽的汉民在我的收购区域内也干起这个行当，但蒙古族人的那些破烂都留给我。当地居民认为，跟汉民不好讲价，跟我好讲价，我又是蒙古族人，人们相信我。去年我们村又有一个人开始学着我做起了收购废旧物品的买卖，但刚刚起步，没有经验，收入也只有我的一半。

我收购的交通工具是马车。我不仅收购物品，而且下去收购时车上也装一些便宜买进的蔬菜和火柴等日常用品，到收购地区出售给当地居民。冬天贩卖铁炉子等冬季用品，春天我用废旧油桶做成马槽出售，秋天主要贩卖蔬菜。总之，乡下需要什么我就及时带去什么出售。有时老百姓想买我的货物，但没有钱时可以用值钱的任何东西换取，如可以用玉米、糜子（炒米）、荞麦（面）、绿豆、芸豆等粮食和农作物换，当然也可以用废旧物品顶钱。甚至也可以把弱畜顶钱给我。去年我就以每只不到 20 元的价格收购了快要死的 3 只绵羊、1 只山羊。经过我的精心照料，这几只羊都已度过了死亡线。如果现在出售可以卖原来的价格的 10 倍以上。

其实，我并不是一年四季都做这种收购废旧物品的买卖，我只是利用农闲时间来做。因此，对我来说，一年四季没有闲着的时候。人们休闲的时候我反而更忙。为了收购破烂，起早贪黑，赶着马车长途跋涉，不停地奔波，常常在沙坨子里的路上过夜。

春耕开始到秋收结束，我都在农田上劳动。现在我承包甸子地（一等地）17 亩（按人口承包），沙坨子地 15 亩。现在我们家6 口人，甸子地每口人为 4 亩地，按理说我们家应有 24 亩甸子地，但只有 17 亩地。1982 年承包后，由于实行减人减 4 亩，增人补 3 亩的原则，我的三个女儿都是 1982 年以后出生，因此都只有 3 亩地。1992 年小儿子出生前我们家的甸子地 17 亩（我和妻子每人 4 亩，三个女儿每人 3 亩）。小儿子出生后因超生，没收了妻子的 3 亩承包地，只给我妻子留了 1 亩的所谓“口粮田”。1994 年我开荒 3 亩甸子地，前两年没有收承包费，从去年开始也收承包费。加上这 3 亩地，我们家承包的甸子地还是 17 亩。

我在甸子地上全部种了玉米，在坨子地上种了玉米、高粱、绿豆和芸豆。去年收获玉米 2 万斤，高粱 500 斤，绿豆 800 斤，芸豆 100 斤。玉米出售 1.5 万斤，绿豆去年年底以每斤 2.5 元出售 700 斤，昨天以每斤 3 元出售 50 斤。高粱米、芸豆和剩下的绿豆准备自己食用。玉米价格合适时再出售 3000 斤左右，剩下的作为饲料和自己食用。

今年春天清明一过，我就开始盖砖瓦房。估计要花费 2 万元。现在我就有 1.9 万元的现金，再出售一些玉米，盖房子的资金是足够了。

现在我们家有 6 头母牛，不到三年就会发展到 10 头以上。出售这些牛会增加不少收入。总之，现在的政策真好，只要勤快辛苦，就能致富。

2. HDDL，WRDLGE 之妻（2006）

我由于超生的原因，以前 4 亩地被扣了 3 亩，只给 1 亩地；超生的小儿子一直没有给地。一直到完善第二轮土地承包的时候，我的地给补齐了（6 亩），儿子给了 4 亩地。我们全家现在一共种 34 亩地，就我们夫妻两人干活。丈夫农闲或冬天的时候就出去搞收购（收破烂），他一年 365 天起码有 360 天自己不休息。现在丈夫正陪人去收羊绒。本来可以自己收购羊绒的，可是孩子都上学，花费大，自己没有资本。大孩子上大学一个人起码花了 3 万元。老二上学起码也花了 2 万元。现在两个孩子上中学，每月每人伙食费 100 元，零花钱 100 元，两人一年少说要花 3000 元。现在孩子成绩好父母担心，怕供不起；孩子成绩不好，可以帮自己干活。两个人干活，30 多亩地，很累。以前我们家地少的时候我们还承包别人的地种。我们家地的亩产大概 1000 斤左右，供孩子花费多，没有太多钱投入生产，没多少钱买化肥。我丈夫不收破烂的时候还打黄鼠狼，一张皮子也能值 100 多元钱。

我们的生活属于被逼出来的，虽然比较会挣钱，但日子过得很节约。我们结婚的时候没车、没马，什么都没有。我们不玩麻将、不打扑克，不抽烟，喝酒也很少。做买卖（收购）的时候，我丈夫中午不吃饭，为了节约，只吃早晚两顿。去赶集或进城的时候都是坐马车去，从不坐班车。

1992 年生第四个孩子的时候被罚了 10500 元，卖了 8 头牛、3 匹马，家里只留下 1 头牛。1997 年 6 月盖的这个砖房，花了 2.5 万元。1999 年大女儿上大学一次性交 4 年学费 7000 元，生活费最少也要 2000 元/年。大女儿现在还在函授大专每年也要交 800 元学费，今年就能毕业了。2003 年的时候，买了一个三轮农用车，花了 7000 多元；2004 年又买了一个新四轮车，花了 8000 多元。

三女儿初中马上毕业，想考通辽蒙中，我不让，那里每年要 400 元借读费，加上生活费，我供不了，我只想让孩子上甘旗卡高中。再过两年儿子也上高中，供两人上大学，我们没有能力，打算不让三女儿上大学了。二女儿也想续读，她唱歌跳舞很好，想考音乐学院，我不愿意。怎么样也得让三女儿上高中，让儿子上大学。只能这样了。

我们家现在种地也得贷款，闲钱必须用在孩子身上。每年春天借贷款，秋天还贷款，每年向信用社借 2000—3000 元，属于农业贷款，当年卖玉米就还钱。种地投入很大，种子贵，化肥也贵。

我今年 51 岁了，村里这么大年龄的女人都不下地干活了，我还得干。我起码还得铲 10 年地，真是辛苦。我丈夫冬天要出去收破烂，天冷三轮车很难发动，我们两个人使劲摇。我儿子在甘旗卡上学，再长时间不回来我也从不去看他。来回车费要 20 元，留给儿子花多好。每天零花钱 2 块，可以够他用 10 天。

我们家现在 34 亩地，每年可能能打 3.5 万斤玉米，收入在 1.5 万元以上。税费改革以前，我们家一年起码要缴纳 3000 元以上，这个政策挺好。我丈夫每年收购的收入大约有 3000 元，他收购的时候什么都收，牛皮、铁、骨头、毛、绒等。我家牧业每年也有不少的收入。每年都卖三四头牛和 1 匹马驹。马驹一般价格在 1200—1300 元之间，牛的价格不一。最贵的时候一头牛可以卖到 4000 多元，便宜的时候也就 1500 元左右。有时去看见一些好的牛品种，买回来养一段时间再转卖出去，也能赚一两千块钱。我家现在养有 6 头牛，让人代牧，每头牛每年收费是 70 元。以前家里养猪也多，现在猪娃太贵，没钱投资。家庭纯收入大概是 2 万元左右。

被访者子女情况：

老大：女，1983 年生，通辽教育学院毕业，现在中学当英语老师。

老二：女，1986 年生，通辽职高毕业，现在中学任代课老师。

老三：女，1989 年生，现在努古斯台中学上学。

老四：男，1992 年生，现在甘旗卡中学读书。

个案六

1. HRC，副业大户，蒙古族与汉族通婚户（1996）

据老人说，我爷爷生前在尹家街村（现在叫“保安村”）的尹姓地主家做榜青（长工）。我爷爷被马车压死之后，我奶奶带着 5 个儿子、3 个姑娘投奔额日吐的亲戚。我父亲就是在额日吐成家立业的。我们兄弟姐妹几个都是在额日吐出生和长大的。

1974 年父亲来东花灯的“花灯公社综合厂”当会计（属于农村户口）。1976 年我们全家（父母、本人、两个妹妹、一个弟弟）都搬到东花灯生活。但我们全家的户口都在额日吐。按当时的政策，户口所在的生产队提供口粮。因此，当时用我父亲的工资从额日吐购买全家的口粮。

1982 年农村实行联产承包责任制后，我们在额日吐的口粮也就没有了。我们住在花灯也不可能到离花灯有近 10 里的额日吐去种田。因此，我们向苏木（当为公社）提出申请，要求在当地解决户口和承包田。1984 年苏木和白音套浩嘎查批准，在白音套浩嘎查落下了户口。也分得了每人 4 亩的承包地，一共 24 亩。

1985 年我父亲承包综合厂，以 4 万元承包（固定资产 2 万元，债务 2 万元）。工厂雇用 5 个工人。父亲承包后，头两个月还营利一些，但从第三个月开始由于原材料价格上涨，盈利的部分只够发工资。第四、第五个月开始亏损，导致第六个月倒闭，工人解散，厂房及设备闲置。1994 年夏天，银行在清理乡镇企业的陈旧贷款问题时，把机器设备、厂房、我和妻子栽的 4000

棵树、家里准备盖房子的木材等全部作价为2万多元还了贷款。其余的1万多元，银行给予免除。经过这次清理之后父亲一下子变得一贫如洗，但终于解决了压在父亲身上近10年的巨额债务。

1986年11月我结婚。妻子是外地汉族，当时她住在姐姐家，她姐夫是本苏木的副苏木达，姐姐是苏木卫生院的出纳。她姐夫是我们俩的介绍人。结婚时送女方彩礼280元，买家具和婚礼费用不到1000元。结婚后，我和妻子虽然与父母分开住（附近），但吃饭、劳动和钱财在一起。1989年10月正式分家。分家时父亲从家里3头母牛、11头公牛中，给我们1头母牛。另外还给我们1头年猪。分家后的第二年（1990年）春天，我们借了5000元（妻子从她的亲戚那里借了4000元，我从亲戚借了500元，父亲给我们的年猪卖了400多元，父亲提供檩子）开工盖三间砖房。1990年8月2日（农历）搬进新房子时我们一共欠了7000元。其中，1000元是信用社的贷款（月息1.1%）。1990年、1991年我们只种了我的承包地4亩。妻子和孩子的承包地没给补。1991年没能还欠款。1992年调整土地时给我妻子和儿子补了每人4亩的承包地。我们家的承包地增加到12亩。此外，当年我们又承包中心小学的5亩地。当年获得大丰收，收获1.1万斤玉米。当年玉米价格相当高（0.58元/斤），因此，卖了6000多元的玉米。当年7000元的欠款还了5000元。另外水稻（每口人1亩，共3亩）收获了2000斤稻子，够我们家吃一年。

1992年11月3日开始从事焊接副业。电焊机借自原苏木综合厂的旧机器。1200元的流动资金是妻子从她的哥哥那里借的。1993年6月筹备经营加工厂，10月正式开业。经营项目为碾米、磨粉和饲料加工。厂房是借原综合厂的房子，设备是新买的。为了买设备，从亲戚处借了1万元。此外，还借了4000元的高利贷（月息3%）。到年底用一年的两项副业（焊接和加工）收入，再加上卖玉米和猪的收入，把高利贷及其利息全部还掉，另外又还了其他欠款2000元。

1994年2月我们考虑到住房和厂房相隔太远，我们就把住房卖掉了。房子卖了1.2万元，7000元现金，5000元赊账。用其中的5000元现金把借用的电焊机和厂房买了下来。用剩下的2000元现金，买了砖，用赊账的方式，请泥瓦匠和木匠盖了房子。4月初动工，4月底入住（卖了房子之后在别人家里住了两个月）。1994年我们这一带遭受特大水灾，旱田绝收。只有水田收了2000斤稻谷。这一年还的欠款最少，只还了泥瓦匠和木匠等盖房子时赊的账。小女儿1994年1月出生后，我们以每月50元钱请了一个保姆，雇佣了两年。

1995年电焊和加工的收入1万元，卖了2头猪1400元，玉米卖了3500元。这一年买新的粮食加工设备花费4300元，买旧四轮花费5000元。1995年的欠款余额现在只剩2000元未还。1996年的电焊、加工和粮食的总收入达3.5万元。但这一年的开支也相当大，花1.2万元购买了原通辽铁路学校的60间旧砖房的木材、砖和石头。然而，拆卸和运输费就花了1.7万元。不过，这些材料如果全部出售的话可以卖4万元以上。

目前，我们家除了配备电焊、粮食加工的设备和厂房、小四轮拖拉机等生产性固定资产之外，还有6头牛、5只山羊和5头猪的家畜。家里没有什么现代化电器，只有1台黑白电视机，新近安装的电话。现在承包的旱田为16亩（每口人4亩），水田3亩（每口人1亩，分水田时女儿没有出生）。

今年我们打算再搞两个项目：建立糖化饲料厂和大批量养猪（20头）。养猪由我妻子出面申请新下来的联合国妇女基金贷款，并与我弟弟合作。我们家出厂房资金，弟弟出力，利润对半分。现在我们自己的2头母猪已经下了20头猪崽。又有现成的猪圈，符合申请贷款的条件。估计获得贷款的问题不大。

建糖化饲料厂需要巨额资金，建厂房和购买设备就要花费10万元。流动资金也需要5—10万元。我搞这个项目的主要目的是带动贫困户和残疾人致富。嘎查领导已经表态支持。我希望嘎查能为我优惠提供100亩的饲料基地。如果能如愿，这个基地不但能解决部分原料，而且也能获得可观的收入（2.5万左右）。加上我已有的建筑材料，今年秋收后如果要建这个饲料厂的话仍须投入7.5万元左右，想让饲料厂启动，还必须从外边再借2.5万元。饲料厂能否建成和按计划运营，还得看嘎查领导的支持和年景如何。

2. HRC，综合开发大户（2006）

农村想进一步发展没有政策。现在国家政策是让人比较满意，上面好，可是到下面就不行了。再说国家政策也是这样，有时候也会出尔反尔。十几年这个地方没什么改变，这个地区发展不了。发展不了，什么开发、扶持都到不了这个地方，再加上当地老百姓眼光浅点，什么产业也发展不了，现在搞什么扶持，什么贷款也到不了这里。现在搞什么扶持贷款都要求抵押，或者让他们入股。这样分红或什么的事实上比什么贷款都要贵，不好使。嘎查帮着说或担保之类的都不算数，不管用。

当地领导也帮本地跑了不少，可没有什么效果。国家政策来不了，当地政策也来不了，经济不行的时候就只能卖地了。现在全国一阵风，到处都把农民的地卖了，农民只能上访。什么市场经济，我们本地生产的东西要四角，人家外地的只要三角，人家能要你四角的？

我10年前就想建的糖化饲料厂到现在都建不了。资金根本没有办法到位，花高利贷整不了。这地区缺资金，借也借不着，贷也不成。向信用社贷1000元，要求先交100元，然后还有风险金并要求让他们入股。看报纸说国家对农村有小额贷款，原来挺高兴，后来才知道是白高兴，根本没有人管。没办法，只能供好自己的两个孩子，让他们多读点书。

我家现在总共有300多亩地，只种了100多亩，其余的现在也只能种草养牛羊。我是一次性买断的，1亩地每年交村里十来块钱，一共向嘎查交了26年。以前我比较富裕，村里没钱上缴三提五统的时候，是我给嘎查担保的，后来这些钱都是我用自己的资金还给别人的。现在两个苏木合并为一个镇，村里没有钱退给我，我和村里以前签的合同也不让退，这样嘎查只能多给点地给我种了。

1996年、1997年的时候，整个花灯苏木就我加工收入最多。现在和那时相比，我的收入也没有减少，但是想再进一步发展就不行了。我曾经到旗里银行争取贷款，可是正好碰上银行整顿，不让搞，我就没有办法了。如果有可能的话，我多的钱也不贷，贷个十万元以下。多的不说，在集上售点什么，每年多赚个万儿八千的没有问题。

前些年我一直养猪，收入不错。现在是市场经济了，想养的人多，价格肯定要跌。幸亏那个时候我看出了形势，赶快转行。照现在的价格，猪价下跌了很多，养多了肯定亏死。现在干事情风险太大、太多。

现在我主要搞综合，不想当年就有收入，也不想在近期就赚。在我承包的地上，养鸡、养鸭、养鹅、养猪和种地一起来，综合经营肯定要比单种经营收入好。

我本来养了20头牛和90多只羊。最近几年天旱，草场越来越不好了，我去年把90多只分羊两次全部处理掉了，有两三万元的收入。家里还有一二十头牛，有条件的话进一步多养牛。牧业不会放掉的。如果当初我的糖化饲料厂建好的话，起码能养200—300头牛。现在国家政策只能这样，我只能得到这些。

农业是季节性的活。一般也就四个月的时间，真正活多也就两个半月，其余的时间就可以搞各种经营加工之类的。我这承包地上的活基本完成了，我这就下山来整整自己的房子，准备把自己的电焊修理部再开起来，同时做些小买卖，搞些土特产生产资料啥的，多少能挣一些收入。我自家的承包地 30 来亩都包给别人了，我自己主要经营我从嘎查里承包的 300 亩地。这 300 亩地中我种了 130 亩，都是低洼地，地力一般，亩产通常也就 800—1000 斤；还有 160 亩是自然草场，属于盐碱地，除了它本身自己生长的草之外，种啥死啥。我曾经在这些盐碱地上种过草，草根一长入盐碱范围马上死。这些地目前不能进行种植，必须先改良然后才能种庄稼。我准备实行轮耕轮作，我让其他嘎查的三群羊在我的草地上放牧，条件是让他们帮我看山上的房子，并且羊粪都必须归我所有。羊粪这玩意儿改良土地最好，我自己再拉一些土，用不了三年两年的，这里都成好地了，那时收益就大了。

目前最大的问题啊，主要在于农资涨价，而且卖粮还是得看人家脸色。你看小麦、大米都有保护价，只有玉米最近两年没有保护价。

我觉得机构改革实际对农民一点利益也没有。中央政策下来连个传达的工夫也没有。最近一些年来并来并去的，机构改革都是自己忙自己的。个人干部忙考核，拉关系，怕自己下台；机关机构东并西并，忙着整面子事。实事没人办了。

政府房子是国家的，一锁门就算了。这么大一个院子只卖了 14 万块钱，当初百姓出了很多钱的，整不了。信用社的房子也卖了。

金融改革：信用社、银行说没就没了。一方面老百姓贷不了款；另一方面存款也没地了。如果谁做生意每天赚个百十几千的，或者家中三万五万元的，谁敢就这么放在家里啊。再说旁边的派出所也撤了，机关什么的都撤了，觉得什么都没有保障了。要发展没有资金扶持。上面中央出台不少好政策，下面却不实干事情。以往信用社在的时候每年可以贷些生产资料的费用，别的就够呛。现在贷款强制入股，最近四五年都这样，10%的入股，贷1万元入股1000元，不肯退股，也不知道是赔是赚。

生意：苏木政府在的时候可以搞搞买卖，政府自己有消费，流动人口还多。我修理焊接的技术好，百八十里地的人都来我这里修理。我的修理部，政府召开会议，很多人来开会，有车坏了就可以修，还出租些工具什么的，收入还是不错的。苏木合并，这里的政府撤销后，我的生意差不多差了1/3。由于我有地要种，就暂时放弃了这里的修理部。

医疗：以前小病小灾就在卫生院看，现在在私人诊所看，方便还可以，就是价格贵点。我们这里的规矩是大病出去看的，离通辽也就几十里地。种个三四亩口粮田，生个大灾大病就没救了。

教育：咱们当地有个习惯，要供学生。这几年没有办法，两个孩子上学，每年要花1—2万元。大孩子中专毕业，小孩子在读小学。大孩子是批合同上的学，说是培养教师。咱们这个地区的人很重视小学上学，家里条件好的，即使嘎查有小学也把孩子往外送。不过我想要是嘎查里没有小学，就是国家减免一切费用，也会失学率大增的。家长不放心啊，小孩子出去怎么上学。外地上学学生经济花费高，家长还得老是去看孩子，路费误工，多花费啊。我们夫妻都是以汉文为主的，我就只会说蒙话，不会蒙古文的，当然要让自己的女儿去上汉文学校。10年前我们嘎查小学撤的汉文班，想上汉文的没地上了。我女儿今年13岁，8岁时我直接送她到甘旗卡一小上学，每月一切费用230—240元吧。第一年还收了300元借读费。现在享受学费减免。

旗教育局组织优秀学生去北京五日游。我女儿是优秀干部和优秀三好生。这月25号就去，报名费要700块，加起来总得花个一千几百的。不能让孩子看见东西都不能买吧。我本来不想让孩子去的，听说要去清华大学校园逛逛，为让孩子上进心强点，就让她去了。

现在到处都时兴集中起来搞素质教育，学费、杂费免了，书本费要交一部分，我们这里小学每期20—30元，初中每期60—70元，住宿费全免，伙食费补贴40—60元每月。但学生家里开销还是大。

事实上，1997年的二轮土地承包分配政策本来已经很好了。30年不变大伙也很满意。30年我们定了心啊。是自己的地自己还不保护好，自己的地都舍不得糟蹋。种点豆类费地力起风沙的都不在自己的地上种，在租种别人的地上种。但后来的完善就把事情闹大了，完善出矛盾了。打乱调整、不公平、达不到指标农民不满意。

税费改革我们家现在能享受的就是一个农业税减免的政策，减免农业税我享受了几十亩的口粮地，其余我承包的地是合同，没有享受这些政策。其实老百姓给一点点好处都行。我在花灯街上的修理部还在开，每年都有个三万五万元的欠账，一年还有个三千五千元的税。别的嘎查能争取到好的项目和补贴政策，我们这里也没有。政策再好，我也得不了多少；政策再差，我也损失不了多少。

改革后老百姓（农民）权利太大了。邓小平、江泽民搞改革开放，工商业发展起来了，这些人好控制，加税、收钱、不让你搞。但现在老百姓没法管，自己有能耐自己整一套，自己在田间地脚开地，你嘎查干部也不能管。

现在谁当村官不难？百姓不愿修路，村长、书记修去？还不是白搭，啥都做不了。现在村干部都挂脖子上了。前几年一个劳力一年还有10个义务工，现在没有了。你说农田基本建设、道路维修这些事情咱老百姓有义务出去啊，政策也太笼统了，一刀切，义务工全取消。让拿钱雇人做这些事情，现在嘎查没有收入，以前还欠债累累，拿什么雇。最近修路几乎没有了，平地、修路什么的，集体油钱都出不起。让大家去修路，有人不愿意，搞不起来。以前修路什么的你能不去，不去就罚你100元。村官没法当，村里要是一人收个三块五块做点什么事情，肯定要被告称乱收费，收五毛也要被告成乱收费。事实上这些是合理的钱。

乡间公路一年修一次是正常的。现在苏木合并以来好几年都没修，合并以来5年只修过一次，你看路上到处坑坑洼洼的，以前可好了。村间路、农田路都比现在好得多。

村里有点财力和权力还是好啊，国家也不来为我们做事。笼统下个文件就不管，后面没动静。

比如说我们嘎查申请到滴灌项目，上边来人的话要求几天内安装管道完毕，可没有义务工。本来大伙一起出力就好，可有人不来参加，有的人说我只管我家地旁边的。这样误工、误力、误事，对集体和个人都没好处。

嘎查里地头田角10亩、20亩的，有些人家就直接种了，不交钱给集体。这样一方面没有种的人不服气，同时嘎查里一点财力也没有。

你说国家的政策是好是坏？有的方面给农民太大权利，很不好；有些方面却偏偏不给农民权利，太死。总是一刀切。为什么不在有些问题上给农民更多权利呢？上头规定是啥就是啥。养兔不行我养鸡啊，种树不行我种豆啊。说是不许改变耕地草场的使用目的，保护农田和维护生态环境。稍稍违背一点就是林业局、嘎查都来干涉，一罚一亩几千块，谁敢干？事实上，不破坏生态和土地的条件下可以多点自主经营的权利。比如说我们嘎查的草牧场，基本沙化，没草闲置。把这些地改良在上边种草，完全不准牲畜放牧，用种的草发展牧业，收入大、不会沙化、没闲置土地，还能增加收入。现在守着块没有利用价值的死地，继续沙化，没有用。

这个地区发展不了。第一人口多，学校也撤了，各种工商企业也几乎瘫痪了（指乡镇合并，花灯苏木政府并入努古斯台镇，这里的中学和政府等机构撤销），交通也不方便，农民地种不了，想打工出发不了。打工第一被骗了，交通也不好，我们这里还通不了班车。今天能去，明天不能去的，人家就不要你了。第二搞牧业也不行，草场不好，也不多。

现在孩子都要到外地去上学，这样孩子上学钱就不少花，光路费就很多，要坐班车到处跑。我们这里的卫生队也被撤销了，只剩下当地几个赤脚医生，死贵。

孩子寄宿问题大，相互比较，出去吃喝，养成习惯之后自由散漫。家长每次给个十块八块的，两天就花没了。小孩这样长大后没法管。大人没法管，学校管不了，孩子养成的弊病多了。学校的环境不行，孩子还经常爬墙出去玩乐。孩子一搞出什么事情来就说学校有责任，谁敢多管？说是集中起来搞素质教育，作业少了，给孩子玩的时间太多，不是好事。

我听中央台广播说，2007 年、2008 年农村乡村公路都要修起来，但什么也不可能实现。中央财政拿多少，地方财政拿多少。地方财政拿不出啊，这事做不了。道路影响大。去个通辽，三小时；去个镇政府，三小时。人都死半道上了，还能去打工干什么活？

将来农村养老要出大问题，重视教育，大家把钱都投入小孩教育，老人咋办？老人也成问题，供孩子还供老人，我们这供不了。我们这重视孩子教育，老人就差点。以后一个孩子养那么多老人怎么养得起啊。

我没有走出我们这个地区，我整天都在悟这个事，现在这个政策就只能达到这个地步了。我与别人不同，我敢干，想干什么我都要尝试一下。我们这里要发展有很多问题，没法解决。

交通不便，没乡间公路，一般的路状况不好。

缺很多基础设施建设，加油站都没有一个，加个油跑几十里地，去通辽，木里图。

金融支持没有，没有无偿或低息贷款，干什么都缺资金，如果2—3分利抬款，都给人白干了。

基本生产资料，像农药、化肥、种子什么的，都得到外边去买，很不方便。我们实际收入还不错，都给别人赚了。有人说："我们干了一年半年，跑来跑去最后都送给木里图人了。"

缺少真正实用的技术和项目，缺少真正有技术的人来指导，上边来的人，都是搞形式，不干实事。现在花灯上面来了一个扶贫项目，种树。当地把钱花完就算了结了，一点效果都没有，没用。

对于我个人而言，我无所谓，我自己听，自己看，自己琢磨，自己学习。

我也是集体欠我钱，没法还，才种这些地的。什么上访啊，上告啊，我一概不答理，不干也不信。我自己干自己的，自己想主意，自己给自己做主。

个案七

1. XBT，*养羊大户，蒙古族与汉族通婚户*（1996）

据父亲说，1936年并户到现在的白音套浩之前，父亲他们一直生活离这里有5里左右西南的特木根温都尔一带。据说，土改前我们家一无所有，父亲一家一直以做耪青（长工）维持生计。父亲今年80岁，母亲65岁，跟我最小的弟弟（三弟）一起生活。我出生于1958年，我在兄弟姐妹中排行老三，我上面还有两个姐姐，下面有两个弟弟。

我初中毕业后，就回村里干农活。1975年通过在通辽糖厂当厂长的叔叔的关系，我到该厂当临时工，一直到1982年年底结婚。我做临时工时，每月工资 142 元，其中每月给家里交 60 元。我妻子是汉族。1981 年我为住院的叔叔陪床期间，认识了我叔叔的主治医师（妻子的姐姐），是她把自己的妹妹介绍给我。结婚前，没有举行订婚宴，我们选了一个星期天，我带领未婚妻、未婚妻的两位姐姐、姐夫和大舅哥一起来我们家，吃了一顿午餐，算是认了家门。我娶汉族妻子，父亲很赞同。他认为汉族人会过日子，虽然母亲认为语言上不容易沟通，表示不愿意。但是，家里事情由我父亲做主，母亲也没有办法。我结婚时给女方 400 元的彩礼，我从一个月的工资中拿出 100 元，叔叔从 398 元的月工资中拿出 300 元。除了这 400 元，没有给任何东西，但我们买了 2 个柜子、1 台缝纫机，通辽糖厂的一个朋友送我 2 个铝锅和 1 个马勺。这就是我们夫妻俩的最初的共同财产。结婚后我辞掉糖厂的工作，回家务农。我们夫妻在父母正房东南侧（朝西）的仓房住了一年。在正房的东南侧盖仓房，在蒙古族聚居区非常罕见。结婚一年后（1982 年 10 月）父亲卖了 1 头耕牛，给我们盖了 2 间土房，让我们分家出来另过。

分家时，除了结婚时给我们买的立柜和缝纫机、还有朋友送的锅勺之外，父亲又给我们送了 4 个小碗、4 个大碗、1 包筷子、1 个锅加上盖子。这就是我们分家后的最初的全部财产。此外，我们分家时父亲把原来生产队时所欠的 285 元欠款转给我，让我还清。

我们分家以后，我岳父花了 300 元，为我们买了 1 头毛驴和毛驴车。我就是用这个毛驴车做起了小买卖。我从乡下（尤其是沙坨子里村庄）收购破烂、活鸡等，拿到通辽市出售。再从通辽市买回一些日常用品和食品出售或换取破烂等。我做小买卖，虽然生意还不错，但也受到了很多人的谩骂和歧视。甚至我父亲都骂我，他骂我每天拿着秤杆，成了汉人的崽子。但是，我妻子和支部书记支持我。我做小买卖每年净赚 1000 元左右。

1989年我用做小买卖赚的钱买了1匹马和一些日常用品后，还剩下600元。我从别人处又借了500元，买了16只绵羊（当时1只40元）。我停止做小买卖，开始放羊。除了我自己的16只羊，还为别人代放60只羊（10只山羊）。每只羊我收代放费6元。1992年16只羊发展到33只。我又花1000元买了10只，我的羊变成了40只。

1994年我妻子住院花了7000元，因此先后卖了两次羊，每只250元卖了33只。不然的话，现在我的羊最起码会发展到140只以上，而现在只有85只（其中有2只山羊）。当然，我这85只羊也是全村最多的。

一直到1995年我们都自己放羊，没有雇人。1994年妻子生病之后身体一直没有完全恢复，在春耕季节妻子不能替我放羊。因此，从去年（1996年）开始在春耕大忙季节（4月1日至5月20日）雇人放羊。去年每天10元，今年因去年的玉米价格低，所以改为每天8元。

我除了放羊，还耕种我们的承包地。我有1个女儿、1个儿子，一家4口，承包地为16亩。我自己种10亩，另有6亩租给我二姐种，她们每年给我2000斤玉米和秸秆。我自己的10亩地收获9300斤，自己剩下2000斤作为牲畜饲料，其他出售。

6月1日至11月1日一直在野外过夜，并不把羊群赶回村里。凌晨3点起床放羊，到上午9点时羊吃饱，我把羊群圈在野外的羊圈，骑马赶回村附近的农田铲地。中午不休息，一直干到下午3点左右，又去野外的羊圈放羊。羊到晚上10点左右吃饱，又把羊群圈起来过夜。我在野外的简易窝棚过夜。晚上孩子给我送一次晚餐。这个季节是我最忙的季节，一天只睡5个小时。11月1日以后白天在野外放牧，晚上把羊群赶回村里。我们嘎查的放牧场与东花灯和西花灯的放牧场挨着，但各嘎查的放牧员都在自己的边界内放牧，一般不允许越境放牧。由于开垦放牧场种植水稻，草场面积越来越小。不过，草场面积如果不继续减小，对放牧不会有多大的影响。冬季和春季因白天羊吃不饱，晚上还需要喂草，但现在我们这里已经没有打草场了，也就没有可喂的牧草。好在每年都收割大量的玉米秸秆，可以喂羊。

现在除了我自己的85只羊，还代放着别人的91只羊。现在我收代放费每只羊18元。去年我代放的羊为87只，收入为1566元。但到现在我还仍有700元的代放费没有收到。养羊还要缴纳一定的草场管理费和税。草场管理费每只羊6元，预防费每只羊4元，特产税每只羊5元（当年羔羊不收），牧业税山羊每只1.5元，绵羊每只1元。每年我的这类开支都超过1000元。除了出售活羊获得较大的收入之外，出售羊毛也有一定的收入，但因我们这里羊的出毛率不高，一年的羊毛收入也只有1600—2000元左右。为了不使羊退化，我每两年换一次种羊。但因羊的品种本身不好，所以收入上受到限制。我计划有了一定的积蓄之后，更换羊的品种。据说，在我们这里养羊，小尾寒羊的品种最好。但要发展小尾寒羊需要一定的资金，因此，这只是一个计划，何时能实现，现在还不知道。

2. XBT（2006）

因为以往嘎查到处抬款，最近草牧场都向外处理了，用来补偿债务，大概有2/3的草牧场都处理给别人了。2000年左右我的羊就养得少了，没有办法，羊吃不饱，膘上不去，容易死，得病的多。最多的时候我养了130多只，就是因为草牧场变少，装不下，现在只剩下50多只了。草牧场这样只能少养，不能多养。

现在嘎查的很多草牧场主要是承包给辽宁葫芦岛的客商，承包期为15年，开始说是植树造林，结果用来种植经济作物或者倒卖转包给别人。承包这些草牧场也花了辽宁客商一大笔钱。他们开始种树苗，可是成活率很低，大部分都死了，活的不多。这样客商只好转包给别人，现在有吉林人转包在这里种花生，大概有 300—400 亩。花生种的时候除掉所有的草根，收的时候还要把土翻过来，更加破坏。我曾经对他们说："你们这样不行，搞得一棵草也没有，以后我们的子孙怎么办?"他们对我说："我们花钱买的地，弄一年算一年，我们不管那么多。"其实客商也是没有办法，承包这里误了他们，也误了我们。

现在每年从 1 月 1 日到 6 月 1 日期间禁牧，这段时间是刮风期，也很少下雨。我们一直到青草地皮不动的时候才放羊。现在沙化其实由牲畜引起的很少，人工引起的比较多点。用机器开荒，使用除草药，坨子地再也不长草了。等种的庄稼收完之后光秃秃的，4—5 级风就能动沙，6—7 级风就别提了。其实沙坨子地根本就是不能开的。我们这里山羊少，山羊的破坏力大。绵羊和黄牛基本是不啃不刨，只吃些草尖，不乱跑，不会对生态造成大的破坏。最近几年沙化其实更严重，包老师来的时候生态好些。那时马蹄草都有一尺高，麻黄草（一种药材）根有两米深，很有保护沙地的功能，现在很多地方都在挖这种药。牲畜受控制，可是人工不受控制，机器的破坏力更大。

以往羊多的时候，让别人代放。那时有专门给人家代放的。现在普遍羊少了，就两三家合在一起放，轮流放，专门给人放羊划不来。

以前人均 1—4 亩地。1 亩为保命地，3 亩为承包地。2004 年又人均增加 2 亩，现在是人均 6 亩地。我家四口人，共有 24 亩地。我们这里地的质量是不平均的，各家收成不太一样。我家亩产大约在 1300—1500 斤之间，收成不错，一年大概可以产 3. 5 万—3. 6 万斤玉米。可是玉米价格上不来，一般是四毛钱一斤，收购的时候挑毛病，死扣。这些玉米大约可以卖 1. 4 万元。再养一些牲口卖，就这么过日子。卖羊的时候挑不好的卖，好羊留着发展。挑公的、老的、残的或弱的卖。当地没有加工厂，只能等待外地人来收，一般一只羊能卖 220—300 元。羊毛当地也没有人收，今年羊毛的价格还可以，5 元/斤。羊一年剪一次毛，这里一只羊大概可以剪 5—6 斤毛，可以有 30 元的收入。总体来说，我现在每年的牧业收入大概是 2000—3000 元。羊养少了，每年起码少两三千元收入。1996 年的时候我一次性卖了 60 只羊，1.4 万多元，现在不行了。

现在我最担心的就是玉米价格上不来，农药化肥往死里涨，尿素涨到一块二一斤，翻四倍。虽然农业税免了，三提五统没有了，但负担没有减多少，这块减了，那边投入负担重了。1998 年的时候玉米价格每斤比现在贵 5—6 分，几万斤就差不少钱了。农资价格上涨和玉米价格下降把少收费的好处抵消了。尿素去年价格最高，达到 130 元/100 斤，每吨要 2600 元。现在稍微降点，2200 元/吨。去年种子最高 3 元/斤，今年达到每斤五块八。

1 亩地的投入可以算一下：6 斤种子（30 多元）；80 斤尿素和其他化肥（105 元）；灌溉水 3 次（电费和人工费大约是 35 元/亩）；农药、除草剂（7 元/亩）；开耙费（18 元/亩）；玉米脱粒（8 元/亩）。这样算来每亩投入要 200 元左右。

我没有其他的副业收入，做不了。我们这里离城里远，交通不方便。到城里 30 里地，时间长，本来可以出去打打工的。偶尔在村里打打零工，收完秋后有时间的话我也会做点小买卖，主要是倒卖牲畜。我们也不愿意出去打工，打工老受骗，干一年不给钱。这个一扣那个一扣就没钱了。给人干一年，要钱的时候却找不到人，白干一年，得不到钱，还得吃自己喝自己的，挨骗的有的是。外地大城市不敢去，本地不太好找活。通辽市用工很少的，本地人的活一般都是自己干。

我的儿子是 1986 年生的，初中毕业之后在家帮着干活。我家里的身体不好，劳力主要是我和我的小子，我们这里一个劳力可以伺候 20 亩地。女儿是 1987 年生的，初中毕业之后在通辽市打工，在体委食堂打工，包吃住，每月 300 元。学生放假就回来，学生开学就去。

我们家现在一年毛收入是2万元。如果有条件希望能多养羊，畜牧业投入少，收钱多。农业投入大，种子5元/斤，尿素一块多一斤。农业投入大概是收入的1/3左右，1亩地也就剩300元左右。

国家政策现在是绝对好，啥也不收，没有费用，税免了，提留嘎查也不收了。以往收这税那费的，不仅不赚钱，倒赔。1995—1998年的时候，负担一年比一年严重，管每人口要1000多元。可是不种还不行，庄稼人不种地不行。

个案八

1. GW，*女户主*（1996）

我是在本村出生的，父母也在本村，是这里的老地户。我在兄弟姐妹5个中排行老二。

被访者兄弟姐妹情况：

大哥：40岁，公办老师。

本人：37岁，家庭妇女。

大妹：35岁，出嫁到花布。

小妹：32岁，出嫁到伊胡塔苏木。

弟弟：28岁，在本村，与母亲一起生活。

我于1987年结婚，丈夫是敖古斯台苏木花布嘎查的人。我们家现在4口人，本人（37岁）、丈夫（38岁）、女儿（9岁）、儿子（3岁）。我们4口人当中，只有3口人有本村户口（本人和两个孩子），丈夫没有本村户口。我们村有一项规定，外地人口（包括本村的女婿）要在本村落入户口（不包括娶到本村的女子），必须缴纳4000元人民币，否则不给落实户口，也就不会分得承包地。由于我们没有缴纳这4000元，所以丈夫没有得到本村户口。在户口登记时，只能由我担任户主。

我们邻村东花灯有我丈夫的亲戚。我们订婚是丈夫的这位亲戚做的媒人。在说媒时，我提出结婚后男方来本村居住。我提出这样的要求，主要考虑到，我在家里是老二，如果我结婚后在本村可以照顾家里。我丈夫是兄弟5个，姐妹3个，也能接受这个条件。结婚前男方给了我们家800元的彩礼。结婚时男方花了1200元在本村买了三间土房，添置了组合柜、洗衣机和缝纫机等家具和电器，并且又送了1头母牛。

结婚当初我们家只有我一个人的4亩承包地。有了两个孩子之后增加了两口人的承包地8亩。现在我们家承包地为12亩。我们只种玉米，去年收获8000斤。交给嘎查6000斤玉米，兑现了承包费、种子费和化肥等去年一年的生产性开支。剩下的2000斤左右的玉米，我们打算作饲料。

结婚以后我们家一直和弟弟（父母）一起播种、铲地和收割等。这样做主要考虑弟弟长期念书，农田上的活不熟悉，与我丈夫一起干农活，可以学到农田技术。现在弟弟已经结婚，也熟悉了农田作业。因此，从去年开始除了播种，其他农活都分开干。播种需要两匹马，而我们各有1匹，合在一起我们才能播种。所以春天播种时还在一起合作。

除了农田上的收入，每年的养猪的收入还有1200元左右，孵鹅雏的纯收入每年也有1500元左右。有了这些收入，吃喝和其他日常开支也就没有问题了。我们还有4头母牛（由结婚时的1头母牛发展到7头，卖掉了3头），放在牧草较好的丈夫的老家花布。有急用的时候，卖掉一两头牛能解决大事。现在我们家虽不算富裕，但也没有什么欠款，日子还能过得去。

2. GW，*女户主*（2006）

我们家总共4口人，我们夫妻俩，1个女儿，1个儿子。女儿是1989年生的，在甘旗卡高中念书，马上要上高三了。她一年的学费是2500元，加上生活费共6000元左右。她的学习成绩好，那么多学生能排进前十名。农村老百姓怕学生成绩好。小儿子是1995年生的，在嘎查小学读四年级。小学名义上不要学费，实际上还是经常要钱，十元八元的不停地要，一年也得有个七八百元的，冬天还要收取取暖费之类的。

户口在哪里，就在哪分地。我丈夫不是这个村的，当初迁户口进来要几千元钱，户口没迁，到现在也没有分到地。我们家4口人分给3个人的地，一共18亩。全部种玉米，家里的地不好，新成立的家是分不到好地的，亩产最多也就在1000斤左右。每年大约能产2万斤玉米，有8000元的收入。

我们家最近买了一辆新四轮农用车，花了8500元。去年卖了13头猪、1匹马收入全部用来买车了。前些年孵一些鸡鸭鹅雏卖还有些收入，现在人家都是自己弄，这样我的就不好卖了，我也就不弄了。

以前我们这里负担重的时候人均要交1000多元，现在国家的税费是轻了，但农资实在涨得厉害。我大哥是公办教师，见我日子不好过，就让我包种了他的15亩地，没有要我出租金，只需要给些秸秆之类的饲料，等于是白种。有了这30多亩地，家里的收入就还可以了，农业毛收入大概在1.5万元左右。今年家里养了7头猪，有5000元左右的收入。也打算养一些牛马羊，目前还没钱买来发展。

个案九

1. ERDGRL，嘎查会计，养牛大户，夫妇家庭（1996）

据父母说，我们家的老家在是当时的伊胡塔努图克（现在的科左后旗伊胡塔镇）霍雅尔塔拉伯尔艾里。我2岁那年，迁到敖古斯台努图克的敖古斯台艾里，在那里生活了两年。4岁那年又迁到现在的白音套海艾里。我们迁到这里时，全家共有8口人：父亲、母亲、哥哥、姐姐、本人、大妹（8岁夭折）、姥姥、表哥（母亲哥哥的儿子，父母死亡）。我们迁到白音套海之后，母亲又生了4个孩子（2男2女）。我们家人口达到12口人。

被访者父母及兄弟姐妹情况

与本人的关系	年龄	结婚年龄	所在地	配偶出生地	结婚后 同住时间
父亲	81	19	本队		
母亲	77	15	本队		
大哥	60	32	本旗	本旗	-
姐姐	57	19	本队	本队	-
本人	51	21	本队	本队	两年
大妹	42	21	本队	本队	-
小妹	30	26	本旗	本旗	-
大弟弟	45	23	本队	本队	一直
小弟弟	43	23	本队	本苏木	一年

土改前我父亲的家庭是一个相当富裕的家庭，有很多牲畜，爷爷又当过多年伪满时期的行政村长（管辖多个自然屯）。母亲的家庭是贫苦家庭，母亲嫁到父亲家庭之前，家里有3口人：母亲、姥姥和表哥（舅舅的儿子）。她们生活非常艰难。母亲8岁的时候，爷爷就把母亲全家3口人接到家里一起生活。因此，实际上，母亲是爷爷家的童养媳。父亲虽然不会说话（哑巴），但因家庭比较富裕，姥姥也愿意让自己的姑娘作我父亲的童养媳。

土改时我父亲家划定为“富农”，家里的牲畜都被没收，生活水平一落千丈，在政治上也寄人篱下，感觉到在当地维持生活很困难。因此我们一家来投靠在敖古斯台艾里的婶子的娘家，后又被姑父接到现在的白音套浩艾里。

成立高级社以后，就实行记分制。按劳动力出勤情况记工分，根据所记的工分分红。刚开始时记分标准时有变化，有了一定的经验之后记分标准就固定下来了。记分标准有日工和包工两种。日工又因劳动的月份和劳动者的性别不同，有不同的记分标准。日工1—3月份每天一个劳动力为男8分，女6分；4—5月份为男10分，女8分；6—7月份为男12分，女10分；8—12月份为男10分，女8分。年纪大的劳动力与青壮年一样，只是给予照顾，安排一些轻活。

包工包括挖河沟、排水渠、灌溉渠和打草等，规定一定的工作量的记分标准后，多干多记工分，少干少记工分。比如打800斤草为10分的话，如果你打1600斤草就会得20分。如果能干的人，干包工最能挣分，有时一天能挣30多分。

另外，每年有一些人被上级抽调当民工（社会义务工）或被生产队指派做义务劳动（社内义务工）。因此，每年从每个劳动力的工分中，作为义务工分而减去一定的工分。每个劳动力每年社会义务工被减去50分左右，社内义务工被减去100分左右。

一般劳动力的一年的工分大约为2700—3000分左右。出勤的天数多工分就多，反之亦然。很显然，劳动力多的家庭，工分就多。

1962年以后一直到实行家庭联产承包责任制单干（1982年），是以生产队为核算单位的。根据生产队当年的收支情况，核算出劳动分值（每10工分的现金收益），当时叫“分红”，如0.80元、1.20元或2.00元等。从这个劳动分值可以折算出每个劳动力的当年现金收益。

生产队按人口分口粮、蔬菜，按户分柴禾，逢年过节按劳动力分肉类等。年终从这个家庭的劳动力的分红中，扣除口粮、蔬菜、柴禾、肉类等款项，所剩下的部分就是这个家庭可以拿到的现金收益（纯收入）。由于当时分值都很低，因此，扣除口粮等款项后，大部分家庭（70%—80%的家庭），不但拿不到任何现金，反而还欠生产队的款项。

集体时期有整劳动力和半劳动力之分，是针对义务劳动制定的。当时，男的18—55岁为整劳动力，女的18—45岁以及男的56—60岁为半劳动力。按正半劳动力派遣参加社内义务工和社会义务工。现在只要男的18—50岁、女的18—40岁都要参加义务劳动。每年实际义务劳动的天数根据实际需要决定。如果符合条件的不参加义务劳动，按一定的标准进行罚款。

我于1968年结婚。我结婚时我们家的家庭成员是：父母、哥哥、本人、两个弟弟、两个妹妹，共9口人。我们家当时住三间土坯房。我结婚后我们夫妻单独在东屋住（东屋只有一个火炕），西屋南炕炕头住父母，炕梢住两个妹妹。北炕住哥哥和两个弟弟。老人住西屋，新结婚的住东屋是我们蒙古族的习惯。结婚两年（1970年）我们分家，但仍然住在东屋。我们分家的标志就是财产分离、吃饭分离。而且必须在生产队登记新户。我们分家的主要原因是当时生产队分配的很多东西都是以户为单位分配。因此，像我们家这样人口多的家庭，很多分配得到的东西都不够，我们分家出去之后生产队分配东西时就便成了两户。但是，由于当时盖房子相当困难，因此居住无法分离。分家时我们已经有了一个女儿，因此新的家庭为3口人。分家后我们又生育1个女儿、2个儿子。

被访者子女情况

大女儿：1969年生，哲盟财政学校毕业，已工作和结婚。

小女儿：1970年生，哲盟财政学校毕业，已工作和结婚。

大儿子：1973 年生，内蒙古电视大学自费大专毕业。待业、未婚。

小儿子：1978 年生，吉林建筑工程学院，学生。

两个女儿已经成家立业，自立门户。两个女儿都在旗所在地的甘旗卡镇工作，大女儿在民族旅社当服务员，工资不高，但能按时发工资；小女儿在旗燃料公司当收款员，该公司经济效益不错，奖金也不少，因此他们的生活还不错。这两个孩子上学时收费都不高，因而没有花多少钱。大儿子自费上了内蒙古电视大学，两年的学费和生活费花了 1 万元。小儿子虽然是正式考上的，但现在的学费较高，一次性缴纳的费用为 8050 元。所在学校每月发给 30 元的生活费，但自己每月也要花费 200 元。

现在两个女儿成家立业，户口自然不在我们家。小儿子入学时已经把户口转到学校，但属于临时户口，还没有完全从我们家里独立出去，所有上学的费用，都是家里出资。大儿子因自费上学且至今还没有找到正式工作，户口当然也在家里。然而，实际上在家里的只有我和老伴两个人。我老伴现在患有类风湿病，劳动和干家务都很吃力。因此，实际上我们家的里里外外都是我一个人干。一年到头非常辛苦，但因有小四轮拖拉机及其配套的农用机械，每年农田上的活我一个人还没有问题。

1978 年我的小儿子出生后我们家的家庭人口增长到 6 口人。住在一个火炕上感觉有些拥挤。况且这么多人口一直住在父母家里也很不方便。我就决定自己盖房子。但生产队时没有什么资金，盖一个房子相当费劲。1979 年的夏天开始挣盖房子的资金。当时我当生产队的猪倌，负责放全生产队的猪。这年夏天我利用放猪的间隙，割马莲草。当时割马莲草出售是不允许的，因此我是偷偷地干。白天割好后放在野地晒干，晚上偷偷地去用小推车推回来，存放在后院外人不易看到的地方。到了这年冬天，通过熟人出售到通辽。为了不让别人知道，凌晨两点套上父母家的 1

头驴车从家里出发到通辽。一共卖了6车（每车40—50元），挣了280元。用这次挣得的钱，买了盖房子的材料，檩子花费最多，买了15个檩子花了96元。剩余的部分都盖房子时零花掉。

1980年10月1日利用节日放假，请了生产队的50多个劳动力干了半天脱好了盖房子用的土坯。1981年的农历2月动工盖房子，3月9日搬进新家。由于我自己会做木工活，所以省了请木工的钱。在砌房墙和上房盖子时请亲朋好友帮了忙（3天左右）。其他细节的工作都是我自己做的。

1982年实行家庭联产责任承包制。我们家按6人分配承包土地和牲畜。土地每人4亩，24亩（此外还有0.5亩的三等地）。给我们2岁公牛1头（每户1头）。我们家与两个小舅子家共同分得2匹马（18口人，9口人1匹马）、一个大车（30人分摊1架车，我们拉了其他不要大车的人口，但大车的钱我们三家出）、2只绵羊（1983年出售）。

我们三家共同使用马和大车一年后，其中1匹母马当年由于使用过度死掉。我们三家共同出资（从信用社借贷款）又买了1匹马。由于三家共同管理和使用大车和马很不方便，因此，我们三家商量后干脆分掉了。我们家分得1匹马。

我又把分得的2岁公牛卖掉（240元），用这钱买了1头母牛。加上原有的3头母牛（1头成年牛、1头2岁牛和一个牛犊）成为4头母牛。我又把自留畜的成年牛以650元卖给唐山商人，母牛变成3头。把马换成骡子，又把骡子换成1头2岁公牛和1头驴。又以350元把驴卖掉，用这350元作为本钱，倒卖三次驴，净赚450元。用这450元买了1头耕牛。用这耕牛拉车和犁杖干了四年，一直到1987年买了小四轮拖拉机为止。

1983年母牛产1小牛。当年从花布买1头母牛。1984年又产4头小牛（到1994年为止产下的小牛均为母牛，1995年产2头公牛，1996年1头公牛），牛的总头数达到9头。1985年牛的头数超过10头。从这一年开始超过10头部分卖掉。这些年每年出售的牛的头数2—7头，收入3000—7500元。每年的价格都有大幅度的波动，如1992年卖了大、小牛7头，才5800元，而1995年卖了2头牛就达7500元。目前牛有11头，马上就有5头母牛要产小牛。到秋天必须卖掉4头左右。我们家主要收入来自卖牛。

1983年承包后，生产队和嘎查指派专门放牧员放牧，每家按代放的牲畜的数量向嘎查交纳一定的代放费（牛6.5元/头，羊3元/只），嘎查把收上来的代放费发给放牧员。1995年开始出现个体放牧员（非嘎查指派），包括我们家在内的7户，组织了牛群，1995年60头，1996年为90头。代放费比在嘎查代放贵一些，1995年35元/头，1996年40元/头。把牛交给个体户牧放，虽然代放费高一些，但认真负责，大家都很放心。从1996年开始全部改为个体放牧，每组有3个牛群，全嘎查为6个牛群，一个牛群由一家负责牧放，按代放的牛的头数收一定的代放费。代放费估计每头超过40元。放牧员的放牧方式是一年四季跟群放牧。每年11月1日到第二年6月1日白天在野外放牧，晚上赶回村里，各家晚上自己喂玉米秸秆。从6月1日到11月1日，把当年产小牛的适龄母畜及其小牛放在一个牛群，白天在野外放牧，晚上赶回村里，在各家围栏隔离母牛和小牛过夜，第二天放牧之前可以挤一次奶。把其他牛放在一个牛群里，不论白天还是夜晚都是在野外的放牧场，不会把这群牛赶到村子里。实行承包后一直到1994年每年都用一定的青储饲料喂牛，但在1994年的水灾中我们家的青储饲料的水泥池倒塌而停止使用青储饲料。没有重新恢复青储饲料，是因为做青储饲料，玉米还没有完全成熟时就得割下来青储，因此玉米的质量受到很大影响。而且现在用普通的秸秆养牛还可以，因此，近几年本村已经没有做青储饲料的人家了。

我在16亩承包地上一直种玉米。1996年开荒40亩坨子地之后，我把16亩承包地转给别人种，秋收后承包人给我每亩500斤玉米即可了事，承包费、农业税等费用由我来承担。去年我种了额外承包的40亩坨沼地，实际上只种了28亩。种植的农作物种类和收成为：玉米15亩，收获7500斤；黄豆5亩，收获600斤；糜子2亩，收获100斤；芸豆2亩，收获200斤；绿豆1亩，收获50斤；黄米3亩，收获100斤。

我们家一年的生产性支出包括以下几个方面。

（1）土地承包费：16亩土地，每年500—600元；去年又承包40亩坨子地，第一年承包费每亩10元，每年递增5元，递增至40元，为最高承包价格。水稻田承包2.5亩，承包费30元/亩。因此，从1996年开始每年的土地费1000—2300元。

（2）化肥：每年花费1500元以上，1996年花费2200元。

（3）种子：每年400—630元，1996年花费630元。

（4）草场管理费：100—150元，牛10元/头（马同牛，羊6元/只）；1996年120元。

（5）牲畜代放费：400—520元，牛40元/头（耕马15元/匹，马群50—70元/匹，羊18元/只）；1996年480元。

（6）四轮拖拉机燃料和维修费用：1996年800元左右。

我们这里的主要税收有以下几种：

（1）农业税：1994年开始征收，1994年4.6元/亩，1995年5.4元/亩。1996年15.2元/亩，16亩地共交纳240多元。去年承包的40亩地，头三年免征农业税。

（2）牧业税：1982—1995年牛5元/头（当年子畜不收），1996年牛15元/头，马10元/匹，适龄母畜不收牧业税。山羊1.5元/只，绵羊1元/只。由于我们家只有牛，且适龄母牛不收牧业税，所以我们家缴纳的牧业税不到百元。

（3）特产税：只有羊收特产税，每只4元（当年羔羊不收）。由于我们家没有羊，因此，不存在缴纳特产税的问题。

2. ERDGRL，嘎查老会计，单身户（2006）

我今年59岁了，1994—2003年在嘎查当了10年会计。我2岁时从伊胡塔迁来的，文化是小学毕业。妻子今年过世，现在是一个人住。身体不错，一个人也清静，还能挣些收入。

第二轮土地承包开始于1997年，2003年开始进一步完善二轮土地联包。1997年以前出生的人口每人6亩地，1997年以后出生的孩子每人4亩地。1997年以后实行“减人不减地，增人不增地”方针。以往集体承包出去的土地都收回来，完全分给村民。现在外出打工的人也乐意种地，以往不愿意种的人也开始种了。今年春天干得真好，大干特干，大部分人家都在改良土壤，碱地、沙地上盖半尺好土，现在庄稼长得好。国家政策好，个人积极性高，真是好。以前打1000斤的地，现在能打1300—1500斤。

我家现在有26亩人口地，一年能打3万斤玉米，有1万多元收入。我现在养了8头牛，草牧场不行了，2004年以前总是干旱，牛吃不饱。牛主要让别人放，每年每头牛的代放费为70元。以前我养了12头牛，老伴在呼市治病的时候卖了几头。老伴去世了，牛也卖了（医疗费）。

1997年开始的二轮联产承包落实得很好，30年不变的政策让我们心里很稳。1997年、1998年、1999三年其实挺丰收的，但是各种集资款太多。有些事情农民不愿做的，集体强行做了。有些地村民不愿意耙，或者自己有四轮农用车的人想自己耙，这样只需要用油钱就可以了；但集体强行耙地，每亩最高的时候收到30元。其实自己找人弄最多也就是20元/亩。这样农民就不乐意干，不愿意种地。自己的土地自己做不了主，都是干部说了算。丰收了也不行，粮食收起来集体卖，外地人来收粮车都被卡住了，不让收。本来还可以赚一分两分的，卖给集体就一分不赚了。

农民负担太重了。1997 年之前村里没有欠款的人，800 多人的嘎查也只有 4 万多元的集体欠款。1998 年、1999 年和 2000 年三年间村民每年要欠嘎查 15 万元左右，三年总共超过了 40 万元。但嘎查还是要凑足钱向上交的，没钱交只能向外高息抬款，最高达到三分利。然后再将利息转到村民头上，谁欠款谁负责掏利息。

2000 年以后嘎查抬款就少了，撤乡并镇，花费少了，乱收费也不行了。2000 年以后上面中央的红头文件多了，强调减轻农民负担，文件学习得多，负担减轻点了。

2002 年实行税费改革，嘎查不兴收费，农民积极性上来了。现在农业税也要免了，不向农民要一分钱，彻底没负担了。2001 年我们这里实行退耕还林，但我们嘎查没有摊上。我们嘎查的地好，甸子地多，坨子地少。退耕还林的地方每亩地每年国家补贴 20 元和 200 斤粮，连给 8 年。

老百姓日子好不好过只能看政策了。2003 年以来有盼头了，以前不行。主要是进一步完善二轮联包。如果以后日子过不好，只是自己的错，只能怪自己，自己不好好干，再给政策再照顾也不行。嘎查里那些日子不好过的人都只能怪自己，以后谁不好都是自己的错。以往是农业税、牧业税、特产税、屠宰税，这个税，那个费，人都害怕，现在免得连学费都不要了。现在心里有数，投入多少，产出多少，就是自己的了。以往是心中无数，也不知道到底要被收走多少。

我大儿子是 1973 年生的。1998 年结的婚，媳妇是本村人。他们现在在呼市打工，儿子在蒙古大营拉马头琴，收入不错。小儿子是 1977 年出生的。2000 年从长春大学毕业，开始在长春的房地产公司工作，待遇很好。但是不是国家单位，就去呼市找舅舅，现在在呼市技术学院当老师。我老了，再过五年八年自己走不动了就去呼市，我的土地现在已经完全承包给别人了。

土地是承包给村里人的，主要是亲戚，从去年开始租给别人的。我们承包土地也是要签订合同的，秸秆归我，我要养牛，另外是每亩地租金是 120 元/年。好政策才实行两年，很多人的日子就好过起来了，以往的债还清了，日子好过多了。我小舅子去年种了 84 亩地，打了 11 万斤玉米，有四五万毛收入，今年的收入也差不多。

以往实行的政策是要收三提五统以及各种税费和摊派，不交或者交不上的话就要收回承包地，只给每个人口留下 1 亩保命田，让人不饿死就行。

我现在每年土地租金 3000 元，每年再卖 3 头牛，最低也能卖 3000—5000 元。我一个人的年收入是 6000—7000 元左右。我家里现在有四轮农业车、铡草机、柴油机和摩托车。现在我住的是几十年前盖的土坯房，我不想盖新房，以后去城里买房和孩子一起住。

个案十

1. DL，嘎查书记（1996）

我 1953 年生于黄沙吐，1961 年秋天随父母由黄沙吐来到白音套浩（当时叫花灯大队五队）。我们在黄沙吐时属于花灯大队的牧业队（父亲任队长），与现在的西苏博组成一个牧业生产队，一直到 1963 年西苏博独立成为一个大队。西苏博虽与黄沙吐合并为一个牧业生产队（队部设在黄沙吐），但除了西苏博担任生产队干部的人员搬到黄沙吐居住之外，其他西苏博的社员并没有搬迁过来。因此，当时牧业队实际上在黄沙吐和西苏博两个地方放牧。1961 年秋天，大队决定牧业队的队长一定要由贫下中农担任。我们家属于上中农，因而不能继续担任牧业队长，由一个叫浑珠拉的贫民代替父亲。因此，我们两家进行了交换，我们家来他们的房子住，他们到我们黄沙吐的房子住。当时黄沙吐的居民有10户左右，从黄沙吐迁来时我们家一共7口人：父亲、母亲、大哥、二哥、本人、妹妹、弟弟。当时我有一个姐姐已经出嫁。我的一个妹妹、两个弟弟是来白音套浩之后出生的。因此，我们家是6兄弟、3姐妹。

被访者兄弟姐妹情况

称谓	年龄	结婚日期	现所在地	配偶出生地	结婚后与父母共住时间
大姐	61岁	1956年	本旗	本旗	无
大哥	50岁	1978年	本队	本队	一年
二哥	49岁	1971年	本队	本队	两年
本人	45岁	1979年	本队	本队	三年
二妹	43岁	1980年	本队	本队	无
四弟	38岁	1982年	本队	本队	四年
三妹	36岁	1987年	本村	本村	无
五弟	34岁	1986年	本队	本队	五年
小弟	30岁	1992年	本队	本队	现在

我是1979年年初结婚的。结婚时，没有举行订婚宴，给女方父母彩礼500元，婚宴花了300元。结婚后与父母一起住两年多，我们夫妻住东屋，父母及几个妹妹住西屋南炕，几个兄弟住西屋北炕。1981年分家。我当时并不想分家，但父亲认为兄弟几个结婚后分开过好，免得闹矛盾。父亲花了1500元给我们盖了三间土房。父亲还要给我一头牛，我没有要（1978年以后允

许无限制地发展自留畜)。

1981 年秋天，实行牲畜承包，生产队分配牲畜，一户一头奶牛，但我们是新分出来的家庭，因此没有给我们奶牛，只给了 2 只绵羊。三户（岳父及小舅子家）12 口人，共同分得 1 头成年耕牛（折价 450 元）和 1 头 3 岁公牛（折价 180 元）。第二年给这 3 岁公牛（这时已 4 岁）重新折价为 350 元，我出 180 元归为己有。1982 年春天，实行土地承包。我的二儿子正好 1 月份出生，因此，承包土地时我们家四口人：本人、妻子和两个儿子。每口人 4.5 亩地（均为甸子地），共 18 亩。1986 年实行退耕还牧的政策时，又收回 0.5 亩地，变为每人口 4 亩地，我们家为 16 亩地，一直到现在。1989 年开始种植水稻后，我们家又另外承包了 4 亩稻田。我又从亲戚那里转包了种不了的 4 亩地，因而这些年我总共种着 20 亩地（旱田）。

1982—1987 年承包费为 15 元/亩，1988—1996 年为 25 元/亩，1997 年估计达 45—50 元/亩。稻田的承包费与旱田一样。

我每年从这 20 亩的旱田上收获 2.2 万—3.1 万斤玉米（没有种植其他农作物）。除了少部分留作牲畜饲料之外，大部分出售。每年扣除旱田上的生产性开支之后，出售玉米的纯收入 5000—8000 元。每年从稻田上收获 3000 斤左右的稻谷，加工后能出 2000 斤的大米。我们家留 1000 斤大米就够了，其他出售。收入也有 1000 元左右。

在我们这里盖房子是一个相当大的开支。尤其是现在都盖砖房，费用非常大。我们家 1993 年盖了砖房，前后花费 2.3 万元。开始备料时我只有 7000 元的现金，这现金是 1992 年的农田上的收入（5000 元）和卖猪的收入（2000 元）。因这点钱远远不够，又借了 5000 元的现金（信用社 2000 元、大哥 2000 元、通辽的朋友 1000 元）。好在盖房子的砖 1988 年就准备好了。不足的部分我卖了牛和马。1993 年和 1994 年我一共卖了 8 头牛（1.1 万元）和3匹马（0.28万元）。卖牲畜的款项不但补足了盖房子的钱，而且也把所有的欠款都还了。1993年4月份动工，8月份搬进新房。

我们家又一个较大的开支就是我大儿子自费上内蒙古工业大学学习汽车修理。每年的学费是2500元，生活费是4500元。学制两年，估计要花费1.5万元左右。

我们家的每年的农田上的纯收入为5000元左右，嘎查干部的补贴金为1500元左右（1993—1996年之间由于我同时担任书记和嘎查达，因此每年的干部补贴得3000元左右）。此外，三轮车的农田作业收入有3000元左右，每年卖猪的收入也有2000元。总之，每年的总收入超过万元。扣除全年的各种生活消费每年也有5000元左右的节余。我现在没有任何欠款，而且借出款超过5000元，在我们村我们家的生活水平属于上等。

我自己才小学毕业，连初中都没有上过。所以我非常希望我的儿子在学业上有所成就，但大儿子初中毕业就不愿意上高中了。现在我送他到内蒙古工业大学自费上学，我想，他不上高中，上不了正规大学，最起码也得自费学点技术。现在小儿子在上初中，成绩还不错，我希望他今年考上甘旗卡第一中学，以便将来能上正规大学。

自1971年起我开始担任生产队（或嘎查）的干部。1971—1974年担任五队作业队长；1974—1976年担任五队生产委员；1977—1980年五队副队长；1981年1—6月担任半年的五队队长后辞职。1988年经过民主选举我出任嘎查达；1993年原支部书记辞职后，我担任支部书记并兼任嘎查达，一直到今年3月。由苏木任命代理嘎查达之后，我只担任支部书记。

2. DL，嘎查书记（2006）

我在公社的时候担任生产队队长职务（1972—1981）；1981年分田到户之后，一直到1987年年末我都在家务农；1988—

1993年担任嘎查达；1993年到现在任嘎查书记。

我们这里是1997年开始二轮土地承包的。当时上边的政策是耕地有多少分多少，村集体留的不得超过总量的5%。因为这个政策要求把所有土地全部集中起来进行再分配，在花灯苏木没能立即执行，因为老百姓50%同意重分，50%不同意重分。你看像我们嘎查，以往公社时是两个生产小队。一个小队的土地改良了，一个小队的土地没有改良，也就是说有的地好，有的地不好。这就导致一个小队愿意重分，一个小队不愿意重分。一直到2004年完善二轮土地承包的时候村里的地才彻底分完，耕地一分也没有留给集体，只留下一些不能种的碱地，暂时用来放牧，以后等能人来改良。最终的分配方针是：以往承包的土地不变，在此基础上按人口分配2亩地。

1994年前后这里碰上了大涝；从1995年到1998年又碰上了大旱；2000年以来的年景还不错。从1994年开始农民负担开始加重，1996年、1997年、1998年收的税费很多，农民很苦。农业税最多的时候每亩17块多；牧业税最多的时候大牲口达到15元/头，交易税、屠宰税和其他税费都有。从2001年开始免征牧业税，农业税今年也要免征了。去年每亩交了6块多的农业税，但国家每亩补了6块粮食补贴，等于每亩只交2毛多。

我们这税费改革是从2002年开始的，有很多的变化。当地政府使用义务工每个劳力每年不能超过15个，到2006年就不能使用义务工了，以往每年每个人要用20—30个。现在很多摊派也少了，以往国家对每个劳力和农用车都要收钱。现在三提五统也没有了。

在税费改革之前，每亩地的承包费要交到40元左右，现在每年都在减少，今年更是一分不要。

担心的问题是农产品价格不行，而农资又涨得没谱。种子翻了两番，尿素从去年的80元涨到今年的100多元，农药更是不用说。粮食价格基本上抵不上去年的，增产不增收。

我们家现在六口人：我们夫妻俩、大儿子夫妻及孩子、小儿子 。大儿子是27 岁，现在在家里务农。他2000 年结的婚，大媳妇也是本村人。他曾经自费上大学，学习汽车维修，但是学完他不愿意干，就回来了，除务农外只是偶尔帮别人打打零工。他现在正打算去辽宁打工，给别人开车。孙子已经 5 岁了，正在念幼儿园。小儿子现在正在辽宁念大学，学的是工程技术，五年制的，已经念四年了，下半年要去上海实习。

去年我家种了 27 亩玉米，4 亩稻子。以往种水稻可以有 1000 斤/亩的产量，现在只有 600—700 斤。水也不足，现在都种玉米了。在 1996 年左右，村里大概种了 300—400 亩水稻，去年只有 30 多亩，今年几乎彻底没有了。今年我家 34 亩口粮地全部种玉米。另外还种了 20 多亩林地，只能用来种些豆类和糜子，每亩能有 50—60 元的收入。村里林地很少，只有 30% 的户有林地，由抽签决定。种林地每亩要交村集体 5 元钱作承包费。现在大家种优良玉米品种 958，亩产可以达到 1700—1800 斤，有的还可以达到吨粮（2000 斤/亩）。我种了很多年的优良品种，嘎查里可能也是我最早种的 958。新品种的引进都是由一些爱琢磨的人搞出来的。

我去年玉米收入 2 万多元，承包灌溉井两口收入 3000 元，村支书补贴 2500 多元。家里养了四头牛、十几只羊和几头猪，畜牧业也有几千元收入。小儿子学费加上生活费每年需要 1. 2 万元，去年花了 1. 5 万元，其中 5000 元是用来买电脑。

我家有一辆摩托车，一辆三轮农用车，另外还有水泵等 3000—4000 元的灌溉设备。现在住的是北京平房，还有一个土坯房。生活水平在嘎查应该是上等。

个案十一

TTG，前任村长，现任会计（2006）

白音套海到2004年有204户，总人口是838人。2004年全嘎查共缴纳农业税68857.6元（5078亩，每亩农业税13.56元），但国家每亩返还种粮补贴9.6元，实际上每亩的农业税就是3.96元。我们这里农业税最高的时候是1997年左右，达到17.3元每亩。

我是1970年出生于本村，1987—1990年在伊胡塔中学读高中，1990—1993年在花灯小学带课三年，1994—1995年在家务农，1995年到村上干，1995—1997年任现金出纳员，1997年到2003年任村主任，2003年到现在在村里干会计。我是1997年结的婚，妻子是花布的，有一个女儿，今年已经8岁了，正在村里读小学。

我们家现在有四个人口的土地，一共22亩。我家老爷子是2003年去世的，2004年人均加2亩地没有加给他。这些地全部种玉米，亩产大约1500斤左右。另外我还包种学校的10亩地，每年交630元的租金。这些地地力不足，亩产只有700—800斤。这样总共每年能产玉米4万斤，1.6万元的毛收入。

我们家现在养了6头牛，每年卖2头牛，大概是3000—4000元的收入。但有时牛价高，一头牛就可以卖5000—6000元，那些都是长得好、有膘的母牛。另外我当嘎查会计每年也有2000元的收入。

2003年父亲去世的时候，花了1.3万元。父亲20世纪60年代当过生产队长，“文化大革命”中被弄去放牛，政策落实后又当过生产队长和会计等职务。想让他风风光光。我们这里大部分都是实行土葬的，没有墓碑，一家的人都葬在一起。清明的时候进行圆坟，一起拜祭。

2003年买了一辆新四轮农用车，我住的房子还是60年代盖的土坯房。

我女儿现在读小学二年级，每年书费大概是120—130元，学费是不花钱的。90年代中期负担重，我们家4口人赋税大概是1600元左右，这些还只是三提五统和农业税。负担最重的是1997年、1998年、1999年。有很多人交不起税费，只能借高利贷，差不多有50%的人都借。

现在乱七八糟的三提五统没有了，农业税也撤了，收入自然提高了。现在和那个时候比，人均收入可以多300—400元左右。

我家现在没有什么存款，但比以前还行。我打算盖新房子，两年就可以攒够钱了。我只打算生一个孩子，女儿也很好。咱都是农村人，知道孩子少的经济好处。对谁都好，对自己、对孩子都好。供两个学生和供一个学生当然不同，想开了啥都可以放开。

个案十二

EBRLT，前小学民办教师（2006）

大女儿在山东胜利油田打工，认识山东男青年，已经结婚然后居住在山东，最近正带着儿子回来探亲。二女儿嫁到辽宁去了，那边有亲戚给介绍的。三小子在家务农。我是蒙古族人，但两姑娘都嫁汉人了。我很早就在公社大队里干事，集体的时候当过好多年的会计，1976年以后因工作需要转为民办教师了。我汉话很好，都是和汉族打交道多。接触汉人较早，对他们的认识也多，女儿嫁给他们我也很放心的。

改革开放之后，尤其是第一轮承包我们这里有很大的发展。土地政策对我们这里影响是最大的，我们都是靠土地吃饭的不是？我们嘎查二轮承包政策落实得很好，比第一轮承包时要完善多了。我们家现在种 40 多亩地了。二轮承包之后，收入增加，产量增加，农民对科学种田的事情也有认识了。土地有了，而且比以前只多不少，每个人口从 4 亩增加到 6 亩，土地分得也挺均匀的。我们这里土地分了之后 30 年不变的，实行“增人不增地，减人不减地”政策，落实到 2026 年。

这个政策不变对农民有好处，农民种地有责任心了。一轮土地承包与二轮承包的区别在于更完善了，群众满意了。一轮承包中有很多不好的情况，分得不均匀，有人多有人少。我们这里二轮承包的地主要还是自己一轮承包时经营的地，各人还是种自己的，以前改良的好处还是留给各人，主要变化在于增加地上边，有很多一轮承包时没有地的人现在都有地了，一样是 6 亩。

二轮承包时增加给大家的地，在刚分的时候都是盐碱地多，地力也不行。期限长不是，是自己的地了，政策也不变。我们这里的人都开始积极改良。我们家最多的时候一年改良了 20 亩地，经常是一年往地里拉土 200 车，用三轮车运送，到现在所有的地都已经改良好了。以前很多新地都不平整，大家也不怎么管，连浇水都浇不了。现在 30 年都是自己的了，很多人把所有的地都平整一遍，方便浇地。我们家一年送粪也得有个百八十车的，牛马粪，肥力很足，很快地力都起来了。积极性发挥了，拼命改良是增产的一个主要因素。

其实大家干劲都足了，村里各家各户都是这么改良的。不像以前，地很少，收益差，收得还多，又怕变化，很多人都不管，只是种一年算一年，咋的也整不出个高收入来。我家现在亩产 1500 斤左右，刚开始的时候亩产也只有七八百斤，慢慢发展到 1000 斤左右，二轮联产承包以来，改良土地好，种子好，浇地好，投入大，现在一般亩产都在1500斤，有的人比我产量还高。我家去年卖粮6万斤，农业纯收入2万块吧。我记得集体的时候我们五队总产量也就是25万斤，现在的产量总得有好几百万斤。当时我们一年到头很辛苦的干活，工分最便宜的时候才七毛多，最贵的时候也就一块多。那个时候和现在的差别真是太大了。

苏木在的时候，信用社、派出所、卫生院和供销社都是有的，现在全部都没有了。其他的倒也没啥，就是办事不方便，要去现在的镇上，衙门营，几十里地，坐班车贵，差不多3个小时的路程。我们这里两个屯子就有2600人，这么大的人口集中的屯子我们旗里都很少的，这里人口多，应该有些机构才好。

现在有病就找个体医生看，卫生院太远，不可能去看病的。合作医疗的钱已经交了，但不知道具体咋整。上卫生院太远，听说在村里找个体医生看病不能报销。这里离衙门营40多里地啊，路况好不好，来去太费事。

以前我们这里供销社挺大的，供应农资、百货、食品之类的东西，我们要买的一般这里都还能买到，在这里买点东西很方便，不误时间，还便宜个运费。以前我们苏木的供销社在远近很有名气的。现在不行了，买点化肥种子的得跑老远，只能去木里图或通辽市，每跑一趟可能要花好几十元，还要误一天的工。

信用社对我们农民还是很重要的。现在没有信用社很不方便。以前信用社还近，每年种地的时候搞点小额贷款，能应急，解决问题。现在得跑很远。贷款这事往往不是一趟能成的，总要跑。去年我向信用社贷款，就是到处跑。我条件都符合，可是还是没有给我贷款，可能是跑得少了点，太远了。

一轮土地承包中期到快到期的这段时间，税费重。那时的税费有农业税、牧业税、屠宰税、农用车费、公路费、义务工、建校费等很多种。以前嘎查负责收三提五统，包括投资在内，差不多70%—80%的钱都交上去了，我们只能剩下个20%—30%，农民真正是增产不增收。我们家那时种 30 亩地，那年都要交个五六千的，有些年还交了 6000 以上。现在种 40 亩地不用交一分钱，你说差多少。以前我们家每年卖粮的钱也就 10000 块，交了 6000 元之后你说还剩多少？我们的人力费和其他一些小的费用还不算。现在好啊。比如说我们家现在养着 9 头牛，3 匹马，现在也没有牧业税了，要是以前每年还得有 100 多块的牧业税。

最近几年减免农业税之后，什么收费都没有了，还给发农业补贴呢。国家政策规定要给三年。一比起来就是差距特大，积极性发挥就在这里。以前种地真的不划算，南方人不划算就撂荒出去打工；我们这里出去打工的人少，没门路，没技术，没眼界。但很多人也不怎么好好种地，集体要交钱就先欠着。

这里的小学、中学都是农民按照人口出钱修的学校，说是国家的。但建完之后不久又机构改革，合并，我们这里有些房子闲置，有些房子卖出去了。卖出去的钱怎么也不分给老百姓呢？这钱都有我们的份，这点农民有意见。

嘎查经营状况：

嘎查目前资金运作有困难。就当嘎查是一个家庭来看，就好像一个家庭似的，村委会也是个主管部门啊，没钱就是不行。修个路啊什么的也搞不了。

对嘎查来说，我觉得村委会还是人太多了。这么小的地方有八个干部，书记、村长、副书记、会计、妇联主任、出纳员、治保主任、团委书记一堆人。尽管有些干部（后面四人）国家不给工资，而是给误工补贴，误一天工，算一天钱。他们最终还是要花钱的啊，以前这个钱在三提五统中出，现在没有了。我看最终这些收入国家出不了还得农民出。这么小个嘎查 8 个人用不上。而且干部要选年轻的、有知识有头脑的。现在各个嘎查普遍的问题就是干部老化不行，知识化、年轻化好啊，能办实事，这不就赶上形势了。有活力，中央上边不也是这个意思吗。

税费改革之前，社员穷，集体富，老百姓不满意；税费改革之后，社员富，集体穷，集体一点事情都办不了。有时候这些钱没有着落了，就只能向社员要点。上头规定也是可以的吧。2004年和2005年都是要搞社员代表大会，好像说是“一事一议”的政策。要求嘎查干部具体说明情况，如果代表们都同意收取的话，可以收取一点。一般是15元/人。有时收不起来，有些人不同意。

个案十三

WSQ，汉族（2006）

我是从东台嫁过来的，汉族。我刚开始来的时候也没有地，地已经分过了，后来调整的时候才给分的。我大女儿出生4岁才分到地，我二女儿也是到两岁时才分到地。到20世纪90年代初的时候我家已经有4个人口的16亩地了。只有我丈夫本来是嘎查的，原来分的是好地；我和两个女儿都是后来给分的地，新地，地不好。因此我们家当初大多都是不好的地，产量比别人的差。我小女儿是1994年生的，1998年才给分的地，是盐碱地。不过有地就好啊，我们可以自己改良。

家里没有底子过日子真是不行啊。我们家是从90年代开始改良的，不改良点没法种啊。当时我们家很穷，别说农用车，就是马车都没有，靠人力改良，很辛苦。不过幸好这些地都在附近，但还是吃了不少苦。最近几年，二轮承包30年后，我们改良劲头大了，尤其是最近3年，我家的地都成好地了，产量好。我们这里1994年涝了一年，啥都没收，还吃了国家的返销粮。

现在地多了，地好了。我们家5口人，每个人6亩地，30亩。去年自己种了24亩，其余6亩给别人种。去年家里没有车，连牲畜、犁杖什么的都没有，只能求别人帮忙。而且每年运玉米都要雇三轮车，要等别人家都运完了，天黑我们才等着别人帮我们运，很可怜。今年春天我们花1.2万元钱，买了个新三轮，今年的地30亩都我们自己种。去年我们家的地亩产都是1500—1600斤，好收成，秋后直接卖了3万斤玉米，毛收入一万五六。留下了6000斤，家里有学生，等价高时卖了给孩子当学费。

我们家收入主要是二姑娘长期打工，还有夫妻俩打散工，再加上农业收入，就这些。去年卖粮后本来想还信用社的债，但想还是先买使唤的车吧，欠债来年再还。有希望了，一年比一年好，我家也想奔小康生活，盖砖瓦房。

20世纪90年代初时我们家就开始欠集体债务。就我丈夫一个人的地，新嫁过来的我还没有地，新生的孩子的地也没有。后来一年一动调整时分给我们的地也不好，不改良没法种。我家人口多，土地差，土地少，产量上不来，正好碰上高收费的时候，要收税的时候，可不管你有没有。我们家在嘎查里都是欠债多的。好几年每年最多欠2000多元，少的也欠1000多元。年年欠，年年往上涨，往上加。最多的时候欠了集体五六千元，嘎查给涨利息，一般三分利，最高的利息是四分五。80年代末期的时候税费比较少，但还是没有钱交。1988年的时候，欠集体债的免掉30%，其余的用家里的财产抵，电视、牛马、大车之类的都可以用来抵债。到1995年、1996年的时候税费涨得多，1997年最多，真是厉害啊，给不上的就给涨利息。那个时候不欠集体账的年头基本没有。

因为我们欠嘎查的钱没交，嘎查就从私人或信用社手里高息借贷，然后再把我们的债务都转移到私人或信用社的头上。我们家转到个人头上的债务有6000多元，转移到信用社的债务有3000多元。欠个人的6000元钱最近几年都还清了；欠信用社的3000元还没有还，利息都涨了不少。

最近一些年国家税费少了，现在集体不兴收取税费了，我家的日子就好过多了。就因为不收这些钱，我去年就买了一辆农用车。本来可以还掉信用社的贷款，但是没有车没法发展，就先买车了。今年年头好的话，我家总共还有1万块的外债应该可以还一半没有问题。

税费比较少的年头好像有4年了，你看我家的日子马上好起来了。现在啥都不收，肯定越来越好。现在还给粮食补贴，以前这些可都没有。

农村政策还是国家上面说得好，实实在在的东西到不了咱这。好事来得少，来得慢。

我小女儿现在在上小学，一个学期总共交了52块钱，这是所有的花费。在小学上学的时候，回家吃饭，不花什么钱。远的嘎查的小孩子在我们这小学里吃饭每个月也要100元。我女儿今年小学已经毕业了，马上要上初中了，初中住宿费不收钱，可是一个月饭钱就是120块。两个礼拜回来一次，要掏来回路费，我还要去看看她。如果我们苏木当初的初中没有撤掉就好了，少花不少钱，还能回家吃饭。

我们家三个女儿，老大、老二都是初中毕业。老大现在在通辽自己出钱学电脑，老二在打工。老大、老二读书的时候正是税费重的时候，家里困难，学费那时也收得重，那时家里太困难了，供不起高中。现在家里条件每年都好一些，打算供小孩子读书，如果考得上供她上大学。

但是小孩子成绩不算太好，因为我们家是蒙古族与汉族家庭，家里汉话蒙话都说。孩子汉话说得更好，对汉文也有兴趣些。可是我们这里小学只有蒙古文蒙古语授课，孩子跟不上，听不懂，深点的东西都不能太懂，也不愿意问老师。

个案十四

WTZ，德村现任书记（2006）

我1955年出生于通辽市。当时父亲是哲里木盟百货公司的经理。我父亲27岁参加革命，曾任努古斯台的第一任区长。因没有文化新中国成立后进工农干部学校学习3年，出任盟百货公司经理。可能是没有什么文化或者是三反五反运动中出了问题，被下放了。1958年3月我3岁时父亲到朝鲁图苏木当乡长；1960年父亲又到满多公社当副书记；1963年父亲任甘旗卡工会的一般干事；1964年四清时下乡到中旗工作；1965年撤回到后旗任旗委干部。“文化大革命”开始的时候，我们这里有“东方红”和“野战军”两派，我父亲属于第一派的，后来被下放到胜利农场，也就是五七干校，随后不久就回到了旗里任职。在这期间，我一直跟着父亲走。1973年父亲任花灯公社副书记，我们全家就来到了这里。

我1972年在努古斯台中学初中毕业，1972—1974年在伊胡塔中学念高中，1974年10月开始在嘎查小学当民办老师。1976年开始在衙门营粮库当临时工，干了两年；1978年回嘎查劳动一年，1979年落实政策之后在公社广播台上班，一直到2001年我病退为止。中间1992—1995年也下派到这里来当过村长。我们是父亲在花灯苏木上班时搬到这里来的，当时牧业形势好，牛羊多，到处都是。我身体不好，有病，2001年病退回家，2004年4月份出任嘎查书记的。

我是1979年10月份结婚的，妻子就是本嘎查的人。我有两个女儿，一个儿子。大女儿中学毕业，已经出嫁了；大儿子在甘旗卡高中毕业，现在在家里帮我干农活；小女儿也高中毕业，现在通辽市开出租车。

我们嘎查现在共有 88 户，总人口是 360 多人。我们这里二轮土地联包是从 1997 年 10 月份开始的。二轮土地承包的时候我们家分了 5 个人口的地，每人 8 亩，一共 40 亩，我种了其中的 36 亩。我们这里草场是人均两亩一，牧场是每个人口 300 亩，其中包含有林地。我们家的地主要种的是玉米，也种了 10 亩的经济作物，主要是各种豆类和蓖麻子。这个嘎查农业比重越来越高，现在已经半农半牧了。

我们家现在养了 4 匹马，20 只羊还有 2 头猪。我们嘎查牛最多的户有四五十头，马最多的户有 6 匹，羊最多的户有 150 只左右，不过 100 只左右的户是很常见的。我们家以前没有劳力，就没有养羊，现在羊群正在发展之中。以前我们家有不少羊，1988 年盖房子的时候全部处理掉了。

现在不收蹬山费了，但每年 12 月 1 日到来年 6 月 1 日之间禁止放牧，山羊则全年禁止放牧。我们这里 20 世纪 90 年代一直在收牧业税，到 2001 年才停止收。但牧业税本身就不多，因为农业的比重更大，我们牲口不多了。主要是农业税免了好，减轻了我们不少的负担，本地以往最高的时候农业税每亩收过 10. 35 元。国家现在不仅不收农业税，还给了每个人口 47 元的种粮补贴。

我们家的玉米亩产能达到 1100—1200 斤，每年能产 3 万斤玉米，1. 2 万元左右的收入。经济作物年景好的时候大概有 1 万元左右的收入，年头不好的时候就只有几千元了。我们家牧业基本没有收入，马主要用来农业生产或套车，羊群用来发展，猪养着自己吃。我现在病退了，工资发 50%，每月 407 元。嘎查书记每年的补贴只有 1500—2000 元。我女儿在通辽市开出租每年能有 6000 元收入。

以往这里总是种些荞麦和糜子等传统作物，自己感觉不行，产量不高，而且迟种早收，土地总是光秃秃的，很不利。现在我们嘎查95%的土地面积种的是玉米，豆类和蓖麻之类也只是在田间地角种。玉米产量高，而且秸秆可以用来喂牛。

牧群都不会很快转变成现钱。老一点的母牛才处理，公小牛一般养到两岁就卖掉，其他的牛都留着发展，只有家里有大事的时候才处理一批。

附录二　内蒙古自治区农村牧区社会经济调查问卷

调查时间：____年____月____日　嘎查（村）名：____________

问卷编号：________________

一、本户（家庭）成员情况

注册户主姓名______。目前本户总人口数____人，其中：男____人，女____人，在册人口总数____人，劳动力人口____人。家庭结构__________。

成员编号	与户主的关系	性别	民族	职业	年龄	出生地	健康状况	户口种类	婚姻状况	结婚年份	相识方式	婚姻次数	婚姻终止方式	已婚妇女生育情况		上学年数	文化程度	教育语言	政治面貌	最终上学地	蒙古语能力	汉语能力	日常生活语言
														男	女								
1																							
2																							
3																							
4																							
5																							
6																							
7																							
8																							
9																							
10																							

与户主的关系：本人 01/配偶 02/父母 03/岳父母 04/祖父母 05/外祖父母 06/公婆 07/儿媳 08/女婿 09/孙 10/外孙 11/兄弟姐妹 12/配偶兄弟姐妹 13/父亲兄弟姐妹 14/母亲兄弟姐妹 15/儿子 21－30/女儿 31－40/其他 41

性别：男 01/女 02　民族：蒙 01/汉 02/满 03/朝鲜 04/其他 05

职业：农民 01/牧民 02/学生 03/个体商贩 04/手工艺人 05/国家干部 06/民办教师 07/公办教师 08/工人 09/军人 10/学前儿童 11/打工者 12/其他 13

出生地：本村 01/本乡 02/本旗 03/本盟 04/本区 05/区外 06 健康状况：健康 01/病残但有劳动能力 02/丧失劳动能力 03

户口种类：农业 01/牧业 02/城镇 03/临时 04　婚姻状况：在婚 01/未婚 02/丧偶 03/离婚 04　相识方式：自己认识 01/亲朋介绍 02/媒人介绍 03/父母包办 04

第一次婚姻终止方式：离婚 01/丧偶 02　文化程度：高中或中专 01/初中 02/小学 03/半文盲 04/文盲 05/大专及以上 06　教育语言：汉语 01/蒙古语 02/其他 03　政治面貌：党员 01/团员 02/民主党派 03/群众 04　最终上学地：本村 01/本乡 02/本旗 03/本盟 04/本区 05/区外 06

语言能力：熟练 01/一般 02/会一些 03/不会 04　日常生活语言：汉语 01/蒙古语 02/蒙古族与汉族双语 03/其他 04

二、本户迁移情况

户主是否是本村迁移户________（是 1/否 2），若是移民户，请填下表：

迁入日期	迁入原因	迁前住处	迁前居住状况	迁前生活状况
（哪一年）	逃荒 1/投奔亲友 2/结婚 3/工作 4/其他 5	本乡 1/本旗 2/本盟 3/本区 4/区外 5	好 1/一般 2/差 3	好 1/一般 2/差 3

三、2004 年本户消费情况

1. 生活消费________元。

A. 食品____________元，其中（a）主食____________元（面粉________元，________斤；大米________元，________斤；糜子________元，________斤；荞麦________元，________斤；其他________元）。

（b）肉食________元（猪肉________元，________斤；牛肉________元，________斤；羊肉________元，________斤；鱼类________元，________斤；家禽________元，________斤）。

（c）蔬菜________元。（d）副食________元。（e）奶与奶制品________元。（f）粮食加工费________元。

（g）其他________元。

B. 日常用品____________元（穿戴__________元，床上用品________元，化妆及洗涤用品________元，其他用品________元）。

C. 住房________元（房租________元，维修________元，建新房________元，家具________元，电气费________元）。

D. 耐用消费品____________元（电视机____________元，收录机________元，收音机________元，电冰箱________元，洗衣机________元，座、挂钟__________元，灶具__________元，其他________元）。

E. 医药____________元（看病、住院____________元，药费________元）。

F. 文化与社会____________元（教育____________元，交通________元，度假________元，社会交往________元，其他________元）。

2. 本户婚丧礼仪费用________元。

A_1. 本户婚礼及订婚，费用________元，次数________次。

A_2. 本户成员参加他人婚礼，费用________元，次数________次。

B_1. 本户举办丧事，费用________元，次数________次。

B_2. 本户成员参加他人丧葬仪式，费用________元，次数________次。

C_1. 本户举办生日祝寿，费用________元，次数________次。

C_2. 本户成员向其他亲朋好友祝寿，费用________元，次数________次。

D. 祭祖费用________元，其他祭祀活动费用________元。

E_1. 本户举办其他礼仪活动（孩子升学、当兵，盖房封顶等），费用________元，次数________次。

E_2. 本户成员参加他人其他礼仪活动，费用________元，次数________次。

3. 农业生产费用________元。

A. 生产设备购买____________元，燃料____________元，设备维修________元。

B. 化肥________元，雇工________元，灭虫剂________元，牲畜饲料________元，牲畜医治________元，种子________元，开耙费________元，灌溉费________元，代放费________元，其他________元。

C. 牲畜购买总数________头（只），总费用________元。其中：马________匹，________元；羊________只，________元；猪__________头，__________元；牛________头，________元；骡__________头，__________元；驴________头，________元；骆驼________峰，________元；家禽________只，________元。其他________元。

D. 建筑或租赁仓库＿＿＿＿元（建房＿＿＿＿元；租金＿＿＿＿元；水电费＿＿＿＿元）。

4. 非农业生产费用＿＿＿＿元

副业或经营项目	总费用（元）	雇工（元）	租金（元）	建房（元）	设备（元）	燃料（元）	交通（元）	原材料（元）	其他（元）
1									
2									
3									

5. 2004 年年底借款总额＿＿＿＿元。其中，2004 年新借入款＿＿＿＿元。

6. 2004 年付出赡养、抚养以及赠出款项＿＿＿＿元。

	受赠者 1	受赠者 2	受赠者 3	受赠者 4	受赠者 5
与户主的关系					
赠款数额（元）					
受赠者居住地					

7. 纳税和提留总额＿＿＿＿元。其中：①农业税＿＿＿＿元；②牧业税＿＿＿＿元；③特产税＿＿＿＿元；④屠宰税＿＿＿＿元；⑤工商税＿＿＿＿元；⑥其他（1）＿＿＿＿税＿＿＿＿元；⑦其他（2）＿＿＿＿税＿＿＿＿元；⑧乡村提留＿＿＿＿元。

四、2004 年本户收入

总收入＿＿＿＿元。

1. 工资收入＿＿＿＿元；奖金＿＿＿＿元；种植＿＿＿＿

元；畜牧________元。

2. 补贴________元。

3. 其他收入（打工、副业或经营）________元。

来源	数额（元）	来源	数额（元）	来源	数额（元）	来源	数额（元）

4. 牲畜及畜产品出售总额________元，其中：

马________元；羊________元；猪________元；牛________元；皮毛__________元；骡__________元；驴__________元；骆驼________元；家禽（鸡鸭鹅）________元；乳制品______元。

五、2004 年土地承包及存款情况

1. 承包土地的面积：（a）____________亩有灌溉条件旱田；（b）________亩无灌溉条件旱田；

（c）______________亩水地；（d）______________亩林地；（e）________亩放牧场；（f）________亩打草场。

2. 庄稼种类及面积（2004 年）：

庄稼种类	面积（亩）	实际收成（斤）	个人消费	出售	价格（元/斤）
玉　米					
水　稻					
小　麦					
豆　类					
糜　子					
荞　麦					
经济作物					
其　他					

3. 目前从事非农牧业工作的家庭成员人数________人（包括部分时间从事非农牧业生产活动）。若本户有从事非农业生产的家庭成员，请填下表：

	成员 1	成员 2	成员 3	成员 4	成员 5
与户主的关系					
工作性质					
工作地点					

4. 2004 年年底本户借出款和存款总额________元；其中，2004 年新借出款和存款________元。

5. 对本户经济情况的总体印象________（好 01/中上 02/中 03/中下 04/差 05）。

六、现在住房情况

1. 住房情况：住房种类____________（土坯房 01/砖房无瓦顶 02/砖瓦房 03/北京平房 04），房间数__________间，住房质量________（好 01/一般 02/差 03），何年修建______年，所有权________（自己的 01/借住 02/租住 03），卧室数目________间，厨房数目________间，其他房间数目________间，是否通自来水________，是否通电________，是否建有厕所________，是否有盆浴或淋浴________，自家是否有水井________。（是 01/否 02）

2. 仓房情况：房子种类____________（土坯房 01/砖房无瓦顶 02/砖瓦房 03/北京平房 04），房间数__________间，仓房位置________（在住房西南侧朝东 01/在住房东南侧朝西 02/紧接住房东头 03/紧接住房西头 04/其他 05）。

七、现在财产及耐用消费品种类及数量

马达和水泵________台，自行车________辆，收录机________台，电视机________台，收音机________台，电冰箱________台，缝纫机________台，洗衣机________台，座挂钟________个，沙发________张，煤气灶________个，手表________只，大柜子________个。

2004 年土地面积________亩，果树________棵，猪________头，家禽________只，牛________头，马________匹，绵羊________只，山羊________只，骆驼________峰，驴/骡________头，脱粒机________台，犁________把，拖拉机________台，灭虫器________台，大车________辆，手推车________辆，汽车________辆，摩托车________辆，三轮农用车________辆，四轮农用车________辆，手机________部，固定电话________部，电脑________台。

八、民族间交往及通婚情况

1. 您家平时来往的朋友当中________（汉族为多数 01/蒙族为多数 02/各半 03）。

2. 在您家住房四周的邻居当中________（汉族为多数 01/蒙族为多数 02/各半 03）。

3. 其他民族的家庭举行婚礼或节庆等活动时，是否经常请您参加________（是 01/否 02）。您家里举行婚礼或节日庆祝活动时，是否请其他民族的成员也来参加________（是 01/否 02）。

4. 你是否赞同“每个民族都有很多好的东西值得其他民族学习”这一说法？

①非常赞同；②比较赞同；③一般；④不太赞同；⑤很不赞同。

5. 你是否赞同“只要两人真心相爱不同民族的人也可以结婚”这一说法？

①非常赞同；②比较赞同；③一般；④不太赞同；⑤很不赞同。

6. 你是否愿意你的子女和其他民族的人结婚？

①是；②否；③视情况而定。

九、日常生活及态度

1. 在日常空闲的时候，您经常从事什么娱乐休闲活动？

①聊天；②打扑克或麻将；③看电视或电影；④到城镇游玩购物；⑤看书读报；⑥闲逛；⑦外出旅游；⑧其他（请注明）________。

2. 目前您在生产经营中经常遇到的主要困难是________。（最多可选三项）

①资金不足；②生产工具落后；③信息缺乏；④劳力不足；⑤缺乏技术指导；⑥产品售价太低；⑦出售困难；⑧交通不便；⑨棚圈不足；⑩田地不足；⑪草牧场不足；⑫灌溉困难；⑬其他（请注明）________。

3. 如果有机会让您或您的孩子出去打工，您愿意吗？

①非常愿意；②比较愿意；③不确定；④不太愿意；⑤非常不愿意。

4. 如果有机会的话，您是否愿意让您的孩子经商（做生意）呢？

①非常愿意；②比较愿意；③不确定；④不太愿意；⑤非常不愿意。

5. 您觉得影响当地人外出打工积极性的因素主要有哪些？（最多可选三项）

①缺乏就业信息；②工作不稳定；③工资太低；④干活后拿

不到钱；⑤工作和生活环境太差；⑥语言交流困难；⑦被当地人看不起；⑧没有技术；⑨其他（请注明）________。

6. 如果您有一笔钱，您打算主要用在什么方面？（最多可选三项）

①日常生活消费；②购买农牧机具；③购买耐用消费品；④银行储蓄；⑤供子女上学；⑥经商开厂；⑦购建房屋；⑧用于婚嫁；⑨其他（请注明）________。

7. 您家的收入水平在嘎查（村）里属于________。您家的消费水平在嘎查（村）里属于________。

①上等；②中上；③中等；④中下；⑤下等。

8. 从总体上来看，您对国家当前的农村政策________。

①非常满意；②比较满意；③一般；④不太满意；⑤很不满意。

9. 在生产、生活上遇到困难或麻烦的时候，您最主要找谁帮忙解决？

①政府；②嘎查干部；③亲人；④朋友；⑤邻里；⑥自己解决；⑦其他人（请注明）________。

10. 目前您关心或担心的问题有哪些？（最多可选三项）

第一关心问题____________。

第二关心问题____________。

第三关心问题____________。

①农村土地承包政策；②农产品价格问题；③农资价格问题；④看病医疗问题；⑤学生学费问题；⑥草牧场沙化问题；⑦富余劳动力转移；⑧农民负担问题；⑨农牧民增收问题；⑩优质种子和新农牧技术推广问题；⑪其他问题（请注明）________。

十、您对下列政策和事件有什么看法？

项目	是否听说		是否了解详细内容			您对这些政策是事件的评价如何			
	是	否	是	一般	否	很好	好	一般	不好
农村税费改革									
机构改革乡镇合并									
退耕禁牧保护生态									
免征农业税									
粮食收购保护价									
二轮土地承包30年不变									